高等职业院校新入职教师教育教学职业技能（岗前）培训系列教材

高等学校
教师职业道德

（第二版）

王安平　黄元全　主　编
曹均学　王小蓉　副主编

GAODENG XUEXIAO
JIAOSHI ZHIYE DAODE

西南财经大学出版社
中国·成都

图书在版编目(CIP)数据

高等学校教师职业道德/王安平,黄元全主编;曹均学,王小蓉副主编.—2版.—成都:西南财经大学出版社,2022.7(2023.4重印)
ISBN 978-7-5504-5416-3

Ⅰ.①高… Ⅱ.①王…②黄…③曹…④王… Ⅲ.①高等职业教育—师德—师资培训—教材 Ⅳ.①G715

中国版本图书馆CIP数据核字(2022)第115857号

高等学校教师职业道德(第二版)

王安平 黄元全 主 编
曹均学 王小蓉 副主编

策划编辑:李邓超
责任编辑:杨婧颖
责任校对:雷 静
封面设计:摘星辰·DIOU 墨创文化
责任印制:朱曼丽

出版发行	西南财经大学出版社(四川省成都市光华村街55号)
网 址	http://cbs.swufe.edu.cn
电子邮件	bookcj@swufe.edu.cn
邮政编码	610074
电 话	028-87353785
照 排	四川胜翔数码印务设计有限公司
印 刷	郫县犀浦印刷厂
成品尺寸	185mm×260mm
印 张	14.75
字 数	370千字
版 次	2022年7月第2版
印 次	2023年4月第2次印刷
印 数	3001—6000册
书 号	ISBN 978-7-5504-5416-3
定 价	48.00元

高等职业院校教师教育系列教材
编写委员会

曹均学　西华师范大学马克思主义学院教授
王小蓉　西华师范大学马克思主义学院副院长、教授
李选华　绵阳飞行职业学院副院长、高级实训指导教师
李　智　西华师范大学高等职业技术师范学院院长、副教授
陈　玲　西华师范大学高等职业技术师范学院直属党支部书记、副教授
彭彬秀　四川机电职业技术学院（攀钢党校）副教授
韦油亮　西华师范大学高等职业技术师范学院副院长、副教授
谭　锐　西华师范大学马克思主义学院副教授
郑银凤　西华师范大学马克思主义学院副教授
吕雪梅　西华师范大学马克思主义学院副教授
沈小强　西华师范大学教师教育学院副教授
刘巧丽　西华师范大学高等职业技术师范学院副教授
高思超　西华师范大学教务处副处长、副教授
明芳宇　南充技师学院服务与管理系系主任、高级讲师、高级技师
范小梅　西华师范大学法学院讲师
陈　沫　西华师范大学马克思主义学院讲师
林　蓉　西华师范大学教师教育学院讲师
罗　怡　南充职业技术学院教师
苏艳玲　南充科技职业学院教师
李帅旭　川北医学院教师
张　莉　西华师范大学马克思主义学院教师
张莹红　西华师范大学马克思主义学院教师
王蔚苒　西华师范大学法学院研究生
秦　瑶　西华师范大学法学院研究生

高等职业院校教师教育系列教材及主编人员

《高等职业教育政策法规汇编》主编　李敏、李兴荣
《高等职业教育法规概论》主编　李敏、李兴荣
《高等学校教师职业道德》主编　王安平、黄元全
《高等职业教育概论》主编　黄景容
《高等职业教育心理学》主编　成云、韦油亮
《高等职业教育理实一体化课程与教学论》主编　宋政敏、李兴荣

建设优质职教师资培养培训教材
助推职业院校教师教育高质量发展

——高等职业院校教师教育培养培训系列教材总序

四川省教育厅党组成员、副厅长　张澜涛

党的十八大以来，以习近平同志为核心的党中央高度重视职业教育和技术技能人才培养。习近平总书记对职业教育发表了一系列重要指示，他指出：职业教育是国民教育体系和人力资源开发的重要组成部分，是广大青年打开通往成功成才大门的重要途径，肩负着培养多样化人才、传承技术技能、促进就业创业的重要职责，必须高度重视、加快发展。2021年4月10日，习近平总书记再次对职业教育作出重要批示：在全面建设社会主义现代化国家新征程中，职业教育前途广阔，大有可为。要坚持党的领导，坚持正确的办学方向，坚持立德树人，优化职业教育类型定位，深化产教融合、校企合作，深入推进育人方式、办学模式、管理体制、保障机制改革，稳步发展职业本科教育，建设一批高质量的职业院校和专业，推动职普融通，增强职业教育的适应性，加快构建现代职业教育体系，培养更多高素质的技术技能人才、能工巧匠、大国工匠。各级党委政府要加大制度创新、政策供给、投入力度，弘扬工匠精神，提高技术技能型人才的社会地位，为全面建设社会主义现代化国家，努力实现中华民族伟大复兴的中国梦提供人才和技能支撑。

教育是国之大计、党之大计。百年大计，教育为本；教育大计，教师为本。没有高素质的教师队伍，就没有高水平的教育质量。高素质教师不会从天而降，需要精心培养培训。《中华人民共和国职业教育法》（以下简称《职业教育法》）明确提出，国家应建立健全职业教育教师培养培训体系。可见，加强职业教育教师职前培养和职后培训，对于提升职教师资队伍建设水平是何等重要。为适应新时代类型教育变革需要，提高职业院校教师教育的科学性、针对性和有效性，从2020年开始，我省启动实施高等职业院校新入职教师职业技能（岗前）培训，委托西华师范大学、四川省职业院校师资培训中心牵头，联合省内外职业教育理论研究机构、“双高”学校名师以及专家学者组成高等职业院校新入职教师职业技能（岗前）培训教材编写委员会，规划编写了这套高等职业院校新教师岗前培训系列教材。教材以习近平总书记关于职业教育重要论述为指引，按照教育部《高等学校教师岗前培训暂行细则》和《高等学校教师岗前培训教学指导纲要》的要求，紧密结合现代职业教育改革发展需要，立足立德树人根本任务，强化教书育人素质能力，突出职业教育类型特征，围绕打造“双师双能”型“工匠之师”的培训目标，构建岗培教材体系。

本套教材目前包括《高等职业教育政策法规汇编》《高等职业教育法规概论》《高等学校教师职业道德》《高等职业教育概论》《高等职业教育心理学》，共五册。教材注重法规导向、理论引领、案例实证，突出课程思政，具有体系完备、结构合理、观点鲜明、语言流畅、理实一体、教学互动的特征。教材自2020年出版以来，在国内百余所高职院校广泛使用，产生了良好的社会反响。为贯彻落实《职业教育法》关于“加强职业教育教师专业化培养培训”任务，编委会及时启动对教材的修订改版：一是调整了教材定位，使其能满足职前培养并兼顾职后培训；二是完善了教材体系，增加了《高等职业教育理实一体化课程与教学论》；三是更新了教材内容，依据近一年来国家及相关部委出台的新法规、新政策，及时更新教材内容；四是进行了数字化改版，推出教材电子版，完善网络课程资源。相信教材的修订出版，必将对职业教育教师培养培训提供有益的支持和帮助。

教无止境，学海无涯。我们期待国内外同行提出宝贵意见，以便后续再版时修订完善，为开发高水平的职教师资队伍培养培训专业化教材，促进职业院校教师教育高质量发展贡献四川力量。

是为序。

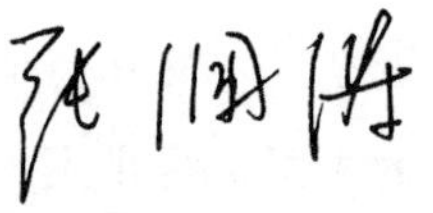

2022年6月6日

《高等学校教师职业道德》编委会

前言

“育才造士，为国之本。”教育是民族振兴、社会进步的重要基石，是功在当代、利在千秋的德政工程，对提高人民综合素质、促进人的全面发展、增强中华民族创新创造活力、实现中华民族伟大复兴具有决定性意义。建设教育强国是中华民族伟大复兴的基础工程。高等教育是国家发展水平和发展潜力的重要标志。进入新时代，坚持中国特色社会主义教育发展道路，坚持社会主义办学方向，以凝聚人心、完善人格、开发人力、培育人才、造福人民为工作目标，培养德智体美劳全面发展的社会主义建设者和接班人，是教育工作的根本任务，是教育现代化的方向和目标，也是高等教育的神圣使命。

立德树人是我国教育事业发展必须始终牢牢抓住的灵魂，而教师则是人类灵魂的工程师，承担着神圣使命。习近平总书记在清华大学考察时指出：“大学教师对学生承担着传授知识、培养能力、塑造正确人生观的职责。教师要成为‘大先生’，做学生为学、为事、为人的示范，促进学生成长为全面发展的人。要研究真问题，着眼世界学术前沿和国家重大需求，致力于解决实际问题，善于学习新知识、新技术、新理论。要坚定信念，始终同党和人民站在一起，自觉做中国特色社会主义的坚定信仰者和忠实实践者。”才为德之资，德为才之帅。国无德不兴，人无德不立。育人之本，在于立德铸魂。立德者必先有德，树人者必先树己。师德师风是评价教师队伍素质的第一标准。2018 年 1 月 20 日，《中共中央 国务院关于全面深化新时代教师队伍建设改革的意见》明确指出，要“突出师德。把提高教师思想政治素质和职业道德水平摆在首要位置，把社会主义核心价值观贯穿教书育人全过程，突出全员全方位全过程师德养成，推动教师成为先进思想文化的传播者、党执政的坚定支持者、学生健康成长的指导者”，要“弘扬高尚师德。健全师德建设长效机制，推动师德建设常态化长效化，创新师德教育，完善师德规范，引导广大教师以德立身、以德立学、以德施教、以德育德，坚持教书与育人相统一、言传与身教相统一、潜心问道与关注社会相统一、学术自由与学术规范相统一，争做‘四有’好教师，全心全意做学生锤炼品格、学习知识、创新思维、奉献祖国的引路人”。

长期以来，广大高校教师认真贯彻党的教育方针，忠诚于党的教育事业，呕心沥血、默默奉献，潜心治学、教书育人，敢于担当、锐意创新，为高等教育改革发展做出了巨大贡献，赢得了全社会的广泛赞誉和普遍尊重。但与此同时，高校教师的职业道德建设中还存在一些亟待解决的突出问题。有的教师理想信念模糊，责任心不强，教书育人意识淡薄，缺乏爱心；有的教师学风浮躁，治学不够严谨，急功近利；有的教师要求不严，言行不够规范，不能为人师表；个别教师甚至师德失范、学术不端，严重损害人民教师的职业声誉。因此，大力推进新时代高校教师职业道德建设，切实加强高校教师职业道德修养，对于全面提高高等教育质量、推进高等教育事业科学发展、培养中国特色社会主义事业的建设者和接班人、实现中华民族伟大复兴的中国梦具有重大而深远的意义。

师德的养成，既离不开社会的培育，也离不开自我的修养。如何通过社会的培育和自我的修养提升高校教师的职业道德修养，涵育教师师德，是当前高等教育工作中不得不认真思考的一个问题。基于此，我们组织编写了《高等学校教师职业道德》一书，编写本书的目的，就是为高校教师特别是新入职高校教师加强职业道德教育提供一些理论的借鉴，让大家全面了解教师职业道德的本质，完整把握教师职业道德的基本原则和主要范畴，深刻领悟新时代高校教师职业行为的基本准则，并在此基础上把握和选择自身的职业行为，在社会培育与自我修养中努力实现职业道德的内化、养成与提高，以期在未来的高等教育实践中积极践行师德，铸造师魂，提升师能，为建设高等教育强国、实现中华民族伟大复兴中国梦做出积极的贡献。

本书坚持以习近平新时代中国特色社会主义思想为指导，坚持共性和个性相统一、理论和实践相统一。解决思想问题与解决实际问题相统一，充分吸收近些年来同行关于教师职业道德研究的最新成果，系统梳理教师职业的产生背景及其特点，教师职业道德的形成、发展及其本质，高校教师职业道德的特点、功能及其作用，深入剖析高校教师职业道德的基本原则和主要范畴，重点解读新时代高校教师职业行为的十项准则，并结合高校教师职业道德行为的选择与评价机制，就高校教师职业道德的内化、养成与提高问题进行了思考，就高校教师职业道德的社会培育与自我修养问题进行了探索。

本教材共 7 章 19 节。王安平、黄元全任主编，负责书稿整体设计与构思、大纲的拟定等工作；曹均学、王小蓉任副主编，负责初稿的审校及部分章节的撰写工作。教材的第一章由陈沫同志撰稿，第二章由吕雪梅同志撰稿，第三章由郑银凤同志撰稿，第四章由王小蓉同志撰稿，第五章由曹均学同志撰稿，第六章由谭锐同志撰稿，第七章由张莹红同志、张莉同志撰稿。

本教材的顺利完成，离不开大家的关心和支持。在此，衷心感谢对本教材编写进行悉心指导和鼎力相助的四川省教育厅、西华师范大学及西南财经大学出版社的领导和专家们！衷心感谢编委团队夙兴夜寐的辛勤付出！在本教材撰写过程中，编委团队参阅和借鉴了学界的相关著作和学术论文，在此谨向相关著作和论文的作者致以衷心的感谢！对于参阅和借鉴过的著作和论文，我们在本书的注释和最后部分的“参考文献”中尽量列出，如有疏漏，敬请谅解。

由于收集的资料有限，加之编者的经验和水平不足，书中难免有疏漏和不足之处，敬请同行专家和读者批评指正。

编者

2021 年 6 月 22 日

目录

第一章 道德与职业道德

【内容摘要】道德是由一定社会经济基础所决定的社会意识形态，并为一定的社会经济基础服务。不同的社会形态、不同的阶级具有不同的道德标准，社会经济关系的变化势必也会带来道德标准的变化。道德作为一种规范人们行为的社会意识形态，具有认识、调节、教育、评价及平衡五个功能，对社会经济基础及社会生活也具有一定能动作用。职业道德是道德在职业实践活动中的具体体现，既是从业人员在进行职业活动时应遵循的行为规范，又是从业人员对社会所应承担的道德责任和义务。社会主义职业道德是一种新型的职业道德，它是共产主义道德的有机组成部分，伴随着社会主义事业的实践而形成和发展，是社会主义职业活动经验的总结，是贯穿共产主义道德和社会主义道德的基本要求和规范。

第一节 道德

一、道德的起源与发展

（一）人类道德的萌芽

"道德"一词源于拉丁文 mores，在西方其词义为风俗、礼貌、习惯等。道德的产生和发展是有一个过程的。劳动是人区别于动物的根本条件，恩格斯在《劳动在从猿到人转变过程中的作用》一书中写道："人类在脱离动物状态而转变为人的过程中，劳动发挥了决定性的作用。"劳动创造了人，也创造了社会关系，创造了人的意识。人类行动和交往活动的扩大，为道德的产生准备了前提条件。因此，从根本上讲，劳动是道德产生的根源。人类脱离了动物界，人就有了道德。道德是人区别于动物的重要标志。

原始社会初期，人类刚刚脱离动物界不久，生活简单粗陋。在这种艰苦环境下，人们为了生存，必须共同生活，共同劳动，共同抵御自然灾害，群居生活促使人与人之间形成最为简单的关系，道德的萌芽从而就产生了。

如果说社会关系的形成和人类意识的出现是道德产生的前提的话，社会分工的出现和发展则是道德从萌芽到形成的关键。在原始社会末期，出现了三次社会大分工，随着社会分工的发展，在生产、交往和分配的过程中，个人的存在价值便开始出现了，个人与个人、个人与整体利益的矛盾明显了。在调节矛盾的过程中，人们逐渐形成了维护整体利益的义务观念，产生了义务与权利之类的道德观念，这些道德观念在当时是与风俗习惯浑然一体的，虽不算一种独立的意识形态，却是人类最早的道德观念，是人类道德产生的标志。

原始社会的道德具有以下特点：

第一，原始社会的道德以维护血缘集体的共同利益为最高道德目的，以全体成员的平等、协同劳动、互相帮助等为基本内容。每个部落、氏族成员，在生产活动、对外交往或争执中，都把本部落、氏族的整体利益看作神圣不可侵犯的，并在感情、思想和行动上始终无条件地服从整体利益。

第二，道德意识是自发的和贫乏的。这时由于思维和语言尚不发达，人们只能从感情、感觉和生活惯例上把握现实的道德关系，头脑中所形成的只是“有利的”和“有害的”观念，而且这种观念往往同时含有真假和美丑的意义。他们不仅用“有利”和“有害”评价人们的行为和相互关系，而且也用这些观念评价自然现象。

第三，调节功能具有狭隘性、外在性和权威性。在原始社会，人们的眼界始终未能超出部落、氏族的范围，道德调节仅限于本部落、氏族之内。人们往往把道德看作外在的力量，从而“成为迷信的驯服工具，成为传统规则的奴隶”。原始社会的道德调节所凭借的力量，主要是习惯、传统、禁忌和首领的威信等。这时的道德调节所具有的权威性，是以后各阶级社会的道德所无法比拟的①。

（二）人类道德的发展

人类社会在原始社会之后，先后经过了奴隶社会、封建社会、资本主义社会和社会主义社会，也就先后产生了奴隶社会的道德、封建社会的道德、资本主义社会的道德和社会主义社会道德。

1. 奴隶社会的道德

奴隶社会是人类历史上的第一个阶级社会，奴隶主阶级和奴隶阶级是当时具有对抗性质的两大阶级，也正是由于这种阶级的对立，奴隶社会道德体系在内部也是相互对立的，其特征有二。

第一，奴隶主阶级道德是占统治地位的道德，维护奴隶对奴隶主的人身依附关系，保护奴隶主的私有财产，提倡等级观念、男尊女卑和男主女从。奴隶主完全占有奴隶，可以随意打骂、杀戮、买卖，奴隶主道德竭力维护这种依附关系，允许奴隶主的一切暴行并为之辩护。在我国，西周可以称得上是奴隶制社会发展最为完善的朝代，周公等统治者们意识到民众的力量，在对民众施行训诫的同时，也开始反思作为统治者应该注重自身的“德行”，“我不可不监于有夏，亦不可不监于有殷”②，提醒统治者们千万不可忽略民众的力量，要在关注民众所思所想的前提下体察自己为政的得失，如此

① 朱贻庭. 伦理学大辞典［M］. 上海：上海辞书出版社，2010：15.

② 十三经注疏上［M］. 王弼，等注. 孔颖达，等正义. 上海：上海古籍出版社，1997：213.

才能“享天之命”。西周统治者“以德配天”和“敬天保民”思想的形成，标志着中国古代的德治思想与民本主义早在西周时期就产生萌芽。奴隶阶级道德则以反抗非人虐待，争取人身的自由解放为主要内容。这两种道德的相互对抗和斗争，是奴隶社会道德的主干。

第二，平民与贵族存在道德上的对立。平民道德在一定程度上赞美劳动，反对贵族的掠夺和贵族的等级统治。奴隶主阶级思想家对本阶级道德加以论证，提出许多道德范畴、命题和观点，并建立起伦理思想体系，以调节经济、政治和文化生活。比如，古希腊伦理学就认为，道德是个人按人的本性和自然法则而生活的活动，是按理性原则磨炼意志、控制情欲的行为方式，是遵从理性求得内心宁静、自由的状态，是智者按照善指导处世的能力，是按理性和城邦秩序在个人活动中培养的品质。显然，古希腊思想家们认识到了道德是自觉、自主选择的行为，是个人的欲望、情感、意志协调的理性功能的发挥，是向善的，其结果是对他人和社会有益的行为，是服从公共利益的实践活动，是在实践中形成的品质。

从总体上看，奴隶社会道德体现了生产力和人类文明的发展，基本铲除了原始社会杀死俘虏、群婚等野蛮的社会陋习，体现了道德历史进步特别是奴隶阶级争取解放、自由的道德理想和实践，具有很大的进步意义[①]。

2. 封建社会的道德

封建社会道德是指适应封建社会经济关系状况的道德，它主要包括地主阶级和农民阶级两种对立的道德，其中地主阶级的道德居于支配地位。封建社会道德的主要特点有如下几点：

第一，以维护或反对宗法等级制的尊卑贵贱秩序为基本内容。地主阶级道德把等级“身份”作为评价善恶、荣辱的标准，以“尊尊”“亲亲”或“忠孝”“信义”作为根本的道德原则和规范，并按宗法等级划分不同层次的道德要求。与此相反，农民阶级道德则要求贫富均匀、贵贱同等，并依此形成了有别于地主阶级道德的行为准则。在孔子的思想中，除去君主，普通百姓也当有做人的道德标准。孔子讲“己欲立而立人，己欲达而达人”[②] 和“己所不欲，勿施于人”[③]。对于孔子来说，“仁”是最高境界的美德，它统摄其他各种美德，而其他种种美德是仁在各个方面的具体体现。

第二，占统治地位的地主阶级道德进一步规范化、体系化和神秘化。封建统治者借助于国家政权或宗教组织，不仅对各种道德要求做出正式表达，形成封建“人伦”关系的规范和理论体系，而且往往假以“神意”或“天命”，将这些规范强加于人。比如，秦始皇命人镌刻的传国玉玺上八个大字“受命于天，既寿永昌”，也足以证明中国古代对于“君权神授”之认同。譬如孟子就曾说过“天佑下民，作之君，作之师，惟曰其助上帝”[④]，孟子认为上苍为百姓降生了君主与老师，他们是帮助上天来庇护、管理子民的。董仲舒也曾说：“受命之君，天意之所予也；故号为天子者，宜视天如

① 朱贻庭. 伦理学大辞典［M］. 上海辞书出版社，2010：15.

② 十三经注疏下［M］. 何晏，等注. 邢昺，等，疏. 上海：上海古籍出版社，1997：247.

③ 同②：2518.

④ 同②：247.

父，事天以孝道也；号为诸侯者，宜谨视所候奉之天子也。”① 这种君权神授的思想，在当时起到了加强中央集权的作用，也为君主统治蒙上了一层神秘的色彩。

第三，道德调节功能进一步强化。封建统治者一方面使道德和政治、法律、宗教紧密结合，另一方面又通过道德教育和道德修养加强道德对人们的精神控制。

相对于奴隶社会道德，封建社会道德的进步倾向主要表现为：地主阶级道德处于更自觉的状态，反映了劳动者获得的一定的人身自由；农民阶级道德包含了勤劳、节俭等新品德因素，具有一定的反抗剥削、压迫和等级特权的进步作用。封建社会道德的消极方面主要表现为：地主阶级道德更具有伪善和欺骗性，成为奴役人民的精神枷锁；农民阶级道德也反映了小生产者的狭隘、自私等落后的一面。

3. 资本主义社会的道德

资产阶级道德是在资本主义社会中占据统治地位的道德，它萌芽于公元 11—15 世纪资本主义产生的初期，之后在文艺复兴、宗教改革和启蒙运动中得到了发展。一些思想家针对封建传统思想和宗教神学的束缚，提倡民主和自由、平等、博爱，主张个性解放、人道主义，强调个人物质利益，反对封建特权和禁欲主义。18 世纪后半叶，随着资产阶级政治制度的建立，资产阶级道德逐渐形成一个完整的体系，并确立以个人主义为核心的道德原则。由于资本主义社会实行的是生产资料私有制，资产阶级占有全部生产资料，无产阶级在资产阶级剥削之下几乎一无所有，只能凭借自身劳动力换取微薄的工资，这就直接导致资产阶级和无产阶级的对立，这也是资本主义社会道德体系在内部存在对立的原因。

进入资本主义自由竞争时期以后，资产阶级用以调节道德矛盾和各种道德关系的主要原则是合理利己主义，但其实质仍然是利己主义或个人主义。资产阶级从人的本性是自私的人性论出发，把追求个人私利作为一切行为的出发点，把追求个人自由和幸福的一切行为作为美德，宣扬金钱万能和拜金主义，使人与人之间的关系变成冷酷无情的金钱关系，并渗透于一切领域和一切社会关系之中②。

在资本主义社会中，与资产阶级道德相对的是无产阶级道德。初始阶段的无产阶级道德，出于反抗资产阶级的剥削和压迫，表现为盗窃、毁坏资产阶级的财物，杀死凶恶的工厂主等报复行为，以及对资产阶级欺骗性的道德说教的蔑视，带有很大的自发性。随着 19 世纪 40 年代马克思主义的创立，无产阶级成为自为的阶级，使无产阶级道德从胚胎状态上升到科学的理论，形成共产主义道德体系。无产阶级道德在无产阶级推翻资本主义制度，建立无产阶级专政的革命斗争和指导社会主义实践中发挥了巨大作用。

4. 社会主义社会的道德

社会主义是共产主义的初级阶段。社会主义道德本质上属于共产主义道德体系，是共产主义道德在社会主义历史阶段的具体体现。社会主义道德是无产阶级自发形成的朴素的道德基础上，以马克思主义的世界观为指导，由无产阶级自觉培养起来的道德，是与社会主义经济、政治、文化状况相适应的社会道德。新时代我国公民道德建

① 十三经注疏下［M］. 何晏，等注。邢昺，等疏. 上海：上海古籍出版社，1997：247.

② 朱贻庭. 伦理学大辞典［M］. 上海：上海辞书出版社，2010：16.

设以为人民服务为核心，以集体主义为原则，以爱祖国、爱人民、爱劳动、爱科学、爱社会主义为基本要求，以社会公德、职业道德、家庭美德和个人品德建设为着力点。

二、道德的本质与含义

道德的本质是什么？道德是一种社会意识形态，是一种上层建筑。作为社会意识形态，道德是由社会存在决定的。作为上层建筑，道德是由经济基础决定的。马克思主义认为，道德是由一定社会的经济关系所决定的特殊意识形态，是以善恶为评价标准，依靠社会舆论、传统习惯和内心信念所维持的，调整人们之间以及个人与社会之间相互关系的行为规范的总和。

（一）社会经济关系的性质决定各种道德体系的性质，社会经济关系所表现出来的利益决定着各种道德的基本原则和主要规范

我们的社会主义道德是社会主义公有制为主体的经济基础的反映；是以马克思主义世界观为指导，由无产阶级自觉培养起来的道德；是以为人民服务为核心，以集体主义为基本原则，代表无产阶级和广大劳动人民根本利益和长远利益的先进道德体系。我们的社会主义道德体系包括两个方面：一个是社会主义道德的内容体系，由各方面的道德规范构成，如政治道德、商业道德、家庭道德以及各行各业的具体规范；另一个就是社会主义道德的层次体系，在社会主义初级阶段，由低到高存在四个层次的道德要求。处于最低层次的，也就是最简单、最一般的道德要求，是社会主义起码道德要求，它包括社会公德、家庭美德和个人品德三大部分。处于第二层次的是社会主义基本道德，具体概括为“五爱”，即爱祖国、爱人民、爱劳动、爱科学、爱社会主义。处于第三层次的是社会主义职业道德，各行各业都有自己的特殊道德要求。处于第四层次的是共产主义道德，这是社会主义时期的最高道德要求。

（二）在阶级社会中，社会经济关系表现为阶级关系，道德带有鲜明的阶级性

道德的阶级性，正是社会经济关系的对抗性质造成的。道德标准由社会经济关系决定，道德甚至可以是经济上占统治地位的统治阶级用来统治被统治阶级的工具。善恶矛盾的根源在于利益关系的矛盾。在特定的社会背景下，判断一种行为是否道德（善），并不是按所谓的道德准则针对行为本身，而是着眼于行为实施造成的利益分配。比如，古代封建社会三纲五常的道德准则与名教观念，就是为封建阶级统治和等级秩序的神圣性和合理性而辩护的，所以才能够成为中国封建专制主义统治的基本理论，为历代封建统治阶级所维护和提倡。“三纲”“五常”这两个词，来源于西汉董仲舒的《春秋繁露》一书。董仲舒认为，在人伦关系中，君臣、父子、夫妻这三种关系是最主要的，而这三种关系存在天定的、永恒不变的主从关系：君为主、臣为从；父为主，子为从；夫为主，妻为从。亦即所谓的“君为臣纲，父为子纲，夫为妻纲”这“三纲”，“三纲”皆取于阴阳之道。董仲舒又认为，仁、义、礼、智、信五常之道则是处理君臣、父子、夫妻、上下尊卑关系的基本法则，治国者应该给予足够的重视。在他看来，人不同于其他生物的一个重要特点，在于人类具有与生俱来的五常之道。坚持五常之道，就能维持社会的稳定和人际关系的和谐。从宋代朱熹开始，三纲五常便经常联用。但三纲五常作为一种道德原则、规范的内容，渊源于先秦时代的孔子。同样，名教观念最初也始于孔子。孔子强调以等级名分教化社会，认为为政首先要“正名”，

做到“君君、臣臣、父父、子子”。三纲五常与名教观念作为封建社会的最高道德原则和观念，被写进封建家族的族谱中，起着规范、禁锢人们思想、行为的作用。2 000 多年来，它一直影响着中国人的国民性。当然，这种思想在一定时期也起到了维护社会秩序、规范人际关系的作用。

（三）社会经济关系的变化势必带来道德的变化

在人类历史发展过程中，一切道德体系的兴衰起落、进退消长都与当时的社会经济关系的变革紧密相关。当旧的社会经济关系日益腐朽，新的社会经济关系日益形成的时候，旧的社会道德关系也必然随之日益衰败，新的社会道德关系便随之日益兴起。比如，在新石器时代晚期向金属器时代过渡时，原始的锄耕农业转为犁耕农业，原始的畜牧业代替狩猎成为重要部门，驯养看管牲畜和驾畜耕田这类劳动主要由男子承担，男子在整个生产活动中的作用日益重要，妇女则主要从事家务劳动。这种男女经济地位的变化必然导致彼此社会地位的变化。特别是当氏族公社有了剩余产品，畜牧部落与农业部落分离使部落之间的交换日益频繁，男子往往凭借其在生产活动中的地位，把剩余产品占为己有，于是出现了私有财产，继而产生了将占有的财物传给子女的强烈愿望，这也促使母系氏族向父系氏族转变。随着时间的推移，过去那种丈夫从妻、子女从母、父亲死后财物归母系亲属、不由子女继承的制度，逐渐改变为妻子从夫、子女从父、父产由子女继承的制度，从而确定了父权制。对偶婚也逐渐变为一夫一妻制，丈夫开始奴役妻子，父亲开始支配子女。经过很长时期，母系氏族逐渐被父系氏族完全代替。道德领域的矛盾和斗争，亦是由经济关系的对立和冲突造成的。经济关系中的对立和冲突，决定着道德领域的矛盾和斗争。

（四）道德对社会经济关系的反映不是消极和被动的，而是以能动的方式来把握世界，引导和规范人们社会实践的活动

道德会通过形成一种社会的舆论力量和精神力量，来为产生和形成它的经济关系服务。任何道德与它所适应的经济关系与生产力发展要求相一致时，它总是会排斥旧经济关系的恶和非正义性，彰显新经济关系的善和正义性；当新的经济关系形成之后，它又把人们的行为约束在这种经济关系所许可的范围内，为巩固、维护这种经济关系服务；当这种经济关系又要为更新的经济关系所代替时，它又总是为旧经济关系的继续存在做辩护。比如，资本主义经济产生的资产阶级道德，一定会抨击封建道德，宣扬的资产阶级道德，强调人的作用，主张自由、平等、博爱。而当资本主义发展要向社会主义转变时，资产阶级道德会继续维护资本主义，反对无产阶级道德。此外，道德的评价对社会经济关系具有某种预示性。恩格斯曾指出，如果社会意识对社会现实的这种或那种现象，这种或那种经济事实的评价不公正的，那就证明这个事实本身已经过时了。先进的道德，似乎能感受到那些引导社会前进的社会力量的情绪和处世态度的变换，是预告人们生活中革命变革日益接近的信使。人们正是通过对道德的把握来感受社会关系的脉动，识别社会发展的方向，确定自身生存发展与社会和自然的关系，并形成自己关于责任和义务的观念，确立自己的道德理想，自觉地扬善抑恶，明辨荣辱，选择高尚，弃绝卑下，保持社会和个人的健康发展。

三、道德的功能与作用

（一）道德与法律的关系

道德与法律同为意识形态，两者既有联系又有区别。从二者的联系看，首先，二者都属于上层建筑，都由一定的经济基础决定，都是调整人的行为的社会规范，两者都离不开特定的物质生活条件，都由社会经济基础决定。其次，法律是道德的底线，是最低的要求。违反道德不一定违反法律。例如，见死不救违背道德，但是不违反法律。反过来，违反法律也不一定违背道德。比如，“民告官”行政诉讼的起诉期是6个月，当事人过了起诉期才起诉违反法律制度，但和道德没有关系。最后，二者在社会治理中都发挥着独特而不可替代的作用。不能说成“法律是万能的”或者说“法律中心论”，两者地位同等重要。

从二者的区别看，第一，二者产生的时间不同。法律是随着国家的出现而产生的，没有国家就没有法律，法律产生于阶级社会；而道德是在社会生活进程中逐渐自发演变而形成的，在原始社会就存在着相应的道德。例如，上古时期就产生了禅让制。由此可见，法律产生的时间是要晚于道德的。第二，二者的结构不同。法律有很强的逻辑性和体系性，具体表现为法律制度、法律条文、法律部门等；而道德比较零散，相对于法律来说，道德的体系没有那么完整。第三，二者包含的内容不同。法律在内容上强调权利和义务的统一，没有权利就没有义务，权利和义务相互依存，不可分割；而道德在内容上往往只强调义务，如道德要求拾金不昧、救死扶伤、尊老爱幼等是给人设定的义务。第四，两者的保障手段不同。法律的保障力主要是依靠国家强制力，是一种外在的强制手段；而道德的保障力主要靠人们内心的遵守和社会舆论的评价，是一种内心的约束力。法律的保障手段无疑是强于道德的。第五，二者的调整范围不同。道德的调整范围是远远大于法律的。道德要求人们内心善良、与人为善，在社会生活的方方面面都有这样的要求，而法律只是对人设定最低限度的要求，调整范围明显要小于道德。

（二）道德的功能

道德的功能，是指道德作为社会意识的特殊形式对于社会发展所具有的功效与能力。道德的主要功能表现在以下几个方面。

1. 道德具有认识功能

道德是引导人们追求至善的良师。所谓道德的认识功能，是指道德运用善恶、荣辱、义务、良心等特有的道德概念和范畴，反映人类的道德现象、道德关系和道德实践活动，并为人们进行道德选择提供指南的能力。它教导人们认识自己，对家庭、他人、社会、国家应负的责任和应尽的义务，教导人们正确地认识社会道德生活的规律和原则，从而正确地选择自己的行为和生活道路。

2. 道德具有调节功能

道德调节人与人、人与自然的关系，使个人利益与他人、社会的利益协调一致，并保持人类生存环境的动态平衡，所以道德也是社会矛盾的调节器。人生活在社会中总要和自己的同类发生或这样或那样的关系，因此不可避免地要发生各种矛盾。这就需要通过社会舆论、风俗习惯、内心信念等特有形式，以自己的善恶标准去调节社会上人们的行为，指导和纠正人们的行为，使人与人之间、个人与社会之间的关系臻于完善与和谐。

3. 道德具有教育功能

道德的教育功能是指通过舆论、习惯、良心等教育人们，培养人们良好的个人道德意识、品质和行为，从而提高人们的精神境界和道德水平，所以道德也是催人奋进的引路人。它使人们树立正确的义务、荣誉、正义和幸福等观念，使受教育者成为道德纯洁、理想高尚的人。

4. 道德具有评价功能

道德评价是指运用已有的道德观念对行为的是非、好坏、善恶进行评定和判断的过程。道德评价的过程贯穿于道德认识发展的始终。道德评价能力的培养有助于道德信念的形成，也是对道德行为的一种积极的强化，所以道德也被比作公正的法官。道德评价是一种巨大的社会力量和人们内在的意志力量，它通过把周围社会现象判断为“善”与“恶”而实现。

5. 道德具有平衡功能

道德不仅调节人与人之间的关系，而且平衡人与自然之间的关系。它要求人们端正对自然的态度，调节自身的行为。环境道德是当代社会公德之一，它能教育人们应当造福于世而不贻祸于子孙后代，从社会的全局利益和长远利益出发，开发自然资源，发展社会生产，维持生态平衡，积极治理和防止对自然环境的人为性的破坏，平衡人与自然之间的正常关系。

（三）道德的主要作用

道德功能的发挥和实现所产生的社会影响及实际效果，就是道德的社会作用。在社会生活中，道德以其特有的方式，在指导人们的行为、调节人们之间的关系、维护社会秩序、巩固社会经济基础、发展社会生产力、变革社会生产关系方面发挥了独特的作用，这些作用主要表现在以下几个方面。

1. 道德对其赖以产生的经济基础的形成、巩固和发展具有促进作用

道德始终为产生它的经济基础服务，以自己的善恶标准从道义上论证产生它的经济基础的合理性和正义性，促进自己经济基础的形成和巩固，并谴责和否定不利于自己经济基础的思想和行为。就像前面说过的，资本主义经济产生的资产阶级道德，一定会抨击封建道德，宣扬资产阶级道德，维护资本主义。

2. 道德是影响社会生产力发展的重要精神力量

一切进步的道德，总是对生产力和科学技术的发展起着积极的推动作用。道德对生产力的影响，主要是通过人的精神状态来实现的。人是生产力诸要素中最活跃的因素，居于主导地位，起主导作用。道德能有力地激励人的精神逐步完善，是提高人的精神境界、促进人的自我完善、推动人的全面发展的内在动力。当一种道德观念为人们所接受以后，必然对其劳动态度，工作效率产生影响，从而间接地影响社会生产力乃至整个社会的发展。比如，在科学技术史上，大凡有所建树、为人类做出伟大贡献的杰出科学家，一般都有为科学献身、为人类服务的高尚道德品质。爱因斯坦在悼念居里夫人时也肯定了道德对社会生产力的推动作用。爱因斯坦认为，第一流人物对于时代和历史进程的意义，尤其是道德品质方面，也许比单纯的才智成就方面还要大。

3. 在阶级社会里，道德是进行阶级斗争的重要武器

统治阶级的道德为统治阶级的利益辩护，是维护其阶级统治的精神力量。在阶级社会中，统一的共同道德分裂为阶级的道德，和生产资料私有制相适应，剥削阶级的道德成为各社会形态中占统治地位的道德，其共同的道德信条是“剥削有理”“压迫有理”。与之相对立的是各社会的劳动者阶级的道德，它们提倡勤劳、勇敢、团结互助，反对剥削和压迫。被统治阶级的道德代表被压迫者对这个统治的反抗和未来的利益。

4. 道德通过对其他社会意识形态和上层建筑的其他部分发生影响，从而间接地为经济基础服务

道德同法律、艺术等其他社会意识形态既相互区别，又相互联系、相互作用、共同发展。道德有助于维护社会的政治稳定，减少社会犯罪现象的发生。道德既是政治斗争和实现政治统治的重要辅助力量，是法律的必要补充，又对不同时代的社会风尚和文化的变化发展有着深刻的影响，并最终服务于其经济基础。

5. 道德对社会稳定和人们日常生活及交往的正常进行具有重要的维护和保证作用

从总体看，道德具有历史性和阶级性，永恒的道德、超阶级的道德是没有的。但为了保证人们之间的正常交往，维护正常的社会秩序，需要有一些大家都能接受并共同遵守的道德准则，如遵守公共秩序，爱护儿童，尊敬长辈，讲究卫生，反对流氓、盗窃行为等。尽管这些道德准则并非道德中最本质的方面，而且在阶级社会中也打上了阶级的烙印，但毕竟起着约束不同阶级人们行为的作用。

对于道德的这种对社会经济基础及社会生活的能动作用，夸大、贬低乃至否认同样都是错误的。道德反作用于社会经济关系是普遍的现象，但它所起的能动作用却具有不同的性质，存在革命与反动、进步与保守的区别。马克思主义充分肯定道德在社会历史发展中的能动作用，但并不把它看作变革阶级社会经济关系的决定性力量。因此，在对道德的功能与作用进行分析的时候，我们要注意批判两种错误的观点：一种是“道德决定论”（或称“道德万能论”），另一种则是“道德无用论”。持有“道德决定论”观点的人常常会片面夸大道德的作用，认为道德决定一切，只要人们的道德水平提高了，一切社会问题都可以迎刃而解。在我国古代，封建礼教思想对人们有极大的行为约束力。孟子就把道德的作用看成关系到国家兴亡的根本所在。荀子亦有类似的看法，他说：“人无礼则不生，事无理则不成，国家无礼则不宁。”荀子把所谓的“礼”看成最高的道德原则，把“礼”当成最高道德原则。这些没有问题，但是把“礼”看作修身、成事、治国之根本，显然就是过分夸大了“礼”的作用。欧洲 19 世纪的空想社会主义者也夸大道德的作用。他们否认阶级斗争，试图用道德的手段，特别是用“爱”的说教，一方面劝导富人对穷人仁慈，为人类做出牺牲；另一方面劝导穷人忍让，在物质利益方面知足，空想“爱”能化干戈为玉帛和阶级对抗的社会能得以改造，社会主义理想蓝图就会变成现实，这种观点显然是唯心主义的。

“道德无用论”提倡者贬低甚至根本否认道德的能动作用。中国先秦的商鞅，可算作代表，商鞅认为道德不但无益，反而有害。他把“礼乐”“诗书”“修善孝悌”“诚信贞廉”“仁义”“非兵羞战”称为“六虱”。在文艺复兴时期的西方，意大利政治家马基雅维利持有类似的观点，他主张执政者只管做对自己有利的事就好，根本不必顾及什么公正和道德。19 世纪末，德国哲学家尼采的超人哲学鼓吹权力意志决定论，主

张靠个人权力无限扩张以征服世界。尼采认为道德在弱肉强食面前是完全无能为力的，是彻底无用的，至多也不过是弱者为了反对强者而提出的借口而已。这种观点是道德无用论的极端形式。古今中外的历史和现实都告诉我们，否认道德作用的理论完全是错误的，是违背人的理性，违反社会利益的一种异端邪说，应该予以彻底否定。

第二节 职业道德

一、职业与职业道德

（一）职业的产生与含义

1. 职业的产生与演化

职业的产生与人类的生活是息息相关的，那职业到底是怎样产生的呢？

首先，职业是人类社会发展到一定阶段出现了社会分工的产物。早在人类社会发展初期，即原始社会早期，为了生存和繁衍，人们就开始从事打猎、捕鱼、采摘等各种劳动了，但这种劳动显然是不能被称为职业的。因为从事这些劳动的人都不是专职的。比如，某个男子昨天外出打猎，今天又要去伐木，明天还可能要烧饭。换句话说，他们所从事的工作都是不稳定的，是一种非社会性的劳动。到了新石器时代，原始人类在长期的劳动实践中逐渐掌握了某些自然规律，征服自然的能力也在不断地提高。比如，在长期的采集活动中，人们通过观察，逐渐掌握了植物性能和生长规律，掌握了植物的栽培技术，这部分人就开始专门从事种植，这样就出现了原始农业；又比如，经过长期的打猎劳动，人们对诸如牛、马、羊、鸡等某些动物的习性也有了新的认识，那就是它们都可以驯服、饲养牲畜，于是一些人开始脱离其他的劳动，专门从事畜牧工作，这便又产生了畜牧业，这些牧马人、牧羊人同从事种植业的人就可以被视为早期的职业劳动者，职业的萌芽得以产生。

其次，职业的演化是一个漫长的复杂过程，并不是一朝一夕能够完成的。在原始社会初期，由于没有社会分工，也就没有职业。在原始社会后期，随着生产力的发展，原始农业和原始畜牧业也有了较大的发展，这时需要有人专门从事农业，有人专门从事畜牧业，渐渐出现了农业和畜牧业的分工。第一次人类社会的大分工产生于畜牧业和农业的分离。以我国为例，在我国原始社会末期，古代黄河流域的氏族部落形成了以原始农业为主的综合经济，边远草原地区的氏族部落则形成了以畜牧业为主的经济，长江下游地区的一些氏族部落虽然也经营农业，但渔猎所占比重也较大。手工业作为一个独立的生产部门，脱离了农业或畜牧业，这是第二次社会大分工。这些手工业的出现也是基于农业和畜牧业发展的基础上的，由于生产力的发展，剩余粮食出现，于是需要加工和贮存这类粮食，由此而产生了制陶业。而从事畜牧业生产的部落中，皮毛加工业也应运而生了。随着人们穿戴的需要，还有的人专门从事纺纱织布、做衣服、制鞋等，如此一来，纺织业等其他手工业也应运而生。可以这样说，在原始社会末期，真正意义上的职业产生了。

到了奴隶社会，生产力进一步发展，原始社会原有的手工业、农业、畜牧业逐渐变成了专门的职业。归因于劳动产品的剩余，以交换为直接目的的生产——商品生产就应运而生了。有的人选择专门从事商品的买卖，这就产生了职业商人，继而产生了商业。至此，发生了人类历史上的第三次社会大分工——商人阶层得以出现。这些分工决定了不同的人群专门从事不同的社会活动，从事不同的社会活动就要求对应人群具备专门的知识、经验、技术、能力等。奴隶社会之后，社会生产力获得了长足的发展，社会分工日益深化和细化，职业随之日益增多。由于私有制、阶级与国家的产生，奴隶社会在社会生产过程中出现了组织者与管理者，在政治活动中出现了职业政治家，比如官吏、士人、军人阶层等。也就是说，此时奴隶社会的职业分工已经不同于原始社会那种出于生存本能的自然分工，而是建立在人类的社会需要基础上，带有一定的社会性目的和社会规定，而这些都是职业的基本内涵。

在封建社会，各种职业分工以封建地主阶级的需要为前提，脑力劳动与体力劳动的分工进一步明确。传统职业，如农业、手工业、畜牧业、医疗行业较之奴隶社会进一步发展。至我国明清时期，棉纺织业、矿冶业、陶瓷业、造船、制糖、榨油、制茶、印刷等生产技术在原有基础上持续发展，官营手工业尤为兴盛，各行各业的手工工厂皆是工匠齐备，分工细致；关乎国家治理的官吏、军人等职业在分工上也是愈加细化。职业分工的细化及相关规范的设置对稳固封建秩序、促进社会发展起到了进步作用。然而封建社会的职业分工又难免受到自给自足的自然经济、宗法制度与礼教的影响，尤其部分职业只能是“世袭制”，这就使得各种职业在地位上有了高低贵贱的等级之分，极大限制了各职业之间的交往。不仅如此，在各作坊内部，普遍采取的家长制的管理方式使得封建社会职业道德带有了浓重的封建宗法色彩。封建地主阶级厌恶劳动，鄙视劳动人民的道德观念，这都影响着职业分工和职业道德的发展。

在资本主义社会，生产力水平较之封建社会大为提高。生产力的进步也促使人在物质与精神上的需求越来越多，这是职业门类增加的现实条件。21 世纪是科技大发展、产业结构调整的时代，新兴职业也在不断出现。可以说，到了现代社会，职业门类已经覆盖了社会生活的各个角落和层面，并且从业要求呈现出能力不断提高、专业化趋势不断强化的发展趋势。然而，资本主义生产又是建立在机器大工业基础上的社会化大生产，不同于以往建立在手工劳动基础上的生产。生产社会化极大地提高了工艺、技术水平和劳动生产率，使得社会生产以空前的速度迅猛地向前发展，也使得一切旧的生产方式革命化了。随着产业革命的到来，机器的功用越来越大，由于机器不受劳动者生理的限制，生产力水平大幅提高。机器大规模的应用使得传统手工业类的职业开始“落伍”。对于一般工人来说，其个人无法摆脱机器独立工作，只能“异化”成为资本家所拥有的机器的一部分。

社会主义制度的建立，不但从根本上消灭了某些旧式职业与社会分工，消减了旧社会职业之间或职业内部的等级观念与尖锐矛盾，而且创建了一种新型平等的社会主义职业关系。各个职业的从业者都是为人民服务，为国家而努力工作，大家在地位上都是平等的。随着生产工艺的革新细化，我国也形成了数量庞大的专职技术人员队伍。专职技术人员与普通工人的分工，标志着我国职业又有了新的发展与变迁。科学技术创新发展的步伐不会停滞，如此一来，未来在某些领域，职业的专业化需求势必也会越来越高，从业者就要学习领域内更多的高精尖端技能。另外，某些职业之间又相互交叉重叠，这就要求从业者一专多能，在技能上不断向多元化、综合化的方向发展。

2. 职业的含义及其特点

分析了职业的产生，那么到底应该怎样界定职业的含义呢？“职业”这个词对我们来说肯定不陌生。每个人从小都是靠父母辛勤的工作来养育的，他们从事的职业可能是农民、工人、医生、司机、教师、售货员等。对于职业的含义，不同的人有不同的看法和认识。美国著名的社会学家阿瑟·萨尔兹认为，职业是一个人为了不断取得收入而连续从事的具有市场价值的特殊活动，这种活动具有市场价值，并决定着从事它的那个人的社会地位。美国著名的教育家、哲学家杜威认为，职业是可以从中得到利益的一种生活活动。我国社会学工作者强调职业是事业、责任、价值和酬劳的统一。根据中国职业规划师协会的定义：职业=职能×行业。职业，即个人所从事的服务于社会并作为主要生活来源的工作。学界有些学者从“职业”一词的词义上进行了分析，认为“职”指职位、职责，包含着权利和义务的意思；“业”指行业、事业，包含着独立工作，从事事业的意思。

综上所述，职业指的是劳动者能够稳定从事的有报酬的工作，是劳动者足够稳定地从事某项有酬工作而获得的劳动角色，是一种社会劳动岗位。这个定义包含四层含义：第一，职业活动是一个历史范畴；第二，职业是人们长期从事的社会活动；第三，从业人员承担特定的社会责任；第四，从业人员以职业收入为生活来源。基于对职业内涵的分析，我们可以看出它具有以下特征。

首先，同一类职业具有一定的同一性。某一类别的职业内部，其劳动条件、工作对象、生产工具、操作内容相同或相近。由于环境的同一，人们就会形成同一的行为模式，有共同的语言习惯和道德规范。基于此，社会中才形成了诸如行业工会、行业联合体等社会组织。

其次，不同职业之间存在很大的差异性。不同职业很可能在劳动条件、工作对象、工作性质等方面都表现出不同。随着社会的进步和经济体制的改革，各种职业间的差异也会不断变化。

再次，职业体现了一定的层次性。从社会需要角度来看，职业并没有高低贵贱之分。但是现实生活中由于对从事职业的素质要求不同以及人们对职业的看法或舆论的评价不同，职业便有了层次之分，这种职业的不同层次往往是由不同职业体力、脑力劳动的付出、收入水平、工作任务、社会声望、权力地位等因素决定的。

最后，职业具有时代性。不同时代有不同的热门职业。我国曾出现过“当兵热”“从政热”“高考热”及“考研热”，又发展到“下海热”“出国热”“外企热”等，都反映出特定时期人们对某种职业的热衷程度。

（二）职业的分类

职业分类作为制定职业标准的依据，是促进人力资源科学化、规范化管理的重要基础性工作。职业分类以工作性质的同一性为基本原则，对社会职业进行系统划分与归类。所谓工作性质，就是一种职业区别另一种职业的根本属性，一般通过职业活动的对象、从业方式等的不同予以体现。随着经济发展和科技进步，职业的种类将不断变化。

联合国在1958年正式颁发了《国际标准职业分类》，将职业分为9个大类、83个中类、284 个小类、1 506 个细类。目前许多国家都根据该职业分类，编制符合本国国情的职业分类词典。其中最典型的是《加拿大职业分类词典》，该词典将加拿大的职业分为 23 个主类、81 个子类、489 个细类，约有 67 000 种职业。该分类为社会调查、人口普查、就业人口的统计提供了依据，而且也为教育培训部门进行高、中、初级人才的现状调查，制订教育培训发展规划提供了重要依据。

1999 年，我国劳动和社会保障部、国家质量技术监督局、国家统计局联合颁布了《中华人民共和国职业分类大典》，根据从业人口所从事的工作性质的同一性进行分类，将我国职业归为 8 个大类、66 个中类、413 个小类、1 838 个细类（职业）。8 个大类分别是：第一大类为国家机关、党群组织、企业、事业单位负责人，其中包括 5 个中类、16 个小类、25 个细类；第二大类为专业技术人员，其中包括 14 个中类、115 个小类、379 个细类；第三大类为办事人员和有关人员，其中包括 4 个中类、12 个小类、45 个细类；第四大类为商业、服务业人员，其中包括 8 个中类、43 个小类、147 个细类；第五大类为：农、林、牧、渔、水利业生产人员，其中包括 6 个中类、30 个小类、121 个细类；第六大类为生产、运输设备操作人员及有关人员，其中包括 27 个中类、195 个小类、1 119 个细类；第七大类为军人，其中包括 1 个中类、1 个小类、1 个细类；第八大类为不便分类的其他从业人员，其中包括 1 个中类、1 个小类、1 个细类。2015 年 7 月 30 日国家职业分类大典修订工作委员会全体会议在京召开，会议颁布了 2015 版《中华人民共和国职业分类大典》。2015 版《中华人民共和国职业分类大典》与 1999 版相比，维持了 8 个大类不变，减少了 547 个职业（新增 347 个职业，取消 894 个职业），调整后的职业分类结构为 8 个大类、75 个中类、434 个小类、1 481 个细类。

职业的种类与一个国家一定时期的社会政治、经济制度以及国家的政策密切相关。例如，目前在一些资本主义国家，允许存在的职业中有赌博业、色情业等，这在我国是坚决取缔的职业；在 20 世纪六七十年代的我国，个体经济、私营经济等是不允许存在的，而现在非公有制经济则成为社会主义市场经济的重要组成部分。此外，不同国家还存在一些具有民族特色的职业，如我国的针灸师、中医师、武术师等。在人类进入现代工业社会以后，科学技术的广泛运用促使生产力迅速发展，社会分工越来越细，职业也就越来越多。职业的变化和增多使新旧职业更替的速度加快，人们必须不断学习，掌握专业技能，终生接受教育，才能适应职业的快速发展。

（三）职业道德的含义与特点

1. 职业道德的含义

职业道德是道德在职业实践活动中的具体体现。广义的职业道德是指从业人员在职业活动中应该遵循的行为准则，涵盖了从业人员与服务对象、职业与职工、职业与职业之间的关系。狭义的职业道德是指在一定职业活动中应遵循的、体现一定职业特征的、调整一定职业关系的职业行为准则和规范。职业道德既是从业人员在进行职业活动时应遵循的行为规范，又是从业人员对社会所应承担的道德责任和义务。从上述职业道德的含义中可以看出，职业道德是一种职业规范，受社会普遍的认可；职业道德是长期以来自然形成的，它没有确定形式，通常体现为观念、习惯、信念等；职业道德没有实质的约束力和强制力，它依靠文化、内心信念和习惯维系，通过从业人员的自律实现；职业道德的主要内容是对从业人员义务的要求；职业道德的标准是多元化的，代表了不同职业可能具有不同的价值观；职业道德承载着职业文化和凝聚力，影响深远。

每个从业人员，不论是从事哪种职业，在职业活动中都要遵守道德。首先在内容上，职业道德总是要鲜明地表达职业义务、职业责任以及职业行为上的道德准则。它不是一般地反映社会道德和阶级道德的要求，而是要反映职业、行业以至产业特殊利益的要求；它不是在一般意义上的社会实践基础上形成的，而是在特定的职业实践的基础上形成的，因而它往往表现为某一职业特有的道德传统和道德习惯，表现为从事某一职业的人们所特有的道德心理和道德品质，常常使得从事不同职业的人们在道德品貌上有着极大的差异。其次在表现形式上，职业道德往往比较具体、灵活、多样。它总是从本职业的交流活动的实际出发，采用制度、守则、公约、承诺、誓言、条例，以至标语口号之类的形式，这些灵活的形式既易于为从业人员所接受和实行，而且易于形成一种职业的道德习惯。再次在调节的范围上，职业道德一方面是用来调节从业人员内部关系，加强职业、行业内部人员的凝聚力；另一方面也是用来调节从业人员与其服务对象之间的关系，用来塑造本职业从业人员的形象。最后从产生的效果来看，职业道德既能使一定的社会或阶级的道德原则和规范“职业化”，又使个人道德品质“成熟化”。职业道德虽然是在特定的职业生活中形成的，但它绝不是离开阶级道德或社会道德而独立存在的道德类型。在阶级社会里，职业道德始终是在阶级道德和社会道德的制约和影响下存在和发展的；职业道德和阶级道德或社会道德之间的关系就是一般与特殊、共性与个性之间的关系。任何一种形式的职业道德，都在不同程度上体现着阶级道德或社会道德的要求。同样，阶级道德或社会道德在很大范围上都是通过具体的职业道德形式表现出来的。同时，职业道德主要表现在实际从事一定职业的成人的意识和行为中，是道德意识和道德行为成熟的阶段。职业道德与各种职业要求和职业生活结合，具有较强的稳定性和连续性，形成比较稳定的职业心理和职业习惯，以致在很大程度上改变人们在学校生活阶段和少年生活阶段所形成的品行，影响道德主体的道德风貌。

2. 职业道德的特点

道德具有的特点方面职业道德自然同样具备，但当某些道德具备的特点体现在职业道德上的时候，往往会体现得更为鲜明。

首先，职业道德的宗旨具有稳定性和连续性的特点。职业道德的特点在于每种职业都有其道德的特殊内容。职业道德的内容往往表现为某一职业所特有的道德传统和道德准则。一般来说，职业道德所反映的是本职业的特殊利益和要求，而这些要求是在长期的、反复的特定职业社会实践中形成的，有些是独具特色、代代相传的。不同民族有各具特色的职业生活方式，从事特定职业也有其特定的职业生活方式。这种由不同职业、不同生活方式长期积累逐渐形成的相对稳定的职业心理、道德传统、道德观念以及道德规范、道德品质具有连续性和稳定性。例如，医生的宗旨是救死扶伤，军人的职责是服从命令，商人则要诚信无欺，教师要为人师表，领导应以身作则，等等。这些均是约定俗称的社会共识，已流传上千年。一般来说进入这个行业、从事这一职业，我们首先要学习掌握这一职业的道德，要遵守行约、行规。只有认真、模范地实现这一职业道德的人才是这一职业中的优秀人才。

其次，职业道德的内容具有历史性和有限性的特点。道德也具有历史性和有限性特点，而职业道德的历史性特点相对道德表现得更为明显，或者说，职业道德的历史就是整个社会道德历史性的一个典型表现。历史性体现在一般道德领域，如家庭道德的话，其历史性的变化是基本与社会历史阶段的发展相一致与相统一的。而职业道德在这种总的历史发展的要求下，是与科学技术和生产技术的发展程度有直接关系的。不同的历史发展阶段、不同的经济发展时期，就有与之相适应的不同的职业道德标准。一个手工业作坊的工作人员或负责人不可能遵循现代化、科学化大生产条件下的职业道德和职业守则。

职业道德的有限性主要表现为两点：第一，它与其所从事的职业本身的内容是密不可分的，离开具体的职业，就没有职业道德可言；第二，职业道德也只能规范本行业从业人员同其服务对象之间的关系，并不适用其他行业。道德是调节人与人之间关系的价值体系。鉴于职业的特点，职业道德调节的范围则主要限于本职业的成员，而对于从事其他职业的人就不一定适用职业道德的调节作用，主要是与从事同一职业人员的内部关系。也就是说职业道德对于与所从事职业无关的人来说毫无价值。从职业道德的应用角度来考虑，没有置身于职业实践当中去，无论有多么美好的愿望和多么惊人的接受能力，其对于职业道德的规范和内容都无从做起。不是医生，个体也可以对医生的医德做出评价，但却无法把医德用于自身。

再次，职业道德的形式具有多样性和适用性的特点。随着社会的不断进步和科学技术突飞猛进的发展，社会分工也向着多样化方向发展，社会分工越来越细。社会分工的多样性就决定了职业道德的多样性。虽然道德的基本精神在最高的理论层次上，也是可以相通的，但毕竟不同的职业有不同的职业道德标准。职业道德是依据本职业的业务内容、活动条件、交往范围以及从业人员的承受能力而制定的行为规范和道德准则，所以我们常说有多少种职业，就会有多少种职业道德。但是，每种职业道德又必须有具体、灵活、多样、明确的表达形式，以便从业人员记忆、接受和执行，并逐渐形成为习惯。因此我们说职业道德具有适用性。

最后，职业道德具有纪律性。纪律也是一种行为规范，但它是介于法律和道德之间的一种特殊的规范。它既要求人们能自觉遵守，又带有一定的强制性。就前者而言，它具有道德色彩；就后者而言，又带有一定的法律色彩。就是说，一方面遵守纪律是一种美德；另一方面，遵守纪律又带有强制性，具有法令的要求。例如，工人必须执行操作规程和安全规定，军人要有严明的纪律，等等。因此，职业道德有时又以制度、章程、条例的形式表达，让从业人员认识到职业道德具有纪律的规范性。

总之，在人类走过的漫长历史道路上，任何一个人从事任何一种职业，如果要真正地得其精髓，成为合格的从业人员，都需要经过长期的努力和培养。中国有句老话叫“隔行如隔山”，说的就是每一种职业都有其各自的特点，样样精通是做不到的。尽管现代社会中，由于知识的相互渗透，人们掌握了比从前多得多的知识，并不排除一人从事两项或更多的职业，但这并不是社会的主流，只是一少部分人的行为，或者是从事的职业，知识含量要求不高。人生有限，穷其一生学通、学精一项技能并服务于社会，相信这是大多数人的选择。

（四）职业道德的形成与发展

人类职业道德的产生，是和人类分工紧密联系在一起的，是随着社会分工的发展并出现相对固定的职业集团时产生的，人们的职业生活实践是职业道德产生的基础。

如前所述，在原始社会末期，由于生产和交换的发展，出现了农业、手工业、畜牧业等职业分工，职业道德开始萌芽。当时的职业道德主要靠行为、动作、简单的语言、氏族禁忌、宗教仪式等表现出来。

职业道德的真正形成是在奴隶社会。在奴隶社会，由于铁器工具的使用，生产力有了较大发展，生产的剩余产品慢慢多起来，这时，不仅出现了体力劳动和脑力劳动的更加深刻的社会分工，而且导致了人类历史上第一个阶级社会的产生；同时，进一步促使社会分工的细化和专业化，出现了各种手工业者、农夫、商人、官吏、军人、艺术人员、宗教人员、教师、医生等，这些特定的职业不但要求人们具备特定的知识和技能，而且要求人们具备特定的道德观念、情感和品质，各种职业集团为了维护职业利益和信誉，适应社会的需要，从而在职业实践中根据一般社会道德的基本要求设置符合自身职业特性的规则，这样就逐渐形成了职业道德规范。在我国古代文献中，早有关于职业道德规范的记载。例如，中国古代兵书《孙子兵法·计》中，就有“将者，智、信、仁、勇、严也”的记载。“智”“信”“仁”“勇”“严”这五德就被中国古代兵家称为将之德。

作为人类的职业道德意识与结构的初步形成期，奴隶社会的职业道德有其自身特点。

首先，奴隶社会中职业道德的主体是奴隶主和自由民，不包括奴隶。这是因为在奴隶社会中奴隶是没有人身自由的，统治阶级也根本不把奴隶看作人，而是将他们看作“会说话的工具”。奴隶从事的不同工作就更不可能被统治阶级看作不同职业，而只看作某种工具或物件在不同场合的使用。

其次，不论中外奴隶社会，皆是不同的阶级遵守不同的道德规范要求。比如，在古希腊奴隶社会，著名哲学家、思想家柏拉图在他的著作《理想国》中谈道，哲学家的道德是“智慧”，武士的道德是“勇敢”，自由民的道德是“节制”。当这三个阶级在国家里面各做各的事，而不互相干扰的时候，便有了正义。这里的“智慧”“勇敢”“节制”都有职业道德的意义，不但体现出了职业意识，也是阶级性在职业道德中的体现。在我国周朝，经历了朝代更迭的人们通过观察现实中的变故，认识到只要是统治者丧失良善之心变得残暴以后，“天命”随即就会发生改变而走向新的朝代。人们认为天命不再可靠，他们开始抛弃以往对上苍神明的期待，试图倚仗自身的力量去掌控自己的命运，此刻人们对自身的重视与信任已然超过了他们曾经对于天命的依赖，对自身行为的约束和对“德”的追求与重视也远胜之前。自此，周初的人们也改变了统治者由天命决定的观念，认识到统治者若想真正得到庇护，必须具备出众的德行；也只有拥有出众道德品质的统治者才配得到上苍的庇护与民众的支持。这样对于统治者来说，就需要通过感知民情、倾听民意、体察民心来预知其天命；对于君主权力合法性最重要判别标准为“德”的思想就此开启，也就是说“德”由此就被视为君主应当具有的职业道德。从柏拉图对三个阶层职业道德与我国周朝对君主道德的要求中，我们可以得出如下结论：在奴隶社会职业道德意识初步形成，人们开始注重职业道德行为，但其重点是比较重视奴隶社会的统治者等上层社会人们的职业道德，特别是与统治阶级的切身利害有关的职业道德，而对直接从事物质生活资料生产的体力劳动者的职业道德则是比较轻视的。

最后，奴隶社会各职业间职业道德规范的差异性日益增大。相比原始社会，奴隶社会职业发展有了长足的进步。战国时成书的《周礼·考工记》中记载，当时大的职业分工就有六种，即王公、士大夫、百工、商旅、农夫、妇功，书中对于这六种职业从业者的职业道德要求显然也是不同的。王公（统治阶层）之职是“坐而论道”，士大夫（官僚与贵族）之职是“作而行之”，百工（手工业者）之职是“审曲面势，以饬五材，以辨民器”，商旅（坐商行贩）之职是“通四方之珍异”，农夫之职是“饬力以长地材”，妇功（家庭女工）之职是“治丝麻以成之”。可见，社会分工向精细化方面发展的同时，更是出现了脱离直接生产依附上层建筑的职业，如官吏、教师、医生等，因此也相应形成了各自的职业道德。比如，被誉为西方医学之父的古希腊著名医生希波克拉底提出了医生应具有的职业道德，他在《誓词》中提及，无论何时何处遇男、女或贵人、奴婢，他唯一目的就是为病家谋幸福。

到了封建社会，职业道德规范愈加细化，许多职业由此逐渐形成稳定的职业传统，出现了士农工商等基础职业分层，职业道德更加明晰化。但是由于小农经济和社会等级制的混同作用，封建社会的各种职业道德不可避免地带有浓厚的封建色彩。封建统治者借助于国家政权或宗教组织，不仅对各种道德要求做出正式表达，形成封建“人伦”关系的规范和理论体系，而且往往假以“神意”或“天命”，将这些规范强加于人。这一时期，道德调节功能也进一步强化，对应的职业道德强调社会稳定功能的发挥，而非对善的追求。统治阶级把职业道德作为阶级统治的工具，把各行各业的安于本分、忠于职守的职业道德看作保护现有职业分工和维护其统治秩序的重要手段，通过职业道德控制职业活动，进而影响社会活动各个方面。明末清初著名政治思想家黄宗羲就认为，推行学校教化的重要性毋庸置疑，教师在教化学生的过程中承担最重要的责任。在《明夷待访录·学校》中，他坚持认为教师应该秉承传统儒家的理念，发挥其传道、授业、解惑的功能。在最高等级的学校“太学”，如果学官（教师）有妨碍学校教育的行为，儒生们就可以一起要求撤换掉他，因为他“不可以为吾师也”。这一时期突出特点表现在职业道德突出君父伦理意识与家长制特征。在纲常伦理封建意识的作用下，各种职业道德都强调“忠”，突出君父伦理意识。比如，荀子对于君臣各自之职分做了具体的规定：身为君主，当为百姓施仁政，对臣子守礼节，对贤能之人要加以重用；作为臣子，则应当对君主保持高度的忠诚，事君以礼。荀子认为忠臣必须做到如下三点：一是具有对内可以统一民众、对外可以抵御外敌祸患的才能；二是具备忠于君主、爱护百姓的品格；三是要建立百姓乐于亲近他、士人们信赖他的威望。荀子很自然地坚持以君为尊，臣子受制于君主这种立场。之后他的学生韩非子又发扬了他尊君的思想，着重发挥了君权至上和君主绝对统治的因素。他主张君主对臣子“尽之以法，质之以备”[①]，使得君臣之间的关系彻底变成了专制色彩的统治与服从的关系。除此之外，因为许多职业是封建世袭的，职业技术多是“父子相传”“师徒相

---

① 韩非子. 韩非子·爱臣［M］. 北京：中华书局，2010：32.

授”，这使得职业道德也具有相应的封建世袭性，父子、师徒在职业道德上具有不同的道德高点，特别是在职业道德中包含了大量家庭道德的内容，从而形成职业道德的家长制传统。

至资本主义社会，商品经济快速发展促进了社会分工的继续扩大，职业和行业也日益增多、复杂，这一时期也是职业道德发展成熟的阶段。从 18 世纪开始，欧美资本主义国家开展工业革命，资本主义进入了机器大工业的发展时期，资本主义工业得以快速发展，社会分工和生产内部的分工也愈加明确具体，逐渐形成了更大规模的职业活动，职业身份取代血缘身份，职业成为社会新的联结点，人们通过职业而产生的交往和联系也日益频繁、复杂。各种职业集团为了增强竞争能力，增殖利润，纷纷提倡职业道德，以提高自身职业信誉。随着自然科学、社会科学的快速发展，职业道德的实践与理论联系更加密切，职业道德的结构更规范，职业道德的构成要素也更明晰系统化，在具体职业道德规范、职业道德意识、职业道德活动方面的构建也更加成熟。许多国家和地区还成立了职业协会，制定协会章程，规定职业宗旨和职业道德规范，从而促进了职业道德的普及和发展。在资本主义社会，不但先前已有的将德、官德、医德、师德等进一步丰富和完善，而且出现了许多以往社会没有的道德，如企业道德、商业道德、律师道德、科学道德、编辑道德、作家道德、画家道德、体育道德等。然而职业道德是具有阶级性的本质的。由于职业建立在资本主义生产关系的基础上，以资本主义私有制社会依托，所以各种职业道德仍要受到资本主义利己主义、个人主义、拜金主义道德特征的影响，仍带有很大的局限性。而且，资本主义社会不仅仅有占主导地位的资产阶级道德，还有长期以来形成的无产阶级道德，两者在道德体系上是根本对立的。长期的社会化大生产劳动培养了无产阶级完全不同于资产阶级的道德品质，无产阶级代表着现状的变革，代表着未来的新型的道德。资产阶级职业道德是无产阶级职业道德发展的基础，最终也必将为无产阶级职业道德所替代。

二、社会主义职业道德

（一）社会主义职业道德的形成

随着社会主义制度的建立与发展，职业道德也发展到一个崭新的阶段。社会主义职业道德是一种新型的职业道德，是人类职业道德史上的一次伟大变革和伟大升华。它是共产主义道德的有机组成部分，伴随着社会主义事业的实践而产生和发展，是社会主义职业活动不断完善的经验的总结，是人类历史上职业道德发展的最高成果。社会主义职业道德是在社会主义道德、共产主义道德指导下发展的，蕴含着共产主义道德和社会主义道德的基本要求和规范。

第一，社会主义社会不仅存在社会分工和职业划分，而且出现了更多新型职业。职业道德与分工的职业紧密相连，社会分工也是职业道德存在的前提和基础。社会主义社会虽然消灭了某些旧的社会分工，取消了某些旧职业，但劳动分工与职业仍大量存在，而且又出现了新型的职业关系。要保障社会领域中出现的各种职业、行业和事业的顺利发展，保持个人利益、职业集体利益和整个社会利益的基本一致，平衡各职业集体之间的关系，我们不仅需要采取一系列政治措施、法律措施、经济措施和行政措施，还需要有适用于不同产业、行业、职业的职业道德，这就需要建立新型的社会主义职业道德。对全体劳动者来说，使他们能够遵守社会主义道德的基本要求，遵守社会主义职业道德基本规范和各行各业具体职业道德要求和准则，就是达到了基本要求，就是一个有道德的人。比如，若要发展社会主义市场经济，不仅需要培育以生产要素为主的商品市场，也需要全面提高人的素质，提高从业人员的职业道德水平。社会主义市场经济是建立在社会主义新型生产关系之上的，它的根本目的是满足人民日益增长的美好生活需要。在发展社会主义市场经济的过程中，从业者想在激烈的竞争中占有市场，就要处理好国家、集体和个人三者的关系，要保证产品和服务质量，要赢得顾客，获得良好的经济和社会效益，都有赖于良好的职业道德和优质服务。从这点来说，良好的职业道德不仅在社会主义市场经济秩序中发挥着特殊的调节作用，而且是社会主义市场经济秩序形成的活跃因素，成为稳定和维护市场经济秩序的重要思想基础。此外，社会主义社会虽然有社会主义道德原则和规范调整社会各方面的关系，但社会主义道德原则和规范在表达上毕竟是比较概括和抽象的，它要在人们的职业活动中真正成为一种命令和约束力，还需要各个职业集团结合职业活动的特点，提出一些具体的职业行为规范作为它的具体化和必要补充。

以生产资料公有制为主体的经济基础和人民当家做主的政治制度，是社会主义职业道德形成的经济和政治条件。历史唯物主义认为，经济基础决定上层建筑，上层建筑是适应经济基础的需要产生的，职业道德作为一种社会意识属于上层建筑的范畴，它是一定的社会存在和经济基础的反映。社会主义职业道德就是建立在以公有制为主体的经济基础之上的一种社会意识，亦属于上层建筑的范畴，必然与经济基础相适应。社会主义社会实现了生产资料公有制和按劳分配，消灭了剥削与被剥削、雇用与被雇用的阶级关系和职业关系；各个职业集团之间、各个职业集团内部个人与集体及其相互之间，所建立起来的关系都是同志式的平等、团结、互助、合作关系；各种职业只有分工不同，没有高低贵贱之分，都是社会主义事业的必要组成部分。人们不论从事哪种职业，不仅仅是为个人谋生，还贯穿着为国家、为社会、为人民、为集体服务这一根本要求。因此要求其职业道德必须与之相符合、相适应，那就是以集体主义为原则，以诚信为重点，以全心全意为人民服务为核心。

第二，社会主义职业道德是在对古今中外职业道德扬弃的基础上发展起来的。社会主义职业道德具有特定的时代内容和阶级内容，它是人类职业道德历史发展的最高成果。但是任何一个社会的职业道德体系都不能完全脱离本民族的道德传统。社会主义社会同样不能脱离以往社会而单独存在，它是从传统历史社会发展而来的，因此，职业道德必然与以往的职业道德有着不可分割的千丝万缕的联系。这种联系首先表现在社会主义职业道德和历史上劳动人民的传统美德有着内在的必然联系，是历史上劳动人民职业道德的直接继续和发展。例如，劳动人民对剥削与压迫现象的强烈义愤和自强不息、勤劳节俭的道德品质，都是社会主义职业道德不可缺少的准则和规范。这种联系还表现在，对已往社会统治集团和其他阶级职业活动中所产生的职业道德也有间接的继承。例如，我国封建社会中一些清官“鞠躬尽瘁，死而后已”“先天下之忧而忧，后天下之乐而乐”的高尚道德情操，以及古代的商德、师德、军德、医德都在经过扬弃之后被社会主义职业道德继承下来。明代的医学家陈实功著有《医家五戒十要》，提出医生要刻苦钻研医道，对待同行要“谦稳谨慎”，敬重同道。所有这些，也是我们今天医务工作者所应遵守和奉行的。教师的职业道德也是如此，春秋时期，孔子办私学，广收门徒，创立了许多有关教师职业道德方面的理论，并以《论语》一书集中反映了出来。其中较为著名、对后世影响较大的有："默而识之，学而不厌，诲人不倦，何有于我哉?"体现了一种有关"学""诲"的师德。"其身正，不令而行；其身不正，虽令不从。不能正其身，如正人何?"体现了一种"以身作则""言传身教"的师德。此外还有热爱学生、有教无类、不耻下问、知过而改、因材施教、循循善诱等有关教师职业道德方面的著名言论，形成了我国教育史上的第一个教师职业道德规范体系。社会主义职业道德还批判继承了西方职业道德精华。

第三，社会主义职业道德是在同各种腐朽的道德思想不懈斗争的过程中发展起来的。发展社会主义职业道德必须注意同各种腐朽思想和道德观念做斗争，没有斗争就没有发展。在斗争中，社会主义职业道德总是以劳动人民的道德为主流。在当今市场经济大潮冲击下，人们的道德观和价值观发生了很大变化，一些新的道德观如锐意改革、勇于创新、注重实效等观念正在深入人心。但是历史传统积淀下来的一些道德心理和世俗观念，如平均主义、嫉贤妒能、排斥竞争、重农抑商、因循守旧、安于现状等总在阻挠新的道德观念的发展，特别是一些腐朽的封建道德和资产阶级道德，如宗法观念、特权思想、专制作风、以权谋私、损人利己等还在很大程度上影响着人们的思想和道德。因此，社会主义职业道德要健康迅速地发展，就必须不断地同形形色色的腐朽思想做斗争。

（二）社会主义职业道德的基本特征

社会主义职业道德是人类历史上一种新型的职业道德。它是社会主义社会各行各业的劳动者在职业活动中必须共同遵守的基本行为准则，是判断人们职业行为优劣的具体标准，是社会主义道德在职业生活中的反映。

社会主义职业道德与过去一切社会中的职业道德相比较，具有如下特征。

第一，继承性和创造性相统一，也可以说是历史性与时代性相统一。一方面，它在继承传统优秀道德的基础上，根据时代发展的要求和社会主义制度的特征，对传统职业道德进行调整，赋予它新的内涵。比如，中国人传统的"忠义"道德要求，就被赋予忠于祖国、忠于人民、忠于党的时代新含义。另一方面，根据社会主义生产方式的要求，它也提出了新的职业道德要求，如全心全意为人民服务等。因此，社会主义职业道德反映了继承性和创造性的统一。另外，社会主义职业道德的时代性和创造性还体现在：作为一种意识形态，它的主体内容不像旧的职业道德那样自发形成。这是因为公有制取代私有制是根本性的社会巨变，因此社会主义职业道德不能简单地因袭旧的职业道德。而且社会主义职业道德从本质上属于共产主义道德体系，要在社会主义时期为人们所掌握，就必须通过马克思主义教育，在外部进行不断地灌输、强化。

第二，阶级性和人民性相统一。社会主义职业道德是无产阶级道德，具有鲜明的阶级性，其根本目的和任务在于反映工人阶级和广大劳动人民的根本利益，维护工人阶级和广大劳动人民的政治地位。当社会主义制度在我国建立以后，地主阶级等历史性剥削阶级已在我国被消灭，但鉴于我国社会主义初级阶段国情，社会主义虽然从根本上消灭了剥削阶级和剥削制度，但其他非公有制成分仍将长期存在，加之随着市场经济与世界经济的接轨，特别是市场经济本身具有资本性，世界经济体系又是资本主义性质的经济体系，西方的资本主义思潮随之不断涌入，在社会主义职业活动的大环境与运行环境中，都存在阶级斗争的潜在因素，在一定范围内存在阶级斗争，这就决定社会主义职业道德的阶级性也必然会长期存在。同时，在社会主义社会，我们要在工人阶级领导下，整合各方利益的要求，发挥工人阶级的先进性，带领最广大的劳动人民共同建设中国特色社会主义，为绝大多数人谋利益。工人阶级的利益与其他劳动群众的利益在根本上是一致的，而职业活动正是这种利益的整合点与表现领域，相应地社会主义职业道德反映和体现的是全体人民的利益和意志，因此具有广泛的人民性，是阶级性和人民性的统一。同时随着人类社会向更高级的社会发展阶段过渡，社会主义职业道德的阶级性将会被逐渐减弱，人民性将会逐步增加，逐渐走向体现社会主义与共产主义道德要求的人民性。

第三，广泛性和层次性相统一。社会主义职业道德广泛存在，深入社会职业活动各个领域，发挥着基础道德调节功能，并为社会职业各主体所认同与接收，所以我们说社会主义职业道德具有广泛性。同时，我国不仅多种所有制方式并存，而且不同职业领域生产发展水平不同，区域政治、经济、文化和公民受到的教育程度以及道德状况也不同，这就决定了人们在职业认识、思想意识、道德要求等方面会存在一定的差异。按照上层建筑必须与经济基础适应的规律，作为上层建筑的社会主义职业道德也必然要表现出多层次性，把先进性与广泛性结合，把特殊性与普遍性相结合，才能使社会主义各行各业、各个阶级都乐于接受。正因为如此，社会主义职业道德成为具有不同思想道德境界、不同行业和职业特点的多层次的职业道德体系。对于党的领导层、公权力的使用者、公有制基础上的普通劳动者，以及其他所有制基础上个体经营者、私营经济和外资企业的经营者与劳动者，形成了由高到低的不同层次的职业道德要求。这些不同要求之间既有区别又有联系，是社会主义职业道德体系的有机组成部分，同时也体现出社会主义职业道德的广泛性和层次性有着内在的一致性。

此外，社会主义社会应该在全社会各行各业中大力提倡“公而忘私、无私奉献”的高尚道德精神，引导全社会劳动者向更高层次的道德——共产主义道德标准前进。坚持社会主义职业道德多层次性的教育，也是我党一贯坚持实事求是思想路线的具体体现。

第四，先进性与客观性相统一。一方面，社会主义职业道德是对人类社会先进的社会经济关系的反映，这一基本特性决定了社会主义的职业关系是建立在平等的基础之上的，既有适应社会主义现代化建设需要的锐意进取、勇于竞争、用户至上、质量为本、竞争与协作共存、利润与双赢共举的新内容，又有涵盖传统职业道德精华的遵纪守法、勤俭节约、艰苦奋斗、团结互助、爱岗敬业、诚实守信、办事公道等内容，这使得社会主义的职业道德不仅在内容上极为丰富，而且在属性上、功能上具有先进性。社会主义职业道德是在马克思主义指导下，批判地吸收大量人类历史上职业道德的优秀传统，消除了剥削阶级职业道德中的不合理因素，使之成为既能够反映现存经济关系，又着眼于人类社会发展未来的新型职业道德。社会主义职业道德体现了全心全意为人民服务的共产主义道德，激励更多的人为实现共产主义的美好理想而奋斗，克服了旧有职业道德的功能缺陷。另一方面，对社会主义职业道德先进性的评价应该有一个可以衡量的客观标准。社会主义职业道德的评价标准，要有利于解放和发展社会主义生产力；有利于国家的统一、民族的团结和社会的进步；有利于以追求真善美，抵制假丑恶，弘扬正气，帮助公民履行自己的权利和义务，以开拓创新、锐意改革的精神和诚实守信、无私奉献的品德创造美好生活。符合这些基本要求的职业道德才能真正体现社会主义职业道德的先进性。正是这种内容功能的先进性和评价标准的客观性相统一，使社会主义职业道德具有顽强的生命力，是职业道德发展的方向与归宿。

（三）社会主义职业道德的社会作用

道德一旦形成，作为一种意识形态，就会不以人的主观意识为转移，发挥能动作用，社会主义职业道德也是如此。并且职业道德社会作用往往因职业道德特点的变化而改变，社会主义职业道德也因出现了不同于以往社会职业道德的特点，其社会作用相应发生变化，出现了以往的职业道德所不具有的社会作用。

第一，有利于调动各行业从业人员工作积极性与创造性，构建社会主义新型职业关系。社会主义职业道德作为道德在职业领域的体现，具有调整社会主义职业利益关系，维护社会生产和生活秩序，促进和谐的新型职业关系的形成的作用。在以私有制为基础的社会制度中，职业道德调节的是私人利益的主体之间的关系，即私人业主、私人企业与作为私人利益主体的个人之间的关系。进入社会主义社会，随着以公有制为主体的社会制度建立，人与人之间的关系不再是利益互相冲突的关系，人们有了共同的经济利益，有了共同的理想，有了共同奋斗的目标，这就使得人与人之间的关系发生了根本性的变化。广大人民群众都是国家和社会的主人，都在为国家的繁荣昌盛、实现共同富裕而辛勤劳动。劳动的性质也发生了质的变化，劳动既是为自己，即谋生，也是为他人、为社会。社会主义职业道德的作用就在于调节这样的新型人际关系，即根本利益一致的社会主义建设者之间的关系，作为人民一分子的个人与个人之间的关系，以及个人与国家、集体之间的关系等。

从职业特定层面上讲，社会主义职业道德有助于调整社会主义职业利益关系，维护社会生产和生活秩序，形成和谐的职业关系。职业作为社会利益的交汇点，其活动必然涉及各方面的利益的整合分配，由此带来的矛盾和问题经常要用职业道德来调节和解决。社会主义职业道德所调整的职业关系主要包括三个方面：行业与社会的关系、从业人员之间的关系、从业人员与服务对象之间的关系。社会主义职业道德对于职业关系的处理方面，不仅包括说服教育、激励等调整方式，而且借助于岗位规章、责任制度、法律规范等硬性要求加以调节，将其精神贯穿于绩效考核、评聘上岗、奖惩制度之中，以保证其作用的有效发挥，使从业人员在职业实践中逐步培养职业社会责任感和荣誉感，自觉地处理个人与社会、小集体与大集体、竞争与协作的关系，减少矛盾冲突，以维护社会生产和生活的正常运行，从而实现职业关系的和谐发展。

第二，有助于良好的社会道德风尚的形成与发展，积极培育和践行社会主义核心价值观。社会主义职业道德是社会主义精神文明建设的重要内容，二者存在非常密切的关系。一方面，加强社会主义精神文明建设有助于促进社会主义职业道德建设；另一方面，加强社会主义职业道德建设又会对社会主义精神文明建设起着极大的推动作用。忽视职业道德建设，精神文明建设就难以得到真正的提高。人们把对社会生活影响较大的一些行业和部门形象地比喻为社会道德风尚的“窗口”，如商业部门、医疗部门、供电部门等。这些部门的职业道德水准，直接体现社会道德风尚的面貌。社会生活中，如果每一种职业的从业人员都能够遵循本行业、本职业的道德规范，并按职业道德的要求去履行职责、待人处世，那么他们不仅能够处理好职业活动中各种复杂的利益关系，顺利地履行自己的职业责任，保证本行业乃至社会生产、生活的有序开展，而且彼此之间能够建立起相互尊重、相互帮助、友好和谐的良好人际关系，形成良好的社会道德风尚，从而促进社会成员积极培育和践行社会主义核心价值观。

第三，有助于从业人员形成高尚的道德品质，促使其全面发展。对于广大从业人员来说，社会是一所大学校，更是一个大熔炉。在职业活动中，从业人员树立高尚的道德品质，成才，对社会有贡献，既需要自身的主观努力，也离不开客观环境的影响，特别是正确的教育引导。社会主义职业道德是从业人员职业生活的指南，对每个从业人员的思想和行为产生深刻的影响，指导从业人员在自己的岗位上树立强烈的道德责任感，培养崇高的职业道德品质。同时，社会主义职业道德还通过引导和激励从业人员对职业义务、职业良心、职业荣誉、职业幸福进行理解和追求，使从业人员产生塑造自己、完善自己、发展自己的强烈愿望，从而严格要求自己，努力学习，爱岗敬业，创新奉献，认真履行自己的职业责任，以树立自身良好的社会形象和最大限度地实现自己的社会价值。实践证明，职业生活中的自私、狭隘、嫉妒、贪婪等与社会主义职业道德是格格不入的，会妨碍人们事业的发展，甚至让人走上犯罪的道路；而无私、仁厚、认真、担当、勇敢、忠诚、勤奋、进取、坚定等品质是社会主义职业道德品质的内在要求，是推动人们成长、成才和事业发展的主要精神保障。因此，在职业生活中，按社会主义职业道德的规范和要求，培养和锻炼优秀的职业品质，形成与职业发展要求相一致的职业道德情操，无论对社会的发展，还是对个人的成长、成才都具有重要的现实意义。

三、社会主义职业道德的核心及其基本原则

（一）为人民服务是社会主义职业道德的核心

为人民服务既是社会主义道德的核心，也是社会主义职业道德的核心，是社会主义职业道德区别和优越于其他社会形态职业道德的显著标志。

“为人民服务”作为中国共产党的一个重要的原则，源于 1944 年 9 月 8 日毛泽东的一次著名的演讲。当时，在为战士张思德举行的追悼大会上，毛泽东第一次从理论上深刻阐明了为人民服务的思想。这个演讲的内容经整理后以《为人民服务》为题，被发表在延安《解放日报》等报纸上。1944 年 10 月，毛泽东在接见新闻工作者时指出：“三心二意不行，半心半意也不行，一定要全心全意为人民服务”。从此，“为人民服务”被表述为“全心全意为人民服务”。1945 年 4 月在党的七大上题为《两个中国之命运》的开幕词中，毛泽东指出：“我们应该谦虚、谨慎、戒骄、戒躁，全心全意地为中国人民服务，在现时，为着团结全国人民战胜日本侵略者，在将来，为着团结全国人民建设新民主主义的国家。”在党的七大的政治报告《论联合政府》中，毛泽东明确强调：“全心全意地为人民服务，一刻也不脱离群众；一切从人民的利益出发，而不是从个人或小集团的利益出发；向人民负责和向党的领导机关负责的一致性；这些就是我们的出发点。”在党的七大上，“中国共产党人必须具有全心全意为中国人民服务的精神”这句话被写入了党章。

毛泽东之后的历届领导人也都坚持并不断发展“全心全意为人民服务”的思想。1956年，邓小平在会见国际青年代表团时，明确指出：“中国共产党员的含义或任务，如果用概括的语言来说，只有两句话：全心全意为人民服务，一切以人民利益作为每一个党员的最高准绳。”邓小平主张以“人民拥护不拥护”“人民赞成不赞成”“人民高兴不高兴”“人民答应不答应”来检验“全心全意为人民服务”的效果，并于1985年提出“领导就是服务”，从而把执政党的领导作用和全心全意为人民服务紧密地联系起来。2001年，江泽民在“七一”讲话中强调：“全心全意为人民服务，立党为公，执政为民，是我们党同一切剥削阶级政党的根本区别。”2002年5月31日，江泽民在中央党校省部级干部进修班毕业典礼上明确提出：“贯彻‘三个代表’重要思想，关键在坚持与时俱进，核心在坚持党的先进性，本质在坚持执政为民。”在庆祝中国共产党成立90周年大会上，胡锦涛指出：“人民是真正的英雄，这一点我们永远不能忘记。”2012年6月28日，习近平总书记在全国创先争优表彰大会上的讲话中指出：“始终坚持全心全意为人民服务的根本宗旨，是我们党始终得到人民拥护和爱戴的根本原因，对于充分发挥党密切联系群众的优势至关重要。我们任何时候都必须把人民利益放在第一位，把实现好、维护好、发展好最广大人民根本利益作为一切工作的出发点和落脚点。”在党的十九大报告中，习近平总书记指出：“人民是历史的创造者，是决定党和国家前途命运的根本力量。”2019年新年贺词中，习近平强调：“人民是中华人民共和国的坚实根基，人民是我们执政的最大底气。”

为人民服务是社会主义道德建设的最高表现和核心所在，是社会主义社会中调节个人与个人、个人与社会关系的最高规范和准则，是社会主义道德的出发点和落脚点，是社会主义道德和共产主义道德的集中体现。以为人民服务为核心是社会主义道德区别和优越于其他社会形态道德的显著标志。一方面，它不仅是对共产党员和领导干部的要求，也是对广大群众的要求。社会主义道德是反映最广大人民群众根本利益的道德，是为维护广大人民群众根本利益服务的伦理体系，社会主义道德的本质就决定了社会主义道德建设必须以为人民服务为核心。另一方面，社会主义道德建设以为人民服务为核心，是社会主义的经济基础、政治制度和思想文化的客观要求。社会主义的经济基础是以公有制为主体、以广大人民群众共同富裕为根本目的的经济制度，社会主义政治制度是人民群众当家作主，社会主义的思想文化都是来自人民、服务于人民，因此，客观上同样要求社会主义道德建设必须以为人民服务为核心。

历史唯物主义告诉我们，人民群众是历史的创造者，是物质财富和精神财富的创造者，理应成为财富的主人，接受优质服务。社会各行各业所生产的财富就是为了满足人民群众日益增长的美好生活需要。为人民服务体现了社会主义“我为人人，人人为我”的人际关系的本质。在我国每个公民不论社会分工如何、能力大小，都能够在本职岗位上通过不同形式做到为人民服务，这是每个从业人员职业行为的出发点。在新的形势下，我们必须继续大张旗鼓地倡导为人民服务的道德观，把为人民服务的思想贯穿于各种具体道德规范之中。

（二）集体主义是社会主义职业道德的基本原则

道德的基本问题是个人利益和社会利益的关系问题。道德的基本原则，就是基于对社会生活中个人利益与集体利益之间矛盾的认识，进而形成的处理这种矛盾的指导原则。在人类社会发展史上，不同性质的经济关系、不同类型社会的道德有不同的原则。社会主义社会的道德原则，根据人类社会的发展本质和社会主义社会的经济基础、政治制度、意识形态建设的要求，形成了集体主义原则，这一原则既是社会主义道德的基本原则，也是社会主义职业道德的基本原则。

1. 集体主义原则是“以社会为本位”原则在社会主义道德价值观上的本质要求

人类社会是一个社会有机体，个人和社会是辩证统一的关系。在这个统一体中，社会较之个人来说是更为根本的方面，社会高于个体。因为单个人不可能离开社会而生存，个人的存在是以社会为依托的，每一个人都只有依赖于他人，依赖于社会才能生存和发展，没有社会就没有单个的“人”。这如同没有千千万万的小水滴，便无以构成江河湖海；没有江河湖海的依托，什么样的“小水滴”也是经不起风吹日晒的。因此，整体大于部分，部分从属于整体。坚持以社会为本位的原则，就是社会本质的必然要求。尽管在不同的社会形态中，社会的本质要求表现各异，但人类社会历史发展终究是要遵循以社会为本位这一规律而得以维系和延续发展的。生产资料公有制是社会主义的经济基础，以公有制为基础的社会主义制度的建立，第一次自觉地遵循以社会为本位的必然要求，集体主义就是这一要求在道德价值上的集中体现。

2. 集体主义原则是社会主义市场经济发展的必然要求

首先，集体主义原则是完善和发展社会主义基本经济制度，确保改革开放顺利进行的必然要求。公有制为主体、多种所有制经济共同发展，按劳分配为主体、多种分配方式并存，社会主义市场经济体制是社会主义的基本经济制度，它既体现了社会主义制度的优越性，又同我国社会主义初级阶段社会生产力发展水平相适应，是党和人民的伟大创造。社会主义基本经济制度的完善和发展、市场经济的正常运行，都离不开按照集体主义原则兼顾各方利益、协调各种关系，否则，我们的改革不能顺利推进，社会主义市场经济也不可能健康发展。因此，集体主义原则并不是强加于市场经济的外在东西，而是保证社会主义市场经济健康发展的内在要求。

其次，集体主义原则是社会主义本质的必然要求。社会主义的本质是解放生产力，发展生产力，消灭剥削，消除两极分化，最终达到共同富裕。共同富裕是社会主义的本质规定和奋斗目标，集体主义是实现共同富裕必须坚持的基本原则，坚持这一原则，才能从根本上保证人民的长远利益。

再次，集体主义植根于经济生活的公平要求，它也是公民在社会文化生活中实现个人全面发展的必然形式。社会主义创造公平合理的经济发展道路，就是在不断地为人的全面发展、自由地施展个人的个性和才能创造条件，就是不断培养和造就新人，在全社会弘扬集体主义道德文化。社会主义集体主义道德精神反对个人主义的不道德行为，主张追求正当的个人利益，要把这种追求建立在不得损害国家、集体和他人利益的基础上，反对把个人利益任意无限夸大。

最后，集体主义贯穿社会主义职业道德规范的始终，是正确处理国家、集体、个人关系的最根本的准则，是衡量个人职业行为和职业品质的基本准则，是社会主义社会的客观要求，也是社会主义职业活动获得成功的保证。

3. 集体主义的主要内容

集体主义的主要内容有以下三个方面：

第一，集体利益处于首要地位。如果说社会主义社会是一个完整统一的大集体，那么在这个大集体中，由于种种具体情况和利益的区别，又可以分为许许多多个范围不同、层次不同的小集体。而一个个的个人则是集体中的“细胞”，没有一个个的个人，集体就成为抽象空洞之物，也就无所谓集体了。这样一来，在社会主义初级阶段，实际上存在三个层次的利益问题，一是宏观上有最广大人民群众共同拥有的根本的、长远的社会整体利益，这是社会主义社会中最为重要的利益；二是中观上有各种层次的小集体所要求的自身利益；三是微观上又有个体的个别利益。上述三种不同层次的利益，虽然在根本上是一致的，但并不完全等同，存在一定差别，也会发生矛盾。这就需要集体主义原则加以调节和解决。集体主义原则强调社会整体利益高于局部的、个人的利益。在特定条件下，当局部利益、个人利益与社会整体利益、人民群众的根本利益发生矛盾时，我们要求局部利益、个人利益服从社会整体利益、人民群众的根本利益，直至暂时做出必要的牺牲。社会主义的集体主义之所以强调个人利益要服从集体利益，是因为既是为了整个集体的共同利益，也是为了维护每个人的共同利益。在这个问题上，我们一定要保持清醒的头脑，分清轻重、主次、先后的关系。

第二，尊重个人正当利益。我国仍处于社会主义初级阶段，应该承认合法追求个人利益的正当性。改革开放40多年的实践充分表明，承认“利”的合法性是非常重要的。因此，在新形势下，集体主义原则在强调社会整体利益首要地位的前提下，同时也强调要充分尊重个人的合法利益。集体主义原则既要求人们心向集体，以集体利益为重，又要求集体关心、爱护它的每个成员，充分发挥成员的才能和积极性、主动性、创造性。只有个人的价值、尊严得到了实现，个人的正当利益得到了保证，个人的主体性得到了发挥，集体才能有更强大的生命力，这也是“以人为本”核心立场的一种体现。

第三，强调集体利益和个人利益的辩证统一。社会主义的集体主义强调，在社会主义社会中，个人利益和集体利益是统一的。国家利益、社会利益体现着个人的根本的、长远的利益，是集体所有成员的利益的有机统一。同时，每一个人的正当利益，又都是集体利益的不可分割的组成部分。集体利益的兴衰成败，与个人利益的大小得失有着息息相关的联系。在现实生活中，集体利益和个人利益又是相辅相成的，集体利益的发展，本身就包含集体中每个成员利益的增加，而集体中每个人的利益的增加同样有利于集体利益的加强。

总之，我们应坚持集体主义原则，弘扬集体主义精神，应当正确处理个人利益与集体利益、眼前利益与长远利益、局部利益与整体利益之间的关系，自觉地克服和反对个人主义。

（本章撰稿人：陈沫）

思考题

1. 如何理解道德的本质和社会作用？
2. 如何理解职业道德的含义和特征？
3. 如何理解社会主义职业道德的核心和基本原则？

第二章 教师职业道德的本质、功能与作用

【内容摘要】教育大计，教师为本。教师是人类灵魂的工程师，教师的劳动决定着国家、民族和人类的未来。新时代对教师及教师职业提出了新的更高要求。要实现中华民族的伟大复兴，就要重视和发展教师职业道德。厚德方能载物，不断提高现代教师的职业道德修养水平是建设社会主义现代化教育强国、实现中华民族伟大复兴中国梦的必然要求。本章主要介绍了教师职业的产生、发展及其特点；教师职业道德的形成、发展及其本质；高校教师职业道德的特点、功能及其作用。通过本章的学习，广大学员都能够初步了解教师职业的含义、产生和发展历程，了解教师职业道德的形成和发展，理解教师职业道德的本质，明白高校教师职业道德的特点、基本功能和作用，从而准确把握教师职业道德相关概念，提升职业道德自觉性。

第一节 教师职业的产生及其特点

教师要正确地践行师德，就必须首先对教师职业的基本含义及教师职业劳动的基本特征有所了解和掌握，这样才能从根本上把握教师职业道德的内涵和要求，才能提高遵守职业道德的主动性和自觉性。

一、教师职业的产生与发展

（一）教师职业的含义

何谓教师？古今中外，人们从不同角度给出了不同的定义。汉代扬雄在《法言·学行》中称："师者，人之模范也。"[①] 唐代韩愈在《师说》中称："师者，所以传道授业解惑也。"[②] 英国的弗兰西斯·培根称颂教师是知识种子的传播者，是文明之树的培育者，是人类灵魂的设计者。加里宁认为："教师们把自己的全部精力和血汗，把他们

① 扬雄. 宋本扬子法言（卷一学行篇）[M]. 李轨，柳宗元，注. 北京：国家图书馆出版社，2017：67.

② 韩愈. 韩昌黎文集校注（上册）[M]. 马奇昶，校注、马茂元，整理. 上海：上海古籍出版社，1998：145.

所有的一切宝贵品质都贡献给自己的学生，贡献给本国的人民。”[①]教育家乌申斯基认为：“教师是克服人类无知识和恶习的大机构中的一个活跃而积极的成员，是过去历史上所有高尚而伟大的人物跟新一代之间的中介人，是那些争取真理和幸福的人的神圣遗训的保存人，是过去和未来之间的一个活的环节。教师所从事的事业，从表面上看虽然平凡，却是历史上最伟大的事业之一。”[②] 夸美纽斯说：“教师应该是道德卓异的优秀人物。”[③] 克鲁普斯卡雅说：“教师的职业是一种责任最重大，最光荣的职业。”[④] 苏霍姆林斯基认为：“教师，是学生智力生活第一盏、继而也是主要的一盏指路灯；是他在激发学生的求知欲，教会他们尊重科学、文化和教育。”[⑤]今天，我们称颂教师是指引学生打开知识殿堂的“金钥匙”，是用知识的甘露浇灌幼苗使之茁壮成长的“园丁”，是将全部心血化为火焰，照亮一代又一代美好心灵的“蜡烛”。还有人把教师比作古希腊神话中的一位有智慧、深思熟虑、为人类酿造幸福的万能神——普罗米修斯。

如何给教师下一个定义?《中国大百科全书》中写道：教师是向受教育者传递人类积累的科学文化知识和进行思想品德教育，把他们培养成为一定社会需要的人才的专业人员。《中华人民共和国教师法》第一章第三条中规定：教师是履行教育教学职责的专业人员，承担教书育人，培养社会主义事业建设者和接班人、提高民族素质的使命。教师应当忠诚于人民的教育事业。

总之，教师是人类文明的传播者和建设者。在人类社会的发展和进步中，教师起着巨大的作用。任何一个国家、一个民族的发展，都离不开教育，离不开教师。

（二）教师职业的产生

教师作为独立的职业，在人类社会发展历程中已有几千年的历史。它的产生和发展首先是以人类教育活动为基础的。教师是在人类教育活动发展的过程中产生的，也是社会生产力发展的必然结果，是阶级分化和社会分工的具体产物。同时，人类社会的生存和发展也离不开教师的职业活动。

1. 人类教育活动的出现是教师职业产生的社会基础

远古时期，人类生活条件非常恶劣，为了生存，人们必须去认识自然并改造自然。为了生产人类生存必需的物质生活资料，人们必须正确处理人与自然的关系，这就要求人们必须具有认识社会的能力，以便正确处理人与人之间、人与社会之间的各种关系。在这种情况下，部落、氏族首领或者有经验的老人为了族群的延续，就有意识地把制造和使用劳动工具的方法、技能，生产知识，生活经验，风俗习惯，行为准则等传授给下一代。人类早期的教育活动就是这样产生的。原始社会教育活动的承担者主要是部落、氏族首领或者有经验的老人等，他们是人类教师职业的萌芽。

原始社会的教育活动主要是言传身教。那些从事生产劳动时间较长，生产知识和生活经验比较丰富的部落、氏族首领和老人，就成了年轻人的“教师”，在人们心中有

---

① 米·依·加里宁. 论共产主义教育［M］. 北京：中国青年出版社，1979：53.

② 凯洛夫. 教育学［M］. 北京：人民教育出版社，1957：693.

③ B.H.契尔那葛卓娃，契尔那葛卓夫. 教师道德［M］. 严缘华，盛宗范，译. 上海：华东师范大学出版社，1982：5.

④ 克鲁普斯卡雅. 克鲁普斯卡雅教育文选［M］. 北京：人民教育出版社，1959：623.

⑤ B.A.苏霍姆林斯基. 帕夫雷什中学［M］. 北京：教育科学出版社，1983：47.

着较高的威望。例如，燧人氏教人钻木取火，有巢氏教民构木为巢，伏羲氏教民以猎，包牲氏教民以渔，神农氏教民稼穑，嫘祖教民养蚕取丝等。在这些远古传说中，他们都是当时为民传授生产知识和生活经验的族群首领或长者，是后来产生的教师的祖先。随着生产力的发展，人类进入了氏族公社时期，男女间有了不同的社会分工。男子从事狩猎捕鱼活动，妇女从事农业、饲养业和家务等活动。由于妇女的劳动场所相对比较稳定，她们便承担着下一代的教育任务，尤其是那些年长的经验丰富的老妇，她们凭借高尚的品德，自身的智慧、力量和经验，受到社会的普遍尊重，取得较高的威信。

此外，我们必须注意的是，原始社会的教育者与今天意义上的教师职业还是有所不同的。与今天的教育活动相比，原始社会的教育活动没有校舍，没有教材，没有系统的教学。原始社会教育活动的承担者还不能称为真正意义的教师，只能是教师职业的萌芽。

2. 社会生产力的发展是教师职业产生的经济基础

随着社会生产力的发展，人类开始意识到，要顺应、改造自然，必须要有意识地去认识自然，并掌握一定的知识和技能。因此，人类教育活动有了越来越明确的目的，有了越来越系统的内容。人类的教育活动也由“自在”走向了“自为”。加之，随着学科体系的形成，教育活动开始向理论化和系统化发展。随着农业的发展，人们开始注意到节气的变化和测量、灌溉等技能。随着人类实践活动的深入发展，产生和积累了丰富的经验和知识，人们要把这些经验知识加以传播、推广和传承，仅靠言传身教已远远不够。于是，这就需要教育者将这些经验和知识等内容加以选择和提炼，并通过一定的方法进行传授。而文字的出现，则给教育者传授知识提供了有利条件，教育活动开始向专业化和职业化发展。

3. 脑力劳动与体力劳动的分工是教师职业产生的历史前提

随着社会生产力的不断发展，人类社会出现了第三次社会大分工，脑力劳动与体力劳动出现了分离。一部分生产知识和生活经验积累丰富的人开始具备专门从事文化教育、管理生产和公共事务的才能，于是在生产劳动中逐渐产生了分工。当生产力发展到一定阶段，脑力劳动便从体力劳动中分离出来，为教师职业的产生提供了前提条件。有了这种分工，才有可能出现专门从事教育职业的教师。

进入阶级社会，统治者为了培养自己的继承人，在朝廷和官府中办学堂，任用官吏承担教学工作。于是，从事脑力活动的剥削阶级中分化出了教师，但这类教师的生活来源是依靠俸禄而不是教学所得，并非真正的职业教师。春秋时期，孔子在中国办了第一个私学，主张“有教无类”，只要向他缴纳一定的报酬，就可以被收为学徒。从此，世界上出现了第一个以教为业的教师。

（三）教师职业的发展

教师职业是人类最古老的职业之一，是历史悠久而又永远充满青春活力的职业，随着人类社会的发展而发展。在原始社会末期，西方和中国都相继产生了专职从事教育工作的人。

1. 国外教师职业的发展

在国外，教师的最早出现是与宗教紧密联系在一起的。在希伯来人的教堂学校中，已经有专门的教师在执教。到古希腊时期，教师开始成为一种流行的社会职业。当时的教师通常由一些著名的哲学家苏格拉底、柏拉图、亚里士多德等人担任。

欧洲中世纪时期，教育主要分为教会学校教育和骑士教育两大类。教会学校的教师是由僧侣兼任，主要传授宗教教义。骑士教育是集宗教教育与武士教育为一体的特殊教育形式，主要在家庭中开展教育活动，主要由家长和领主兼任教师。

西方近现代时期，随着社会生产力的进一步发展和资本主义的萌芽，商品生产和城市的发展、海外贸易的扩展，对教育和教师都提出了更高和更新的要求，需要更多的掌握科学知识和具有管理才能的人才为统治者服务，也要求有一定文化知识的劳动者承担现代生产任务。社会对普及教育和专业教育都提出了新的要求，通过师范教育培养专业师资已经成为社会发展的必然趋势。在 17 世纪，西方就开始了统一培养教师的步伐。1864 年，法国教会就举办了“教师讲习所”。1874 年，法国第一个兴办了巴黎师范学校，首开西方师范教育的先河。此后，其他西方国家也相继兴建起一批具有现代特征的师范院校，培养专业的师资人员，极大地推动了西方各国教育事业的发展。

随着西方现代教育事业的发展，对教师职业的专业化要求也日趋严格精细。在现代西方国家，教师不仅要具备扎实的学科知识，而且还要具备丰富的心理学和教育学等学科知识，还要能熟练掌握并灵活运用现代化教育技术和教育手段。教师必须要有教师资格证书，还需要不断参加各类在职学习和培训活动，并定期接受相应的考核。当今，学者型和研究型教师，正在成为西方各国教师职业发展的一种新趋势，要求教师既具备较高的理论素养，还要具有较强的教学和科研能力。

2. 我国教师职业的发展

（1）我国古代的教师职业。原始社会末期，社会出现贫富分化，“一句话，氏族制度已经走到尽头了”①。私有财产和阶级出现，奴隶制国家形成。奴隶主垄断着学校，呈现出“学在官府”的垄断局面。例如，夏代的痒、序、校以及商朝的大学、小学等都是奴隶主及其子弟专有的。西周时期，已有国学和乡学两大类，国学又称中央官学，是专门为统治阶级和贵族子弟设立的。乡学为地方官学，有塾、痒、序、校等。奴隶社会官学的教师由统治阶级的官吏兼任，官师合一，是统治阶级的一部分，有较高的政治经济地位。如西周的国学教官就由大乐正总管。教育成为统治阶级的工具，教育大权由统治阶级掌控，典章文物则由官府执掌，教育活动也非官莫属。

秦一统天下，建立了中国第一个封建王朝。封建社会，汉唐两个朝代的官学教师发展最有代表性。汉代官学分中央和地方两类。中央有“太学”等，规模宏大，地方有“郡国学”“学”“校”等。唐代是中国封建社会官学体系最完备的时期，分为中央学和地方学两大系统。学校规模大，学科门类多，促进了教师队伍的扩大、素质的提升、知识结构的专精细。我国封建社会官学要求教师德才兼备，从东汉起官学教师就要通过考试择优录取，从南宋建炎初年开始，地方官学也要经过考试再加以委任。除官学外，民间私学是我国教育史上历史长久、影响较大的一种教育形式。由于春秋战国时期战乱不断，官学荒废，新兴的地主、商人为了争取政治地位和从事经济活动，迫切需要掌握一定的知识和技能。于是，一些知识分子创立私学，聚徒讲学。私学不仅推广了学校教育，打破了统治者对学校的专利，而且为教师的发展奠定了良好的基

① 恩格斯. 家庭、私有制和国家的起源［M］. 北京：人民出版社，1961：109.

础。春秋战国时期，最大的私学是儒家和墨家两大学派创立的。儒家私学以孔子为代表，孔子成为被人推崇，受人敬仰的圣人。墨家私学以墨子为代表。诸子百家皆以所长立学设校，私学兴盛。

（2）我国近代的教师职业。近代以来，随着科学技术的发展，人们越来越重视教师职业的发展和教师素质的提升。1897 年，盛怀宣创办了南洋公学，特设“师范院”，以培养上中两院的教员。1902 年，张謇创办了我国第一所私立的师范学校即通州师范学校，19 世纪末师范教育的兴起，教师职业活动得到专门研究，教师无论在知识文化素质还是能力素质都得到了系统训练和提升，教师队伍得到及时补充。大批符合时代要求的教师走上了培养人才的岗位，揭开了教师职业发展的新篇章。

鸦片战争以后到中华人民共和国成立之前，尽管不少爱国知识分子忧国忧民，献身教育，但他们在政治上却得不到尊重，在经济上得不到保障。相反的是，在革命根据地和解放区内，中国共产党组织民众办学，从军队、工人中挑选一些有文化的人担任教员，宣传和讲授马克思主义理论，教师职业得到了发展。随着新中国的建立和社会主义制度的确立，教师的主人翁地位得到确立，教师成为建设社会主义社会的一支重要力量，教师的思想政治觉悟不断提高，献身教育事业的信念不断增强，职业道德水平也有了显著提高，在社会主义精神文明建设中的作用越来越大，科学文化素质也得到不断提高，队伍不断扩大。

（3）我国当代的教师职业。当代社会，科学技术作为第一生产力，日益显示出它对社会发展进步的巨大推动作用。科学技术的发展离不开科技人才的培养，科技人才的培养则离不开教育，教育则离不开教师。当今世界的竞争实质就是科技的竞争、人才的竞争和民族素质的竞争，而这些归根结底都表现为教育的竞争。因而经济的发展必须重视科技和教育的投入，必须尊重知识和人才。教师则在教育过程中起到主导作用。人才的培养，关键在教师。教育的发展需要诸多条件，最重要也是最根本的就是拥有一支政治过硬、师德高尚、业务精湛、数量充足、作风优良的教师队伍。列宁曾这样概括教师在教育中的重要地位和主导作用，他说：“我再说一遍，学校的真正性质和方向，并不由地方组织的良好愿望决定，不由学生委员会的决议决定，也不由教学大纲等决定，而是由教学人员决定的。”①

中国特色社会主义进入新时代，高校教师在为中国特色社会主义社会培养德智体美劳全面发展的合格的接班人和建设者方面的作用越来越重要。人类的进步和社会的发展，无不渗透着教师的辛勤劳动，强有力地表现出教师在人类历史发展中的重要地位，就如习近平总书记在全国教育大会上所讲：“教师是人类灵魂的工程师，是人类文明的传承者，承载着传播知识、传播思想、传播真理，塑造灵魂、塑造生命、塑造新人的时代重任。”

二、教师职业劳动的特点

教育劳动是富有创造性的精神劳动。教师作为人类社会精神文明乃至物质文明的传播者和缔造者，通过自己的教育劳动使人类的智慧和文明世代继承、弘扬不绝。正

① 列宁. 列宁全集（15 卷）[M]. 北京：人民出版社，1972：440-441.

确认识教师职业的特点是了解教师职业道德和加强教师职业道德修养的重要前提。与其他职业劳动相比，教师职业劳动具有其独立特点。教师的职业劳动具有体力劳动与脑力劳动的双重特征，在本质上属于一种异常复杂的、高级的脑力劳动和智力活动。教师职业劳动的主要特点可概括为以下几个方面。

（一）教师职业劳动的对象具有能动性与多样性

教师劳动的直接对象是具有鲜明个性特征与独立思维能力的学生，是有思想、有意识、有感情、有个性的青年，而并非简单的、可任人自由支配和操作的机器，具有较强的能动性和客观多样性。

教师职业劳动的最大特点是劳动对象的能动性。教师塑造加工的对象是具有能动性的人。能动性是指学生具有独立性、选择性、批判性和倾向性。教师对学生的施教只是外部条件，教师的施教要产生实际的效果，必须有一个学生自身能动的内化过程。这个内化过程还将不断地输出反馈信息，使教师受到影响和激励，起到教学相长的作用。

教师职业劳动对象还具有多样性。学生的多样性是客观存在的。由于先天素质不同，所处环境和所受教育不同，虽然同班级学生的年龄和文化程度基本一样，但智力发展水平、个性、气质、兴趣、特长和爱好却各不相同，而且又处在不断地变化之中，这就要求教师在劳动过程中，要因材施教，充分运用自己的心智，将教育教学过程智力化、人性化与系统化。

（二）教师职业劳动的目标具有全面性与示范性

教师职业劳动的目标、内容、时间、空间、方式都具有全面性。教师职业劳动的目标，是根据人类社会发展的要求，根据统治阶级的意志和标准，有目的、有计划地对青年学生进行科学技术和文化知识的传授，进行思想道德和灵魂的塑造，使学生德、智、体、美、劳等方面全面发展，将他们培养成为时代、社会所需要的人才。教师职业劳动的内容既有科学文化等理论知识的教育，又有思想政治素质和道德品德的教育以及实践能力的训练。教师职业劳动的时间没有固定的限制，不论上课下课还是白天晚上，随时都可以施教。教师职业劳动的空间可以无限延伸，无论课内课外还是校内校外，任何场所都可施教。教师职业劳动的方式多种多样，不仅可以用语言启发引导学生，而且可以用自己的言行和品德风貌去感染熏陶学生。

教师职业劳动具有明显的示范性。教师是学生最直接的榜样，教师的人格、品行、思想方法，教师的知识、能力、言谈举止、教风都是教育过程的因素，是教育的手段。教师的个人风范，对于学生的成长，是任何东西都不能替代的最有用的阳光，是任何教科书，任何道德箴言，任何强化手段都不能代替的一种教育和影响力量。正如加里宁在《论共产主义教育和教学》中所言："教师的世界观，他的品行，他的生活，他对每一现象的态度都这样或那样地影响着全体学生…… 他的一举一动都处在最严格的监督之下，世界上任何人也没有受着这样严格的监督。"

（三）教师职业劳动的过程具有个体性与创造性

教师职业劳动的个体性和创造性是由学生的多样性和能动性特点决定的，又是由教育教学情境的多变性和影响因素的广泛性等因素决定的。

首先，教师的劳动是以个别化的方式进行的。教师从事教育、教学工作虽也要进行集体研究，但研究之前的准备、研究之后的实施都是以个别化的方式进行的。教育、教学又是一种将一般教育原理与诸种个别情况高度结合的工作，富有极强的创造性。每一位教师的每一次教育活动都具有其特有风格，即所谓的“教有法而无定法”。

其次，教师的劳动是创造性开展的。教师的教学工作尽管有教学大纲指导，有教材为依据，但要提升教学质量，必须首先将外在的教材内容进行内化，再根据学生的实际情况和不同的教育情境，采用不同的教学方法，使学生将教学内容内化于心。这一复杂过程不仅需要高超的艺术，而且需要教育机智和灵感。所谓教育机智是指教师对来自学生的反应的敏感性和处理各种偶发事件的应变能力，它来源于教师长期实践获得的灵感和经验。

（四）教师职业劳动的成果具有集体性与长期性

教师职业劳动成果的集体性是指学生的发展是校内外（主要是校内）多种因素影响的结果。校外有家庭影响和社会环境影响，校内则是众多的教师、班主任、党团组织和广大职工共同协作通过多种途径对学生的教育影响。此外，学生还经常受到学生群体的影响。学生的发展不是这些各种外在影响因素的简单加总，而是各种因素内化的综合反映。

教师职业劳动成果的长期性既指教育的迟效性，又指教育的长效性。学生远大理想的树立、道德品质及其行为习惯的养成、知识技能的掌握以及智力和能力的发展等都是一个日积月累、长期培养训练的过程，教育的周期长、见效慢，正所谓“十年树木，百年树人”。另外，教育的成果属于精神产品，精神产品往往会具有反复性和某种程度的不确定性。教师职业劳动成果最终还需要接受社会实践的检验。

综上所述，教师职业劳动的这些特点将逐步形成教师对教育质量和学生前途负责的高度责任感，养成教师“诲人不倦”的教育思想和“甘为人梯”的献身精神，锻炼教师见微知著、精雕细刻的教育作风，创造性地、有针对性地开展教育活动，为国家和社会培养人才。

第二节　教师职业道德的形成、发展及其本质

教师职业道德是教师在从事教育教学活动中，履行教书育人职责时必须遵守的行为准则和道德规范的总和。它是社会道德在教育领域中的具体化，是教师的职业道德。

一、教师职业道德的形成

人类文明史上，教师职业道德的形成与发展源远流长，了解历史上教师职业道德的形成和发展历程，对于今天教师职业道德建设具有深远的意义。研究教师职业道德的形成发展历程是教师职业道德的重要内容，是研究教师职业道德的原则、规范以及其他教师职业道德理论的基础。

（一）教育劳动实践是教师职业道德形成的客观基础

利益是道德的基础，道德是利益的反映。教师职业道德同样是教育劳动实践中各种利益关系的反映。也就是说，教育劳动实践中客观存在的各种利益关系是教师职业

道德产生和形成的客观依据。

教师在教育劳动实践中，主要有以下几方面的利益关系：其一，教师的个人利益，主要表现为通过耗费较少的时间和精力取得较好的教学效果，改善自己的物质和精神生活条件，使自己在人格上得到尊重。其二，学生的个人利益，主要表现在可以得到教师的良好教育，学习到有用的科学知识和本领，德、智、体、美、劳全面发展。其三，教师集体的利益，主要表现在争取教师的政治和经济地位的提高，争取所有教师之间的团结协作。其四，社会教育事业利益，主要表现在要求教师培养出符合社会需要的人才，以满足社会发展的人才需要。这几大利益关系之间相互联系，相互影响，相互制约。它们之间的关系是否和谐，直接关系到教育过程能否实现，教育目的能否达到。因此，只有处理协调好这些利益关系，才能保证教育劳动实践顺利且有效地开展。教师职业道德则能在教育过程中起到指导和监督、调节作用，它通过对教师的思想和行为进行灵活的、内在的引导和监督，从而发挥对教育过程的调节作用。

总之，教师职业道德是基于调节教育劳动中的各种利益关系，保证教育劳动顺利进行这一客观需要而产生和形成的。它通过教师在内化职业道德基础上所形成的职业良心、职业理想、职业道德信念等为根本的调节机制，来引导教师在教育劳动中的行为，促使教师正确处理教育劳动中的各种利益关系和矛盾，以便顺利完成教育任务，实现教育目的。正如苏联教育家契尔那葛卓娃和契尔那葛卓夫在《教师道德》一书中指出的："教师的道德是在各种利益互相冲突的情况下，从调节教师行为的需要中产生出来，以便把教师的行为协调地纳入职业集团的活动中，纳入社会中去，从而保证所有其他参加教育过程的人都能合作相处。"①

（二）教师职业道德受社会生产关系和阶级利益的制约

马克思指出："物质生活的生产方式制约着整个社会生活、政治生活和精神生活的过程。不是人们的意识决定人们的存在，相反，是人们的社会存在决定人们的意识。"②教师职业道德是一种社会意识形态，它必然受到一定社会生产关系的制约。社会生产关系决定、制约着教育制度、教育目的和内容，教育制度、教育目的、教育内容又决定着教育活动的目的、性质和任务，决定着教师的地位，从而制约着教师采用怎样的劳动态度，遵守怎样的行为准则。比如，奴隶制社会的生产关系决定了当时学校教育的目的就是把少数贵族子弟培养成奴役人民的统治者。不同社会发展阶段的教师职业道德的原则、内容等都会随着社会生产关系的发展变化而变化。在阶级社会，统治阶级总会通过其领导权为教师提出合乎本阶级利益的师德要求，为统治阶级服务，就如马克思所讲："支配物质生产资料的阶级，同时也支配着精神生产的资料，因此，那些没有精神生产资料的人的思想一般是受统治阶级支配的。"③ 教师职业道德是在教师职业劳动中产生的，但又必然会受到统治阶级的思想意识和道德原则的制约和影响。不同的阶级有着不同的教师职业道德，对教师行为也有着不同的评判标准。

---

① B.H.契尔那葛卓娃，契尔那葛卓夫. 教师道德［M］. 上海：华东师范大学出版社，1982：57-58.

② 马克思，恩格斯. 马克思恩格斯选集（第 2 卷）［M］. 中共中央翻译局，译. 北京：人民出版社，1995：82.

③ 马克思，恩格斯. 马克思恩格斯选集（第 3 卷）［M］. 中共中央翻译局，译. 北京：人民出版社，1995：52.

从教师个体看，教师是社会的人，其道德意识也会受到整个社会道德的影响，并体现在教育活动中。处于一定社会阶级的教师职业道德总是带有阶级的色彩，必然反映一定阶级的利益要求，必然受到统治阶级的思想意识、道德原则和道德规范的影响。

（三）教师职业道德是在批判继承历史上教师道德遗产的基础上形成的

一定社会教师职业道德的建立和形成，既反映了当时社会生产关系和统治阶级的利益要求，又充分借鉴和吸收了历史上一切有价值的师德思想。任何社会教师职业道德的形成都离不开对历史上教师职业道德的批判和继承。

教师职业道德的继承性以教师职业道德的共同性为基础。教师职业道德的共同性指在不同社会、不同阶级的教师职业道德中，存在一些共同的规范和要求，如“教书育人”“为人师表”“严谨治学”“诲人不倦”等已成为社会各阶级教师职业道德的重要内容。因为教师职业有着相对稳定不变的一般规律和特点，许多教师职业道德是从教师职业劳动的特殊性和教育过程的客观规律中引申出来的。例如，“教书育人”是由教师职业的社会职责决定的，“为人师表”是由教育劳动的示范性特征决定的，“诲人不倦”是由教育劳动的效果决定的。这些教师职业道德规范是一切社会和所有阶级的教师都共同遵守、共同维护的行为准则，必然会代代相传，成为各个社会和阶级的教师职业道德不可或缺的部分。

同时需要指出的是，任何社会和阶级都不会无条件全盘吸收历史上的道德遗产，总会根据自己所处时代和社会的经济关系、阶级利益的需要，有目的地进行加工改造，取其精华，去其糟粕，进行批判性继承和发扬。

综上所述，教育劳动实践是教师职业道德形成的客观基础，任何一种教师职业道德既是在一定社会生产关系和阶级利益制约下而形成和发展的，又是在批判继承历史上优秀教师道德遗产的基础上形成和发展的，这是教师职业道德形成和发展的一般规律。

二、教师职业道德的发展

在人类文明史上，教师职业活动历史悠久，教师职业道德的发展源远流长，了解历史上中外教师职业道德的发展历程，对于我国今天的教师职业道德建设具有深远的借鉴意义。

（一）西方教师职业道德的萌芽和发展

从古希腊、古罗马，到中世纪、文艺复兴时期，直至近现代资本主义时代，西方国家创造出了丰富的教育理论，产生了许多著名的教育家，有许多关于教师职业道德的论述，对我们今天的教师职业道德有着重要的影响和作用。

1. 古希腊、古罗马时期教师职业道德

原始社会后期，学校成为专门培养人才的场所，教师职业道德逐渐产生。西方教师职业道德形成于古希腊、古罗马的奴隶社会时期。

古希腊是在原有氏族制度解体条件下产生的许多小规模奴隶制国家的统称，其中两个最大的城邦国家就是斯巴达和雅典。在斯巴达，国内阶级矛盾异常复杂，斗争相当尖锐，因此，其教育具有军事性质，目的就是把氏族贵族的子弟训练成忠于统治阶级的武士，并通过教育向他们灌输奴隶主的政治道德观念，形成坚定、勇敢、坚韧、顺从和爱国的品质。教师也都由奴隶主阶级的成员担任，执政官会经常对教师予以训诫和进行政治问题谈话，以坚定教师维护奴隶主统治的意志，形成奴隶主阶级所需要的道德品质。古罗马是意大利半岛上的一个奴隶制小城邦，经过几百年的征战和扩张，发展成为一个地跨亚、非、欧三大洲的大帝国。其教育也是以培养忠诚的臣民为目的，这就要求教师首先要成为一个忠诚的臣民，奴隶主阶级对教师的道德也提出了很高的要求。

奴隶社会进入相对稳定的时期后，随着社会生产力和经济的发展，统治者也开始重视文化知识的教育，这对教师的文化知识素养提出了很高的要求。例如，在古希腊的雅典，教育的目的不仅要把他们训练成身强力壮的军人，而且要求把他们培养成具有文化修养和多种才能的政治家和商人。教师队伍的成员不仅有本国统治阶级的人员，而且有许多来自其他城邦国家的智者。

需要指出的是，这一时期的教师职业道德同哲学紧密联系在一起，在很多哲学家的论著中可见相关论述。例如，普罗塔戈强调教师要在教书育人中注重理论与实践的结合，教师在传授知识时，伴以必要的练习、实践和讨论，使学习达到一定的深度，在灵魂处生根。赫拉克利特提倡教师用说服和鼓励学生的语言和学生交谈，“用说服和鼓励的语言造就一个人的道德，显然是比用法律和约束更能成功”。他厌恶空洞的道德说教，告诫教师应热心地致力于照道德行事，而不要空谈道德。亚里士多德要求教师要了解学生，根据学生灵魂的不同去实施教育，针对理性灵魂进行智育，针对动物灵魂进行德育，针对植物灵魂进行体育，重视培养学生必要的道德品质。苏格拉底则认为教育方法必须遵循学生的特点，他提出“产婆术”式的问答方法，通过不断追问，刺激学生在教师的帮助下自己寻找正确的答案，教师只是暗示。一方面，学生相互启发共同寻找答案，另一方面，充分调动了学生的主体性。柏拉图认为，教育是人类所具有首要的和最好的事物，他要求学生对教师进行经常的监督。昆体良认为教师必须是一个道德高尚的人，应该处处给自己的学生做模范和榜样。教师应谙熟所教学科的内容，能熟练运用教学方法，教师要爱护学生，“让教师首先唤起个人对他学生的父母感”。教师要了解学生，熟悉学生，研究学生个性特征，根据学生智力予以施教。教师在教学中态度要诚恳、耐心，用心听取并乐于回答学生的问题。

2. 中世纪和文艺复兴时期教师职业道德

第一，基督教会对教育的垄断。西欧封建社会，基督教会处于意识形态支配地位，垄断着西欧文化，将整个意识形态纳入神学范畴。中世纪的学校几乎都是教会兴办的，以培养神职人员为目的。学校开设拉丁语、礼拜仪式及文法、修辞、逻辑、算数、几何、天文、音乐等“自由七艺”，因此西欧中世纪时期教师必须笃信基督教，信仰《圣经》。

第二，文艺复兴时期，西方教师职业道德的回归与发展。14—17 世纪，资本主义生产关系在西欧封建社会中逐渐孕育成长。新兴资产阶级希望挣脱封建神学的束缚，创造资产阶级新文化，掀起了一场以“人文主义”为核心的文艺复兴运动。他们主张以人为衡量一切事物的尺度，肯定人是世界的主人和社会财富的创造者，颂扬人的价值、人的尊严、人的高贵和人的伟大，要求发挥人的才能，追求人的理想。认为教育应发展人的个性，主张把人的思想、感情、智慧从神学的束缚下彻底解放出来。强调教师要尊重学生的个性，关心和信任学生，教师应做好学生的榜样。

意大利人文主义教育家维多里诺认为，教育的最终目的是培养精神、身体、道德都充分发展的人。在教学中，他重视个性的发展，鼓励学生自觉学习、主动创造，在学校里废除体罚，特别注重教师用优良品质向学生示范。法国人文主义教育家拉伯雷建议教师要尊重学生的个性，以平等的态度对待学生，用谈话的方式教学生学习，并常常和学生一起散步，为学生安排有意义的实践考察活动，要求教师的教学活动带有趣味性和创造性。蒙田认为，教师最主要的任务是开发学生智力，主张教师应激起学生学习的好奇心和兴趣，尊重学生的主动性和积极性。捷克教育家夸美纽斯要求教师充分了解自己所从事职业的伟大社会愿意，充满自尊心和自信心，加强品德修养，成为学生的表率和模仿的榜样。他要求教师要遵循教育教学的规律，提出了自然适应性原则和泛智原则，主张教师根据学生天性发展的基本规律去进行教育。

3. 近现代西方教师职业道德

近现代，西方教育思想迅速发展，教师越来越成为一个专门化的职业，教师的职业道德也开始向规范化、专业化的方向发展。

第一，对教师和教师职业的正确认识。随着社会的发展，社会对人才的需求量增大，教师及教师职业也被赋予了更高的要求。英国哲学家、政治思想家和教育家洛克认为，应强调教师的榜样示范作用，他认为榜样所起到的吸引和阻止儿童去模仿的力量，比任何说教的作用都大而深刻。卢梭要求教师是一个品德良好的人，应该受到良好的教育，是学生的楷模，自始至终以善良的态度对待学生。德国教育家第斯多惠认为学校全部工作的成功都依赖于教师道德的提高。他要求教师要具备崇高的、坚定的职业信念。教师要熟悉教育学、心理学，通晓教材和教学方法，使教学引人入胜，能唤醒学生的学习兴趣和上进心。教师还要有一往无前的战斗精神。

第二，热爱儿童，遵循儿童身心发展规律。教育家们认为个人的尊严和独立的人格是不容侵犯的，每个人生来都应享有自由平等的权利，这些权利是不允许任何人剥夺的。卢梭主张顺应儿童的本性，让他们的身心自由发展。洛克反对体罚，认为体罚只能培养儿童的奴性、拗性和怯懦的精神，要求教师在教学中重视和发展儿童的求知习惯，要引导学生的好奇心，鼓励学生提问与主动探索求知。裴斯泰洛齐也以其不倦的努力和坚韧不拔的精神对教育事业和儿童倾注了满腔的热情，他主张教育家庭化，强调教师应以仁慈和爱对待儿童，把爱作为教育的基本原则。

第三，热爱教育事业，遵循教育教学规律。教师必须热爱自己的事业，对教育事业有高度责任感。教师应掌握教育教学科学理论，熟悉教学方法。卢梭认为，教师不仅要精通本门学科，也要通晓教育学、心理学、教学法。教师要有目的，有意识地研究教育科学。赫尔巴特指出，谁先掌握了教育理论，教育工作就能进行得更有效，教育艺术是由教师在日常教育活动中获得的，教师越深刻切实地掌握了教育理论，就越能迅速地获得这种教学艺术。

（二）苏联教师职业道德的发展

苏联教育家马卡连柯、苏霍姆林斯基等为社会主义教师职业道德的确立和发展做出了重大贡献。他们以发展社会主义的教育事业为出发点，提出了教师职业道德建设的要求。马卡连柯从集体主义教育原则出发，论证了教师集体的重要性，认为教师必须是集体的一员，教师要通过形成优良的教师集体来培育学生集体。教师要具有严格自觉的纪律观念和行为，认为纪律是一种深刻的道德现象和政治现象，教师对学生要做到既严格要求，又真诚广泛地尊重。加里宁首次提出，“教师是人类灵魂工程师”，认为教师的任务就是造就社会主义新人，使他们养成优秀品质。他要求教师具有共产主义的教育思想、崇高的道德威信，要具有高度的文化修养，对自己讲授的学科知识储备深厚，能创造性开展教学，不断提高自己的业务水平，要积极参与国家社会政治运动。赞科夫认为，在科技迅猛发展的时代，教学不能只是传授知识，必须促进智力、能力、情感、意志、性格、体力和集体主义思想的发展。教师要细致观察学生，深入了解学生，做学生的良师益友。苏霍姆林斯基认为，教师首先要对教育事业、教育对象报以深沉的爱和极高的热情，有为学生献身的精神。教师在执行教学任务时，要有创见，有激情，教师要做学生的榜样，校长应做教师的教师，重视德、智、体、美、劳全面教育。

（三）我国教师职业道德的发展

教师职业道德是随着教师这一特殊职业的发展而发展的，我国历史上形成了独具特色的教师职业道德，涌现了无数优秀的教育家。

1. 我国教师职业道德的萌芽

远古时期，由于生产力极其低下，教育不发达，学校尚未出现，教育活动是伴随生产和生活过程进行的。担任教育工作的长者的职责就是言传身教地向人们传授种植、捕鱼、狩猎等方面的劳动技能和生产经验。由于人们当时定居在村庄里，教育开始变为广泛地教授知识，如在宗教仪式、舞蹈和部落的一般文化活动中向青少年传授各种知识，包括讲解本部落或本氏族的历史、英雄故事及各种传统和风俗习惯等。可见，当时只有一些教育活动中的行为习惯和朦胧的师德意识。所以，这一时期是教师职业道德的萌芽时期。

2. 我国古代教师职业道德的发展

公元前21世纪夏王朝建立，进入奴隶制社会，教师职业道德获得了较快的发展。这一时期逐渐产生了比较成熟的、体系化的官学系统，学校教育为奴隶主和贵族服务，为奴隶主和贵族专享，实行的是“官师合一”“政教合一”的教育制度。这一时期的教师也同时拥有贵族的身份，教师的职业道德自然也就与奴隶主、贵族的道德要求合二为一了。可见，这一时期的教师职业道德有着强烈的奴隶主专制统治的政治色彩。

春秋战国时期，战争频繁，官学衰败，私学逐渐兴起，“天子失官，学在四夷”。官府逐渐失去了对教育的垄断地位。以孔子、孟子、荀子、墨子等诸子百家为代表的一批教育家和思想家纷纷兴办私学，在开展了系列教育实践活动的基础上，逐渐形成了一套教师道德规范，这在很大程度上奠定了教师职业的光辉道德形象。孔子首创私学，招收弟子，聚众讲学，提出一系列与师德有关的看法，被尊称为“万世师表”。他是中国第一个提出教师要言传身教，以身作则的人。《论语·子路》曰：“其身正，不令而行。其身不正，虽令不从。”孔子强调教师要用自己的道德威信、光辉人格和身体力行去影响学生，发挥教师的表率作用；提倡“有教无类”“因材施教”“学而不厌，诲人不倦”“不愤不启，不悱不发”等，要求教师要有高尚的道德情怀，主张养心、寡欲、修身、内省、知耻。孟子讲：“得天下英才而育之，三乐也。”他把从事教师职业看作人生的三大乐事之一。荀子讲“天地君亲师”，他将教师的地位与“天”“地”

“君”“亲”并列，将教师职业放在了一个很高的地位，体现了他尊师重教的思想。“礼者，所以正身也；师者，所以正礼也”，他认为教师是社会的道德典范，教师通过自己的人格和道德品性传递社会的礼制和社会道德观念。

汉武帝时期，“罢黜百家，独尊儒术”，教师职业与儒家伦理全面融合，儒家的伦理道德也成为教师职业道德的伦理基础。董仲舒指出，教师的作用在于“化民成性”，树立良好风俗，防止奸邪，要求教师明义利，并对教师的道德品质、知识才干和言谈举止做出了具体要求，认为“善为师者，既美其道，又慎其行”，认为教师语言要简洁明了，通俗形象，行为应符合伦理。教师要不断提升自己的道德修养，理应成为整个社会的道德榜样，对民众起到道德教化的道德示范的作用。唐代韩愈在《师说》中讲到：“师者，所以传道授业解惑也。”他提出教师职业的三项重要工作就是传道、授业、解惑，所谓传道，就是传播儒家的道德伦理，也就是“道统”。教师要传播儒家的道统，就必须不断提升自身的道德修养，做到以身立教，以实现对学生、对民众的道德教化作用。

宋明时期，理学大师和心学大师对教师道德的理解和阐述，也为教师职业道德的发展做出了重要贡献。宋代理学大师朱熹主张“立志”“主敬”“有养”“省察”，强调教师要躬行实践，要知行合一，通过教师自身崇高的道德修养来达到道德教化的目的，他拟定的《白鹿洞书院教条》是我国古代关于教师师德规范比较完整的阐述，将忠信、修身、博学、慎思、明辨、笃行等作为师生共勉的道德规范，为后世的教师道德规范奠定了重要基础。明代心学大师王阳明提出，“明人者先自明”，即教师先要明德修身，只有提升了自身的道德修养和道德境界，才能更好地培养学生的道德品质。

3. 我国近代教师职业道德的发展

近代中国教师职业道德一方面深受传统儒家伦理和传统师德观念的影响，另一方面也逐渐学习和借鉴西方伦理观念和师德观念。出于反封建和发展资本主义的要求，一批资产阶级教育家，如康有为提倡“新学”，反对旧学，主张改革传统的教育模式、师德观念和课程设置，主张开办新式学堂，极大地推动了我国教师职业道德的新发展。康有为在《大同书》里对不同阶段教师做出了不同要求。梁启超要求教师自觉认识肩负的职责，热爱本职工作，从辛苦的工作中“领略得个中趣味”。其在文章《变法通议·论师范》中提出了要对教师的知识素养和道德素养进行专门培训，以便获得新式教育所需的新式教师队伍，以达到变法图强的目标。

一批伟大的教育家通过自身的言行和高尚的道德人格积极践行着教师职业道德，大大促进了教师职业道德在近代中国的发展。例如，蔡元培先生坚守教育的理想和信念，兢兢业业，成为教师的典范。他首创公民道德教育，把孔孟传统理论观念的“义”“恕”“仁”比附于西方的“自由”“平等”“博爱”，作为师生共同遵守的道德标准，要求教师“不嫖、不赌、不娶妾”，认为教师应当知识渊博，自我磨炼，成为社会的榜样和模范。陶行知先生“捧着一颗心来，不带半根草去”，以自身的高尚道德为师德增光添彩。这些伟大的教育家们身体力行，推动了教师职业道德在近代中国的发展。

4. 我国当代教师职业道德的发展

中华人民共和国成立后，我国教师职业道德的发展曾经一度中断和停滞。改革开放以来，我国逐渐形成了比较成熟的、系统的、完备的教师职业道德体系。邓小平同志不仅提出要尊师重教，而且提出“教育要面向现代化、面向世界、面向未来”，培养“有理想、有道德、有文化、有纪律”的一代新人。党的十四届六中全会通过《中共中央关于加强社会主义精神文明建设的决议》，指出“当前要以加强职业道德建设，纠正行业不正之风为重点”，为教师职业道德建设指明了方向。这一时期，国家先后出台了系列师德文件，大大促进了教师职业道德体系的发展和完善。

1994 年 1 月，我国开始实施《中华人民共和国教师法》。该法规定了教师的权利和义务，资格和任用，培养和培训、考核、待遇、奖励、法律责任等。1995 年 12 月，国务院发布《教师资格条例》。全文包括总则、教师资格分类与适用、教师资格条例、教师资格考试、教师资格认定、罚则、附则共七章二十三条。1997 年，国家教委和全国教育工会联合印发《中小学教师职业道德规范》。2008 年，教育部、中国教科文卫体工会全国委员会修订《中小学教师职业道德规范》，对教师的职业道德起指导作用，是调节教师与学生、教师与学校、教师与国家、教师与社会相互关系的基本行为准则。该规范主要包括爱国守法、爱岗敬业、关爱学生、教书育人、为人师表、终身学习六大板块内容。

2010 年我国发布《国家中长期教育改革和发展规划纲要（2010—2020 年）》，提出了师德规范的内容是“关爱学生，严谨笃学，淡泊名利，自尊自律，以人格魅力和学识魅力教育感染学生，做学生健康成长的指导者和引路人”，同时提出了师德建设具体措施，即“将师德表现作为教师考核、聘任（聘用）和评价的首要内容”“采取综合措施，建立长效机制，形成良好学术道德和学术风气，克服学术浮躁，查处学术不端行为”。

2011 年，胡锦涛在庆祝清华大学建校 100 周年大会上的讲话中明确指出了高校教师的道德责任，要求高校教师不仅要“关爱学生，严谨笃学，淡泊名利，自尊自律”，而且要“弘扬优良教风，提高业务水平”，并把“师德高尚”作为高校高素质专业化教师队伍建设的首要条件。

为贯彻落实党的十七届六中全会精神，全面提高高校师德水平，2011 年 12 月 30 日教育部、中国教科文卫体工会全国委员会研究制定《高等学校教师职业道德规范》。该规范要求各地各校全面落实师德规范要求，切实加强师德教育，改进和完善师德考核，加强师德建设的组织领导。其主要内容包括爱国守法、敬业爱生、教书育人、严谨治学、服务社会、为人师表六个部分。

2014 年 1 月，教育部印发《中小学教师违反职业道德行为处理办法》。该办法详细规定了中小学教师违反职业道德的具体行为和相应的处理办法。2014 年 9 月，教育部印发《教育部关于建立健全高校师德建设长效机制的意见》。该意见主要包括建设长效机制的重要性和紧迫性、建设长效机制的原则和要求、建设长效机制的主要举措、充分激发高校教师加强师德建设的自觉性、切实明确高校师德建设工作的责任主体五个部分。该意见指出，建立健全高校师德建设长效机制的主要举措包括：创新师德教育，引导教师树立崇高理想；加强师德宣传，培育重德养德良好风尚；健全师德考核，促进教师提高自身修养；强化师德监督，有效防止师德失范行为；注重师德激励，引导教师提升精神境界；严格师德惩处，发挥制度规范约束作用。

2018 年 11 月，教育部印发《新时代高校教师职业行为十项准则》《新时代中小学教师职业行为十项准则》《新时代幼儿园教师职业行为十项准则》，明确了新时代教师职业规范，划定基本底线，深化师德师风建设。其中，《新时代高校教师职业行为十项准则》明确规定了新时代高校教师必须遵循的十大行为准则。

最新修订的《中华人民共和国教师法（修订草案）（征求意见稿）》第四十八条（师德失范）规定：教师有违反法定义务和教师职业道德、行为准则等行为的，所在学校或者其他教育机构应当及时制止、责令改正并进行批评教育，并视情节，按照法律法规、国家有关规定或者合同约定分别给予调整岗位、暂停教学工作、降低职务等级、限制评奖评优、解除聘用合同等处理或者依据事业单位人员管理相关规定给予处分。

可见，当前我国教师职业道德体系正在不断发展和完善，并有着自身的发展变化规律。

三、教师职业道德的本质

教师职业道德的本质是教师职业道德的重要内容，在教师职业道德中占有重要地位。

（一）教师职业道德的一般本质

教师职业道德是职业道德的一种表现形式，简称“师德”，是一般社会道德在教师职业中的特殊体现。从一般意义上讲，教师职业道德是指教师在从事教育劳动过程中形成的比较稳定的道德观念、行为规范和道德品质的总和。它是调节教师与他人、教师与集体及社会相互关系的行为准则，是一定社会或阶级对教师职业行为的基本要求。教师职业道德，作为教师在教育活动中应当遵循的道德观念与道德品质，属于社会上层建筑的意识形态形式，它既根源于社会经济关系，又受制于教育劳动的本质和职能，还取决于教育活动中的特殊利益关系。因此，教师职业道德是由社会经济关系决定的。由于一般社会道德或阶级道德是由社会经济关系决定的，而教师职业道德又是一般社会道德或阶级道德的组成部分和特殊表现，所以教师职业道德必然会受到社会经济关系的制约。

社会经济关系对教师职业道德的决定作用主要表现在以下几方面：

第一，社会经济关系是教师职业道德的客观物质基础。管仲曾言：“仓廪实则知礼节，衣食足则知荣辱。”德国哲学家费尔巴哈也说：“德行也和身体一样，需要饮食、衣服、阳光、空气和住居……如果缺乏生活上的必需品，那么也就缺乏道德上的必要性。生活的基础也就是道德的基础。”① 这说明道德的形成依赖于一定的社会物质条件。在不同的社会经济条件下，教师的知识、品德、才能也不同。例如，在原始社会，生产力不发达，无明确的社会分工，因而也不可能出现专门的教师职业，更不要说教师职业道德了。可见，教师的职业道德水平是与其所处的社会经济生活状况和社会经济结构特征相适应的。

第二，社会经济关系对教育的目的和人才模式的影响，必然要求教师具备相应的道德素质。在阶级社会，教育本身就是统治阶级巩固本阶级利益的一个重要手段，为

---

① 费尔巴哈. 费尔巴哈哲学著作选集（上卷）[M]. 荣震华，李金山，译. 上海：生活·读书·新知三联书店，1959：569.

了稳定和发展其生产资料所有制形式，维护自身利益，他们凭借其在经济生活中取得的政治地位来确定教育制度、教育目的和教育内容等，以此直接影响教师的地位和行为，进而决定教师职业道德的性质、内容和形式。例如，奴隶社会的生产关系决定了其教育目的就是把少数贵族子弟培养成能够镇压奴隶、奴役人民的统治者，教师对学生进行严酷的训练就是合乎其职业道德的正确行为。在封建社会，地主阶级占统治地位，其教育目的就是要培养自己的统治人才和效忠封建统治阶级的子民，故而“有教无类”成为其师德规范。社会主义社会的教育目的是培养社会主义的合格建设者和可靠接班人，就要求教师为人师表，热爱教育。可见，社会经济关系是教师职业道德的根源，教师职业道德的性质由社会经济关系和社会生产资料的所有制形式所决定。

第三，社会经济关系的发展变化引起教师职业道德的发展变化。社会经济关系不同就会形成不同的社会形态。在不同社会形态中，人们对事物所持态度、观念也会不同。社会经济关系的发展变化必然会引起教师职业道德的发展变化。教师职业道德是一定社会经济关系的反映，也会发生改变。新的社会经济关系的发展变化，必然要求改变与新的经济关系不相适应的教师职业道德，对教师职业道德提出新的要求。

（二）教师职业道德的特殊本质

从道德实践可知，社会经济状况对教师职业道德的决定作用一般不是直接或一目了然的，需要经过许多中间环节，并曲折表现出来。要揭示教师职业道德的本质，还必须进一步了解它的特殊本质。

1. 教师职业道德是一种特殊的社会上层建筑

社会上层建筑是建立在经济基础上并为经济基础服务的。教师职业道德与社会上层建筑的其他形态不同，有自己的特殊性。教师职业道德主要通过培养大量人才为经济基础服务，这就要求教师要以为社会主义培养有用人才为根本目的，并正确处理好各种道德关系，自觉加强道德修养。新时代人民教师要达到为社会主义培养人才的目的就必须正确处理好教育过程中的各种道德关系。道德关系包括教师与学校的关系、教师与学生的关系、教师与家长的关系、教师与教师的关系等，其中教师与学生的道德关系是教育中最主要的关系，并在教育过程中起决定作用。教师不仅要给学生传授知识，还要建立良好的师生关系，这就要求教师应具有高尚的人格，有敏锐的观察力和处理问题的能力，有热爱每一个学生的情感等。教师的这种言传身教的职业劳动，在一定程度上体现了教师职业道德的特殊性。

2. 教师职业道德是一种特殊的社会意识形态

意识形态是上层建筑的组成部分，指建立在经济基础上的政治、法律、道德、艺术、哲学等各种社会意识的总和。教师职业道德对教师的要求不同于一般的政治、法律、哲学、艺术等意识形态，有自己的特殊性。教师职业道德要求教师树立正确的教育观，具有忠于教育的事业心和全心全意教育学生的道德责任感和良好道德品质。树立正确的教育观，关键是要求教师对教育和教师职业的地位和作用有一个深刻的认识。伴随着教育改革的不断深入，新时代的教师要树立全新的教育观。习近平总书记指出，“广大教师要做学生锤炼品格的引路人，做学生学习知识的引路人，做学生创新思维的引路人，做学生奉献祖国的引路人”。他在考察北京师范大学时勉励广大教师要做“有理想信念、有道德情操、有扎实学识、有仁爱之心”的“四有”好老师。“一个人遇到好老师是人生的幸运，一个学校拥有好老师是学校的光荣，一个民族源源不断涌现出一批又一批好老师则是民族的希望。”只有树立了正确的教育观，教师才能忠心于教育事业，才会全身心投入到教育活动中，才会在面对问题和矛盾时能识大体、顾大局，为教育好学生而不惜牺牲个人利益。

3. 教师职业道德是从教育活动的特殊利益关系中引申出来的

利益是道德的基础，任何道德都是特定利益或利益关系的反映。马克思指出：“一切以往的道德归根到底都是当时的社会经济状况的产物。”① 教师在教学活动中使学生得到实际的益处是教师职业道德形成的基础。诚如我国著名教育家叶圣陶先生所言：“师德的实质就是教师怎样使自己在教育活动中的行为有益于学校教学质量的提高，有利于学生德、智、体全面发展，使学生得到实际的益处。”②

教育劳动不仅与教师职业道德有内在联系，还是社会经济状况和教师职业道德联系的中间环节。因此，要认识教师职业道德的本质就必须分析教育劳动的本质。教育劳动的本质就是把一个自然人培养成一个社会人的劳动过程。教育劳动的社会职能不同于工业劳动、农业劳动、商业劳动的社会职能，教育劳动主要通过培养德、智、体、美、劳全面发展的人才来为社会发展和人民利益服务。这就使得爱护学生、了解学生、为人师表、以身作则，成为每个教师的必备素质。

不同于其他职业道德，造就一代新人是教师职业道德的特殊本质。教师职业道德作为一种意识形态，与教师的主观因素相联系。教师依据一定的道德观念，在教育活动中可以相对自由地选择自己的行为，别人也应该对教师的行为是否合乎道德做出评价。因此，能否把学生培养成为新时代中国特色社会主义的接班人，也就成为检验教师职业道德水平的客观依据。

第三节　高校教师职业道德的特点、功能及其作用

高校教师职业道德是高校教师在从事教学、科研和管理等教育活动中所形成的较为稳定的道德观念和行为规范，它是调节高校教师与他人、集体和社会相互关系的行为准则，也是社会对教师行为善恶优劣的评价标准。高校教师职业道德既有职业道德和其他类型教师职业道德的一般特点，又有其自身的特殊性。

一、高校教师职业道德的特点

高校教师职业劳动的特殊性决定了高校教师职业道德与其他职业道德相比有其自身的特点。具体而言，高校教师职业道德的特点主要包括以下几点。

（一）在道德意识上，高校教师职业道德比其他职业道德具有更高自觉性

教师职业道德意识是指教师在教育劳动中形成和表现出来的一定的职业道德认识、

① 马克思，恩格斯. 马克思恩格斯选集（第 3 卷）［M］. 中共中央翻译局，译. 北京：人民出版社，1995：133.

② 叶圣陶. 听叶圣陶谈师德［J］. 上海教育，1983（11）：38-39.

职业道德情感、职业道德意志和职业道德信念。它不仅表现为一定的意志倾向，而且表现为用一定的道德规范体系指导行为。教师职业道德意识是教师职业道德对教师职业的观念、想法及态度等思想意识方面的要求，是教师职业感情和职业行为的基础，包括教师的职业认识、职业理想、职业信念和职业意志等内容。教师职业道德意识的自觉性，主要是就教师职业认识和教师职业信念而言，也就是教育工作者对教育事业伟大意义的深刻理解和认识及从事教育工作所应有的志向和意志。

高校教师担负着培养德、智、体、美、劳全面发展的社会主义建设者和接班人的时代重任。教师劳动是塑造人的工作，是对心灵的“雕塑”，是教师的个性、学识、才能、感情、意志和品格的倾注，高校教师是用自己的心灵去塑造学生的心灵，这就必然要求教师具有较高的道德水准。要培养学生高尚的道德品质，教师自身首先要有较高的道德境界。高校教师应具有比一般公民更高的道德意识和职业道德。许多优秀教师之所以在平凡的岗位上做出不平凡的业绩，就在于他们具有高度自觉的职业道德意识，把自己所从事的教育工作看作应尽的道德义务。他在教育工作中能自觉地进行创造性的劳动，把对人类命运、祖国前途的高度责任感化为勤奋工作的动力和对事业的坚定信念。

高校教师道德意识的自觉性主要表现在以下两个方面：第一，表现为教师的道德判断和评价的高水准。高校教师的理论知识水平、思维能力、逻辑推理能力、观察理解能力都是高水平的，能够从根本上把握各种道德现象和道德问题，能做出高于一般人的道德判断。第二，表现在教师劳动的创造性中。教师的劳动对象具有个体性，教师教育学生的过程不是简单地灌输，而是自觉地、创造性地运用多种理论和技术的劳动过程。教师会随时随地、因人因事，有选择性和针对性地选择教育的内容、手段和方式等，以达到预期教育目的。

（二）在道德行为上，高校教师职业道德比其他职业道德具有更强的示范性

高校教师劳动的示范性特点决定了其职业道德行为的示范性。教师职业道德总是通过教师具体的外部行为表现出来，对学生产生直接影响。高校教师的言行、为人处世的原则和态度等都会成为大学生学习模仿的对象，教师的工作作风、精神风貌、性格特征等都会对学生产生潜移默化的影响力。无论是教师个人的道德品质，还是教师的集体风貌，都是一种典范性的教育力量，这种教育力量是“任何教科书、任何道德箴言、任何惩罚和奖励制度都不能代替的教育力量”①。这种道德力量可以对学生起启发作用、激励作用和引导作用，成为启迪、激励并引导学生成长的不可或缺的重要力量。

正因为教师道德言行在教育劳动中有着强的示范性，这就要求教师必须不断对自己提出更高的标准和要求，严于律己，以身作则，为人师表，成为学生心中的楷模和学习的榜样。就如 19 世纪著名教育家乌申斯基所言：“教师个人的范例，对于青年人的心灵，是任何东西都不能代替的阳光。”②

（三）在道德影响上，高校教师职业道德比其他职业道德更具有广泛性和深远性

由于各种职业劳动的特点不同，其职业道德对社会的影响深度和广度也会不一样。

① B.H.契尔那葛卓娃，契尔那葛卓夫等. 教师道德［M］. 上海：华东师范大学出版社，1982：20.

② 乌申斯基. 人民教师的职业道德［M］. 长春：吉林教育出版社，1987：14.

与其他职业道德相比，高校教师职业道德对社会的影响更深远、更广泛。高校教师职业道德影响的广泛性，是指教师道德不仅直接作用于每一名大学生，还会通过大学生影响到家庭和整个社会。高校是培养社会主义建设者和接班人的阵地，学生的道德水平，对社会的发展有着直接的影响。而高校教师的道德面貌对大学生的道德面貌有着更为直接的影响。

高校教师职业道德影响的深远性，指高校教师职业道德直接关系到大学生人格的塑造，影响着大学生的世界观、人生观、价值观和道德品质，进而影响整个社会和国家的前途和未来。这里所谓的“深”，主要指高校教师职业道德直接作用于学生的心灵深处，关系到学生的性格和品质的塑造。大学生的知、情、意、行、性格、理想、信念、人生观的形成，无一不受到高校教师的深刻影响。从某种意义上讲，大学生个体的精神风貌就是高校教师道德风貌的局部反映，大学生群体的道德风貌是高校教师道德风貌的整体反映。有什么样的教师，就有什么样的学生。高校教师对大学生的影响深入骨髓。这里所谓的“远”，主要指高校教师职业道德不仅影响一个人的学生时代，还会影响他的一生。教师对学生的影响一旦形成，就不会随着学生学业的结束而消失，这种影响已经凝结成为学生内在品质中比较稳定的一部分，进而伴随学生的一生。例如，一些品学兼优的学生成长为著名的教师，往往就是教师高大光辉形象的感召结果。就如教育家加里宁所言：“如果一个教师很有威信，那么这个教师的影响就会在某些学生身上永远留下痕迹。”① 此外，从整个国家高等教育事业和整个社会来看，高校教师职业道德的影响同样深远，它关系到国家高等教育的成败，关系到教育事业的兴衰，关系到国家和民族的前途命运。

二、高校教师职业道德的基本功能

（一）对教师职业劳动的动力功能

高校教师职业道德体现着社会对高校教师的职业要求和作为高校教师应有的职业行为，具有一种启动性的力量，为高校教师职业劳动提供动力，激发和鼓励教师职业工作的积极性、主动性和创造性，促使教师不断进行自我修养、自我发展、自我完善，自觉做好教育工作。

高校教师职业道德的动力功能主要有以下三种实现途径：①社会以高校教师职业道德为准则，通过树立理想的榜样和评价方式，塑造理想的教师职业人格，形成社会舆论，使高校教师在职业行为中向往和追求，并力求实现高尚的职业道德；②高校教师职业道德规范一旦被教师所理解和掌握，便可以成为教师自我限制和自我约束的动力系统，进而促进教育工作；③当高校教师在工作中不断认识、体验、遵循教师职业道德，并将教师职业道德内化为教师人格的一部分时，高校教师职业道德才能成为一种精神力量，促使教师在职业行为中按照高校教师职业道德的规范去履行自己的职责，并成为一种自觉的行为。

（二）对教师职业行为的调节功能

在工作、学习和生活中，高校教师随时都可能面临着诸多的道德冲突，这些冲突

① 加里宁. 论共产主义教育和教学［M］. 北京：人民教育出版社，1957：177.

主要表现在以下几个方面：第一，行为取向上的义利冲突。如教师在教育教学中面临的职业重心偏移问题，科研与教学的关系问题、学术道德问题等。面对这些矛盾时，教师应明确个人利益的正当性的原则界限，不能把个人利益等同于个人物质利益，应以集体主义原则为价值尺度，在职业行为中实现义利分离。第二，行为表现上的角色冲突。教师会因角色期望不一致而产生的个人心理或感情上的矛盾和冲突，如教师的工作角色与生活角色的冲突、教师角色与班主任角色的冲突、权威角色与朋友角色的冲突等。面对这样的冲突，教师应不断加强道德修养，增强角色意识，以崇高的教师职业道德指导自己的角色定位。第三，行为动机上的心理冲突。这主要表现在期待角色与实际角色引发的心理冲突、社会荣誉与社会现实引发的心理冲突、高付出与低待遇引发的心理冲突、角色责任与自我价值实现引发的心理冲突、角色环境与社会环境引发的心理冲突。面对这些心理冲突，教师须不断进行调适。而教师职业道德是教师正确处理各种矛盾，选择正确的教育行为，确保教育活动正常开展的前提和保证。教师职业道德是教师正常教育活动中不可或缺的行为准则，是教师约束和规范自身行为的依据，也是教师判断自己行为是否恰当的标准，它不仅对教师的日常行为进行规范，而且代表了一种道德理想。高校教师时刻以教师职业道德为自身行为的标准，不断调整自己的道德修养，不断自我发展、自我完善，就能有效调节自己的职业行为。

（三）对教育对象的教育功能

大学生是十分宝贵的人才资源，是民族的希望、祖国的未来，具有很强的可塑性。他们常常从教师的道德意识和道德行为中汲取是非善恶观念。教师遵循教师职业道德规范时，会使道德要求具体化、人格化，从而使学生在具体的榜样中获得启发和教育，在潜移默化中养成良好的思想品质，增强教师教育的可信度、吸引力和有效性。

例如，大连海事大学辅导员曲建武曾在工作手册中记录：“一个人只有把他的生命汇入到整个人类进步的事业中来，那他才会是永生的。”他激励学生们把个人的发展汇入到实现中华民族伟大复兴的中国梦中。在他的影响下，他的学生闫沛兴立志毕业后到西藏，做思想政治教育工作。就如闫沛兴自己所言：“在老师的栽培下，我能够有了一份走出小我，成就大我的情结，我觉得这是对我人生最大的改变！”

（四）对教师工作的评价功能

教师职业道德是一定社会为培养与之相适应的人才而对教师工作提出的道德要求。这些道德要求既是对教师工作进行社会价值判断的准则，又是社会、学校和教师自己对教师工作进行社会价值判断的准则之一。因此，教师职业道德对教师工作具有评价功能。在社会主义市场经济和改革开放的条件下，社会现代化进程给教师职业道德建设带来了新课题，出现一些亟待解决的突出问题。有的教师责任心不强，教书育人意识淡薄，缺乏爱心；有的学风浮躁，治学不够严谨，急功近利；有的要求不严，言行不够规范，不能为人师表；个别教师甚至师德失范、学术不端，严重损害人民教师的职业声誉。面对上述问题，加强教师职业道德建设，充分发挥教师职业道德对教师工作的评价功能就具有特别重要的意义。

（五）对教师自身修养的引导功能

在实现中华民族伟大复兴的历史进程中，多样化成了经济成分和经济利益、社会生活方式、社会组织形式、就业岗位和就业形式等各方面的显著特征，各种利益关系都在发生新的变化。在世界多极化、经济全球化的发展趋势下，各种思想文化潮流相互激荡、相互碰撞；形形色色的“主义”“学说”在人类思想原野上铺满了横七竖八的岔道，缺乏理论修养的盲目探索者往往会因丧失政治敏锐性和政治鉴别力而误入歧途，在大千世界里，灯红酒绿的诱惑，极有可能盗取意志薄弱者的青春，使其在糖衣炮弹面前失足落马；在商场如战场的市场中闯荡，如无正确的路线指引，无正确的人生追求，就会利令智昏。面对纷繁复杂的社会环境，高校教师的思想、工作、生活也必然受到各种各样的冲击，也会遇到个人与他人、个人利益与集体利益的矛盾与冲突、个人待遇的高与低、工作上的难与易、生活上的苦与乐、环境上的好与差等现实问题，必然会造成少数教师心理上的错位与不平衡，因而把商品经济中的等价交换原则运用到师生之间、同事之间甚至于教师与家长之间的关系中来，用拜金主义的思想取代了自己献身教育的思想。因此，教师职业道德是提高教师自身修养的主要前提和保证，对教师的进步起着指明方向、矫正行为，保证道德修养目标实现的作用。高校教师职业道德规定了教师处理个人利益与集体利益、社会利益的道德原则，指明了教师在教育活动中应遵守的规范和要求，引导教师在教育过程中正确选择自己的行为，调节教师在从教过程中的各种关系、矛盾和言行，保证教育工作顺利开展和教育任务的圆满完成。教师职业道德的自我完善作用就在于，它可以指导、帮助教师客观地思考问题，审慎地解决各种矛盾，从而确立高尚的道德责任感，纠正自己与职业道德要求相违背的各种错误行为和不良习惯，增强自我调节、自我完善的能力和水平，不断地提高自己的道德素养。

（六）对社会文明的示范功能

教师职业道德是一般社会道德在教师职业中的特殊体现。教师是社会道德的典范，被认为是社会文化的使者和高尚道德的代表。一名教师如果有了良好的师德，他就能使自己在履行教书育人的道德义务时，有一种强烈的责任心，即使在没有社会舆论与外在监督的情况下，也能自觉地承担教育教学任务，坚定地去做符合社会要求和学校发展的事情，为人师表，躬身实践。反之，当教师没有上好课或没有做好自己的本职工作时，首先会受到自己良心的谴责，认真反思，归咎自我，并会在后续的教育行为中力求改进，奋力弥补。正如教育家苏霍姆林斯基所说：“当良心、羞耻心、责任心和事业心在你心灵中永远扎下根来的时候，你就是形成了一种有道德的个性。”这种有道德的个性就是教师的灵魂，就是自我约束和自我监督的良心，也是对学生最大的教育，在这方面教师的表率和示范作用是任何其他教育因素无法代替的。

教师对社会文明的示范功能主要通过以下三种途径表现出来：第一，通过培养学生的优良品质来影响社会道德，学生是具有多重角色的社会个体，在学校是学生，在社会是公民，学生的多重身份更有利于社会文明的传播。第二，通过教师参加各种社会活动来影响社会道德，当教师严格遵守教师职业道德规范，以高尚的道德品质出现在社会中，教师的道德风貌、人格形象便会对社会产生积极作用。第三，通过教师家庭生活和社会生活，促进良好新型社会关系的建立和发展。这些都直接或间接地通过各种方式体现在社会生活的方方面面，促进社会文明之花处处开放。

三、高校教师职业道德的作用

在道德影响力上，教师职业道德比起其他职业道德更为广泛深远。高校教师职业道德不仅广泛影响大学生在求学期间的表现，甚至影响其一生，而且还会通过学生影响全社会。

（一）对学生的教育作用

第一，教师良好的职业道德有助于促进学生德行的养成。当今世界面临百年未有之大变局，加强大学生思想政治教育具有特别重要的意义。培养学生良好的思想政治素质和道德品质，使其成为社会所需要的人才，已成为时代及社会赋予高等教育的一项神圣使命。大学生正处于世界观、人生观和价值观的重要形成时期，自我定位模糊，可塑性强，因而高校教师的言行对学生的影响作用是巨大的。正如加里宁所说：“教师的世界观，他的品行，他的生活，他对每一现象的态度都这样或那样地影响着全体学生。这点往往是觉察不出的。但还不止如此。可以大胆地说，如果教师很有威信，那么这个教师的影响就会在某些学生身上永远留下痕迹。”所以，高校教师拥有良好的职业道德无疑会大大促进大学生良好品德和正确世界观、人生观及价值观的形成。

第二，教师良好的职业道德会促进学生智力的发展。教师良好的职业道德主要体现在教师具有坚定的人生信念，热爱自己所从事的教育事业，具有高尚的道德品质，尊重热爱每一个学生。能够具备这样的职业道德，教师就能从更深层次理解素质教育的内涵，就能主动探索教育教学的规律、了解学生的身心特点及存在的问题，实现真正意义的因材施教，从而为开发学生智力和潜能提供基本的前提。

第三，教师良好的职业道德往往会在“润物无声”中给学生带来潜移默化的影响。一方面，教师的道德品质是完成教育的基础。教育源于受教育者的认同，只有受教育者对教育者所给予的教育认同，教育才会发生效力。一个在学生中有良好形象的教师，才能顺利地完成教育任务，收到事半功倍的效果；相反，教师的形象较差，学生对教师所言所行根本不信，那么教师就无法进行教育工作。形象好的教师是学生学习的榜样，甚至连学生家长也都把好教师看成是其孩子健康成长的希望。教师的形象是建立在教师严于律己、率先垂范、以身作则的基础上的。教师的道德品质会对学生的心灵产生震撼力量，而且这种力量的影响是深刻久远的。教师的理想追求、思想感情、言行举止、气质性格、对工作的态度和业务能力，都对学生具有熏陶和潜移默化的影响，往往像种子一样在学生心中生根发芽。另一方面，教师的道德品质影响着学生身心素质发展的趋向。从一定意义上说，大学生往往是在模仿中成长起来并逐步实现人的社会化的。在学生心目中，教师是智慧的代表和高尚人格的化身，教师的言行就是道德标准。教师的劳动具有强烈的直观示范性。教师品德高尚，行为仪表端庄，有利于塑造学生美好的心灵，有利于提高学生的素质。作为学生的示范者，教师在教育活动中被期望为在行为规范上最完美的人。教师的道德品质犹如“活命水”，学生身上蕴藏着的天才素质，只有在这样的“活命水”浇灌下才能蓬勃生长，否则就会干枯和衰败。教师良好的师德会使学生赞叹并对其具有吸引力，激发他们上进的愿望。良好的师德对学生起着价值引导作用和行为规范作用。这种作用体现在三个方面：一是启发。教师良好的思想风范、道德情操可以激励、启发、推动学生去仿效，即所谓的“见贤思齐”“从善如流”。二是控制。学生有了学习的楷模，可以此为标准，控制自己的言行。三是调整。学生可以教师为榜样，纠正、调整自己与教师相悖的言谈举止。

第四，教师优良的职业道德素养会促进学生创新能力的发展。当前，我国发展面临的国内外环境继续发生深刻复杂的变化，这对加快科技创新提出了更为迫切的要求。高校理应肩负起使命，推动创新驱动发展、加快技术创新步伐。创新观念是教育创新的前提和基础，创新思维是教育创新的源泉，创新能力是教育创新的本质力量，创新精神是教育创新的灵魂与动力，创新人格是教育创新的保障。叶澜教授曾指出：“今日教学改革所要改变的不只是传统的教学理论，还要改变千百万教师的教学观念，改变他们每天都在进行着的、习以为常的教学行为。”[①] 担负培养时代新人重任的高校就应该是一个尊重个性和充满创造活力的神圣殿堂，作为学生自由发展引导者的高校教师也应该是先进思想观念的代表者。没有开放的教育观念，就不会有创新的教育行为，也不会造就创新型人才。高校应确立以学习者为中心的教育主体观，把学生看作富有生命意识和社会意义的人，而不能让学生与周围的实际生活与实践舞台脱节，否则会严重抑制学生创新能力的发展。

（二）对教育过程的调节作用

教师职业道德作为一种行为规范，不仅具有教育作用，而且在教育过程中还具有调节作用。教师在教育过程中起着主导作用，教师职业道德通过影响教师的教学行为调节教育教学过程。良好的教师职业道德有助于学生整体素质的提高和发展，并推动整个教育教学过程的发展和进步；反之，则不仅有碍于学生个性特征和道德品质的健康发展，而且会影响到整个教育过程的优化。

第一，调节教师与教育事业的关系。教师与教育事业的关系是教育过程中的基本关系。教师对国家教育事业的认识、对教师职业的态度，会直接影响教育的效果。教师的教育观念必定会通过他们一系列的行为表现出来。如果教师不安心或不热爱自己的工作，或者只想从教育中满足个人利益，那么就不可能全心全意地培养学生。教师只有按照教师道德的要求去做，自觉地适应教育事业的要求，具有献身人民教育事业的思想，才会严格地要求自己，勇于克服工作中的各种困难，战胜各种挫折和阻力，发挥教师的创造性和主观能动性，去争取教育的最佳效果。

第二，调节教师与学生的关系。高校教师与学生的关系，是高等教育中最基本的人际关系。教师和学生同为教育过程中的主要因素，他们的关系是否正常、和谐、融洽，是否符合教育规律的要求，会大大影响教育效果。如果学生内心对教师时时存有戒心，或者教师对学生厌恶和反感，那么教育效果将不堪设想。在高校教师与学生的关系中，教师处于主导地位，教师在选择教育行为时，具有选择的主动权。教师与学生发生矛盾时，都是可以采取不同的处理方式。教师职业道德的调节作用就在于，能够引导教师自觉选择符合教育规律的正确态度和方法，还能通过社会舆论的监督，使教师坚持符合道德要求的行为，终止或纠正违背道德要求的行为。可见，教师职业道德可以使教师在内部和外部力量的共同作用下，正确认识和处理师生关系。

① 叶澜. 让课堂焕发出生命活力：论中小学教学改革的深化［J］. 教育研究，1997（9）：3-8.

（三）对社会生活的促进作用

1. 继承和发展人类优秀文化成果

教师是连接过去与未来的纽带，是探索人类文明发展方向的先导，是人类通向文明的桥梁。人类在长期的社会实践中，积累了丰富的经验，创造了灿烂的科学文化，留下了包罗万象的宝贵财富。高校教师根据社会的需要，通过自己的劳动，将人类社会积累起来的思想和知识财富，通过学习、研究加以总结，然后传授给年轻一代，使他们能够在较短的时间内学习和继承人类文化的优秀成果，以适应现实社会的实践活动，延续社会的发展。如人类对机械运动的认识，从古希腊的亚里士多德起，到建立“牛顿三大定律”和“万有引力定律”就经历了两千多年漫长的岁月，而现在不需太长时间的传授，就可以使学生认识和了解机械运动。如果没有教师的这种总结和传递人类优秀文化的作用，新生一代就要事事实践，一切从头做起，人类社会就难以向前发展。实践证明，教师把前人积累的科学技术知识和人类的间接经验直接传授给年轻一代，是发展社会生产力、推动社会进步的最佳捷径。

2. 开发人类智力资源，促进科学技术不断向前发展

所谓智力开发，就是对人的智慧的挖掘，对吸收知识、创造知识能力的启发和培养，即对人们掌握知识和运用知识解决实际问题能力的提高，包括观察、记忆、想象、思考和创新能力等。教师要开发学生的智力，就要适时地引导学生进行积极的思考，帮助学生端正思维方法，提高学生掌握知识和运用知识的能力，最大限度地激发学生学习思考的主动性和创造精神。教师对人类智力资源的开发作用，是其他任何人所无法比拟和代替的。其一，知识是智力的基础，教师向学生系统地传授科学文化知识，是为学生提供智力资源。智力的核心因素是一个人的创造性思维能力，科学的发展实际上就是一种思维创造过程。教师正是通过向学生传授系统的科学文化知识，为学生创造性思维能力的发展打下坚实的基础。其二，教师在教育教学中，通过揭示新思想、新知识的科学性、真理性来激发学生的学习热情，培养学生对科学与真理的追求和钻研精神，引导学生步入科学知识的殿堂。其三，教师可以利用各种有益的课外活动，如科技活动、参观访问、社会调查、实际操作、演讲比赛、专题讲座、办刊办报等来提高学生运用知识分析问题、解决问题的实际能力，使学生的智力得到尽快的发展。所以说，在人类社会的发展进步中，如果没有教师开发智力资源，文化知识等宝贵财富就无法继承，人类的科学技术发展就会中断，社会就不能进步。

3. 培育新型劳动者，推动人类社会不断向前发展

教师承担着培育新型劳动者后备军的任务，教师对这些新型劳动者要进行系统的科学理论教育和技术、技能的训练，提高劳动者的素质，从而为社会创造更高的劳动生产力，尤其是在新技术革命和信息发达的当今时代，知识成为比资本和劳动力更重要的财富资源。劳动者从教师那里学习和接受的科学理论越多、越深，所发挥出来的技术和技能作用就会越大，从而就会为社会创造出更多、更好的物质财富和精神财富。教育在为社会造就各种人才时，既向受教育者传授生产科学知识的理论和技能，实现人的个体知识化，为发展社会生产力服务；又向受教育者传授社会、阶级的思想意识、理想、道德、法律、信念，指导他们树立正确的世界观、人生观和价值观，具备从事本职工作的道德水平和各种能力，为社会创造出更多更好的财富。社会发展需要各种

人才，人才的劳动推动着社会向前发展。教师在人类社会中，就是这样不断地为社会培育人才，既维持了人类一代代的生存和繁衍，又推动了社会的进步和发展。不少教师不仅是教育者，而且是研究人员，他们身体力行，通过科学研究，创造了许多新的科学成果，进一步为社会变革提供科学理论。

4. 全面塑造人，促进人类的自我完善

高校教师通过课堂讲授和言传身教，来启迪学生的心灵，培养学生的思想和品德，训练学生意志，指导学生的行为。由于年龄和经历的关系，大学生在生活目的、道德信念、思想觉悟等方面，还没有完全形成较稳定的发展趋向，世界观、人生观和价值观都有待进一步完善，在这一阶段，高校教师对他们的教育影响作用非常大。具有扎实专业基础和良好思想道德品质的教师堪为社会楷模，他们懂得教育理论，掌握着教育人、塑造人的科学，有着丰富的实践经验与本领，在传道授业解惑的工作中能够按照教育规律对受教育者施加影响，为大学生塑造思想和灵魂，使他们成为高尚的人。正如教育家霍姆林斯基所言，教师怎样表现自己，以及在哪些方面表现自己，根据这一点，学生可以得出结论：人一般是些什么样的人，什么是善良，什么是理性。学生将来都要参加工作，成为各行各业的接班人，他们在各自的工作岗位上，都会自觉或不自觉地按照教师的影响去梳理各种关系，以教师的道德标准为准绳对各种社会行为作出评价，从而把整个社会的道德实践关系推进到一个新阶段，使精神文明建设发展到一个新高度。由此可见，高校教师良好的职业道德在落实立德树人根本任务中的作用是不容忽视的。

5. 优化社会环境，推动社会主义核心价值观建设

高校教师的职业道德不仅会影响学生的全面发展，而且会影响整个社会环境的优化以及社会主义核心价值观建设。一方面，高校教师所担负的主要职责就是教书育人。如果高校教师具有良好的职业道德素质，那么他们就有可能培养出在文化、思想、品德等方面都具有较高素质的学生，这无疑将会大大优化和改善社会环境。另一方面，社会对于教师的品德言行都抱有很高的期望，教师往往被社会上的人看作是最有教养、最讲文明、最有德性的人。高校教师行为所体现出来的社会道德往往成为人们判定是非善恶的标准，影响着社会舆论和社会风尚。因此，良好的高校教师职业道德可以直接带动社会风气的好转和社会环境的优化与改善，推动社会主义核心价值观建设。

（本章撰稿人：吕雪梅）

思考题

1. 教师职业道德的本质是什么？
2. 高校教师职业道德有哪些基本特征？
3. 如何理解高校教师职业道德的功能和作用？

第三章 高校教师职业道德的基本原则和主要范畴

【内容摘要】在高等教育实践活动中，教师必须调整教育实践活动中的各种关系，使自己的行为有所遵循，以维系高等教育实践活动的正常进行，这就要求高校教师必须遵循职业道德的基本原则。同时，在高等教育实践活动中，还有一些社会对高校教师职业道德的根本要求以及一些反映和概括教师职业道德现象的基本概念，这就是高校教师职业道德的基本范畴。这些原则和范畴是高校教师在教育实践活动中必须遵循的基本准则和道德要求，对高校教师职业道德起着指导、评价及制约作用。

第一节 高校教师职业道德的基本原则

一、高校教师职业道德基本原则的作用

（一）对教师职业行为具有导向作用

高校教师职业道德的基本原则贯穿高等教育活动的始终，是高校教师职业道德区别于其他职业道德的基本特征。与其他职业不同，教师职业服务的对象是学生，高校教师服务的对象是大学生。大学生的性格特点、成长和学习环境与中小学生也不尽相同，因此，高校教师职业道德的基本原则可以帮助高校教师在教育教学活动中明辨方向，并按照相关原则指导自己的道德行为，对教师职业行为具有导向作用。

（二）对教师职业道德具有评价作用

一般而言，高校教师职业道德评价是指教师自己、他人或社会根据高校教师职业道德准则、规范和科学的标准，在广泛搜集各方面信息的基础上，对高校教师的职业道德意识、道德情感、道德意志和道德行为进行的综合考察和价值判断，其目的是在对高校教师的职业道德考察和评判的基础上，探索高校教师职业道德形成和发展的客观规律，以便更加有效地指导他们提高自己的职业道德素质和道德品质。高校教师职业道德基本原则是高校教师职业道德具体实践的最重要的评价标准，在高校教师职业道德体系中，教师职业道德的基本原则具有最高约束力，是衡量和评价教师职业道德

行为的最高准则。

二、高校教师职业道德基本原则确立的依据

高校教师职业道德基本原则的确立既要坚持社会主义道德原则的指导，又不能简单地把社会主义道德的基本原则套用到高校教师职业道德中，而应该坚持从高等教育实践的客观实际出发，确立与高等教育改革和发展要求相适应的道德原则。

（一）高校教师职业道德基本原则的确立应坚持以社会主义道德为根本依据

社会主义道德是社会主义文化的重要组成部分。自中华人民共和国成立以来，特别是改革开放 40 多年以来，社会主义道德建设不断发展进步，社会主义道德的核心、原则也逐步确立，应该说，社会主义道德在培养人民的道德品质、提高社会成员的道德素质、提升整个社会的文明水平方面发挥了重要的指导作用。高校教师职业道德是社会主义道德在高等教育领域里的具体表现，必定要受到社会主义道德的影响。因此，虽然高校教师职业道德的基本原则有自己的特殊内容，但社会主义道德依然是高校教师职业道德基本原则确立的根本依据。

（二）高校教师职业道德基本原则的确立应坚持以高等教育的特殊性为落脚点

从本质上看，教育实践活动是一种人培养人的劳动，因此，教师职业道德对于教育者本身来说是一种自我肯定、自我发展的活动。高校教师职业道德基本原则是调节高等教育实践活动中的各种利益关系、反映教师个体职业道德行为、道德评价以及道德教育等方面的概念，因此，其确立的目的是为高校教师职业道德发展指引方向，提供价值遵循，使高校教师在自我道德价值上的追求与在教育实践活动中的言行保持一致。因此，高校教师职业道德基本原则的确立应该在坚持一般职业道德原则的基础上，从高等教育实践及高校学生的特点出发，去建构起与时代发展要求及高等教育改革相适应的、能够促进高等教育优化发展的教师职业道德的基本原则。

三、高校教师职业道德的基本原则内涵

高校教师职业道德的基本原则，是规范高校教师道德行为的根本准则，在高校教师职业道德体系中居于主导地位，对高校教师教育活动其他环节的顺利开展具有重要的指导意义。高校教师职业道德的基本原则主要包括立德树人原则、集体主义原则、教育人道主义原则、全面发展原则及公平公正原则五大原则。

（一）立德树人原则

早在 2012 年，党的十八大报告就指出："全面贯彻党的教育方针，坚持教育为社会主义现代化建设服务、为人民服务，把立德树人作为教育的根本任务，培养德智体美全面发展的社会主义建设者和接班人。"① 从党的十八大首次把立德树人作为教育的根本任务之后，习近平总书记先后在全国思想政治工作会议、北京师范大学师生座谈会、北京大学师生座谈会、全国宣传思想工作会、党的十九大报告以及 2018 年的全国教育大会上，多次强调要把立德树人作为教育的根本任务。在党的十九大报告中，习近平明确提出"要全面贯彻党的教育方针，落实立德树人根本任务，发展素质教育，

① 胡锦涛. 十八大以来重要文献选编（上）[M]. 北京：中央文献出版社，2014：27.

推进教育公平，培养德智体美全面发展的社会主义建设者和接班人”① 的要求。将“立德树人”定位于“全面发展”之上，揭开了新时代高校书写立德树人的新篇章，这一定位也是以习近平同志为核心的党中央传承、丰富和发展党的教育方针的具体体现。在2018年全国教育大会上，习近平总书记继续强调要坚持把立德树人作为根本任务，并指出，要深化教育体制改革，健全立德树人落实机制②。这些重要讲话精神要求我们把立德树人的重大意义置于新时代背景中去审视，在更高层次、更广范围上找坐标、找定位。

1. 立德树人原则确立的意义

第一，高校教师贯彻落实立德树人原则，是坚持社会主义办学方向的题中之义。对于高校而言，培养什么样的人、如何培养人以及为谁培养人，是一个事关教育根本的重大问题。对此，习近平总书记强调：高等教育必须坚持正确的政治方向，高校立身之本在于立德树人，我们的高校是党领导下的高校，是中国特色社会主义高校③。“始终坚持社会主义办学方向”是必须坚持的政治方向。中国特色社会主义高校的办学目标是培养出德智体美劳全面发展的社会主义事业建设者和接班人。而其中，教师立德树人观念关乎学校人才培养的水平和质量，同时也直接影响着学生的思想水平、政治觉悟和道德品质。高校教师是坚守意识形态阵地的中坚力量，他们的立德树人观念直接关系着高校意识形态阵地的守护力量是否强大，阵地是否安全。因此，高校教师应该严格贯彻落实立德树人的根本原则，把立德树人作为教育的根本，坚持高等教育的改革与创新，让高等教育更好地为人民服务，为中国共产党治国理政服务，为巩固和发展中国特色社会主义服务，为改革开放和社会主义现代化建设服务。

第二，高校教师贯彻落实立德树人原则，是尊重人才培养规律的基本要求。习近平总书记指出：“我国是中国共产党领导的社会主义国家，这就决定了我们的教育必须把培养社会主义建设者和接班人作为根本任务，培养一代又一代拥护中国共产党领导和我国社会主义制度，立志为中国特色社会主义奋斗终生的有用人才。这是教育工作的根本任务，也是教育现代化的方向目标。”④ 他强调：“人才培养一定是育人和育才相统一的过程，而育人是本。人无德不立，育人的根本在于立德。这是人才培养的辩证法。办学就要尊重这个规律，否则就办不好学。”⑤ 他还强调：“教师做的是传播知识、传播思想、传播真理的工作，是塑造灵魂、塑造生命、塑造人的工作，因此，教师不能只做传授书本知识的教书匠，而要成为塑造学生品格、品行和品位的‘大先生’。”⑥因此，高校教师要在充分尊重教育规律和人才培养规律的基础上，贯彻落实立德树人原则，“以高尚的人格魅力赢得学生敬仰，以模范的言行举止为学生树立榜样，把真善

① 习近平. 决胜全面建成小康社会　夺取新时代中国特色社会主义伟大胜利：在中国共产党第十九次全国代表大会上的报告［M］. 北京：人民出版社，2017：45.

② 习近平在全国教育大会上强调 坚持中国特色社会主义教育发展道路 培养德智体美劳全面发展的社会主义建设者和接班人［N］. 人民日报，2018-09-11（1）.

③ 教育部课题组. 深入学习习近平关于教育的重要论述［M］. 北京：人民出版社，2019：25.

④ 同③84.

⑤ 习近平. 习近平谈治国理政：第二卷［M］. 北京：外文出版社，2017：377.

⑥ 习近平. 习近平谈治国理政：第一卷［M］. 北京：外文出版社，2018：50.

美的种子不断播撒到学生心中"①。

第三，高校教师贯彻落实立德树人原则，是适应社会发展的需要。新时代大学生的思想异常活跃，西方社会一些不良社会思潮不可避免地会对其产生消极影响，使他们思想上往往出现不同程度的矛盾和困惑，从而对其价值观的正确确立产生严峻挑战。高校教师贯彻落实立德树人原则，就应该在百年未有之大变局的社会背景下，主动占领意识形态主阵地。与此同时，在错综复杂的国际形势、艰巨繁重的国内改革发展稳定任务的重压下，高校也不可避免地处于这种复杂的大环境中，在这种复杂多元的社会环境影响下，高校教师必须抓牢立德树人这个根本，才能筑牢自己和学生的思想防线。此外，随着经济全球化、信息化和后工业化的到来，人类面临的德性挑战日趋严峻，为了提高我国的软实力，为了实现中华民族的伟大复兴、加强德育工作、提高全民族的道德文明素养，增强我国软实力，已成为我国教育战线面临的一项重大而紧迫的战略任务②。因此，高校教师必须适应时代和社会发展的要求，贯彻落实立德树人根本原则，坚持培养德智体美劳全面发展的人才，才能让学生在全面了解中国与世界的过程中，在多元化的国际竞争中立于不败之地。

2. 贯彻立德树人原则的基本要求

习近平总书记指出："要把立德树人内化到大学建设和管理各领域、各方面、各环节，做到以树人为核心，以立德为根本。"③ 高校教师立德树人观念，还应该坚持如下策略。

第一，坚持正确政治方向，发挥党组织对高校教师立德树人原则的引领作用。坚持正确的政治方向，是立德树人的根本前提。"立什么德""树什么人"关乎教育的社会性质和发展方向。高校培养人才，必须坚持以马克思主义为根本指导思想，坚持社会主义办学方向。因此，高校教师贯彻立德树人教育理念，就"必须坚持以马克思主义为指导，全面贯彻党的教育方针。坚持不懈传播马克思主义科学理论，抓好马克思主义理论教育，为学生一生成长奠定科学的思想基础"④。一是不断加强思想政治理论学习。在建立健全高校教师政治理论学习制度的同时，应抓好马列主义、毛泽东思想、邓小平理论、"三个代表"重要思想、科学发展观以及习近平新时代中国特色社会主义思想的学习教育，不断增强高校教师对中国特色社会主义理论的认知认同、情感认同以及行为认同。二是加强理想信念教育。"理想指引人生方向，信念决定事业成败。没有理想信念，就会导致精神上'缺钙'。"⑤ 而"正确理想信念是教书育人、播种未来的指路明灯。"⑥ 只有拥有理想信念和道德情操，才能更好激活自身潜力。只有引导高校教师树立马克思主义科学信仰、中国特色社会主义共同理想以及共产主义远大理想，才能保证其正确的政治方向。三是要开展好"三会一课"，健全党的组织生活各项制度，通过组织集中学习、定期开展主题党日活动，通过开展谈心谈话、组织党员教师

① 习近平. 做党和人民满意的好老师：同北京大学师生座谈时的讲话［N］. 人民日报，2014-09-10.
② 教育部课题组. 深入学习习近平关于教育的重要论述［M］. 北京：人民出版社，2019：49.
③ 同②56.
④ 习近平. 习近平谈治国理政：第二卷［M］. 北京：外文出版社，2017：377.
⑤ 习近平. 习近平谈治国理政：第一卷［M］. 北京：外文出版社，2018：50.
⑥ 习近平. 做党和人民满意的好老师：同北京大学师生座谈时的讲话［N］. 人民日报，2014-09-10（01）.

与非党员教师结对联系等活动，充分发挥教师党支部的战斗堡垒作用和党员教师的先锋模范作用①。不断强化党的领导的坚强阵地。此外，还要做好高校党组织的管理工作，充分发挥党务工作人员的教学和管理双重身份的力量，负起把关定向、统筹指导的责任，充分发挥高校各级党委对教师立德树人原则实施的引领作用。

第二，强化监督管理，加强师德考核机制对高校教师立德树人原则的激励作用。“真正的教育不仅发生在课堂上，同时发生在师生交流的任何一个时刻，教师的道德情操，彰显出的榜样力量，体现出生命对生命的灌溉、精神对精神的濡染。”② 然而，“这些年，媒体报道了个别老师道德败坏、贪赃枉法的事，对这些害群之马要清除出教师队伍，并依法进行惩处，对侵害学生的行为必须零容忍”③。因此，高校应强化监督管理，加强师德考核机制对教师立德树人原则实施的激励作用。一是要依据教育部等七部门《关于加强和改进新时代师德师风建设的意见》《新时代公民道德建设实施纲要》和《中共中央 国务院关于全面深化新时代教师队伍建设改革的意见》及教育部等四部门关于印发《深化新时代职业教育“双师型”教师队伍建设改革实施方案》，明确高校教师师德规范的基本要求。二是将立德树人贯彻落实情况及师德师风纳入年度考核、岗位聘任、职称评审、评优评先中，并作为首要标准。同时，“将师德师风、工匠精神、技术技能和教育教学实绩作为职称评聘的主要依据。落实教师职业行为准则，建立师德考核负面清单制度，严格执行师德考核一票否决”④。三是引入社会评价机制，建立教师个人信用记录和违反师德行为联合惩戒机制。

第三，构建长效教育机制，加强教师教育对高校教师立德树人原则的保障作用。高校必须构建长效的学习机制，把立德树人原则落实到办学的体制机制上来。“要全面落实立德树人根本任务，统筹推进育人方式、办学模式、管理体制、保障机制改革”，⑤不断促进教师职业道德水平的提升。一是要加强教师教育，特别是新进教师教育。新进教师由于缺乏高等教育行业历练的经验，且在立德树人方面的意识也不够强，因此，要把教师教育，特别是新进教师的教育作为常态工作来抓，在开展教师培训时，要优先考虑新进教师，同时根据新进教师的特点，在形式和内容上尽可能紧跟时代发展，运用丰富多样的、鲜活的案例，引导其自觉提升个人立德树人意识。二是树立师德模范，彰显榜样力量。高校应定期开展“我心目中的好老师”“教学名师”“师德标兵”“教育育人楷模”等评优表彰活动、挖掘立德树人的典型人物活动，增强高校教师的荣誉感、自豪感和认同感，发挥优秀教师的示范作用。三是开展新老教师“传帮带”活动，让青年教师从老一辈教育工作者身上学习教学方法和经验、严谨治学以及潜心育人的精神，领略学者风范、人格魅力，为高校教师职业生涯规划和立德树人观念的确立树立标杆，让他们明确以后努力的方向。

---

① 关于加强和改进新时代师德师风建设的意见［EB/OL］.（2019-12-16）［2021-06-20］. http://www.gov.cn/xinwen/2019-12/16/content_5461529.htm.

② 教育部课题组. 深入学习习近平关于教育的重要论述［M］. 北京：人民出版社，2019：135.

③ 习近平. 做党和人民满意的好老师：同北京师范大学师生代表座谈时的讲话［M］. 北京：人民出版社，2014：13.

④ 教育部等四部门关于印发《深化新时代职业教育“双师型”教师队伍建设改革实施方案》的通知［EB/OL］.（2019-10-18）［2021-06-20］. http://www.gov.cn/xinwen/2019-10/18/content_5441474.htm

⑤ 同②117.

（二）集体主义原则

集体主义是社会主义道德的基本原则。在社会主义中国，集体主义能够在全社会范围内贯彻实施，成为调节国家利益、集体利益和个人利益之间关系的基本原则，其中一个非常重要的原因就是国家利益、集体利益和个人利益在根本上是一致的。高校教师担负的是培养实现中华民族伟大复兴时代新人的重任，这关系到民族的希望和祖国的未来。因此，在中国特色社会主义新时代，集体主义的意义更加凸显，集体主义原则应该是也必须是高校教师职业道德必须坚持的基本原则。

1. 集体主义原则确立的意义

第一，高校教师职业道德的集体主义原则，是坚持中国特色社会主义办学方向的必然要求。从世界范围内看，每个国家都会按照自己的政治要求来培养人。而对于社会主义中国的办学方向，习近平总书记指出："关于教育和办学，思想流派繁多，理论观点各异，但在教育必须培养社会发展所需要的人这一点上是有共识的。"① "我国教育要培养的是社会主义建设者和接班人，而不是旁观者，更不是反对派和掘墓人。方向的问题是根本性的问题，在错误的方向上努力，就会走向错误的道路，只能离目标越来越远。教育工作要理直气壮地讲政治，社会主义教育要理所当然地坚持社会主义办学方向。"② 而坚持社会主义办学方向，就要求高校教师贯彻实施集体主义原则。集体主义是社会主义的基本道德原则和价值理念，高校教师职业道德的集体主义原则也就是社会主义教育的基本特征之一。因此，贯彻落实集体主义原则，弘扬集体主义精神，树立集体意识和社会责任意识，有助于教师坚定教育的正确政治方向，有助于引导教师自觉将个人的成长进步和国家的发展、社会的需要有机统一起来，为坚持中国特色社会主义办学方向奠定基础。

第二，高校教师职业道德的集体主义原则，是教师培育和践行社会主义核心价值观的内在要求。"社会主义核心价值观是当代中国精神的集中体现，凝结着全体人民共同的价值追求。"③ 我们"要坚持育人为本、德育为先，围绕立德树人的根本任务，把社会主义核心价值观落实到教育教学和管理服务各环节，覆盖所有学校和受教育者，形成课堂教学、社会实践、校园文化、网络教育多位一体的育人格局"④。集体主义是蕴藏在社会主义核心价值观中的深层价值理念，而高校教师社会主义核心价值观的培育和践行是学生社会主义核心价值观培育和践行的前提和基础，因此，高校教师贯彻集体主义原则，有助于引导教师在集体中和睦相处，发展个性，营造和谐、民主的集体氛围，构建诚信、友善的人际关系，自觉为集体承担应尽的责任和义务，以达到培育和践行社会主义核心价值观的根本目的，为高校学生社会主义核心价值观的培育奠定坚实基础。

第三，高校教师职业道德的集体主义原则，是及时把握时代新机遇、主动应对新

① 习近平. 在北京大学师生座谈会上的讲话［M］. 北京：人民出版社，2018：5.

② 《习近平总书记教育重要论述讲义》编写组. 习近平总书记教育重要论述讲义［M］. 北京：高等教育出版社，2020：92.

③ 习近平. 决胜全面建成小康社会 夺取新时代中国特色社会主义伟大胜利：在中国共产党第十九次全国代表大会上的报告［M］. 北京：人民出版社，2017：42.

④ 同②51.

挑战的现实选择。在世界多极化、经济全球化、文化多样化、社会信息化深入发展的影响下，西方社会所盛行的享乐主义、拜金主义以及个人主义等不良社会思潮不断侵蚀着我们的生活，不断冲击着人们的集体主义思想。特别是在中国特色社会主义进入新时代的今天，世界正处于大发展大变革大调整时期，我国发展也正处于从大国走向强国的关键时期，外部环境更加复杂，一些国际敌对势力对我们的阻遏力度不断加大。改革开放 40 多年来，特别是党的十八大以来，我国的社会发展取得了长足的进步，综合国力和人民群众的生活水平也得到显著提升，社会主义精神文明建设成果丰硕，广大人民群众总体上形成了积极向上的世界观、人生观和价值观。但是，我们也看到，市场经济提倡的自由贸易、自主经营理念使得一些人的价值取向更加功利，这种思想反映在教育领域，就表现为更多的教师"开始由关注国家、集体和社会开始朝着关注自身利益、注重个人意识、强调个人价值方向变迁"①。因此，高校教师职业道德必须贯彻落实集体主义原则，加强教师的集体主义教育，提升他们的责任担当意识，使他们能够坚持个人与他人、集体、社会关系的相统一，以应对国际国内的各种挑战。

2. 贯彻集体主义原则的基本要求

第一，高校教师职业道德的集体主义原则要求以大局为重。在社会生活中，集体和个人是密不可分的，人既是个体的人，又是集体中的一员，个人离不开集体。同时，集体是由若干个体组成的，个人积极主动性的培养有助于集体创造力的形成，集体也可以把单个劳动者的智慧和力量凝聚在一起，形成巨大的创造力。因此，在高校的教育活动中，国家利益、集体利益和个人利益三者是不可分割的。国家利益、集体利益体现着教师个人的最根本、最长远的利益，是所有教师共同利益的统一。同时，每个教师的正当利益，又都是国家利益、集体利益不可分割的组成部分。高等教育活动的兴衰与教师个人利益得失息息相关，因此，高校教师职业道德的集体主义原则要求必须以大局为重。

第二，高校教师职业道德的集体主义原则要求要重视和保护教师个人的正当利益。高校教师职业道德的集体主义原则为培养教师个人的健全人格、鲜明个性和创新精神提供了道义保障。因为只有教师个人的价值和尊严得以实现，教师个人的正当利益得到保证之后，集体才会产生更强大的生命力和凝聚力。因此，那种把集体主义看作是对教师个人的压制、是对教师个性的束缚的观点，是与高校教师职业道德的集体主义原则相违背的。当然，教师职业道德的集体主义原则重视教师个人利益的实现，但并不意味着任何教师不分场合不分时间的利益需求，都应该无条件得到满足。高校教师职业道德的集体主义所重视和保护的是教师个人的正当利益，而不是任何性质的教师个人利益，对于损人利己、损公肥私的行为，集体主义不但不保护，而且强烈反对和禁止。

第三，高校教师职业道德的集体主义原则需要正确对待付出和回报的关系 。正确认识和处理付出和回报的关系，树立正确的义利观，对于高校教师实现人生价值、促进高等教育事业的发展具有重要意义。教师只有全身心为教育事业付出，才能理所当

① 郑银凤，林伯海. 当代中国马克思主义劳动价值观的变迁、弘扬和发展［J］. 思想理论教育导刊，2016（1）：19-23.

然地受到社会的尊重，得到相应的回报。而教师个人的付出得到回报，得到了社会尊重之后，又会激发他们产生更大的积极性和创造性，为高等教育事业做出更多更大的贡献。具体而言，高校教师的付出是高等教育存在和发展的基础，高等教育事业的发展，要求每个教师都要承担应有的责任，进行创造性的劳动，为高等教育做出更多更大的贡献。同时，教师个人对高等教育的付出是衡量其人生价值大小的基本标志。社会对个人的尊重和满足，需要以个人对社会的贡献为基础。

（三）教育人道主义原则

人道主义一方面是指在人与人的关系中，要尊重人的价值，把人当作目的，展现博爱精神；另一方面是指从人与人共有的本性出发，反对把人分为等级和阶级，强调对一切人或所有人的爱。前者体现的是人道主义的积极面，而后者则极容易演变成抽象的人道主义。人道主义是随历史发展而不断变化的一种思想体系。

社会主义人道主义是以马克思主义的世界观和历史观为方法论的基础，从社会客观规律和社会实践来讨论人的解放、追求，实践全体社会成员的自由发展。而教育人道主义则是作为伦理原则的社会主义人道主义在教育领域中的具体体现和运用，是教育者在教育教学以及管理的过程中调节各种道德关系所必须遵守的最基本的伦理原则。

1. 教育人道主义原则确立的意义

第一，遵守教育人道主义原则是对高校教师的基本要求。教育人道主义渗透于高等教育活动过程的一切道德规范中，具有广泛的约束力和普遍的导向性。陶行知先生曾经指出，你的教鞭下有瓦特，你的冷眼里有牛顿，你的讥笑中有爱迪生。高校教师在教育教学过程中要贯彻教育落实教育人道主义原则，尊重学生，坚持办事公道、一视同仁原则，对学生应该秉持“仁爱”之心，尊重学生，尊重他们作为主体的权利，尊重他们独立的人格和尊严，尊重他们自己独特的内心世界，因为“离开了尊重、理解、宽容同样谈不上教育”①。“好老师应该懂得既尊重学生，使学生充满自信、昂首挺胸，又通过尊重学生的言传身教教育学生尊重他人”②。同时，在教育教学过程中要遵循以身作则原则，用社会主义人道主义思想、社会主义人道主义品格去影响和感染学生，培养学生的社会主义人道主义品格，这是对高校教师的基本要求。

第二，遵守教育人道主义原则是高等教育的本质要求。雅斯贝尔斯在《什么是教育》一书中指出：“人道主义基本上是一个教育问题，它以最纯粹的形式和最简单的办法把最深刻的人生内容交给青年……只有教育总体上进行人道主义的追求和约束，教育才能真正成为人的世界，成为人的绿洲。”③ 雅斯贝尔斯的这段话深刻揭示了教育和人道主义的必然联系。因为教育本身就是育人的事业，具有育人的功能，人是教育的核心和旨归，高等教育也不例外，高等教育也必须坚持以人为中心，必须尊重人、理解人、关怀人。近年来，随着信息技术、互联网+、智能制造等新技术的快速发展，新经济、新业态快速涌现，不断推动了生产模式的快速重构，加速了职业更迭频率，对大学生的综合素质提出了更高的要求，这就迫切需要高等教育更加关注学生自身的

① 习近平. 做党和人民满意的好老师：同北京师范大学师生代表座谈时的讲话［M］. 北京：人民出版社，2014：10.

② 同①11.

③ 雅思贝尔斯. 什么是教育［M］. 邹进，译. 北京：生活·读书·新知三联书店，1991：69，109.

发展，更加注重“以学生为中心”的人才培养模式，这为高等教育的发展提供了根本遵循，也为新时代高校教师职业道德的发展指明了方向。因此，高校教师职业道德的人道主义原则与教育的本质有着内在的一致性，教师恪守教育人道主义原则是高等教育的本质要求。

第三，遵守教育人道主义原则是高校教师协调人际关系的重要手段。在高等教育实践活动中，不可避免地存在着各种社会关系，其中教师与教师之间、教师与学校之间、教师与学生之间以及教师与家长之间的关系是几对最主要的社会关系。作为高校教育的主体，教师在这些关系中处于主导地位，协调好这些关系，不仅需要一般的道德原则和道德规范来加以调节，同时还必须依靠教师这一特殊身份应该具备的一些道德规范加以调节。其中，教育人道主义原则就是教师协调人际关系、完成教育任务、实现教育目标必须遵守的基本原则。它是调节师生关系、教师与教师之间关系、教学和科研之间关系，以及教育实践过程中其他关系的重要手段。具体而言，教师通过贯彻执行教育人道主义原则，高度重视学生及他人的心理特征和个性特点，通过对学生及他人人格与行为的分析，以促进师生关系及其他关系的健康发展，促进他人，特别是学生人道主义品质的养成。同时，这也为增强自身职业道德素质、顺利完成教育任务、实现教育目标提供了人际关系保证。

第四，遵守教育人道主义原则是高校学生成长发展的客观需要。爱因斯坦曾经指出，用专业知识教育人是不够的。通过专业教育，学生可能成为一种有用的机器，但是不能成为一个全面发展的人。要使学生对价值有所理解并产生热烈的激情，那是最基本的。学生必须获得对美和道德上的善的鲜明的辨别力；否则，他连同他的专业知识就更像一只受过很好训练的狗，而不像一个和谐发展的人。要让学生成为一个和谐发展的人，具有对人类的同情心和对民族的责任感，具有对祖国的关心和对同胞的关爱之情，肩负起实现中华民族伟大复兴的历史使命，固然需要教师传授知识技能，提高其专业素质。但是，从长远来看，和谐发展的人还需要学生必须具有人道主义的感悟和情怀，而这种人道主义的感悟和情怀，只能通过“爱”来培养。高校作为学生迈入社会之前的最后一站，其理应承担起这一重要职责，高校教师应自觉贯彻人道主义原则，用教师充满人文关怀的尊重、理解、鼓励、支持和关爱，为学生成为和谐发展的人做出努力，使他们在获取专业知识的同时成长为一个有着“仁爱”情怀的人，满足其成长发展规律的需要。因为，一个真正具有教育人道主义精神的学生是不可能在宿舍饮水机里投毒，也不会因为口角之争让室友们付出生命的代价。

2. 贯彻实施教育人道主义原则的基本要求

第一，贯彻实施教育人道主义原则需要党和政府的政策引导。党和政府一方面应重新调整高等教育管理体制的有关规定，保障贫困地区学生受教育的基本权利，平衡中西部教育的地区差异；引导高校优化学校管理体制，把对教师人道主义原则的贯彻执行纳入教师评价体系，不要仅局限于其科研的多少、能力的强弱等方面。另一方面，还应出台相关政策，使市场成为人力资源配置的主导，由市场的人才需求调控高校的专业设置，各学校自主确定招生的专业和规模。与此同时，党和政府还应引导高校走产、学、研相结合的道路，将高校的专业优势与地方的经济建设结合起来，为地方经济的发展服务。高校因为担负着培养面向生产、建设、服务、管理第一线需要的高技能、应用型专门人才的使命，因此，“要深化产学研合作，加快解决制约科技成果转移转化的关键问题。要深化科技体制改革，建立以企业为主体、市场为导向、产学研深度融合的技术创新体系”①。此外，唯物辩证法认为，义与利是辩证统一的，教师在拥有高尚的职业道德、遵循教育人道主义原则的同时还应该得到党和政府的关怀以及社会的物质鼓励，为高校教师人道主义原则的贯彻落实提供政策引导。

第二，贯彻实施教育人道主义原则需要加强教师素质的培养。一方面，在世界多极化、经济全球化、文化多样化、社会信息化深入发展的背景下，西方社会所盛行的享乐主义、拜金主义以及个人主义等不良社会思潮不断侵蚀着我们的生活，高校教师贯彻落实教育人道主义原则，需要不断加强思想道德素质的培养，以抵御西方不良社会思潮对教师职业道德的严峻挑战。另一方面，也需要高校教师紧跟时代发展步伐，不断加强自身科学文化素质的培养，系统全面掌握专业知识，广泛涉猎各学科知识，形成比较完整的知识结构体系，以适应教师职业化、专业化的时代要求。同时，教师教育理论水平的提高也是加强高校教师素质培养的重要途径。高校教师应了解和懂得教育规律，特别是高等教育规律，熟练掌握和运用各种教学方法，关注学生的身心发展特点，为教育人道主义原则的贯彻实施奠定理论基础。

第三，贯彻实施教育人道主义原则需要社会加强教育人道主义宣传。马克思指出：“人创造环境，同样，环境也创造人。”②“既然人的性格是由环境造成的，那就必须使环境成为合乎人性的环境。”③ 20 个世纪 20 年代，陶行知先生就提出了“社会即学校”“生活即教育”④ 的观点，优良的社会文化氛围在高校教师人道主义原则的贯彻实施过程中发挥着积极的促进作用，而不良的社会文化氛围则在教育人道主义原则的贯彻实施过程中起着消极的阻碍作用。因此，为了确保高校教师教育人道主义原则的贯彻落实，我们要加大力度宣扬教育人道主义价值观，营造全社会尊师重教的良好社会氛围。正如习近平总书记所指出的那样：“全党全社会要弘扬尊师重教的社会风尚，努力提高教师政治地位、社会地位、职业地位，让广大教师享有应有的社会声望。”⑤ 要“提高教师的政治地位，要保障教师参与国家政治生活的权利和机会；提高教师的社会地位，要使全社会形成尊师重教的社会氛围；提高教师的职业地位，要使教师的职业更具有成就感和吸引力”⑥，以增强教师对教育的责任感和使命感，在社会文化的熏陶中不知不觉地培养教师的教育人道主义思想。

（四）全面发展原则

高校教师职业道德的全面发展原则包括多方面的追求，从内在的德性到外在的行

---

① 《习近平总书记教育重要论述讲义》编写组. 习近平总书记教育重要论述讲义［M］. 北京：高等教育出版社，2020：197.

② 马克思，恩格斯. 马克思恩格斯选集：第一卷［M］. 中共中央马克思恩格斯列宁斯大林著作编译局，编译. 北京：人民出版社，1995：92.

③ 马克思，恩格斯. 马克思恩格斯全集：第二卷［M］. 中共中央马克思恩格斯列宁斯大林著作编译局，编译. 人民出版社，1957：167.

④ 虞伟庚. 陶行知教育思想概论［M］. 武汉：武汉大学出版社，2012：1.

⑤ 习近平在全国教育大会上强调 坚持中国特色社会主义教育发展道路 培养德智体美劳全面发展的社会主义建设者和接班人［J］. 人民日报，2018-09-10（1）.

⑥ 同①222.

为，从师生之间的教书育人的交往活动到教师自我价值的实现，都体现了教师从自身的实际出发，对自我发展、教育事业、和谐师生关系以及师德自律的追求。具体而言，高校教师的全面发展不仅包括教师自身个人的修养和内涵等内在品德，也包括教师能主动地从事教学、科研和学生服务工作的实践精神及动力等外在表现。

1. 全面发展原则确立的意义

第一，高校教师的全面发展是培养全面发展学生的基本前提。2019 年 3 月，习近平总书记在学校思想政治理论课教师座谈会上强调，努力培养担当民族复兴大任的时代新人，培养德智体美劳全面发展的社会主义建设者和接班人①。要全面理解和落实这一教育理念，为培养德智体美劳全面发展的学生做出应有的贡献，其基本前提是高校教师必须深刻认识到自己所肩负的教书育人的重要使命，教师必须首先通过自身努力实现自我的全面发展和进步。从高等教育实践活动来看，高等教育的蓬勃发展为高校教师的发展提供了坚实的物质基础和组织基础，而教师的个人发展又是影响高等教育发展进程和教学质量的关键因素，应该说，教师自身素养在很大程度上影响着高等教育质量的发展和社会的进步。教师是教育发展的第一资源，是国家富强、民族振兴、人民幸福的重要基石。教师工作事关社会主义现代化强国的建设进程，事关教育事业改革发展的成败，事关社会主义建设者和接班人的培养②。因此，建设社会主义现代化强国，对教师队伍建设提出了新的更高要求，也对全党全社会尊师重教提出了新的更高要求。高校教师要珍惜这份光荣，爱惜这份职业，严格要求自己，不断完善自己。只有教师自身做到全面发展，才能培养出为实现中华民族伟大复兴而奋斗的社会主义建设者和接班人。

第二，高校教师的全面发展是教师自我发展的必然要求。美国心理学家马斯洛的需要层次理论认为，人的需要分为由低到高的五个层次：生理需要、安全需要、社交需要、尊重需要和自我实现需要。奥德费则把人的需要分为三个层次：生存需要、相互关系需要和成长发展需要。受教师职业特点、高等教育性质以及教师自身文化修养等客观因素的影响，高校教师的需要主要是精神方面的需要。其中，高校教师成长和发展的需要以及自我实现的需要是最迫切的、最高层次的需要。在高校教育实践活动中，一些教师全身心地扑在教育工作上，教书育人成为他们的最大的需要和满足，在教育教学过程中，他们不断地向自己的智慧、人格、能力发出挑战，试图通过不断学习、探索，以期在不断的创造中促进自身的全面发展。当然，需要特别注意的是，高校教师自我发展是一个持续发展的过程，因此，要按照全面发展和终身学习的要求，强化职前教师培养和职后教师发展的有机衔接，提高师德水平，升华师德自律的境界，为其全面发展提供实践的强劲动力。

第三，高校教师的全面发展是顺应时代发展趋势的必然选择。传统的高校教师职业道德倡导教师的无私奉献和忘我精神，教师默默献身教育事业，不求回报被认为是教师应有的职业精神和职业修养。然而，不同时代的教师担负着不同的时代使命，肩

① 习近平. 思政课是落实立德树人根本任务的关键课程［M］. 北京：人民出版社，2020：10.

② 《习近平总书记教育重要论述讲义》编写组. 习近平总书记教育重要论述讲义［M］. 北京：高等教育出版社，2020：201.

负着不同的社会责任，不同时期，高校教师职业道德的内容要求和价值取向也不尽相同。中国特色社会主义进入新时代的今天，创新成为引领社会发展的第一引擎。习近平要求：教师要做教育改革的奋进者，广大教师要牢固树立改革创新意识，踊跃投身教育创新实践，为发展具有中国特色、世界水平的现代教育做出贡献①。因此，高校教师要转变教育观念，树立创新创造、终身学习以及全面发展的思想，自觉适应时代发展要求，在倡导敬业奉献的基础上，努力挖掘自身的内在潜力，实现教师个体的全面发展与自我价值的统一，实现由传统的“蜡烛型”教师向“明灯型”教师转变，这是时代对教师职业提出的要求，是新时代高校教师顺应时代发展趋势的必然选择。

2. 贯彻实施全面发展原则的基本要求

辩证唯物主义认为，内因是基础，外因是条件，内因决定外因，外因影响内因。高等教育工作是一项“立德树人”工程，它要求高校教师必须自觉加强自身的道德修养，把对职业道德的认识逐步内化为自身的道德情感，转变成个体的道德需要，进而外化为自身的道德行为和良好的道德习惯，形成良好的道德品质。同时，要坚守爱国守法、敬业爱生、教书育人、严谨治学、服务社会以及为人师表的神圣职责，将社会需要与自我实现有机结合起来，不断实现自我的全面发展，努力创造有价值的人生。

第一，贯彻实施全面发展原则应严格职业操守。高校教师严格职业操守要深刻理解教师职业的内涵职责及高等教育及高校学生的特点，明确自我定位，要自觉与党的路线、方针和政策保持一致，关心国际国内形势。一是必须忠诚于高等教育事业，对工作极端热忱，爱生如子，默默耕耘；二是必须讲奉献，不求索取，把全心全意为学生服务作为自己的天职；三是要做到言传身教。高校教师严格职业操守应端正自己的思想，纯化自己的师德，率先垂范，做学生的楷模。正如习近平总书记所言：“老师在学生心目中具有重要位置，老师无意间的一句话，可能造就一个天才，也可能毁灭一个天才。”② 因此，高校教师良好的职业操守和个性修养以及与时代精神相通的教育理念，都是新时代高校教师应必备的职业素养，这些品质的培养都是促进教师全面发展的重要途径。

第二，贯彻实施全面发展原则应努力提高教师业务水平。高校教师业务能力是教师职业道德的重要内容，也是教师全面发展的基础。“如果教师知识储备不足、视野不够，教学中必然捉襟见肘，更谈不上游刃有余。”③ 特别是在网络化、信息化席卷全球的时代，高校教师除了掌握职业教育相关的理论，还应具备相关学科的专业知识，因为“掌握精深的专业知识，是教师‘传道’的基本前提。教育教学知识是教师教学过程中不可或缺的基础。教师要运用教育教学知识，理解学生的认知特点，选择合适的教学方法，促进学生更好更快学习。在信息时代做好老师，自己所知道的必须大大超过要教给学生的范围，不仅要有胜任教学的专业知识，还要有广博的通用知识和宽阔

---

① 《习近平总书记教育重要论述讲义》编写组. 习近平总书记教育重要论述讲义［M］. 北京：高等教育出版社，2020：213-214.

② 习近平. 做党和人民满意的好老师：同北京师范大学师生代表座谈时的讲话［M］. 北京：人民出版社，2014：11.

③ 同①212.

的胸怀视野”①。同时，高校教师要与时俱进，追求卓越，不断汲取新知识，更新自己的知识结构，积极应对时代的挑战。只有“站在知识发展前沿，刻苦钻研、严谨笃学，不断充实、拓展、提高自己”②，教师才能在实现自身的全面发展和长远发展的同时，引导学生走向未来，以塑造高校教师的自豪感和幸福感，增强职业认同感。

第三，贯彻实施全面发展原则应不断增强自身身体和心理素质。高校教师健康良好的身体素质和心理素质是从事教学科研工作的基础，也是实现其全面发展的根本保证。高校应通过有效的管理和激励措施来提高教师职业道德，教师个人也应积极主动地增强自身身体和心理素质，实现自我的全面发展。因此，保持良好的心态、健康的心理，学会缓解各种压力，避免产生职业倦怠情绪是高校教师心理调节的重要方法。同时，为了以更好的状态投入工作中，教师还应在平时的工作生活中，积极参加体育锻炼，保持健康的身体和充沛的精力，不断增强自身身体素质，以便能在为高等教育的人才培养做出贡献的同时，实现自身的全面发展，提高自己的职业道德修养。

（五）公平公正原则

高校教师职业道德的公平公正原则是高校教师在教育过程中，依据平等原则而逐步形成的一种处事和待人接物态度，是处理自己和他人之间道德关系的一种道德意识和道德信念。高校教师职业道德的公平公正原则要求高校教师能公平公正地对待每一个学生，公平公正地分配各种教育、教学资源。对学生的行为和表现予以平等对待，是高校教师应该具有的基本的职业道德品质。

作为高校教师的一种重要的职业道德品质，公平公正不仅是社会、他人和学生对教师的基本道德要求，而且还是教师个人应具有的起码的道德品质。高校教师只有具备公平公正品质，才能正确履行职业责任，才能保证教育过程的顺利进行，才能为高等教育事业做出更大贡献。

1. 公平公正原则确立的意义

习近平总书记在党的十九大报告中明确提出：“要全面贯彻党的教育方针，落实立德树人根本任务，发展素质教育，推进教育公平，培养德智体美全面发展的社会主义建设者和接班人。”③ 这一讲话为教育公平原则以及教师职业道德的公平公正原则的确立提供了根本遵循。

第一，高校教师公平公正是社会公正价值观实现的前提。社会公平公正历来是人们追求的理想，是社会主义核心价值观的重要内容。社会公平是一个综合性的概念，主要包括政治公平、经济公平、文化公平、教育公平等内容。在社会公平中，教育的公平公正无疑具有十分重要的地位。因为“教育公平的实现，直接关系到社会公平的实现。从某种意义上说，它既是社会公平的基础，又是社会公平的核心环节”④。

---

① 《习近平总书记教育重要论述讲义》编写组．习近平总书记教育重要论述讲义［M］．北京：高等教育出版社，2020：213.

② 同①.

③ 习近平．决胜全面建成小康社会 夺取新时代中国特色社会主义伟大胜利：在中国共产党第十九次全国代表大会上的报告［J］．人民日报，2017-10-28（1）.

④ 《习近平总书记教育重要论述讲义》编写组．习近平总书记教育重要论述讲义［M］．北京：高等教育出版社，2020：190.

党的十八大以来，以习近平同志为核心的党中央高度重视教育公平问题，明确提出“要不断促进教育发展成果更多更公平惠及全体人民，以教育公平促进社会公平正义”①。而社会是由具体个人构成的，只有保证教师培养出的是一个个具有公平公正品质的学生，社会才将是一个人人都公正行事的社会。高校教师只有具有公平公正的品质，才能真正为每个学生的利益着想，为发展全社会的高等教育事业的利益服务，每个学生才能享有公平公正的学校生活，才可能成为构建公正社会的合格公民。而倘若学生在学校受到的是种种偏见与不公，在学校的学习生活中不能感受到应有的公平公正，那么，他们也就很难建立起公平公正的信念，从而在步入社会后可能就会用不公正的方式去思考问题，去对待他人，这对社会公正价值观的实现提出了严峻的挑战。因此，高校教师应贯彻落实公平公正的原则，实现教育公平，为维系社会公平正义奠定坚实基石。

当前，中国高等教育正面临着巨大变革，高校教师价值观念也遭受着极大挑战，在这种大的社会背景影响下，高校教师唯有始终保持公平公正的内在品质，贯彻落实公平公正的原则，才能在利益诱惑面前秉公持正，淡定从容，为社会公正价值观的实现贡献一分自己的力量。

第二，高校教师公平公正有利于赢得学生的尊重和信任。人们常说，学生是看着老师的背影来完成自我道德世界的构建的。教师是学生尊重和信任的人，所以教师公平公正能够对学生的培养起到不可低估的作用。在高等教育活动中，教师对待每个学生的方式会因为自身的个性、特点不同而呈现出不同风格，但努力做到公平公正是高校教师应该坚持的基本行为准则。教育实践表明，教育公正不仅是社会对教师行为态度的道德要求，也是广大学生对教师行为态度的道德要求。教师只有做到公平公正，才会赢得学生的信赖和尊重，进而对学生产生持久、深远的影响。正如习近平总书记所言：“教师教给学生的知识，多年以后可能会过时，可能会被遗忘，但教给学生为人处世的道理是学生一生的财富，会让他们终生难忘。教师要成为学生做人的镜子，以身作则、率先垂范，以高尚的人格魅力赢得学生敬仰，以模范的言行举止为学生树立榜样，把真善美的种子不断播撒到学生心中。”② 相反，如果教师失去了公平公正之心，同时失去的必将是学生的信任，继而失去教育学生的可能，从而也就丧失了作为教师存在的意义和价值。

第三，高校教师公平公正有利于发挥学生的学习积极性。习近平总书记指出：“好老师一定要平等对待每一个学生，尊重学生的个性，理解学生的情感，包容学生的缺点和不足，善于发现每一个学生的长处和闪光点，让所有学生都成长为有用之才。”③ 教育的目的是促进学生有价值地发展，教师在学生价值观的形成过程中具有重要作用。一方面，高校教师公平公正是学生学习积极性的源泉之一。比如，教师对优等生或者家庭经济状况较好的学生的偏爱，对学习相对较困难和家庭经济困难学生的忽视或其他不公平公正的对待，都不利于学生积极性的发挥。对前者的溺爱会助长其骄傲和浮

---

① 教育部课题组. 深入学习习近平关于教育的重要论述［M］. 北京：人民出版社，2019：101.

② 同①56.

③ 习近平. 做党和人民满意的好老师：同北京师范大学师生代表座谈时的讲话［N］. 人民日报，2014-09-10（1）.

躁的情绪，成为阻碍其不断进步的重要因素；而对后者的忽视则将在很大程度上增加其挫败感，打击他们本来就可能不高的学习积极性。另一方面，教师不公平、不公正的行为将在很大程度上分裂学生之间的情感，对集体的凝聚力和向心力产生强烈冲击，其结果必将导致学生参加集体生活和集体建设的动力减退，集体对学生个体在德育和智育诸方面的教育性也将大大降低，极不利于学生学习积极性的发挥。

第四，高校教师公平公正有利于营造高校健康向上的教育环境。高校教师公平公正不仅可以为学生在学校的生活增添一抹正义色彩，教师也可以公平公正地处理与同事、学校、家长以及社会等方面的关系，形成良好的集体氛围和和谐的教育环境。教师公平公正地对待每一位学生，让每个学生认识到通过自身的努力，可以实现自身的发展，这将在很大程度上促进高等教育教学质量的提升；同时，高校教师在教育实践活动中恪守公平公正的道德立场，可以为推动教师搞好教学科研，改善人际关系，形成良好的学风、班风和校风起到重要的推动作用，为高校教育活动的开展营造公平公正的、积极健康的环境氛围。

2. 贯彻实施公平公正原则的基本要求

在高等教育飞速发展的过程中，教育公平公正的实现具有重要的教育意义及时代意义，是高校教师职业道德的重要起点。而怎样才能做到公平公正，是一个既关系到高校教师发展也关系到高等教育成效的一个重要课题。

第一，贯彻实施公平公正原则应平等地保障每个学生的受教育权利。平等地保障每个学生的受教育权利，就是教师不得利用其职权随意剥夺学生依法所享有的各项权利。公平公正原则要求教师在教育和教学过程中、在评价学生的态度和行为方面，不应以学生学习成绩的好坏、家庭经济的贫富、相貌美丑及性别等任何因素而区别对待学生，而应该一视同仁、平等相待，关心关爱每一个学生，从每一个学生的不同特点出发，全心全意地教育好每一个学生。

习近平总书记强调，教育公平通常指每个社会成员都享有同等的教育权利与教育机会，享有同等的教育资源，享有同等的教育质量，享有同等的就业机会，并向社会弱势群体给予一定的倾斜。教育公平包括机会公平、过程公平和结果公平①。这就要求高校教师依据《中华人民共和国教育法》的有关规定，充分尊重每一个学生作为受教育者所应享有的各项权利，依法平等地保证每一个学生所应享有的各项权利。而要真正做到这一点，就需要高校教师时常将自己的言行置于严密的自我监督与反思之下，对自己实行一种职业道德上的严苛，只有如此，才能在坚持不懈的自我要求中贯彻落实公平公正原则，平等地保障每个学生的受教育权利，让更多的学生享受到教师公平公正带来的幸福和温暖。

第二，贯彻实施公平公正原则应自觉抵御各种利益的诱惑。高校教师贯彻公平公正原则，还要求教师能够自觉抵御各种利益的诱惑，在严格自律中恪尽职守。相比很多职业而言，教师这一职业收入不高，而随着社会主义市场经济改革的发展，特别是经济全球化带来的拜金主义、享乐主义、个人主义、消费主义等各种不良社会思潮的影响下，人们习惯用金钱来证明自身价值。而当这种利益的考量侵入高等教育过程中

① 教育部课题组. 深入学习习近平关于教育的重要论述［M］. 北京：人民出版社，2019：189.

时，高校教师不可避免也会受到一定影响，教师的言行选择也将在很大程度上受到挑战。此外，利益的诱惑除了表现为对金钱的追逐，还隐性地表现为对荣誉、成绩等方面的过度求取。追求荣誉和成绩本是教师积极进取的重要表现，无可厚非，然而，当这些追求与自我利益同学生利益发生冲突时，教师能否做到公平公正就成了对教师职业道德的考验。因此，要在这些隐蔽的利益抉择面前保持公平公正之心是高校教师面临的巨大的职业道德挑战，而贯彻实施公平公正原则，正确面对金钱的诱惑，以光明磊落的人格对待教育，是自觉抵御各种利益诱惑，在严格自律中实现公平公正的重要保证。

第三，贯彻实施公平公正原则应加强教师自我教育。“老师对学生的影响，离不开老师的学识和能力，更离不开老师为人处世、于国于民、于公于私所持的价值观。一个老师如果在是非、曲直、善恶、义利、得失等方面老出问题，怎么能担起立德树人的责任？广大教师必须率先垂范、以身作则，引导和帮助学生把握好人生方向。”① 一方面，教师职业的公平公正在主观上受到自己情绪的影响，客观上受到问题情境等因素的影响，如果没有价值观上的必要修养和价值自觉，就很难理解和实践公平公正原则。因此，深刻领悟高等教育的根本意义，明确高等教育的真正使命，不断加强自我教育，是贯彻执行公平公正原则的基础。另一方面，高等教育公平公正的实现不仅仅是一种心理过程和心理状态，而且应该落实到高等教育的具体过程中。其中，正确处理和解决教育形式上的公平公正与实质上的公平公正的矛盾问题就不仅仅是一个道德原则的选择问题，而且是这一原则的实现方式的寻找问题。高校教师职业道德中的公平公正，要求教师必须加强自我教育，提高自身修养。

第二节　高校教师职业道德的主要范畴

高校教师职业道德范畴是指能够概括和反映高校教师职业道德的主要特征，体现社会对教师职业道德根本要求的内容。作为一种教师内在的信念，高校教师职业道德范畴是一个对教师行为具有重要影响的概念，也是反映和概括教师职业道德现象的概念中最基本、最本质的要素。高校教师的职业理想、职业态度、职业纪律、职业责任、职业荣誉、职业良心、职业作风共同构成了高校教师职业道德的基本范畴。

一、高校教师职业理想

19 世纪俄国文学家列夫·托尔斯泰说，理想是指路明灯，没有理想就没有坚定的方向；没有方向，就没有生活。李大钊认为，一个人如果没有努力为之追求的理想和信念，就等于没有灵魂。教师职业理想，是指教师依据社会对教师职业的要求，在对教育的责任使命以及教育事业的伟大意义的深刻认识和理解基础上产生的一种对教师职业的向往和追求。教师职业理想既包括对将来所从事的教师职业的追求，也包括对

① 习近平. 做党和人民满意的好老师：同北京师范大学师生代表座谈时的讲话 [N]. 人民日报，2014-09-10 (1).

做一个什么样的理想教师的追求，是教师的社会理想在职业选择和实践中的具体体现，是高校教师职业道德范畴的重要组成部分。

（一）高校教师职业理想的作用

习近平指出："正确理想信念是教书育人、播种未来的指路明灯。"① 高校教师职业理想是高校教师献身于高等教育工作的根本动力，对教师未来的发展乃至整个高等教育事业的发展都具有十分重要的作用。

1. 高校教师职业理想是教师忠诚于教育事业的根本动力

"有理想信念是好老师的首要标准。好老师要做共产主义远大理想、中国特色社会主义共同理想的坚定信仰者和忠实实践者。"② 高校教师要忠诚于人民的教育事业，肩负起培育担当民族复兴大任的时代新人的重任，首先必须要树立崇高的职业理想。伟大的革命导师马克思曾经在他 17 岁时就树立了自己的职业理想，他在中学毕业论文《青年在选择职业时的考虑》一文中写道："如果我们选择了最能为人类而工作的职业，那么，重担就不能把我们压倒，因为这是为大家作出的牺牲；那时我们所享受的就不是可怜的、有限的、自私的乐趣，我们的幸福将属于千百万人，我们的事业将悄然无声地存在下去，但是它会永远发挥作用，而面对我们的骨灰，高尚的人们将洒下热泪。"③ 马克思的一生，就是为人类福利而奋斗的一生。教师职业也是"最能为人类福利而劳动的职业"，高校教师崇高的职业理想是其忠诚于教育事业的根本动力。

2. 高校教师职业理想是高等教育事业崇高性得以实现的必要前提

教育是一场心灵与心灵的沟通，灵魂与灵魂的交融，人格与人格的对话。正因如此，教师这一职业也被称作是人类社会中最富挑战性和创造性的工作之一。"教师是实现中华民族伟大复兴中国梦的重要力量。实现中华民族伟大复兴中国梦，关键在人才。人才培养的关键在教师。"④ 为此，教师这一职业历来就被赋予"太阳底下最光辉的职业"这一美誉，教师也被当作"人类文明的传承者""人类灵魂的工程师"。习近平总书记也强调："国家繁荣、民族振兴、教育发展，需要我们大力培养造就一支师德高尚、业务精湛、结构合理、充满活力的高素质专业化教师队伍，需要涌现一大批好老师。"⑤ 由此我们可以看到，社会对教师职业的期待以及习近平总书记关于教师重要性的论述充分凸显出包括高等教育事业在内的所有教育事业的重要性和崇高性，而高校教师唯有通过对职业信念的永恒坚守，对职业理想的执着追求，才能充分保证高等教育事业崇高性的实现。

3. 高校教师职业理想是教育改革发展得以实现的必要保证

毋庸置疑，我国高等教育的长足发展、创新人才的不断涌现，同广大教师崇高的

---

① 习近平. 习近平总书记在北京大学师生座谈会上的讲话［N］. 人民日报，2014-09-09（1）.

②《习近平总书记教育重要论述讲义》编写组. 习近平总书记教育重要论述讲义［M］. 北京：高等教育出版社，2020：207.

③ 马克思，恩格斯. 马克思恩格斯全集：第一卷［M］. 中共中央马克思恩格斯列宁斯大林著作编译局，编译. 北京：人民出版社，1995：459-460.

④《习近平总书记教育重要论述讲义》编写组. 习近平总书记教育重要论述讲义［M］. 北京：高等教育出版社，2020：202.

⑤ 习近平. 做党和人民满意的好老师：同北京师范大学师生代表座谈时的讲话［M］. 北京：人民出版社，2014：4.

职业理想、爱岗敬业以及无私奉献的精神是分不开的。中国特色社会主义新时代，我国高等教育改革正在逐步深入，广大教师使命光荣，相应地，责任也更加重大。习近平总书记要求，教师要做教育改革的奋进者，广大教师要牢固树立改革创新意识，踊跃投身教育创新实践，为发展具有中国特色、世界水平的现代教育做出贡献[①]。而高校教师是推动高等教育改革发展的根本条件，"他们身处教育一线，对学生的需求最了解，对教育的问题最熟悉，对改革的必要性、重要性和紧迫性认识更深切"[②]。因此，为推进高等教育改革创新，发展高等教育事业，高校教师要继续做这场改革的主力军，要树立崇高的职业理想，通过不断奉献和创造，迸发出教师的热情和活力，以推动高等教育改革取得预期的成效。

（二）高校教师职业理想实现的基本要求

1. 高校教师职业理想的实现需要坚持个人职业理想的实现与社会需要相统一

马克思主义认为："人的本质不是单个人所固有的抽象物，在其现实性上，它是一切社会关系的总和。"[③] 因此，社会属性是人的本质属性。社会是由一个个具体的人组成的，离开了人就没有社会的存在；而人是社会的人，离开了社会人也无法生活。如果人人都只是关心自己的利益，甚至以损害他人利益、社会利益的方式来满足一己的私欲，那么，人赖以生存的社会不仅难以发展进步，甚至还会因为私欲的膨胀最终走向崩溃。因此，人的社会性特点决定了人只有在推动社会进步的过程中才能实现自我的发展。由此看来，高校教师的职业理想只有同国家的前途、民族的命运相结合才有价值，高校教师的信念追求只有同社会的需要和人民的利益相一致才有意义。高校教师职业理想的实现需要教师坚持将个人职业理想与社会需要相结合，并与高等教育改革要求相适应，在奉献社会的实践中实现个人的人生价值。

2. 高校教师职业理想的实现需要坚持个人职业理想与教育实际相统一

理想与现实是相辅相成、对立统一的关系。在日常教育活动中，人们在处理职业理想与教育现实的关系时，很多时候看到的只是两者的对立，却容易忽视两者的统一。其主要表现在以下几个方面：一是用职业理想来否定教育现实，当发现教育现实不符合职业理想预期的时候，就对当前的教育大失所望，甚至对当前的教育现实采取全盘否定的态度；二是用教育现实来否定职业理想，一些教师在追求职业理想的过程中一旦遇到困难就产生畏难情绪，觉得职业理想遥不可及，丧失为职业理想而奋斗的信心和勇气，直至最终放弃职业理想。因此，高校教师必须明确，职业理想和教育现实两者是相辅相成、对立统一的关系。一方面，教育现实中包含着职业理想的因素，孕育着职业理想的发展；另一方面，职业理想中也包含着教育现实，既包含着教育现实中必然发展的因素，又包含着由职业理想转化为教育现实的条件，在一定条件下，职业理想就可以转化为未来的教育现实。脱离教育现实而谈职业理想，职业理想就会成为空想；相反，没有职业理想而只专注于教育现实，教育就会因为缺乏远景目标而显得毫无远见性。因此，高校教师

---

① 《习近平总书记教育重要论述讲义》编写组. 习近平总书记教育重要论述讲义［M］. 北京：高等教育出版社，2020：204.

② 同①204.

③ 马克思，恩格斯. 马克思恩格斯选集：第一卷［M］. 中共中央马克思恩格斯列宁斯大林著作编译局，编译. 北京：人民出版社，1995：56.

职业理想的实现必须坚持个人职业理想与教育实际相统一。

3. 高校教师职业理想的实现需要坚持教师职业理想与教育规律相统一

教师职业理想是教师在对教育的责任使命以及教育事业的伟大意义的深刻认识和理解的基础上产生的一种对教师职业的向往和追求。也就是说，教师职业理想实际上是教师职业认识、情感、意志信念、行为和习惯诸要素的矛盾运动过程，这就决定了教师职业理想的形成是一个长期的、艰苦的过程。一方面，无论是教师职业认识的提高、职业情感的陶冶、职业意志的磨炼、职业信念的确立，还是教师职业行为和职业习惯的培养都不可能是短期的，也不可能轻而易举地完成①。而另一方面，十年树木，百年树人。教育和生产不同，教育的效果，至少要几年，甚至十年、二十年才看得出，即一个具有崇高理想的教师和一个毫无任何理想抱负的教师的育人效果短期内不会有太大区别，教师职业理想的作用也许要等几年或许若干年后才会得到一个客观公正的评价。因此，高校教师要正确认识教师职业理想的长期性、艰巨性等特点，在教育过程中真正做到坚持教师职业理想与教育规律相统一。

二、高校教师职业态度

教师职业态度，是指教师对自身职业劳动的看法和采取的行为，即教育劳动态度或教师劳动态度；作为一种内在的稳定的心理结构，教师职业态度主要表现在教师对工作、对学生以及对整个教育事业的态度。高校教师职业态度是指高校教师在对自己职业意义的深刻理解和认识基础上而产生的对自己所从事的职业应该承担的职责和任务的认识，高校教师职业态度反映在教师职业道德方面，主要表现为强烈的社会责任心、高度的敬业精神和无私奉献精神。

（一）高校教师职业态度的作用

1. 高校教师积极的职业态度有利于教师自身潜能的发挥

中国教育家徐特立先生曾说："教师工作不仅是一个光荣重要的岗位，而且是一种崇高而愉快的事业。"② 教师积极的职业态度，是教师积极投身于教育事业，努力培养能够担当起中华民族伟大复兴使命的时代新人的强大动力和基础。在中国特色社会主义新时代，人民教师是国家的主人、社会的主人，高校教师要保持积极的职业态度，以认真负责的态度去做好本职工作，教师只有保持了积极的职业态度，才可能在平凡的工作岗位上做出不平凡的贡献，在工作中才会毫无怨言；同时，正因为不少教师保持积极的职业态度，他们才甘愿扎根边疆和老少边穷地区，为发展这些地区的高等教育事业而努力奋斗。总之，教师保持积极的职业态度，有利于激发自身潜能，从而把高等教育事业看成自己的事业，把培养社会主义现代化建设者和接班人当作自己神圣的义务和职责，以积极主动的态度对待自己的工作。

2. 高校教师积极的职业态度有利于培养积极健康的学生

在高等教育过程中，由于学生的性格、智力水平、家庭环境、成长环境等方面的差异，他们在学校各方面的表现也会呈现出不同。一些教师在面对这些层次各异、表

① 郭文武. 论现代高职教师职业理想的构建［J］. 教育与职业，2005（21）：50-52.

② 徐特立. 徐特立教育文集［M］. 北京：人民教育出版社，1979：295.

现各异的学生时，会表现出积极与消极、喜欢与不喜欢的态度，这些态度就会以一种有形或者无形的方式传递给学生，其中的一些消极、不喜欢的态度势必会对学生产生消极的不良的影响，从而影响到高等教育的质量。而教师积极的职业态度则有利于培养积极健康的学生。心理学研究表明，人们会不自觉地接受自己喜欢、钦佩、信任和崇拜的人的影响和暗示。而这种暗示，正是让学生梦想成真的基石。美国心理学家罗森塔尔考查某校，随意从每班抽几名学生，把学生名字写在一张表格上交给校长，极为认真地说："这些学生经过科学测定全都是智商型人才。"一段时间以后，罗森塔尔又来到该校，发现这些学生的进步的确很大。而这其实只是心理学家进行的一次期望心理实验，名单纯粹是随机抽取的。实验主要通过"权威性谎言"暗示教师，而教师欣赏的眼光和积极的心态等良好的职业态度让他们的教育热情滋润着学生的心田，这就是著名的"罗森塔尔效应"。这就充分表明，高校教师积极的职业态度，会使学生潜移默化地受到影响，让学生变得更加自信、积极和健康。

（二）高校教师职业态度培养的基本要求

1. 高校教师职业态度的培养需要营造尊师重教的良好环境和社会氛围

习近平总书记指出："要弘扬尊师重教的社会风尚，努力提高教师政治地位、社会地位、职业地位，让广大教师享有应有的社会声望，在教书育人岗位上为党和人民的教育事业做出新的更大的贡献。"① 高校教师职业的尊严和体面及教师待遇的提高不仅是保障教师职业地位和专业精神的重要条件，也是培养教师积极职业态度的有力举措。因此，要"提高教师的政治地位，要保障教师参与国家政治生活的权利和机会；提高教师的社会地位，要使全社会形成尊师重教的社会氛围；提高教师的职业地位，要使教师的职业更有成就感和吸引力"②，这些都是培养高校教师职业态度的坚实基础。

【案例】

向筑梦人致敬！习近平这样谈教师

1965 年金秋，12 岁的习近平进入北京市八一学校读初中。

彼时，担任语文老师的陈秋影常在课堂上讲授杜甫的诗，"是那种悲天悯人的、充满人民性的、怀抱苍生的诗歌。"

下课后，习近平主动与陈秋影交流，表示十分喜爱杜甫这位大诗人，希望多读一些他的作品。

勤学多思，稳重仁厚，这是陈秋影对少年习近平的印象。

毕业已逾五十载，但光阴未曾疏离师生间的联络。习近平在外地工作期间，每逢来京开会，他总会抽空拜望教过他课业的老师。当陈秋影将自己新近出版的童话集赠给习近平时，时任福建省委副书记、代省长的他百忙中抽空回信：

"非常感谢您赠送的儿童文学著作，并对老师在退休之后依然辛勤耕耘不止感到万

① 习近平在全国教育大会上强调 坚持中国特色社会主义教育发展道路 培养德智体美劳全面发展的社会主义建设者和接班人［N］. 人民日报，2018-09-11（1）.

② 《习近平总书记教育重要论述讲义》编写组. 习近平总书记教育重要论述讲义［M］. 北京：高等教育出版社，2020：222.

分敬佩。”

“尊师敬教是中华民族的传统美德，正如毛主席对徐特立老人所说的那样：您过去是我的老师，现在仍然是我的老师，将来还是我的老师。老师的恩情我是永远不会忘记的。”

光阴流转，授业之恩难忘；尺素寸心，师生情谊弥深。

2014 年六一儿童节，习近平总书记在与海淀民族小学师生代表的座谈会上同陈秋影再次会面。回忆起当年的场景，习近平动情地说，“我还记得读初中一年级时，您教我们语文，把课文解释得非常好。”拳拳之心，溢于言表。

尊师重教，习近平总书记身体力行为全社会作出表率。在他心中，“百年大计，教育为本。教师是立教之本、兴教之源，承担着让每个孩子健康成长、办好人民满意教育的重任。”

每年教师节前后，习近平总书记常以视察学校、看望老师或致慰问信等多种方式向广大教师致以节日问候。

——摘自中国日报中文网

(http://cn.chinadaily.com.cn/a/201909/09/WS5d7648c5a31099ab995dee34. htm)

2. 高校教师职业态度的培养需要尊重高等教育规律

就目前而言，大多数教师的职业态度与党的要求、社会的期望之间还有一定的距离，这其中，有教师自身的原因，有时代的因素，但更主要的是因为十年树木、百年树人的教育规律性所致。教育的这一规律性决定了教师的工作很难在短时间内见到成效，这将在很大程度上影响到教师正确、积极的职业态度的树立。因此，高校教师职业态度的培养需要尊重高等教育规律。

3. 高校教师职业态度的培养需要发挥科学理想信念的引领作用

科学的理想信念不仅可以昭示奋斗目标、提供前进动力，还可以提高人的精神境界。对于高校教师而言，科学的理想信念可以解答好教书育人的意义和价值，以及应该做什么样的教师等重要的人生课题，从而端正其职业态度。同时，科学的理想信念，还可以为高校教师提供前进的动力。高校教师人生目标的确立、职业态度的形成、知识才能的丰富以及如何正确面对工作中的挫折、克服工作中遇到的困难等问题，都离不开科学理想信念的指引和激励，科学的理想信念在高校教师职业态度的培养过程中发挥着重要的引领作用。因此，高校教师只有拥有了崇高坚定的理想信念，才能以惊人的毅力和不懈的努力为高等教育的发展贡献自己的力量，才能在极其困难的条件下创造高等教育奇迹。

三、高校教师职业纪律

职业纪律是职业劳动者必须遵守的行为规范，是维持职业活动的正常秩序，保证职业责任得以实现的重要措施。高校教师职业纪律就是高校教师在从事教育劳动过程中应遵守的规章、条例和守则，是高校维持正常教育教学秩序的必要前提，也是高校各项工作得以正常运转的制度保证。

（一）高校教师职业纪律的作用

高校教师职业纪律，是教师职业道德最直观的反映，是教师职业道德的构成因素之一，对高校学生起着重要的表率作用。教师为人师表，就必须要自觉遵守职业纪律，才能为学生做出表率，正人先正己。

1. 遵守教师职业纪律，是高校教师成为“四有”好老师的重要前提

2014年教师节前夕，习近平总书记在同北京师范大学师生代表座谈时，就如何做一名好老师提出了四点要求，即要有理想信念、有道德情操、有扎实学识、有仁爱之心。当然，这是对教师的高标准、严要求，而高标准、严要求的基础，则是对教师职业道德中的最基本规范的遵循，其中，教师职业纪律就是高校教师职业道德的最基本的规范。因此，具有强烈的职业纪律意识，遵守教师职业纪律的相关规定，是高校教师争做“四有”好老师的重要前提。

2. 遵守教师职业纪律，是高校教师师德师风建设的首要前提

师德师风建设是教师队伍建设的前提，是教育事业发展最重要的基础工作。习近平总书记指出：“评价教师队伍素质的第一标准应该是师德师风。”① 而评价师德师风的首要前提则是教师职业纪律意识。高校教师职业纪律意识、思想政治状况以及其师德水平决定着高校人才培养质量以及高等教育的发展水平，关系着国家和民族的未来，因此，在教师职业道德建设过程中，要把教师职业纪律意识水平摆在首要位置，突出纪律的严明性，要求每一位教师都必须严格遵守教师职业纪律，推动风清气正的师德师风建设，保证高校教师职业道德素质的提高，推动高等教育事业健康蓬勃发展。

3. 遵守教师职业纪律，是对高校教师成为中华民族“梦之队”筑梦人的基本要求

习近平总书记在党的十九大中庄严宣告，中国特色社会主义进入了新时代。需要特别强调的是，我们每个人都是新时代的见证者、开创者和建设者。高校的学生，现在差不多都是20岁左右的年轻人，到2035年社会主义现代化基本实现时，他们差不多35岁；到本世纪中叶，社会主义现代化强国建成之时，他们也就差不多50岁。可以说，现阶段高校的学生最宝贵、最鼎盛的人生阶段是与中华民族伟大复兴的两大目标的实现紧紧联系在一起的。而培养担当民族复兴大任的时代新人，需要的是高素质、专业化的教师队伍，其中，遵守教师职业纪律，是对高校教师最起码的要求，一个连教师职业纪律都不遵守的教师，不是一名合格的教师，更不能担当起培养时代新人的重任，因此，遵守教师职业纪律，是对高校教师成为中华民族“梦之队”筑梦人的基本要求。

（二）高校教师职业纪律实现的基本要求

高校教师职业纪律是高校教师在利益、信念、目标完全一致的基础上所形成的高度的自觉的新型纪律，这种自觉的纪律是教育法律法规性与纪律性的统一。违反纪律当然要受到惩治，但维护高校教师职业纪律要靠绝大多数教师对纪律的自觉认识。高校教师职业纪律的本质特征，就在于它有高度的自觉性和深刻的道德意义，是高校教师职业道德的重要范畴。

1. 强化教师的职业纪律意识

职业纪律意识要求教师要时刻铭记自己是一名光荣的人民教师，自己的一言一行都要符合自己的职业身份，随时都要做好学生的榜样和表率。习近平总书记指出：“教

① 习近平. 在北京大学师生座谈会上的讲话［M］. 北京：人民出版社，2018：9.

师要成为学生做人的镜子，以身作则、率先垂范，以高尚的人格魅力赢得学生敬仰，以模范的言行举止为学生树立榜样，把真善美的种子不断播撒到学生心中。”① 要达到这一要求，教师首先要具有职业纪律意识，要时时刻刻想到自己是一名教师，因此，自己的一言一行都要给学生做出好的榜样，但凡自己出现某种想法或要采取某种行动时，都要考虑到是否符合自己的身份，是否符合教师纪律的要求，是否会给学生带来消极的、不良的影响。因为如果“一个老师如果在是非、曲直、善恶、义利、得失等方面老出问题，怎么能担起立德树人的责任？”② 同理，一个不懂教师职业纪律的教师，怎么能担负起立德树人的责任呢？因此，强化教师职业纪律意识，是教师遵守职业纪律的基本前提。

2. 恪守教师职业纪律的有关规定

习近平总书记指出：“老师对学生的影响，离不开老师的学识和能力，更离不开老师为人处世、于国于民、于公于私所持的价值观。”③ 而这些价值观的最基本的前提，就是教师对职业纪律的遵守。国家先后出台了《中华人民共和国教师法》《中华人民共和国教育法》《教师资格条例》《高校教师职业道德规范》《新时代高校教师职业行为十项准则》，高校教师，特别是新入职教师要认真学习并深刻领会教师职业纪律的有关规章、条例和守则，深刻领会其精神，并在教育教学实践中将职业纪律付诸实际行动，认真执行职业纪律要求，不断强化职业纪律意识。

3. 把法定的职业规范转化为职业纪律意识

在高等教育教学实践活动中，教师职业行为和纪律意识的规范应以法律为标准，严格依照我国教育法和教师法规定执行。如果教师行为不符合法律以及相关规定，就应该承担相应的法律责任，受到法律制裁。高校教师职业纪律需要全面贯彻国家教育方针，自觉遵守教育法律法规，履行教师职责权利，把法定的职业规范转化为职业纪律意识。

四、高校教师职业责任

马克思曾经指出：“作为确定的人，现实的人，你就有规定，就有使命，就有任务。至于你是否意识到这一点，那是无所谓的。”④ 这里的规定、使命和任务，就是说每一个现实的人都应该承担起自己的职责。职业责任是指从事职业活动的人必须承担的职责和任务，往往由具有法律和行政效力的职业章程或职业合同规定。高校教师的职业责任是指从事高等教育事业的教师必须承担的职责和任务，是高校教师在具体的教育实践中所表现出来的对社会、集体以及学生应当承担的职责，它既包括社会对高校教师在履行职业责任时提出的道德总要求，同时也包括教师自己意识到社会对教师提出的各种道德要求的合理性，从而自觉地把遵循教师职业道德原则、规范及要求看作自己对高等教育、对社会应尽的职责。在职业责任的约束下，教师往往渴求并善于运用对社会主义教育事业有益或有害的观点来评价自己的行为，自觉把个人需求与具

① 教育部课题组. 深入学习习近平关于教育的重要论述［M］. 北京：人民出版社，2019：56.

② 习近平. 做党和人民满意的好老师：同北京师范大学师生座谈时的讲话［M］. 北京：人民出版社，2014：6.

③ 同②.

④ 马克思，恩格斯. 马克思恩格斯全集：第三卷［M］. 中共中央马克思恩格斯列宁斯大林著作编译局，编译. 北京：人民出版社，1960：329.

体现实加以比较，服从社会主义教育事业的根本利益进而使教师更有意识地认识到自己的职责并加以履行。在中国特色社会主义新时代条件下，教师的根本职责就是培养为人民服务、为中国共产党治国理政服务、为巩固和发展中国特色社会主义制度服务、为改革开放和社会主义现代化建设服务的建设者和接班人。

（一）高校教师职业责任的作用

高校教师职业责任既是社会、集体用以调节教师行为的根本手段，也是教师个人调节自身教育教学行为的重要方式。高校教师职业责任的确立对教师教育教学实践起着重要规范作用。

1. 高校教师职业责任的确立有利于化解教育教学过程中存在的各种矛盾冲突

教育是一项系统工程，高等教育的特殊性及其复杂的环境为高等教育工作的顺利开展提出了严峻挑战。高校学生的水平参差不齐，学生的家庭环境也各不相同，教师与教师、教师与学生以及学校与家庭之间也存在复杂的人际关系，不可避免地会出现各种矛盾和冲突。化解这些矛盾和冲突，固然需要纪律手段和行政手段乃至经济手段，但更重要的是要依靠道德手段。高校教师如果没有良好的职业责任感，一旦触及个人利益时，就会不顾学生、学校乃至高等教育事业的利益，就会出现在教学中闹情绪乃至与他人对立等现象。因此，高校教师应自觉承担教师责任，用以调节自己的教育教学行为，并从各方面正确履行教师职业责任，构建和谐的人际关系。

2. 高校教师职业责任的确立是教师出色完成教书育人使命的巨大鞭策力量

教书育人是教师的天职。教师是实现中华民族伟大复兴中国梦的重要力量。“实现中华民族伟大复兴中国梦，关键在人才。人才培养的关键在教师。”① 因此，高校教师要树立良好的职业责任意识，认真贯彻党的教育方针，默默耕耘、无私奉献，用爱心、知识和智慧浇灌学生心灵，为国家富强、民族振兴、人民幸福的中国梦的实现贡献自己的力量。正如习近平总书记在全国教育大会上所言：“广大教师要做学生锤炼品格的引路人，学习知识的引路人，创新思维的引路人，奉献祖国的引路人。”② 这既是我国社会主义现代化建设对教师提出的客观要求，也是教师对国家、社会和学生应尽的职责和义务。教师要出色完成这一神圣使命，必须充分认识到自己的责任和使命，明白履行职责的重大意义，以极端负责的态度自觉调整自己的行为，出色地完成教书育人的使命。

3. 高校教师职业责任的确立有利于教师倾情奉献

苏霍姆林斯基曾经指出：“恪守义务可以使人变得更高尚。教育者的任务，就在于使义务感成为自己纪律这个极其重要品质的核心，缺少了这个品质，学校就是不可想象的。”③ 高校教师职业责任是高校教师职业道德评价最基本的价值尺度。如果将教师职业责任算作“德”的范畴，为高等教育事业创造价值归为“才”的范畴的话，那么，“德”则是第一位的衡量标准，而其中，高校教师职业责任占据了职业道德的核心部分。高校教师的职业责任一旦树立，教师就会发自内心地觉得自己有一种对学生、

---

① 《习近平总书记教育重要论述讲义》编写组. 习近平总书记教育重要论述讲义［M］. 北京：高等教育出版社，2020：202.

② 中共中央文献研究室. 习近平关于社会主义社会建设论述摘编［M］. 北京：中央文献出版社，2017：57.

③ 苏霍姆林斯基. 和青年校长的谈话［M］. 赵玮，等译. 上海：上海教育出版社，1983：155.

对家长、对学校、国家和社会应尽的职责和义务，就会产生一种道德上的自我满足感以及一种内心的愉悦和幸福，在具体工作中就不会把报酬、荣誉作为工作目的，而是无私奉献，倾情投入。

（二）高校教师职业责任培养的基本要求

伦理学家石里克曾说："比起一个人怎样才被认为是该负责任的这个问题来，还有一个重要得多的问题，那就是他自己怎样才会感到自己是该负责任的。"① 只有将教师职业责任变成教师自身的内心需求，教师职业责任才能真正得以履行，因此，高校教师职业责任的培养是高校教师职业道德教育的一项极为重要而紧迫的任务。

1. 高校教师职业责任的培养需要强化高校教师的教育实践

教师职业责任对教师的职业行为起着约束和导向作用，对培养教师高尚的道德品质也有积极的促进作用。教师职业责任从来不是与生俱来的，而是教师在现实的社会生活和长期的教育教学实践中经过反复实践、不断体验的基础上，在逐步认识到履行教师职责的必要性和重大社会意义之后形成和确立的。因此，强化高校教师的教育实践，把社会对教师的客观要求转化为教师自身的内在需求的过程，久而久之，教师就会形成一种高度自觉的责任感和使命感。

2. 高校教师职业责任的培养需要增强高校教师的职业意识

高校教师职业责任的培养，需要建立在较高的职业意识水平基础上。作为一种社会意识，高校教师职业责任不可能自发地、孤立地存在于教师主体的自我意识之中。只有当教师对高等教育有了深刻的认知、认同，建立了一定的情感之后，教师才会自然而然地将职业责任视为理所当然的事情，并严格执行。相反，当教师对高等教育事业本身毫无热情时，任何职业责任的认知和教育都不可能达到增强职业责任的理想的预期目标。应该说，高校的每个教师都必须完成一定社会和组织对自己所要求的任务，而自己在教育活动过程中也会尽可能地做到符合一定的教育要求，而当教师在履行职业责任时，又会进一步认识和体会到一定社会和组织对高校教师的要求，从而自觉树立起职业意识，如此一来，经过教师教育活动的反复认识和实践，高校教师职业责任就会内化为教师的内心需要，从而自觉地承担起教师职业责任。

3. 高校教师职业责任的培养需要构建和谐良好的师生关系

在高等教育活动过程中，高校教师是教育者，学生是受教育者，高校教师要把学生培养成为德智体美劳全面发展的社会主义事业的建设者和接班人，其基本前提就是要构建和谐良好的师生关系。和谐良好的师生关系是教师教书育人活动的必要前提和坚实基础。和谐良好的师生关系一旦构建，高校教师就会自觉地、发自内心地时时处处为学生着想，从而更加尊重学生、关心学生以及热爱学生，在这一过程中，教师就自然而然地培养起了自己的职业责任。与此同时，和谐良好的师生关系的构建可以激励学生奋发向上，朝着目标不断前进，而学生每一次的成长进步也会让教师在感到欣慰的同时，更加明白其身上所肩负的职业责任，这样一来，高校教师职业责任就会在和谐良好的师生关系的构建中，在反复实践、反复认识基础上逐步得到强化和升华。

---

① 石里克. 伦理学问题［M］. 孙美堂，译. 北京：商务印书馆，1997：138.

五、高校教师职业荣誉

高校教师职业荣誉，是指高校教师在履行了教师职责和义务，为学校、社会做出一定贡献后社会所给予的赞扬、肯定、尊重、赞誉和褒奖，并在此基础上所产生的尊严和自豪感。高校教师职业荣誉反映的是一定社会评价高校教师教育教学活动的价值标准。

（一）高校教师职业荣誉的作用

高校教师职业荣誉，是推动高校教师履行职业义务、端正职业态度的巨大的精神力量，在高等教育活动中，教师职业荣誉具有极其重要的激励作用。因为，高校教师职业道德的社会价值一旦得到肯定，教师的自尊心和自信心就将得到极大加强，就会进一步坚定他们为社会、为他人尽义务的决心和信念。实践证明，教师荣誉就像推进器，促使教师锐意进取，推动教师更好地履行职业义务，为建设社会主义现代化强国培养人才尽职尽责，还可以教育和鼓励社会尊师重教，为发展中国特色社会主义教育事业创造良好的社会环境。

1. 高校教师职业荣誉有利于激励和推动教师积极进取

高校教师职业荣誉是高校教师实现个人价值的重要标志。对于高校教师而言，教师职业荣誉是一种强有力的精神刺激，它能够促使教师积极进取，培养其上进的动力和坚持的毅力；教师职业荣誉，也有助于教师找到人生价值的目标，练就强大的内心，激励和推动他们认真履行其教师职责，注重自己教育的成效，为实现自身价值、促进学生的发展和高等教育事业的进步而倾尽全力。同时，高校教师职业荣誉也会促进教师养成开拓进取的精神、形成一股积极向上的力量，从而为实现教师职业道德的基本要求和教育工作的根本目标而努力奋斗。

2. 高校教师职业荣誉是实现教师自身价值的重要精神力量

高校教师自身价值的实现，需要清晰的目标、有效的计划、奋斗的动力、坚持的毅力以及面对挫折和困难时强大的内心，其中，有效的计划属于技术层面，而目标、动力、毅力、强大内心在很大程度上都源自职业荣誉。由此看来，高校教师职业荣誉是实现教师自身人生价值的重要精神力量。具体而言，高校教师职业荣誉是社会和教师个人内心的价值尺度。要让自己的工作得到社会的肯定，教师必须努力提高和实现自己的人生价值，把职业荣誉作为衡量自己的教育行为的价值尺度，使之符合教师职业道德的根本要求。教师一旦发现自己有违背教师的义务和良心、背离社会对教师道德要求的行为，其强烈的职业荣誉感就会督促自己纠正或改变自己的行为，使之沿着符合教师职业道德要求的方向发展，因此，在教师实现自身价值方面，职业荣誉是一种重要的精神力量。

3. 高校教师职业荣誉对教师道德行为和品质具有重要的导向作用

社会中的人们都有追求荣誉的愿望，教师也不例外，他们不仅需要得到社会和他人的理解、支持和信任，而且更需要得到他人的尊重、赞赏及肯定性评价。而这种需要一经满足，就能转化为激励其道德行为的持久的推动力，而这种需要的满足，其实就是教师职业荣誉的重要内容。高校教师职业荣誉能够促进高校教师自身道德的发展和完善，为形成良好师德风尚创造重要的精神条件。具体而言，高校教师职业荣誉会让高校教师更加积极主动地履行教师职责，乐意为学生、学校乃至高等教育事业贡献自己的力量。而这一过程，其实就是教师自身不断总结经验教训，逐步认识到教师职业责任的必要性和重大社会意义的过程，在反复的教育实践中，教师就会逐步形成对教师事业的坚定的信念、良好的道德品质。试想一下，如果每一位高校教师都有强烈的职业荣誉感，必定会促进教师道德行为和品质的提升以及整个高等教育事业的发展。

（二）高校教师职业荣誉实现的基本要求

高校教师职业荣誉是社会对高校教师工作的一种肯定性评价，这就要求高校教师要掌握教师职业基本技能，严格遵守教师职业纪律，认真履行教师职业责任，使教师的价值能充分体现社会价值评判标准，从而赢得和维护职业荣誉。

1. 高校教师职业荣誉的实现需要坚持职业荣誉、职业理想、职业纪律、职业责任、职业态度等职业道德要素的有机统一

高校教师职业荣誉的实现并非一个简单的过程，而是通过教师自身努力，在长时间的教育教学实践中逐渐形成的。同时，高校教师职业荣誉也是一个综合体，是教师职业理想、职业纪律、职业责任以及职业良心等道德因素相互结合后的外部显现。因此，高校教师职业荣誉的实现需要坚持职业道德各要素的统一，高校教师职业荣誉是衡量职业理想是否实现的重要标志，是职业纪律的作用效果与软性内容，是职业责任和职业良心的价值尺度。因此，它既是职业道德规范的隐性内容，也是职业道德的外部显现，更是实现职业道德的重要途径。一方面，高校教师崇高的职业理想、对职业纪律的遵守、对职业责任的认真履行以及端正的职业态度是其职业荣誉实现的基本要求，而另一方面，高校教师职业荣誉的实现则会促进教师崇高职业理想的树立、促进他们更好地遵守职业纪律、端正职业态度、履行职业责任。

2. 高校教师职业荣誉的实现必须以促进高等教育事业的发展为目标

高校教师职业荣誉主要包括社会对高校教师的评价以及教师个人意向两个方面，这就决定了高校教师职业荣誉的实现需要正确处理社会赞誉和个人尊严的关系。当社会和教师个人都以高等教育事业根本利益为价值标准，实事求是地来判断和评价教师行为时，高校教师就应该顺应社会的赞誉，坚持个人尊严，继续履行教师职责；而当社会和教师个人评价教师行为的价值标准出现矛盾和冲突时，就应该根据双方哪一个实事求是，哪一个更符合高等教育教育的发展为标准。这即是说，教师职业荣誉必须依照社会主义道德和高校教师职业道德的原则和要求，以高等教育事业的发展为目标，正确看待和处理社会赞誉和教师个人尊严之间的关系，自觉履行教师职业义务，为学生和高等教育事业的发展服务。

3. 高校教师职业荣誉的实现是一个与时俱进的过程

习近平总书记在全国教育大会上指出，“要不断使教育同党和国家事业发展要求相适应、同人民群众期待相契合、同我国综合国力和国际地位相匹配，这为新时代教育事业的发展指明了方向”①，也为高校教师职业荣誉的实现指明了方向。高校教师职业荣誉的实现不是一成不变的，而是一个具体的、历史的范畴，是与时俱进的。因此，

① 《习近平总书记教育重要论述讲义》编写组. 习近平总书记教育重要论述讲义［M］. 北京：高等教育出版社，2020：184-185.

不同时代的教师职业荣誉有不同的社会内容和表达形式。如果说在以往年代，教师职业荣誉的评价标准主要在于教师的职业态度以及职业责任的履行情况，而中国特色社会主义新时代，教师担负着培养实现中华民族伟大复兴的时代新人的历史使命，高校教师是推动高等教育改革创新的基本力量，没有高校教师的热情和活力，高等教育改革就难以达到预期成效。因此，推动高等教育改革创新，是时代对高校教师新的要求。这就要求新时代高校教师职业荣誉的实现必须以推动和发展高等教育为基础，以教师的创新能力及其在教育改革过程中所做的贡献大小为衡量标准。

六、高校教师职业良心

职业良心就是职业劳动者对职业责任的自觉意识。职业良心的形成，在很大程度上取决于职业劳动者的自我体验、自我教育、自我修养。只有经过自我意识，把客体的职业纪律转化为主体的自觉道德要求，才能形成职业良心。高校教师职业良心就是高校教师在高等教育实践中，在对学生、学生家长、同事以及对社会、学校、职业履行义务的过程中所形成的特殊道德责任感和道德自我评价能力，是教师对社会向教师提出的道德义务的高度自觉意识和情感体认以及在此基础上自觉履行各种教育职责的使命感、责任感以及对自己的教育行为进行道德调控和评价的能力。

（一）高校教师职业良心的作用

郭沫若曾经说过：一个社会最可怕的莫过于正义的沦亡，一个人最可悲的莫过于良心的泯灭。良心是教师道德规范自律性的最高体现，是教师内心的道德法庭，它对调节教师的行为始终具有很大作用。道德修养的过程，本身就是培养良心的过程。教师的职业良心就是教育良心，它在教师职业生活中有着巨大的作用，贯穿教师职业行为的各个方面。

1. 在教师职业行为发生之前，职业良心对选择道德行为的动机起着指导作用

教师对教育行为的选择，既要受到外部条件的影响，更要受到职业良心的制约。在外部条件相同的情况下，教师选择何种道德行为是由良心决定的。良心不允许自己的行为违背自己所接受的道德要求，它对教师的教育行为动机要做出审视，并按照其所具有的区分善恶的道德判断能力，给教师指明“应当如何”的行动路线，并指令教师以炽热的情感、坚强的意志沿着选择的行动路线前进。这种严肃的思考、认真的权衡和慎重的选择，使教师可以避免不道德行为的发生。相反，如果没有教师良心的指导作用，教师就可能受到邪恶观念的怂恿，或者发生没有理性判断的情感冲动而做出错误的行为选择，就可能会做出不道德行为。

2. 在教师职业行为进行过程中，职业良心对教育行为起着监督作用

教师工作是一种特殊的职业劳动，在教学的过程中具有较强的独立性、灵活性。从教师劳动的时空看，教师工作具有很大的自由度；教师可花几个小时备一节课，甚至更多的时间，也可以花 5 分钟、10 分钟草率了事。教师可利用业余时间备课，改作业，进行个别辅导，做学生的思想工作，开展课堂教学活动，也可在上班时间闲聊，自由外出；站在讲台上，可以尽心尽力地倾其所有传授知识，也可以随意敷衍，有所保留。在别人没有干预或无法干预的领域，良心是使自己内心世界去服从道德准则的自我法庭。在教师职业行为发生后，职业良心能对教师的行为起到监督作用，让教师

及时清除内心的杂念，避免教师在教学中重教书轻育人，对学生的思想道德不关心，导致学生人格方面出现问题，发生心灵扭曲等现象；杜绝有的老师工作责任心不强，对自己的本职工作精力投入不足，抱着上一天班领一天工资的态度，过分看重个人价值和个人利益的情况。

3. 在教师职业行为之后，职业良心对教育行为后果和影响有着评价作用

如果说教师人格在教育实践中会变得高尚，那么可以说是教师的职业良心在将教师人格引向高尚。每一教育行为之后的良心的评判都会使人受到深刻的启迪、教育乃至震撼。当教育行为合乎教师道德要求并在教育实践中产生良好的效果时，良心会予以教师自我的道德肯定，心理上产生自我满足和快慰；反之，良心会予以其道德上的自我谴责，教师心理上会产生悔恨、惭愧和内疚。这就会形成一种力量，促使教师自觉地纠正自己的错误，改变自己的行为。比如，当教师把成年人的世界观、思想感情和行为标准强加在学生身上，一厢情愿地强制灌输，造成学生个性、自信心和自我意识丧失，热情和智慧被抑制，使学生不是进步而是倒退，教师就会受到良心的谴责，而从尊者的地位上走下来，以平等的态度对待学生，创造条件使学生发展。

总之，良心是道德内化、道德规范自律性的最高体现，它是教师对一定道德关系的自觉意识，是在教育实践中经过学习和自己自觉的道德选择、深刻体验逐渐形成的。教师良心在教师选择、监督和评价个人行为中具有重大作用，是教师思想和情操的重要精神支柱。

（二）高校教师职业良心的基本要求

1. 具有高度负责的精神

要培养教师的职业良心首先就要求教师对教育工作具有高度负责的精神。面对差生和问题学生，有责任感的教师能主动关心帮助学生，教师的良心也会得到安慰。没有责任心的教师则认为事不关己，高高挂起。可见，教师对教育工作、对学生有高度负责的精神，是培养和增强教师职业良心的前提。

2. 具有高尚的师德

具有高尚师德的教师必然热爱教育事业、热爱学生，甚至愿意牺牲个人利益，也要维护学生的利益。这样的教师一旦做错事情，必然会受到良心的谴责。相反，一个师德有失的教师，必然不会对学生负责，即使做错事，也不会进行自我良心的谴责。可见，具有高尚的师德是培养和增强教师职业良心的基础。

3. 具有自尊心和自爱心

自尊心和自爱心是教师职业良心中的重要因素。如果一个教师连起码的自尊心和自爱心都没有的话，他就更谈不上有职业良心了。可见自尊心和自爱心是培养和增强教师职业良心的关键。

七、高校教师职业作风

职业作风是人们在一定的职业活动中表现出来的一贯的态度和行为。高校教师职业作风，是指高校教师在自身职业活动中表现出来的一贯的态度和行为。

（一）高校教师职业作风的作用

职业作风取决于人们的思想和目标，有什么样的职业理想和职业目标，就有什么

样的职业作风。如果确立了崇高的职业理想和职业目标，在实践中就会形成优良的职业作风。对于高校教师而言，如果教师树立了全心全意为培养学生服务的职业理想和职业目标，就会爱生如子，全身心投入到教育活动中去。同时，教师职业作风一旦形成，也会反过来进一步强化教师自身的职业理想和职业目标。

（二）高校教师职业作风的基本要求

1. 实事求是，坚持真理

实事求是是我党的优良传统和优秀作风。高校教师，首先就要做到实事求是，一切从实际出发，尊重客观事实，注重调查研究。这就要求教师要深入学生群体中去，全面了解学生的真实情况，并发现问题，使教育活动的开展更具有针对性。其次就是要做到讲真话、办实事。这就要求教师要表里如一，言行一致，关心学生所需，了解学生所想，解决学生所难，做到真正为学生服务，办实事，解决实际问题。坚持真理就是要求教师不但要传播真理，还要坚持真理，捍卫真理。这就要求教师要敢于坚守真理，具有批判精神，能够捍卫真理。

2. 工作积极，认真负责

工作积极，就是要求高校教师勇挑重担，埋头苦干，兢兢业业，肯吃苦耐劳，敢于牺牲个人利益。认真负责，就是对学生的成长和成才负责。教师不仅应向学生传授知识，还应教会学生如何做人，如何成才。教师要具有工作积极、认真负责的作风，就要不断提高自身对教育工作重要意义的认识，就要在教育实践中培养自身的坚定毅力，在业务和技能上要精湛。

3. 忠诚坦白，平等待人

忠诚坦白，是指教师为人要忠实、诚恳，敢讲真话，不隐瞒自己的看法。不管是对学校领导、同事还是对学生、学生家长都应做到忠诚坦白。平等待人，指教师在与人交往中要以平等的态度对待每一个人，不居高临下，不谄媚，一视同仁。无论是家庭富裕的学生还是家庭经济困难的学生，无论是优生还是所谓的“差生”，无论学生的性格、兴趣、爱好、能力有何差异，教师都能做到平等对待每一名学生和学生家长。教师在处理学生问题时，也不能因人而异，要做到对事不对人。

4. 发扬民主，团结互助

发扬民主，就是要求教师要有民主作风。教师在工作中要善于发扬民主精神，主动与学生谈心谈话，虚心听取学生和家长的意见，积极与学生、与家长建立一种良好的民主关系。如果教师在工作中专横霸权，不民主，在教学工作中就会打击学生的学习积极性，进而影响教学的效果，在思想工作上就会使学生产生逆反的心理，从而无法达到良好的思想教育成效。团结互助，既指教师与教师之间的团结友爱，和睦相处，也指教师与学生之间的团结互助。如果没有教师之间和师生之间的团结互助、相互关心和帮助，也不可能取得良好的教育效果。

（本章撰稿人：郑银凤）

思考题

1. 教师公平公正是坚持以人民为中心发展教育的基本要求，是促进社会公平正义的重要基础。联系实际，谈谈高校教师如何贯彻实施公平公正原则。

2. 如何理解高校教师的全面发展原则?

3. 什么是高校教师职业理想? 高校教师应如何实现职业理想?

4. 什么是高校教师职业态度? 高校教师应该树立怎样的职业态度?

5. 什么是高校教师职业责任? 履行教师职业责任的基本要求有哪些?

第四章 新时代高校教师职业行为基本准则

【内容摘要】2018年11月8日，教育部印发了《新时代高校教师职业行为十项准则》（以下简称《准则》）。《准则》共十条：坚定政治方向、自觉爱国守法、传播优秀文化、潜心教书育人、关心爱护学生、坚持言行雅正、遵守学术规范、秉持公平诚信、坚守廉洁自律、积极奉献社会。《准则》的内容结构包括政治要求、行为要求、教学要求、学术要求和社会服务要求。《准则》的意义结构包括倡导性的职业理想、规范性的职业原则和禁止性的职业准则三个方面。其中职业理想引导高校教师形成美德，具有引导性特点；职业原则指导高校教师正确进行道德修养，具有合约性特点；职业准则是高校教师的道德底线，具有强制性特点。制定教师职业行为准则，针对主要问题、突出问题划定基本底线，是对广大教师的警示提醒和严管厚爱，是深化师德师风建设，造就政治素质过硬、业务能力精湛、育人水平高超的高素质教师队伍的关键之举。广大教师要全面理解和准确把握，做到应知应做、必知必做，真正把教书育人和自我修养结合起来，自觉做以德立身、以德立学、以德施教、以德育德的楷模，维护教师职业形象，提振师道尊严。

第一节　坚定政治方向 自觉爱国守法

一、坚定政治方向是高校教师职业行为的首要准则

（一）政治方向的基本内涵

政治方向是指阶级、政党、政治集团及其成员前进的政治道路及其发展指向。政治方向带有鲜明的阶级性。中国共产党的政治方向就是旗帜鲜明地坚持社会主义和共产主义，坚持建设中国特色社会主义，坚持党的基本路线。高校教师坚定政治方向就是坚持以习近平新时代中国特色社会主义思想为指导，拥护中国共产党的领导，贯彻党的教育方针；不得在教育教学活动中及其他场合有损害党中央权威、违背党的路线方针政策的言行。

（二）高校教师必须坚定政治方向

1. 社会主义大学的本质要求

能否办好大学，方向是第一位的。站在什么立场上教育和引导学生？在课堂上应该传播什么样的思想观念和政治观点？这些都是新时代高校教师必须认真思考并做出正确回答的根本问题。习近平总书记强调，我们的高校是党领导下的高校，是中国特色社会主义高校。扎根中国大地办大学，必须坚持社会主义办学方向，全面贯彻党的教育方针，坚持以马克思主义为指导，坚持党对高校的领导，不断增强道路自信、理论自信、制度自信、文化自信。要把高等教育发展方向自觉同我国发展的现实目标和未来方向紧密联系在一起，自觉为人民服务，为中国共产党治国理政服务，为巩固和发展中国特色社会主义制度服务，为改革开放和社会主义现代化建设服务。要把立德树人作为高校立身之本，坚持不懈传播马克思主义科学理论、坚持不懈培育和弘扬社会主义核心价值观、坚持不懈促进高校和谐稳定、坚持不懈培育优良校风和学风，把中国特色社会主义伟大旗帜牢牢地高高地举起来，把这面旗帜插到每一个课堂，高扬在每一名师生心中①。

【案例 1】

一生一心　为学生引路

——记 2020 年全国教书育人楷模、海南大学教授张云阁

海南大学马克思主义学院院长张云阁，年近花甲，一谈起马克思便激情澎湃；身体患疾，仍始终把思政教育放在第一。他坚守高校思政工作 35 载，不忘初心，牢记使命，传道解惑，诲人不倦。他是学生学业上的严师，是生活上的慈父，更是思想上的引路人……

张云阁从未停止过钻研的劲头，虽然临近退休，但张云阁始终认为自己重担在肩，“即使退休，我也不会停下研究马克思主义的脚步，当代中国，面对复杂的国际环境，面对实现中华民族伟大复兴和深化改革的历史任务，更需要我们运用马克思主义这一‘伟大的认识工具’作出开创性探索。”他以“真学”马克思主义的理论态度、“真懂”马克思主义的理论功底、“真信”马克思主义的理论觉悟、“真讲”马克思主义的理论精神，教书育人，立德树人，赢得了学生的爱戴与信任，使马克思主义走深走心，扎根学生心田、坚定了青年学生的信仰。

得知张云阁当选 2020 年全国教书育人楷模，他的学生、重庆工商大学思政课教师叶俊在微信朋友圈写道：“恩师张云阁曾言：‘当一名思政课教师，做学生的引路人，这辈子无怨无悔。’”同叶俊一样，如今，张云阁的许多学生接过他的思政教育火炬，在全国各地传播、发展马克思主义。

——摘编自《中国教育报》（2020 年 09 月 15 日第 1 版）

2. 规范课堂教学的必然要求

一方面，课堂教学属于教书育人活动，具有方向性和任务性。这就要求教师政治

① 陈宝生. 高校必须坚持正确政治方向［J］. 求是，2017（3）：4.

上要强，业务上要精，即在完成具体教学任务过程中能自觉坚持党的教育方针、基本理论、基本路线，高举中国特色社会主义伟大旗帜不动摇，同党中央在政治上、思想上保持高度一致。另一方面，课堂教学非个人行为，而是政治性非常强的组织行为，这就要求教师上课纪律要严，即牢记学术研究无禁区、课堂教学有纪律，牢记自己人民教师的身份，在完成教学任务的过程中，要理直气壮、旗帜鲜明地讲好党的路线方针政策，彰显热爱祖国、热爱人民、热爱党、热爱社会主义，热爱党的教育事业的高尚情怀和情操。

3. 人类灵魂工程师的职责要求

教师是人类灵魂工程师，所言所讲必须符合规范，符合身份，符合纪律要求，任何时候都不能信口开河。高校是传播和弘扬社会主流意识形态的重要场所，也是各种意识形态激烈交锋的前沿阵地。从国际上看，当前围绕发展模式和价值观的国际竞争日益凸显，各种思想文化交流、交融、交锋日趋频繁，意识形态领域渗透与反渗透的斗争尖锐复杂。我们将长期面对西方遏制、促变的压力，而意识形态渗透是其对我国推行西化、分化战略的主要手段。从国内看，随着改革开放的深入和社会主义市场经济的发展，我国社会经济成分、组织形式、就业方式、利益关系和分配方式日趋多样化，反映到人们的头脑中来，便是思想活动具有了更多的独立性、选择性、多变性和差异性，价值观也日趋多元化。因此，高校的课堂教学必须坚守意识形态的底线。教师是人类灵魂的工程师，肩负着塑造人类思想灵魂的重任。教师是天底下最光辉的职业，教师是令人尊敬的群体。高校教师除必须有很高的思想理论水平和强烈的政治意识、大局意识、责任意识外，还必须要讲党性、讲政治、讲立场、讲纪律，特别是在课堂上必须遵守政治纪律和宣传纪律，必须站稳政治立场，所言所讲必须坚持正确的政治方向。

（三）坚定政治方向的职业行为要求

2014 年教师节，习近平总书记在北京师范大学对新时代教师提出：做好老师，要有理想信念，道德情操，扎实学识，仁爱之心。这就是在政治方向上，人格品质上，专业技能上，以及育人态度上，为所有的教师指明了方向，同时也是所有教师必须秉承的教育情怀。

1. 始终坚持正确的政治方向不动摇

作为社会主义大学，我国高校课堂承担着培养担当民族复兴大任的时代新人，培养德智体美劳全面发展的社会主义建设者和接班人的历史重任。教师的言行对学生思想行为和成长成熟有着重大的影响。因此，每一位教师都应时时绷紧政治这根弦，善于从政治上观察和研究问题，认清形势，站稳立场，注意在课堂上所言所讲必须坚持正确的政治方向，切忌把政治性很强的课堂教学工作当作具体事务性工作来对待，千万不能以自己不负责任的言行对学生产生误导。

2. 所言所讲必须符合规范，符合身份，符合纪律要求，任何时候都不能信口开河

中国的课堂从某种程度上说是处于意识形态的最前沿，其指导性、政治性、思想性、传播性强，宣传责任重大，高校教师不仅必须要有很高的思想理论水平和强烈的政治意识、大局意识、责任意识，还必须要讲党性、讲政治、讲立场、讲纪律，必须站稳政治立场，其所言所讲必须站在党和人民的立场上，对社会起正面积极的引导作用。

3. 严格遵守师德建设相关规定，不犯规、不逾矩

教育部在《关于建立健全高校师德建设长效机制的意见》（以下简称《意见》）中明确指出要“建立健全高校教师违反师德行为的惩处机制”。《意见》明确要求，高校教师不得有下列情形：损害国家利益，损害学生和学校合法权益的行为；在教育教学活动中有违背党的路线方针政策的言行；在科研工作中弄虚作假、抄袭剽窃、篡改侵吞他人学术成果、违规使用科研经费以及滥用学术资源和学术影响；影响正常教育教学工作的兼职兼薪行为；在招生、考试、学生推优、保研等工作中徇私舞弊；索要或收受学生及家长的礼品、礼金、有价证券、支付凭证等财物；对学生实施性骚扰或与学生发生不正当关系；其他违反高校教师职业道德的行为。以上要求中有对高校教师政治方向的明确要求，高校教师必须严格遵守，任何时候都不得违反。

【案例 2】

播撒民族技艺传承的火种

——记江西陶瓷工艺美术职业技术学院教授朱辉球

作为中国陶瓷艺术设计大师、万人计划国家教学名师、国家非物质文化遗产项目教师，江西陶瓷工艺美术职业技术学院教授朱辉球一直秉承“以器载道、以匠立世、以艺弘德”的教育理念，传承、弘扬民族陶艺，培养着一代又一代粉古彩陶瓷传承人。

对于传授学生，他师爱与技能同行，毫无保留，用心用情关心关爱每一名学生，把学生带进自己的工作室，搞科研、撰写学术论文、创作作品，无论寒冬酷暑，常常加班到深夜。对于传承民族技艺，他有强烈的社会责任与使命感。陶瓷是土与火的艺术，但当下的年轻人多被国外现代瓷艺吸引。他认为，“这样的陶瓷全世界都在做，既不能代表景德镇，又不能体现民族特色，更不能代表中国。”民族的东西是有底蕴的，不仅需要精湛的技艺、执着的追求，更需要坐得下、画得好、等得起的匠心。为此，朱辉球承担起粉彩古彩特色传承、陶瓷艺术交流、产学研与职业技能教学等工作，精心培养了一批创新型、发展型、复合型的新时代民族陶瓷技艺传承人才。同时，朱辉球鼓励“小老师”们积极参加教师资格证考试，接好他手中的接力棒。朱辉球对他培养的来自全国各地的 50 名学生说：聚是一团火，散若满天星。他希望这些“火种”能将民族技艺好好传承下去。

——摘编自《中国教育报》(2018 年 09 月 07 日第 2 版)

二、自觉爱国守法是新时代高校教师职业行为的基本准则

（一）爱国守法的基本内涵

爱国守法是对每个公民的基本要求，也是对高校教师职业的政治伦理要求。爱国守法包括两方面含义：爱国和守法。“爱国”一词出自《战国策·西周策》：“今秦者，虎狼之国也，兼有吞周之意…… 周君岂能无爱国哉?”它的意思是热爱自己的国家。爱国体现了人们对自己祖国的深厚感情，反映了个人对祖国的依存关系，是人们对自己故土家园、民族和文化的归属感、认同感、尊严感与荣誉感的统一，它是调节个人与祖国之间关系的道德要求、政治原则和法律规范，也是民族精神的核心。“守法”作

为公民基本行为准则，强调的是每一位公民都要自觉地遵守国家法律法令。

爱国守法对高校教师包含着两种角色要求：一是作为中华人民共和国的公民，必须自觉履行公民应尽的权利和义务；二是作为高校教师，必须认真贯彻我国的教育方针，遵守教育法律法规，依法履行教育职责和权利。由此，爱国守法对高校教师提出了两个层面的职业要求。一是广泛要求。即每一名高校教师都要自觉做到热爱祖国，热爱人民，拥护中国共产党的领导，拥护社会主义；全面贯彻国家教育方针，自觉遵守国家法律法规，依法履行教师职责权利。二是底线要求，即高校教师不得有违背党和国家路线、方针、政策的言行。

（二）爱国守法是高校教师职业行为的基本规范

爱国守法是每一位公民起码的道德规范。《中华人民共和国宪法》第五十二条规定：中华人民共和国公民有维护国家统一和全国各民族团结的义务。第五十四条规定：中华人民共和国公民有维护祖国的安全、荣誉和利益的义务，不得有危害祖国的安全、荣誉和利益的行为。2001 年实施的《公民道德建设实施纲要》明确提出“爱国守法”是公民道德的基本规范，并将其置于公民基本道德规范的首要位置，与“明礼诚信、团结友爱、勤俭自强、敬业奉献”共同构成公民的基本道德要求。2019 年中共中央、国务院印发的《新时代公民道德建设实施纲要》明确强调，要在全社会大力弘扬社会主义核心价值观，积极倡导富强民主文明和谐、自由平等公正法治、爱国敬业诚信友善，要推动践行以文明礼貌、助人为乐、爱护公物、保护环境、遵纪守法为主要内容的社会公德，鼓励人们在社会上做一个好公民，要推动践行以爱国奉献、明礼遵规、勤劳善良、宽厚正直、自强自律为主要内容的个人品德。高校教师首先是中华人民共和国公民，理应把爱国守法奉为职业道德的基本规范。

1. 爱国是教师职业行为的基本要求

爱国是每一位公民对国家和民族的深厚情感，是一种对国家和民族的高尚情操。苏霍姆林斯基说过，热爱祖国，这是一种最纯洁、最敏捷、最高尚、最强烈、最温柔、最有情、最温存、最严酷的感情。一个人，不管属于哪个民族，不管政治立场和宗教信仰如何，也不管从事职业和社会责任如何，都承担着热爱祖国、报效国家的责任和义务。爱国对高校教师来说意义更为重大，具体而言：

第一，爱国是高校教师的政治使命和社会责任。习近平总书记在同北京师范大学师生代表座谈时的讲话中说：我们的教育是为人民服务、为中国特色社会主义服务、为改革开放和社会主义现代化建设服务的，党和人民需要培养的是社会主义事业建设者和接班人。……广大教师要始终同党和人民站在一起……要注重加强中国特色社会主义理论体系的学习，加深对中国特色社会主义的思想认同、理论认同、情感认同，不断增强道路自信、理论自信、制度自信，积极引导学生热爱祖国、热爱人民、热爱中国共产党。高校教师要把自己的教育使命与国家和民族的生存发展结合起来，将爱国主义教育渗透于教育教学实践中，为国家和民族的生存培养出热爱祖国、热爱中华民族，具有社会责任感和使命感的中国公民。大学生是我国社会主义建设的储备军，大学生要成为社会主义建设和发展的主力军，爱国主义教育在高校具有不可替代的作用。高校教师的思想意识对大学生的“国家认知”“社会认知”“群体认知”都有深刻的影响，如何加深大学生对中国特色社会主义的认同，培育大学生正确、健康的爱国主义精神，是高校教师应当要肩负的重担，是每一位高校教师义不容辞的责任。

第二，爱国是高校教师献身教育的思想基础。有正确的思想才有正确的行动，有积极的思想才有积极的行动。高校教师的职业是富有责任感的事业，高校教师的责任感是高校教师职业的内在要求。高校教师承担着为国家为社会培养建设者和接班人的伟大重任。古往今来，伟大的人生目标往往产生于对祖国深厚的爱，一个人对祖国爱得越深，社会责任感越强烈，人生目标就越明确，人生信念就越坚定。高校教师只有认识到、体验到自己所从事的工作的崇高，意识到自己肩上担负着祖国和民族的未来，从而树立献身教育的坚定信念，才能做到言行一致，才能自觉担负起这份责任和接受这样一种重托，矢志不渝地为培养一代新人奉献自己的一生。

第三，爱国是高校教师献身教育的动力源泉。俄国作家车尔尼雪夫斯基说过：一个没有受到献身热情所鼓舞的人，永远不会做出什么伟大的事情来。爱国主义是一种精神支柱，是一种动力源泉。高校教师只有满怀对祖国的爱，才能把个人的命运同国家前途和国家命运统一起来，才能充分认识到祖国的存在和发展是个人存在和发展的前提，祖国的命运和个人的命运有着血肉一般不可分割的关系。高校教师必须自觉地与祖国同呼吸，共命运，把祖国的利益、党的利益、人民的利益看得高于一切，重于一切，把教育事业看成祖国社会主义事业的一部分，并甘愿为此奋斗一生。

2. 守法是教师职业行为的基本准则

守法是公民的基本行为准则，也是我国实施“依法治国”方略的必然要求。要实现社会主义法治国家的目标，需要每个成员知法守法，用法律来规范自己的行为，不做法律禁止的事情。高校教师只有做到依法执教，才能更好地为国家培养依法治国的人才，才能迅速提高全民族的法律意识。

第一，守法是高校教师依法执教的重要内容。我们经常说的“依法执教”，就是教师要严格依据法律、法规履行教书育人的职责，即在所从事的教育教学活动中，严格遵守《中华人民共和国宪法》和其他相关法律、法规，使自己的教育教学活动法治化、规范化，教育教学行为要在法律、法规所允许的范围内进行，要善于利用法律手段来维护学校、自身和学生的合法权益。为此，高校教师在从教过程中要认真地学法、知法、懂法和守法，依法行使教书育人的权利，履行法定的教育义务和责任，规范执行国家的法律法规和路线、方针、政策。

第二，守法是高校教师坚持正确职业行为方向的重要保证。我国的高校教师，他们兢兢业业、努力工作，涌现出大批爱生如子、乐于奉献的师德典范。但与此同时，仍有个别教师法律意识不强，既不学法，又不懂法，更不守法，这就需要教师必须加强对有关法律、法规的学习，依法保护教师和学生的合法权益，切实做到依法治教和依法执教。

（三）自觉爱国守法的职业行为要求

爱国守法作为教师职业道德的重要规范，要求高校教师在改革开放、市场经济日趋成熟的背景下，在职业活动和国际交往中，要有正确的爱国情怀、民族气节和法律意识。“爱国守法”在道德理想层面要“忠于祖国，忠于人民，拥护中国共产党，拥护中国特色社会主义制度”；在道德原则层面要“恪守宪法原则，遵守法律法规，依法履行教师职责”；在道德准则层面要求高校教师“不得损害国家利益、社会公共利益，或违背社会公序良俗”。

1. 做爱国守法的模范

爱国主义精神是中华民族的优良传统和崇高的思想境界，是我国民族性格的精神支柱，是道德情操的最高体现。中国的儒家思想中“修身、齐家、治国、平天下”的思想铸就了许多仁人志士“以天下为己任”的爱国主义情怀。振兴民族的希望在教育，振兴教育的希望在教师。人民教师是历史文化的传承者，是我国社会主义事业的建设者，也是未来社会主义事业接班人的培育者，这一历史责任要求高校教师要模范地遵守宪法和法律法规，要有强烈的爱国情感和民族责任感，认真贯彻党和国家教育方针，依法履行教师职责，恪守社会公德，不仅要成为爱国守法的公民，而且要做具有高尚人格和良好道德的教师；要用自己的言行去熏陶、感染、教育学生和公众，在各个场合都做到把自己的行为约束在宪法和法律法规限定的范围内；在处理或协调各方面关系时必须遵守法律法规，当某些问题的处理，面临着不同价值判断、不同道德标准的矛盾时，教师必须以法律法规为问题的处理标准。

第一，要学法、知法、守法、用法、护法。爱国就应当守法，爱国是守法的前提和核心。高校教师首先应该是爱国者和守法者；要依法贯彻执行党和国家的路线、方针和政策；要依法贯彻落实教育教学的各项法律、法规，牢固树立“依法执教”理念，按照法律要求从事教书育人工作，全面提高教育教学质量；要积极参与法治社会建设，为建立法治社会和法治国家做出积极的贡献。

第二，要依法维护学校、教师和学生的合法权益。这是教师依法执教的重要内容之一。学校、教师和学生的合法权益得到充分保证，是我们实施教育工作的重要保障。高校教师要以主人翁的态度关心学校、爱护学校，自觉维护学校的合法权益，以保证完成国家交给的教书育人、培养合格人才、提高全民素质的使命。要维护教师的合法权益，维护学生的合法权益，对学生合法权利给予尊重和维护。一方面，要改变在长期家长制社会传统中形成的狭隘的师道尊严观念，特别是要改变那种要求学生对教师绝对服从的意识。要尊重学生的人格，特别要尊重学生的隐私。教师不能对学生个人的行为选择做出违反法律法规的束缚。另一方面，要制止有害于学生的行为或者其他侵犯学生合法权益的行为，批评和抵制有害于学生健康成长的现象，要转变管理观念，适应新的管理体制，积极探索和运用新的管理方式和手段。

2. 将爱国守法融于教育实践活动中

第一，在教育教学中渗透爱国主义教育，培养学生的爱国精神。陶行知先生曾说：教师的好坏简直可以影响国家的存亡和世运之治乱。因此，教师必须教育和培养学生的爱国之情、报国之志。在日常教学中主要应通过学科渗透、主题教育或社会事件等形式，对学生进行民族自豪感和责任感教育。让学生理解爱国是每个中国公民的神圣情感，理解爱国不是一个抽象的概念，而是有着具体的要求，引导学生把爱国之志转化为报国之行。

第二，在教育教学中渗透法治教育，教会学生明辨是非。法治安全教育是对学生实施教育的重要内容之一，也是让青年学生知法，守法，减少犯罪最有效的途径。教师要在日常教育教学中，通过各种教育形式，使学生知法、守法并学会用法，培养和提高其法律素质，形成良好的守法、用法和护法习惯，自觉树立法律权威；同时要重视对学生进行法律情感的陶冶和法律行为习惯的培养，使学生养成较强的法治观念和良好的守法、用法行为习惯。

3. 正确处理爱国与守法的关系

爱国守法，是我国精神文明建设的基石。爱国必须守法，守法是爱国的重要表现和必然要求。“依法治国，建设社会主义法治国家”已经写入我国宪法，成为基本治国方略。一个现代化的国家必然是法治国家，一个民主、富强的法治国家必然是人民安居乐业、诚信守德的国家。习近平总书记《在首都各界纪念现行宪法公布施行30周年大会上的讲话》中强调：“坚持依法治国、依法执政、依法行政共同推进，坚持法治国家、法治政府、法治社会一体建设，扎扎实实把党的十八大精神落实到各项工作中去，为全面建成小康社会、开创中国特色社会主义事业新局面而努力奋斗！”① 高校教师要增强民主法治观念和人权观念，依法办事，依法律己，依法维护自身的合法权益。在未来的社会发展中，在教育教学中体现和落实依法执教，不做法律禁止的事情，在教育教学中遵循教育法律法规。这是人民教师爱国最基本的体现。

第二节　传播优秀文化 潜心教书育人

一、传播优秀文化是高校教师的神圣使命

（一）优秀文化的基本内涵

“文化”是中国语言系统中古已有之的词汇。“文”的本义，指各色交错的纹理。《易·系辞下》载：“物相杂，故曰文。”《说文解字》称：“文，错画也，象交叉。”均指此义。在此基础上，“文”又有若干引申义：其一，为包括语言文字内的各种象征符号，进而具体化为文物典籍、礼乐制度。其二，由伦理之说导出彩画、装饰、人为修养之义，与“质”“实”对称。其三，在前两层意义之上，更导出美、善、德行之义。“化”，本义为改易、生成、造化，如《庄子·逍遥游》：“化而为鸟，其名为鹏。”《易·系辞下》：“男女构精，万物化生。”《礼记·中庸》：“可以赞天地之化育”等。归纳以上诸说，“化”指事物形态或性质的改变，同时“化”又引申为教行迁善之义。“文”与“化”并联使用，较早见之于战国末年儒生编辑的《周易》：“观乎天文，以察时变；观乎人文，以化成天下。”其意思是：通过观察天象，来了解时序的变化；通过观察人类社会的各种现象，用教育感化的手段来治理天下。在这里，“人文”与“化成天下”紧密联系，“以文教化”的思想已十分明确。随着时间的流变和空间的差异，“文化”逐渐成为一个内涵丰富、外延宽广的多维概念。但不管“文化”有多少定义，有一点是很明确的，即文化的核心问题是人，文化是人类智慧和创造力的体现。文化是一种精神现象，“文化”是相对于经济、政治而言的人类全部精神活动及其产品，其中，既包括世界观、人生观、价值观等具有意识形态性质的部分，又包括自然科学和

① 习近平. 在首都各界纪念现行宪法公布施行30周年大会上的讲话［EB/OL］.（2012-12-05）［2021-05-30］. http://cpc.people.com.cn/n/2012/1205/c64094-19793598.html.

技术、语言和文字等非意识形态的部分。

纵观人类发展史，从原始社会的文化到阶级社会的文化，从奴隶社会的文化到资本主义的文化，都存在着优秀的与糟粕的文化。如何才能判定一种文化现象是否具有优秀性，是否属于优秀文化，这有一个客观的标准，那就是必须看这一文化是否正确反映着自然领域内的客观事物及其规律；是否正确反映着社会领域内社会发展的进步趋势及其规律，是否有利于社会生产力的提高，是否符合广大人民群众的根本利益。只有符合上述客观标准的文化才真正具有普遍真理性和世界意义，才可以被称为优秀文化。

（1）中国优秀文化是能够适应时代需求，推动社会发展的文化。优秀文化应当立足当下，为治国理政提供资源，为社会发展创造条件，为个人安身立命提供精神家园，从而直接或间接推动社会发展，因而具有很强的时代性和实践性。

（2）中国优秀文化是能够经受实践检验的文化。实践是检验真理的唯一标准。所谓实践检验，既包括历史上曾经发生的实践检验，也包括现时代的实践检验。经过历史证明而又能在今天的文化建设和社会发展中经得起实践检验的文化，才是优秀的文化。中国的优秀文化是有利于解决今天的问题和需求，回应时代的课题和挑战，转化为国家富强、民族振兴、人民幸福的有益精神财富；是有利于解决现实问题、助推社会发展、培育时代精神和时代新人的文化，如社会主义核心价值观。

（3）中国优秀文化是有助于文化认同，促进民族团结，助力民族复兴的文化。文化认同是对民族文化核心价值的认同，是对民族精神的自觉服膺，是对民族成员标识的由衷肯定。文化认同是联系民族共同体的精神纽带，是增强民族凝聚力的精神依托，是民族认同、国家认同的重要基础。中国优秀文化对于中华民族成员的文化认同，有着别的文化要素无可替代的作用。多元一体的中华民族，多元一体的中华文化，需要文化认同的支撑。多民族国家的形成和发展，需要共同的核心价值的凝聚和支撑，需要民族共同体内部的相互理解、包容和支持。大一统观念的自觉认同和坚定实践，以文化的有无区分华夷，以团结统一为荣为上，以分裂纷争为耻为下，是经过长期积淀而形成的文化自觉意识。

（4）中国优秀文化是能够提供精神支撑的文化。文化是一个内涵极为丰富的概念。我们所谓中国文化，本质上是指的中国文化最为核心的部分，即思想文化。因此，中国优秀文化应当成为中华民族的精神支撑。党的十八大以来，全国上下已经形成了弘扬中华文化、建设中华民族共有精神家园的共识。这是渊源于自己民族文化的深厚根基，依托于民族优秀文化源泉的共识，是立足于改革开放以后社会发展和文化建设的实际，培育和弘扬社会主义核心价值观的共识，是当代中国的进步和中华民族的发展需要中华优秀传统文化在当代升华的共识，是中国优秀传统文化能给当代中国提供精神家园建设，能够培育文化自信的共识。

（5）中国优秀文化是有益于世界文明的文化。中华文明与世界文明相连，中华文明是人类文明的重要构成。特别是改革开放以后的中国，真正地融入了世界，成为世界文明版图的重要构成。在开放的心态下，让世界文化走进中国，让中国文化走向世界，成为中国社会的共识，成为当下的文化自觉。我们是爱好和平的民族，有以和为贵、协和万邦、亲仁善邻、好战必亡之类的爱好和平的思想，这也是我们处理国际关系的基本理念。己所不欲，勿施于人。在与世界的交往中，我们始终秉持和而不同的理念，“各美其美、美人之美，美美与共、天下大同”，通过对中国优秀文化的弘扬为世界文明的发展不断做出越来越大的贡献。

（二）高校弘扬和传播优秀文化的重要意义

1. 有助于大学生培养正确的社会主义核心价值观

优秀文化中所包含的和善态度，与社会主义核心价值观所传达的内涵不谋而合，构建“天下大同”的社会，营造“礼之用和为贵，天下之道，斯为美”的社会氛围，恰好是社会主义核心价值观的重要内容。此外，优秀传统文化中，描述了大批优秀的道德模范。例如，耳熟能详的“孔融让梨”、家喻户晓的“卧冰求鲤”等，强调了孝敬父母的品德；《论语》中的“君子喻于义，小人喻于利”“富贵不能淫，贫贱不能移，威武不能屈”强调自身的完善、个人的社会价值；儒家的“天人合一”、道家的“人法地，地法天，天法道，道法自然”引导人类以宽容、友爱的态度对待自然，与自然和平共处，与现代社会的环保意识和可持续发展战略有异曲同工之妙。通过在教育中有目的地渗透优秀文化，可以帮助大学生把握优秀文化的精髓，学会求真向善尚美的追求，提升自身精神境界。

2. 有助于大学生发展健全人格，提升内在修养

高校教师通过优秀文化的弘扬和传播，有助于帮助大学生树立良好的思想价值观念和崇高的人生理想；有助于激发大学生的创造性，加深大学生对专业和未来职业的理解和认识，发展健全人格，提升其内在修养。

3. 有助于大学生丰富基础文化知识

优秀文化的弘扬和传播过程，同时也是大学生丰富基础文化知识，不断积累基础文化知识的过程，这一过程无疑将对大学生未来发展夯实牢固的理论基础。

（三）高校教师传播优秀文化的职业行为要求

1. 带头践行社会主义核心价值观

核心价值观对一个国家和民族的文化传承、发展至关重要，是决定一个国家和民族文化性质和方向最深层次的要素。党的十九届五中全会提出：坚持马克思主义在意识形态领域的指导地位，坚定文化自信，坚持以社会主义核心价值观引领文化建设，加强社会主义精神文明建设。社会主义核心价值观的形成、发展和培育，需要有一批又一批研究者、垂范者和传播者。高校教师承载着“传承文明、教书育人”职责，理应承担起自觉培育践行社会主义核心价值观的社会责任。习近平总书记在 2016 年全国高校思想政治工作会议上强调：要坚持不懈培育和弘扬社会主义核心价值观，引导广大师生做社会主义核心价值观的坚定信仰者、积极传播者、模范践行者。高校教师自觉培育践行社会主义核心价值观，不仅事关教师职责、高校发展，而且事关我国高等教育的办学方向，事关国家的前途与民族的未来，也事关高校教师自我价值的实现。

2. 弘扬真善美，传递正能量

教育的本质是真善美，做真善美的使者，传递正能量，应该成为每位教师的教育情怀。“有理想信念、有道德情操、有扎实学识、有仁爱之心”，应该是每一位教师终生追求的目标。在崇真、向善、尚美中，让一切教育行为成为流淌心灵的清泉，润养受教育者的灵魂，丰盈出一个个独立的人格。每个中国人都有一个强国梦，教师就是

在帮助一个又一个的孩子筑梦，在培养一个又一个国家栋梁中实现自己的梦。习近平总书记指出：一个人遇到好老师是人生的幸运，一所学校拥有好老师是学校的光荣，一个民族源源不断涌现出一批又一批好老师则是民族的希望。教师是教育的根本，师德是教师的灵魂。高校教师肩负着传播知识与真理，塑造灵魂与生命的时代重任，如何给学生的心灵埋下真善美的种子是高校教师开展大学生教育的教学目标。

第一，高校教师必须求真。大学生作为受教育的主体，是现实社会实践中的具体的个人，所以人的现实生活过程决定了教育的活动过程。高等教育绝不是空洞的说教，而是有针对性地并且能够解决人思想层面的困惑的工具。首先，高等教育要具有能说服人的真理。正如马克思所说："理论只要说服人，就能掌握群众；而理论只要彻底，就能说服人。"如我国高等教育中，思想政治教育就是坚持马克思主义的指导地位，运用习近平新时代中国特色社会主义思想，这一马克思主义中国化最新理论成果引领学生，教育学生。其次，高等教育要具备能感染人的真情。如同钟扬所说："每个学生都是一颗宝贵的种子，全心浇灌就会开出希望之花。"高校教师面对的是正值青春年华的大学生，他们的思想活跃，思维敏捷，情感丰富，正处于人生的学业成长、恋爱纠结、工作准备等各项事业的起步阶段。面对学业压力、感情纠纷、工作选择等种种困境，学生思想极易产生困惑和苦恼，心理方面极其需要适当的关怀和帮助。高等教育要取得良好的效果，高校教师必须真诚地对待学生，真心地热爱这份事业，用真情感化学生。

第二，高等教育必须向善。我国古代先哲儒家代表孟子云："人之性善也，如水之就下也，人无有不善，水无有不下。"他认为人性本善，并且在后天的发展演变中人性的终极归宿是趋向于善。西方哲学家亚里士多德认为"善"是事物的目的，认为万物都是向善的。因此，教育不是教人走歪门邪道，而是教育人作为人而成为人的善业。首先，高等教育要具有感化人的善德。我国儒家经典《大学》篇开篇明义地讲"大学之道，在明明德，在亲民，在止于至善"。同样，今天的大学也面临着回答"培养什么人""怎么培养人""为谁培养人"这些重大的时代课题。大学教育，是人作为人而成为人的重要环节，是人的内在固有尺度的重要的对象化时期。高等教育就是一门教育学生作为人而成为人的重要课程，因此，高校教师必须注重课程的育人价值，用善德感化学生。其次，高等教育要具备感动人的善行。"见贤思齐焉，见不贤而内自省也。"体现了孔子关于自我修养的重视。身教，是无声的言传，榜样，是最有力量的示范。高校教师传道授业解惑，必须要做到知行合一，要以实际行动引领学生，否则学生是不会信服的。因此，高校教师要坚持以身作则，示范引领，以实际行动感召学生，用善行感动学生，从而实现善德与善行的统一，达到知行合一的效果。

第三，高校教师需要塑美。塑美是基于求真、向善的基础上的内在统一。我国高等教育的美体现了尊重个体的差异美和注意整体的共同美，是"各美其美"的个体之美和"美美与共"的大同之美的和谐统一。首先，高等教育要尊重个体的差异美。高等教育关切现实的具体的人。在学生群体中，由于每个学生所处的家庭背景、受教育水平、个人经历等各有不同，因此，每个人面临的具体的现实的问题也会有所差异。高校教师在针对不同的学生开展思想政治教育工作时，必须要考虑到每位学生的特殊性，把握不同学生之间的差异性，针对不同的学生、不同的情况开展工作，不能以一种美的标准审视学生，应根据不同背景的学生，有针对性地以美育人，塑造有差别的个性之美。其次，高等教育要注意整体的共同美。高校教育工作者的事业就是运用自己的时间、精力成就别人的高尚事业。因而，高校教师追求的事业也是一项美人之美，成人之美的高尚事业。这就要求高校教师在开展教育时，不仅要具备美丽的心灵，还要有成就美的能力。面对同学们的疑难困惑，能够从多维视角发现、分析、解答。能够使学生尊重差异、热爱生活、欣赏美、创造美、完善美，成为一个完美无疵的人。

二、潜心教书育人是高校教师职业行为的准则

（一）教书育人的基本内涵

“教书育人”是对高校教师职业的最重要内容——教育教学的道德关系的高度概括，反映了教师培养人才的基本使命和最主要的职责，是高校教师职业道德的核心。

我国古籍最早对“教育”概念的使用，是在《孟子·尽心（上）》中的“得天下英才而教育之”。但在先秦时代，教育作为一个专有名词出现得很少，此后很长时期也是大多只对“教”这个字进行诠释。直到东汉时期，文字学家许慎在《说文解字》中才对教育进行了较为完整的解释，成为古代汉语中“教”和“育”的基本解释，即“教，上所施，下所效也”“育，养子使作善也”。从义理上分析，“教”所强调的是技术、技艺的获得，所指向的是物质世界，“育”所注重的是价值引导、心智的启迪、精神的架构，所指向的是意义世界。现代著名教育家竺可桢说过：教者，传授知识也；育者，培养思想品德也。教中有育，育中有教。所谓“教书育人”，就是指教师要根据社会发展的需要和学生身心发展的规律，在教育教学过程中自觉地把教学和教育结合起来，尽职尽责，既传授科学文化知识，又进行思想政治教育，把学生培养成为德、智、体、美、劳诸方面全面发展的“四有”新人。具体地说，教书就是教师有计划、有目的、有步骤地向学生传授科学文化知识、训练技能、培养能力、发展智力，教会学生学会学习的过程；育人就是培养学生成人，即帮助学生树立正确的政治方向，养成健康的审美情操，培养良好的思想品德和个人心理素质，使学生形成科学的世界观、人生观和价值观的过程。教书和育人的紧密结合，其结果必然是学生的德才兼备。教书和育人是不可分割的统一体，二者相互作用，相互渗透，相辅相成。正如德国教育家赫尔巴特所说：教学如果没有进行道德教育，只是一种没有目的的手段；道德教育如果没有教学，就是一种失去了手段的目的。因此，育人具有“目的性”和“终极性”的教育价值。在教学实践中，错把“手段”当成“目的"的做法是错误的，一名优秀的教师决不应该是简单的“教书匠”和传授知识的“工具”，正如苏联教育家苏霍姆林斯基所言：“你们不仅是自己学科的教员，而且是学生的教育者、生活的导师和道德的引路人。”① 具体落实在教师职业行为上就是通过教师的劳动培养人、塑造人、改造人，促进学生的全面发展。

（二）潜心教书育人是教师的天职

《中华人民共和国教师法》明确规定：教师是履行教育教学职责的专业人员，承担着教书育人，培养社会主义建设者和接班人、提高民族素质的使命。现代著名教育家

① 苏霍姆林斯基. 给教师的建议［M］. 杜殿坤，译. 北京：教育科学出版社，1980：96-97.

陶行知认为，教师应该把教书育人放在第一位，千教万教教人求真。“求真”是教师道德的真谛，也是教师道德的目标，它强调教师要教人学会做人，求“真知”，做“真人”。潜心教书育人是教师职业行为的本质规范，是教师的使命，是教师的天职。

【案例3】

职校讲台上的“电商老人”

——记海南职业技术学院教授李琳娜

“我有一个梦想，把海南及东南亚的热带果蔬做成品牌，通过电商平台和冷链物流销往全国。”海南职业技术学院教授李琳娜潜心职业教育教学已整整30年。30年，她实现了教书育人的理想，三尺讲台上只为桃李芬芳；30年，她升华了职业教育的情怀，携手校企培育人才服务产业发展。

她坚守讲台，尽职尽责，用爱心与知识为农村培养和输送了一批批电商人才，诠释教育的真谛与价值；她到乡下去，培养懂农民的电商人才，服务社会、带动一方；她退而不休，做职业教育的“永动机”，在教书育人事业中矢志不渝发挥着作为教师、专业带头人和业内领军人的作用，更实现着教育报国的崇高追求。

李琳娜说：“职业教育发展的春天来了，我还有很多没完成的任务。”路漫漫其修远兮，吾将上下而求索。她把自己的命运和职业教育的发展紧紧相连，一步一个脚印，踏出了电子商务教育的远行之路。

——摘编自《中国教育报》(2019年09月13日第3版)

1. 教育的本质决定了教师的天职是潜心教书育人

教育是培养人的活动，这一本质属性贯穿于一切教育之中。教育的核心价值是育人，其最大的特点是把受教育者当作具有主观能动性的、活生生的人来看待，立足于学生的整体生命，使学生生成必要的知识、能力，并形成正确的人生观、价值观，最终成为一个拥有知识和智慧，能够担当社会主体责任的人。从这个意义上来说，教师的职责从来都不是单纯地传授文化科学知识，更重要的是培养人，是“铸人灵魂”。美国教育家杜威认为德育在教育中占有重要的地位，他极力强调道德才是推动社会前进的力量，“道德是教育最高和最终的目的”“德育过程和教育过程是统一的”，他说，“教师是人师，而不是教书匠，真正的知识传递是包含着思想感情的传递”。徐特立也说，“我们的教学是要采取人师和经师二者合一的”① 可见，教书育人是教师的本质职责。

2. 教育教学过程决定了教师的天职是潜心教书育人

教书和育人是不可分割的同步进行的过程，这一教育教学过程的特点要求教师担负起教书育人的职责。一方面，科学文化知识具有重要的政治思想和道德教育的价值，教学过程本身就具有一定的教育价值；另一方面，教师在传授知识的过程中，总要表现出自己的价值观念和价值理想，这也必然会潜移默化地影响学生，使教书同时具有育人的功能。苏霍姆林斯基曾经说过：“我们不仅要用知识中包含的思想来教育学生，

① 徐特立. 徐特立教育文集［M］. 北京：人民教育出版社，1979：205.

而且首先要用我们这些活生生的人是怎样把知识和知识中包含的思想带到教室里来的这一道理来教育学生。”① 因此，教书和育人过程统一结合的特点，决定了教师的职责既是教书，更是育人。

3. 当今时代的特点决定了潜心教书育人是教师的天职

当今社会，科学技术日新月异，知识经济迅猛发展，经济全球化的趋势锐不可当，文化与经济和政治的融合达到前所未有的深度。在这种背景下，教书育人所培养出的人才，必须与社会的需求、与时代的发展协调同步，成为经济发展和社会进步的重要推动力量；必须有健全的人格和正确的世界观、人生观和价值观，具有完整的德性生命。

4. 教师的职业理想决定了教师的天职是潜心教书育人

一方面，社会通过职业规定了人们对于社会应尽的职责；另一方面，个人通过自己所从事的职业向社会做出贡献并取得回报。教师职业对于教师来说，也具有同样的意义。教师只有通过教书育人的工作，才能承担起社会的义务和责任，同时在从事本职工作中实现自己的人生价值，追求崇高的职业理想，从而实现人生的真正目的。

总之，潜心教书育人是教师的天职是由教育的本质、教学过程、时代特点和教师职业理想等多方面因素决定的。每一位高校教师都应该从教育的本质、规律和时代要求的高度出发，将“铸人灵魂”的工作融合到教育教学的全过程之中，发挥教书育人主力军的作用。

（三）潜心教书育人职业行为的具体要求

潜心教书育人在道德理想层面的要求是“落实立德树人根本任务”；在道德原则方面的要求是“遵循教育规律和学生成长规律，因材施教，教学相长”；在道德准则方面的要求是“不得违反教学纪律，敷衍教学，或擅自从事影响教育教学本职工作的兼职兼薪行为”。

1. 坚持育人为本、落实立德树人

对所有学校来说，教学都是中心工作；但教学不是目的而是手段，学校的根本任务是育人。寓“育”于“教”，才能体现教育的价值取向。雅斯贝尔斯说：“将教育仅仅停留在知识的传授上，这种教育是没有灵魂的。”教师职业的本质特性就是影响人的心灵，提升人的道德境界。作为以教书育人为中心的一种职业，教师承担着传播人类知识、创造人类文化、开发人类智能、塑造人类灵魂的神圣职责。教师职业活动不但要给学生传授科学文化知识和技术操作能力，即教会学生如何做事，而且要对学生进行思想道德教育，即教会学生如何做人。中国古代著名的教育著作《学记》曾经指出：“善歌者使人继其声，善教者使人继其志。”高校教师承担着传播人类文化，开发人类智能，帮助学生形成科学的世界观、正确的人生观和价值观，用人类崇高的思想、高尚的道德去塑造学生的灵魂，引导学生养成良好的行为习惯，使学生在德智体美劳方面全面发展的重要使命，因此，要根据社会发展的需要和学生身心发展的规律，在教育教学过程中自觉地把教学和教育结合起来，既传授科学文化知识，又进行思想品德教育，把学生培养成合格的社会公民。一位优秀的教师，绝不是简单的“教书匠”和

① 苏霍姆林斯基. 给教师的建议［M］. 杜殿坤，译. 北京：教育科学出版社，1980：294-295.

传授知识的“工具”，他是知识的传授者，更是学生的生活导师和精神领路人。人们常说：“经师易得，人师难求。”但既做经师又做人师确应成为每一位高校教师的执着追求。

【案例 4】

东北师范大学教授高夯：潜心育人 改变学子人生

从教 30 多年来，东北师范大学教授高夯始终捧着一颗赤子之心，视教书育人为天职。他醉心数学教学，改变了学生“数学很可怕”的认知并爱上数学；他关注学生的个性发展，有教无类、因材施教，为其提供发展空间，甚至为一个写信讨教的陌生孩子谋未来；他推动教育扶贫，探索优势教育资源一体化。“师范大学培养中小学教师，中小学教师培养下一代。把中小学教师培养好、让他们到国家需要的地方去，我们的国家才会发展得更好”。他用理想信念、道德情操、扎实学识、仁爱之心筑起了学生的梦想，真正成为学生锤炼品格的引路人、学习知识的引路人、创新思维的引路人、奉献祖国的引路人；心有大我、强师报国。他以崇高的师德之光，点亮学生的未来，诠释作为一名教师的使命与担当，用实际行动做教育改革的奋进者、教育扶贫的先行者、学生成长的引导者。

在高夯看来，人生与数学有相似之处。数学有概念、有背景、有应用；人生有目标、有力量的源泉、有前行的方向。“说到底，当老师是为了什么？就是为了把下一代培养得更好，老师的初心就是立德树人。”如今，他对教学更加倾心：“现在，我就想全力以赴地教好学生。看到学生成长起来，我的价值就实现了。”

——摘编自《人民日报》(2020 年 09 月 15 日 第 12 版)

2. 遵循教育规律，实施素质教育

学生的成长是有其自身规律的，要教好书、育好人，就必须遵循教育规律。高校教师要遵循规律，就要从学生的实际出发，运用适宜的方法，促进学生的健康成长。首先，要有正确的教育观、人才观、学生观。邓小平提出培养“四有”新人和“教育要面向现代化，面向世界，面向未来”的教育思想，对育人提出了更高的要求。教师应该据此树立面向全体学生，使学生德、智、体、美、劳全面发展的教育观；要树立培养社会主义事业建设者和接班人的人才观；要把学生放在一定的历史背景下考察，既要看到他们的长处，也要看到他们的不足，既不盲目肯定，也不盲目否定，既要热爱、理解，又要严格要求；要具备多种教育能力和教育技巧，在教育理论的指导下，通过自己的实践摸索一套行之有效的方法；要注意培养学生具有良好的思想品德，并且严禁传播有害学生身心健康的思想。其次，注重三全育人，实施素质教育。2019 年，习近平总书记在学校思想政治理论课教师座谈会上，提出了推动思想政治理论课改革创新需要坚持的“八个统一”。这“八个统一”不仅对于思政课教师有重要指导意义，而且对于新时代高校教师如何坚持潜心教书育人具有重要的启示意义。新时代高校教师在教育教学实践中，也要坚持政治性和学理性相统一、价值性和知识性相统一、建设性和批判性相统一、理论性和实践性相统一、统一性和多样性相统一、主导性和主体性相统一、灌输性和启发性相统一、显性教育和隐性教育相统一，努力实现全员全程全方位育人，将素质教育的要求贯穿于教育教学实践中。

3. 遵循学生成长规律，促进学生全面发展

遵循学生成长规律，尊重个性自由发展是大学生顺利成人成才的客观要求。青少年阶段是人生的拔节孕穗期，最需要精心引导和栽培。高校教师要帮助大学生及时认清自我，在个性形成上及时修枝打杈，因势利导，以帮助其形成健全而鲜明的个性，保证其健康成长、顺利成才。教师应重视培养学生的能力，提高学生的综合素质。知识与能力是相辅相成的。获取知识以能力为条件，增强能力以知识为基础，二者循环往复，互为因果。因此，教师既要重视发展学生智力，培养学生的能力，又要提高学生的综合素质，促进学生全面发展。这就需要教师在教育教学活动中做到：一是搞好基础知识和基础技能的双基教学，为培养和发展学生能力奠定坚实的基础；二是教师在学科课程知识教育过程中，要积极实行启发式和讨论式教学，激发学生独立思考和创新的意识，培养学生收集处理信息，获取新知识，分析解决问题以及语言文字表达能力；三是鼓励学生积极参与形式多样的课外实践活动，培养学生的团队协作精神和动手能力。培养学生欣赏美和创造美的能力，培养学生热爱劳动的习惯，艰苦奋斗的精神和较强的社会活动能力，开展形式多样的体育卫生活动，培养学生坚持体育锻炼，形成良好的卫生习惯和保证身体健康的能力。

随着教育改革的逐步深化和素质教育的全面推进，面向全体学生，促进学生全面、主动发展的思想日益深入人心。因材施教这一教学原则越来越受到人们的普遍关注并且人们还赋予其更新的、更丰富的含义。所谓“因材”，既要求对“材”的客观差异性有所了解和承认，又要求对“材”的尊重和以“材”为施教依据的正确态度。所谓“施教”，不是单纯地指对受教育者交付或给予知识，而主要是指在实施教育的过程中进行启发和诱导，使受教育者领悟、习得。当代的“因材施教”是以不同的教法使学生具有相同之“材”，即在共同的培养目标之下，针对教育对象的气质、性格、志趣、能力、原有基础、层次等具体差异，提出不同的要求，有的放矢地进行有差别的教育，使每个学生都能扬长避短，获得最佳发展。因材施教要求学校教育应以人为本，尊重学生个性差异。通过对学生需要的引导、兴趣的培养，积极发展学生个体的独立性、创造性。

教学相长要求教师不断反思教学过程，锐意进取，提高创新教育能力。要真正做到教学相长，教师须首先练就扎实的教学基本功，减少“课堂浪费”。教学基本功是贯穿整个教学过程各个环节的最基本的教学能力，也是做一个合格教师的起码要求，是进一步提高自身素质的基础。练就扎实的基本功，教师要靠爱岗敬业的精神，要靠长期的、反复的苦练，要认真钻研教材，了解学生，设计教法，编写教案，提高对教材的把握和处理的能力，提高引导学生学习的能力，提高学生独立运用知识的能力，提高学生分析问题和解决问题的能力。其次，要勇于开拓创新，提高创新教育能力。高校教师必须强化创新意识，具备创新精神，有强烈的创造动机和创新欲望，有勤奋的工作精神和顽强的毅力，有充分的自信心和革新的胆魄，结合创造性思维品格，提升创新教育的能力。争取从合格教师升级到“教研型”教师乃至“科研型”教师，不断提高教学艺术，不断拓展教学业务的广度和深度。最后，要加强教育教学研究，不断提高教育教学水平。教学需要研究和思考，有研究的教育才能得到长远发展，有研究

的教师才能成为有成就的老师。高校教师要加强教育教学研究，争当现代教育教学专家，要博学多才，才能够把学生引领到学术领域的最前沿。只有广博的知识面、丰富的学问才能保证教学质量。苏霍姆林斯基对此说道：“为了在学生眼前点燃一个知识的火花，教师本身就要吸取一个光的海洋。”① 苏霍姆林斯基还说，一个好教师“永远也不会说：我的知识已经积累够用一辈子了。知识是活的东西，它永远在更新。知识也在陈旧和死亡，就像人有衰老和死亡一样”②。在科学技术日新月异，知识量、信息量急剧增加的今天，知识“加速现象”要求教师必须“加速度”地学习和积累知识，才能适应时代的发展。

第三节　关心爱护学生 坚持言行雅正

一、关心爱护学生是高校教师职业行为的最基本要求

（一）关心爱护学生的基本内涵

关心爱护学生是对高校教师职业行为的最基本要求，是教师入职的前提条件和基本的执业标准。关心爱护学生首先要求高校教师要尊重自己的职业，热爱教育事业，献身教育事业，要满怀对党和国家教育事业和学生成长成才的历史使命感和社会责任感，对自己所从事的工作具有强烈的献身精神；要忠于职守、尽职尽责、集中精力、兢兢业业，积极投入教学科研工作，妥善协调好本职工作与兼职工作、本职工作与个人生活的关系。关心爱护学生就是要求教师要真心关爱学生，用自己满腔的爱去关心学生、尊重学生，耐心细致地指导学生，与学生进行思想情感的沟通。

（二）关爱学生是教师职业道德修养的落脚点

教育是培养人的事业，教师是培养人的专门劳动者。如何对待所培养的对象是教师这行业古今不变的话题。千百年来，对这问题的思考和探索，衍生出一种崇高的教师职业道德，这就是关爱学生。俗话说得好：只有“亲其师”，才能“信其道”。教师以爱对待学生，学生则对教师产生好感，这就是“爱的回流”；师生之间的互爱，形成了爱的“对流”。没有爱，就没有教育。可见，关爱学生既是教育者高尚品德的自我表现和师生情感升华的体现，又是实现教育任务的重要手段和力量。教师必须关心、爱护全体学生，尊重学生人格，平等、公正地对待学生，对学生严慈相济，做学生的良师益友，保护学生安全，关心学生健康，维护学生权益。师爱在教育教学实践中处于核心地位，被称为教育的灵魂和本质。师爱不仅是一种情感、一种态度，更是一种能力。

1. 师爱是教育传承的根基

爱是教育的落脚点。从孔子的“爱之，能勿劳乎？忠之，能勿诲乎？”到夏丏尊的“没有爱就没有教育”；从罗素的“凡是教师缺乏爱的地方，无论品格还是智慧都不

① 苏霍姆林斯基. 和青年校长的谈话［M］. 上海：上海教育出版社，1983：79.
② 同①80.

能充分自由地得到发展”，到苏霍姆林斯基的“我把整个心灵献给孩子”……古今中外的教育家们的教育思想有所不同，教育风格各有千秋，但有一点是共同的，那就是教育不能没有爱。正如鲁迅先生所说：什么是教育？教育就是爱。在教育过程中，如果教师不付出爱，就等于抽掉了教育的灵魂，那么，无论其学识多么渊博，手段多么先进，都难以与教育对象产生情感共鸣，取得教育效果。因此，师爱是教育传承的根基，也是育人的核心要素。

2. 师爱是教育的原动力

师爱是一种伟大而又崇高的爱，它不仅能使学生产生安全感和自信心，而且有助于培养学生的爱心，促进学生的身心健康发展，形成良好品德。而离开师爱的滋养，教育中的一切技巧和方法都将变得苍白无力。苏霍姆林斯基告诫我们：“老师技巧的全部奥秘，应在于如何爱学生。”首先，师爱是教育的情感基础。英国教育家罗素曾经说过：“只有真心实意地去爱学生，才能精雕细刻地去塑造他们的灵魂。”这是因为教育从根本上讲是一种感化身心的工作，具有引人向善的使命。“感人心者莫先乎情”，教师要实现这一使命，就必须心中有爱。其次，师爱是开启学生智慧之门的“金钥匙”。爱是一种积极、正向的情感，而情感是心理成分中的重要组成部分，它不仅对认知起着引导和深化的作用，而且对行为起着促进和支持的作用。因此，师爱可以激发学生的能动性和创造力，使学生焕发出更大的生命潜能。在教育过程中，师爱可以激活学生的认知系统，使学生在耳聪目明、感知迅速、想象丰富、思维活跃的状态下接受知识，开发智力，培养创造力。最后，师爱是学生行为的内驱力。行为是心理的外化，也是教育对象在认知、情感、意志的支配下所采取的行动。在知、情、意、行中，行是教育的归宿，也是教育效果的最终体现。但是，众所周知，知易行难，特别是对于青少年而言，在行为过程中会遇到各种内外因素的影响或干扰，因此特别需要情感的支撑作用。而师爱可以强化学生对教师的依恋感和“向师性”，成为学生行为的动力支持。

【案例5】

以爱心和匠心深耕职教沃土

王丹凤，黑龙江省牡丹江市职业教育中心学校教师，学生都亲切地称呼她“妈妈”。她辛勤耕耘在职教讲台31年，以潜移默化的师爱陪伴职教学生，鼓舞学生心中有热爱、手中有技能，踏实地工作。她不仅教会学生一门技术，更传递价值、完善人格，教会学生幸福生活的能力。为此，她多次参加培训，学习职业教育改革与发展新政策；在教学中不断创新，针对不同专业的岗位需求对教材进行整合，达到教学内容与企业需求接轨；以竞赛为导向推动常规教学，增强学生学习的主动性……辛勤耕耘下，王丹凤所带学生连续8年获市技能大赛冠军，连年获省级技能大赛一等奖；4名学生获大学3年免学费资格，两名学生获国家级奖学金。

31年教育生涯，王丹凤有很多机会进入管理岗位，正是因为她那伟大而崇高的师爱，她选择一直默默无闻坚守在一线讲台，守候在学生中间，为企业培养一批批具有专业技能和工匠精神的高素质劳动者。王丹凤因此被评为职业教育唯一一名“牡丹江市师德宣讲团”成员，还先后获得省模范教师、省师德先进个人、省教学名师、省优秀班主任、省优秀指导教师、市“五一”劳动模范、市最美女名师、防疫突出典型，七次市级记功及嘉奖奖励等荣誉。

——摘编自《中国教师报》(2021年09月15日 第4版)

3. 师爱是建立良好师生关系的前提

师生关系是指教师和学生在教育教学过程中所形成的相互关系，是教育过程中最基本的人际关系。虽然从实质上而言，教师与学生之间有着根本利益的一致性：对教师来说，是为了履行自己的职责，把学生培养成全面发展、适应社会主义现代化建设需要的一代新人；就学生而论，则是为了接受学校和教师的培养，通过学习而使自己在德智体美劳各方面得到发展，成为社会的有用之材。但是，从哲学意义上讲，关系就是矛盾，差异就是矛盾，师生之间在客观上存在的各种差异决定了教师与学生之间必然会有矛盾。这种矛盾，或表现为教师和学生对教育教学要求认识上的差异，或表现为教师和学生在教育教学活动中的直接冲突，或表现为教师和学生在心理、行为、价值观上的差异，等等。因此，在教育过程中，师生之间可能会出现情感淡漠、关系疏远的现象。在师生矛盾客观存在的情况下，师爱是化解师生矛盾，建立良好的师生关系的前提和纽带。一旦师生间形成良好的师生关系，学生就会感受到教师的爱，从而从积极的角度理解教师的苦心，接纳教师的教育方式，服从教师的管理，践行正确的社会行为。

4. 师爱是学生生命成长的阳光雨露

学生是教师的教育对象，关爱学生是教师的天职，是教师热爱教育事业的具体体现，也是教师教育好学生的前提条件。一位优秀教师的魅力，绝不仅仅来自他渊博的知识和翩翩的仪表，更来自他对学生无私的爱。师爱是学生生命成长的阳光雨露，可以在学生心中播撒爱的种子，培养学生的爱心、同情心和慈悲之心。学生得到教师的爱，自然而然地会激发出对教师的爱，形成爱的双向交流，心理学家称之为“动情效应”。在此种情境下，学生会更加尊重教师的劳动，更愿意接近教师，向教师反映内心苦闷，袒露真实思想，倾诉心中秘密。相反，如果教师对学生采取歧视、挖苦和冷漠的态度，学生就感受不到温暖、爱护和关心，就容易产生被冷遇、被孤立、被嘲弄的感觉，并通过情感的“负迁移”作用，对同学、家人和社会形成冷漠甚至仇视的态度。教师关爱学生、尊重学生，学生才会亲近教师、相信教师，愿意接受教师的教育。教育是一门学问，爱也是一门学问。教师职业的特殊性决定了教师要能爱、博爱和善爱，切实把爱的阳光洒向每一位学生的心田，滋养学生的生命成长。

（三）关心爱护学生职业行为的具体要求

1. 严格要求学生

教师与学生的关系是教育过程中最主要的关系，教师对学生的态度如何，教师如何处理好师生之间的关系，是教师师德的重要内容。教师如果有了爱学生的道德情感、道德态度，那么教育中出现的许多矛盾就可以得到协调，教书育人的工作就能顺利进行。自古以来，一切在事业上有所建树的教师都重视师生关系问题，都把热爱学生、严格要求学生作为对自己的基本要求。一方面，教师要严格要求学生。“严格要求学生”是指对学生认真地管理和教育，它是使学生的智慧和思想品德沿着正确的方向发展，成为合格的接班人的必备条件。没有要求就没有教育，没有教育也就没有要求。“玉不琢，不成器”“没有规矩，不成方圆”。学生的成长过程是无知和幼稚、短处和长处、缺点和优点之间对立统一的矛盾运动过程，教师的严格，在于坚持正确方向，不断创造条件努力促成学生向好的方面转化。青少年意志力薄弱，自制能力差，一切好的习惯都要在严格的训练中培养出来。如果爱而不言，是溺爱、偏爱，是放纵学生。另一方面，严是有标准的严，是在一定范围内的严，是符合教育规律的严，是有利于学生德、智、体、美、劳等方面全面发展的严，不是摧残学生身心健康的严。严格要求不是惩罚学生，而是严中有慈、严中有爱、严中有理、严中有方、严中有度，使学生对老师敬而爱之，而不是敬而畏之。

第一，严而有理。严格教育、全面要求应当符合大学生身心发展规律，符合教育规律，这是由教育过程的需要及教育教学任务所决定的。只有当这种严格要求能促进人的智能、创造素质、道德品质、体格、心理、自理能力等全面发展提高时，才是合理的。离开了培养全面发展的创造型人才这个总的标准，随意提出的种种要求都是不合理的。

第二，严而有度。教师对学生的实际水平、理解和接受能力应有一个正确的估量，才能对学生提出符合他们实际情况，能为他们所接受的适度的要求。要求不能太高，又不能太低。要求太高，会使学生难以接受，有时还会激起学生的不满情绪；要求太低，又起不到应有的提高的作用，会使教育变得毫无意义。在严格要求上不能“一刀切”。有的要求对于多数学生来说是适度的，但对后进生来说可能是他们努力也难以达到的，而对于优秀生来说又显得要求偏低的。针对这个问题，教育者则宜区别对待，适度地要求学生，这样才能收到好的教育效果。

第三，严而有方。教师对学生提出的要求必须有办法促使学生乐意去接受、切切实实地执行。简单的命令和禁止都不会达到显著而持久的效果。要采取启发式教育、诱导的方式，寓教育教学要求于学生喜闻乐见的合理活动之中，才能收到比较理想的效果。这就要求教师要对不同专业、不同层次、不同类型的学生根据不同课程、内容和要求，潜心研究，权衡选择最佳的教育方案，使学生乐于接受，利于履行。

第四，严而有恒。所谓恒，就是要长久坚持。对学生提出的严格要求不能时有时无，要保持一定的稳定性。既然已对学生提出了某种较高标准的要求，就要坚持到底，任何时候都不能放松，并且要经常检查、督促，把要求落到实处。教育上最忌忽松忽紧。只有布置，没有落实，等于没有要求，反而会形成学生疲沓的习惯，不仅教育效果会受到影响，而且教师的威信也会大大降低。

总之，教师教育学生，必须是爱与严相结合，对学生的严格要求是出于真诚的爱。严以爱为基础，爱以严为前提，严、爱结合，爱而不纵，严而不凶。教师要掌握合理、适度的分寸，做到严慈相济、严中见爱。

2. 真心关爱学生

教育是充满感情的活动，是充满人文关怀的职业。一名优秀的教育者一定是一位真诚的人道主义者；一个受孩子爱戴的老师，一定是一个富有人情味的人。美国斯坦福大学诺丁斯教授自20世纪80年代就提出了关怀教育的主张，她认为“关怀是所有成功教育的奠基石，它使当代学校能够在这方面生机勃勃起来”。教师爱学生，首先就要关心学生。教师之爱不仅是一种征服人的热情，也不仅是打动人的高尚情感，它更展现出一种主动性，即为教育事业尽心尽力，使学生健康成长。缺乏这种主动的关心，就不是爱。首先，教师要扩大与学生的交往范围，积极参与他们的各项活动，在交往中增进师生的相互了解，做学生的知心朋友。其次，教师应深入了解学生，公正、无私、少成见，放下架子去接近学生，把握学生的内心思想活动，以适当的方法去教育、指导学生。应当指出的是，教师应当理智地把握师生关系的密切程度，保持适当的距离。异性师生之间尤其应该注意到这一点。从高校中所发生的有关事件来看，教师中有的是利用其在学科知识、学术研究、社会生活经验等方面的特有优势，获得一些异性学生的青睐，也有的是利用教师相对于学生的优势地位、自然条件或社会关系等方面的优势，使一些异性学生趋之若鹜。在相互的交往中，这些教师忘记了自己作为一名人民教师应有的尊严与操守，忘记了教师应有的职责和义务，对异性学生或实施不规不法行为，或谈起婚外“忘年恋”……如此种种丑行不仅严重亵渎了人民教师的光荣称号，而且对青年学生的身心健康发展造成了严重的伤害。

在全面地了解学生的学习、生活、思想、健康等情况，与学生建立起和谐、友爱的师生关系。一个热爱学生的老师，只有想方设法了解学生的一切，才能打开学生心灵的大门，找到适合学生个性特点的教育途径、方法，使师爱发挥出更大的作用；也只有真正地关心和了解学生，才能从实际出发，了解学生的现实需要和心理困扰，有的放矢地教育学生，取得良好的教育效果。

3. 尊重和信任学生

教师之爱意味着尊重。苏霍姆林斯基讲过：“教育成功的秘密在于尊重学生。”没有尊重，爱就很容易沦为控制与占有。尊重包括尊重学生的人格，不讽刺、挖苦学生，也包括尊重学生的自主发展。尊重不是惧怕和敬畏，不是放纵和溺爱，它意味着要按照爱的对象的本来面目看待他，使之按其本性成长和发展，成就他的独特个性。每个学生都是独立的人，拥有独立的思维。因此，教师必领努力让自己的教育和教学适合学生的思想认识规律，绝不能把自己的意志强加给学生。尊重学生的人格、自尊心和正当的兴趣爱好，对学生多一些鼓励，少一些训斥，多一份肯定，少一份否定，多一点表扬，少一点批评。尊重学生就是最好的教育手段，一个懂得尊重学生的老师，才是一个合格的老师。

教师之爱意味着信任，应充分理解学生、信任学生，欣赏学生，呵护学生的创造潜能，切勿伤害学生的自尊心和自信心。有尊重才有理解，有理解才有信任，有了信任，教师才可能深入学生的内心世界，准确把握学生的心理状态，才能与学生进行心灵的沟通，才能收到良好的教育教学效果。尊重和信任学生，与学生建立起一种平等，民主与合作的关系，真诚地与学生交往，给学生以真诚的理解和帮助，这样才能成为学生心目中的良师益友。

4. 公平对待学生

关爱学生就要公平对待每个学生，全面地关心和爱护每个学生。不论相貌、性格和性别差异，也不论学生优劣，教师都应一视同仁，不偏爱，不歧视。尤其是对后进生，对不守规矩的学生，对网络成瘾的学生，对就业困难的学生，更应特别关心、爱护。教师处事应公平合理，要杜绝成见，客观公正，以有利于学生全面发展。同时，作为教师一定要考虑到学生的差异是客观存在的，我们应该承认和尊重学生的差异，不能硬性地按照整齐划一的标准来评价、要求每一个学生。这种差异要求教师创造适合不同学生健康成长的教育，而不是选择适合教育的学生。在教学中，我们应分层施教，帮助学生在各自的基础上取得发展，针对不同层次学生的发展水平，提出不同层次的要求，使每个学生都能获得成功的喜悦。

总之，师爱是激发学生个性和谐发展的无可取代的教育力量。爱是春雨，能滋生万物；爱是桥梁，能沟通师生心灵。有了爱，师生之间就能以诚相见、心心相印；没有爱，就没有真正的教育。关爱学生是教师道德规范的基本要求，是每个教师必备的，也是教师献身教育事业、搞好教育工作的原动力。

二、坚持言行雅正是高校教师为人师表的重要体现

（一）言行雅正的基本内涵

言行雅正包括语言美、行为正、作风雅、合规范。这一行为准则要求高校教师要做到为人师表，做好行为示范，要在各方面成为学生和社会上人们效法的表率、榜样和楷模。高校教师的言行雅正主要表现在师德、师形和师行（言行）三个维度上，具有鲜明的示范性、突出的严谨性、重要的激励性，具有言传与身教的统一性。

（二）言行雅正是教师职业行为的显著规范

言行雅正是教师职业行为区别于其他职业行为的显著规范，是教师职业示范性的应有之义，是教育对象特殊性的内在要求，是教育教学规律性的外在体现。

1. 言行雅正是教师职业示范性的应有之义

宋代教育家朱熹说："指引者，师之功也。"人民教育家徐特立也说过，教师有两种人格，一种是"经师"，即教科学知识的教师，另一种是"人师"，即教学生怎样做人的教师。教师职业的特殊性在于教书育人。教师既要为"经师"，也要当"人师"；既要向学生传授科学文化知识，也要教学生做人的道理。在高等教育实践中，言行雅正在青年学生的认知上起着重要的启迪作用，教师通过自己的模范言行，把社会倡导的价值观念、伦理道德和行为准则，形象、直观、生动地表现在学生面前，引导学生的感觉、知觉、注意、记忆和思维等心理过程处于积极状态，使他们所感到的、听到的和看到的和谐一致；在青年学生的情感上起着导向作用，教师以自己的以身作则，受到学生的尊敬和爱戴，使学生产生积极的情绪、情感，从而对教师传授的知识和做人的道理认真领会、积极思考，努力践行，立志做一个像老师那样的人；在青年学生的意志上起着培育作用，教师以自身的意志品质为学生做出表率，培养学生积极的情感，激励学生的正确的行为，克制学生错误思想和不良习性，培养学生高尚意志品质；在青年学生的行为上起着示范作用，教师在以身作则、为人师表中，用自己的思想、品德、言行、仪表为学生做出榜样和表率。

2. 言行雅正是教育对象特殊性的内在要求

教育家叶圣陶曾十分中肯地告诫教师："教育工作者的全部工作就是为人师表……一个学校的教师都能为人师表，有好的品德，就会影响学生，带动学生，使整个学校形

成一个好校风，这样就有利于学生的德、智、体全面发展。"① 因为，高校教师工作的主要对象是世界观、人生观尚未完全形成的青年大学生。他们思想活跃，有强烈的好奇心和求知欲，他们有思想、有个性、有智慧，也有较强的可塑性。但是，他们毕竟是正在成长中的、不断变化发展着的青年人，他们涉世不深，对于周围的事物缺乏深刻的体验和理解，对于社会现象缺少深刻及全面分析的能力。他们容易受周围环境的影响，在一些复杂的事情上容易不辨是非，因而仍然需要教师的引导和帮助。另外，学生对于教师有着天然的"向师性"，任何一个学生都希望能够得到教师的理解、信任、重视和关注，希望能够得到教师的指点和肯定。教师在学生的心目中有着独特的位置，是学生最关注的人物和模仿的对象之一。所以，教师不仅要用丰富的知识和渊博的学识来教育学生，而且要用自己高尚的道德、健全的人格、文明的举止和得体的言谈来潜移默化地影响学生。

3. 言行雅正是教育教学规律性的外在体现

言行雅正是教师教书育人的过程中遵循教育教学规律的必然要求。因为，在教育教学的过程中，教师和学生不是简单的作用与被作用的关系。教师完成教书育人的任务，必须有一个教育对象主动参与、接受和内化的过程。要完成这一过程，使教育对象从被动到主动地接受教育，就必须遵循教育规律，研究学生的接受心理，开启学生的心智。心理学的研究已经表明，教育对象的接受心理往往是从信服教育者的人品、学识开始，进而接受他们所传授的道理，再进一步内化为自己的思想、观念、意识形态。我们通常说的"亲其师"到"信其道"的过程，就是这个道理。每个教师都希望自己在学生面前有威信，这种威信不在于教师的"严厉"或"严肃"，而在于教师是否德才兼备，在于教师能否处处以身作则，为人师表，能否成为学生的榜样。桃李不言，下自成蹊。教师的榜样的力量就是无声的教员，可以起到"此时无声胜有声"的作用。反之，如果教师言行不一，是"语言的巨人，行为的矮子"，也就根本不会产生真正的教育效果。

（三）高校教师言行雅正职业行为的具体要求

言行雅正是教师自我道德修养的内在要求，是高校教师受到社会尊重的总体道德表征。《新时代高校教师职业行为十项准则》对高校教师言行雅正的明确要求是："为人师表，以身作则，举止文明，作风正派，自重自爱；不得与学生发生任何不正当关系，严禁任何形式的猥亵、性骚扰行为。"

1. 学为人师，行为世范

"学为人师"就是要使自己具有渊博的知识和多方面的技能，在学问上足以为人之师，有能力向他人传授知识，指示门径，启导来学；有能力为人释难解惑，将其引领进入豁亮澄明的境界。"行"是指每位教师应具有的德性和品行，"行为世范"就是要在道德情操、道德信念、道德行为方面，以身作则，以己示范，成为他人生活的引路人，成为世人效法的榜样。

学为人师。学是教的基础，教师只有学好才能教好。朱熹认为，教师要传授知识，培养学生的知、情、意、行，就必须具有广博的知识才能、丰富的文化修养、健全高

① 龚乐进，张贵仁，王忠桥 等. 教师职业道德［M］. 北京：北京师范学院出版社，1992：146.

尚的人格，诲人不倦，只有这样，才能成为一名热爱学生、献身教育的优秀教师。学为师之本，学好方为师。中华民族传统儒家文化非常重"学"。《论语》开篇就表明，学习是一件快乐的事情，是一种人生的享受。一个人学问的渊博，见识的高远，固然离不开学，是日积月累的结果。要具有能为人师的广博的知识，需要做到：第一，在学习内容上要不厌其"博"。儒家提出"君子不器"，就是要求一个优秀教师，不能像器具那样，只有某一方面用途，作为一个优秀的教师必须"博学""博习""重学问，贵扩充"。第二，在学习目的上要"务本"。儒家认为，教师"大任"在肩，因此要学好"大道""大理""至道"，即学好高深至极的根本道理。只有如此，才能成为"大智、大仁、大勇"者，从而培养出"治国平天下"的英才。第三，在学习态度上要勤奋。儒家认为，一个教师要真正学到一点东西，必须勇于吃大苦、耐大劳，养成不畏艰苦、终身学习的可贵品质。孔子的"韦编三绝"，孟子的"源泉混混，不舍昼夜"，荀子的"锲而不舍"，董仲舒的"三年不窥园"，韩愈的"业精于勤"，朱熹的"勇猛奋发，拔出心肝去做"等，其实强调的都是同一道理。

行为世范。在我国几千年的教育史上，许多杰出的教育家、思想家以自己的"师范端庄，学明德尊"的实际行动而成为践行教师道德的楷模。其中许多积极的、合理的因素对于今天的高校教师职业行为道德修养来说，依然具有重要的意义。例如，知行合一。孔子主张，在修身养性问题上要"敏于富而慎于言"，孔子教导人们要勤勤恳恳地做事，谨谨慎慎地说话。他向来反对那种满口讨人欢喜的花言巧语和满脸伪善神色的人，认为这种人没有多少真正的道德可言——"子曰：'巧言令色，鲜矣'"。孔子还说："三人行必有我师焉，择其善者而从之，其不善者而改之。"这也从一个层面说明了实践中的道德榜样或者典型，比书本上的道德知识更直接、更生动。其后的荀子，继承了孔子的这一思想，进一步阐述了知与行的关系。他说："不闻不若闻之，闻之不若见之，见之不若知之，知之不若行之，学至于行之而止矣。"这是强调了知与行的统一，而且把知的终极目标落脚到行上来。如果一个人"知之而不行，虽敦必困"，那么就会学得再好，掌握的知识再多，也不能指导自己的实践，必然会陷于困惑。明代思想家王阳明认为，人们的道德理论、道德意识，必须与自己的道德行为相一致，因此"言行一致""笃实躬行"就成为道德修养的一条重要准则，他认为"知而不行，只是未知"，反对道德理论同道德行为的背离。又如，自省慎独。中华民族自古以来就重视内在人格素质的培养，认为"为学的目的"在于改变人的气质、培养人的品德。强调要"克己""内省""养心""慎独"，强调"诚意""正心""修身""齐家"，强调对自己道德品质的严格要求。孔子曾提出自律的"四毋"准则：毋意、毋必、毋固、毋我，要求教师"博学之，审问之，慎思之，明辨之，笃行之"。孔子把这种自律意识作为实现人格完善的重要方法。他曾说："为仁有己，而由人乎哉？"就是说，要想把自己培养成道德高尚的人，只能靠自己主观的努力，难道还要依赖别人吗？在他看来，只有严格要求自己，坚持"躬自厚而薄责于人"，并时时地反躬内省，做到"见贤而思齐焉，见不贤而内自省也"，才有可能成为仁德之人。《中庸》第一章曰："道也者，不可须臾离也；可离，非道也。是故君子戒乎慎乎其所不睹，恐惧乎其所不闻。莫见乎隐，莫显乎微，故君子慎其独也。"这告诫人们，真正的君子在别人看不见、听不到的情况下，更应该十分谨慎和警惕。孔子的学生曾参说："吾日三省吾身，为人谋而不忠乎？与朋友交而不信乎？传不习乎？”强调每天都要对自己的思想进行反省检查，以求在道德上能不断进步。再如，好礼守节。我国是一个礼仪之邦。好礼、讲礼的传统美德在教师身上得到了示范和体现。有关“礼”的思想，主要出自儒家，且内涵十分广泛。从修身角度看，礼则是匡正人们行为的一种规范。当年，孔子曾经就如何治国谈了两种截然不同的方法：一是“道之以政，齐之以刑，民免而无耻”，二是“道之以德，齐之以礼，有耻且格”。很显然，他是赞成第二种方法的。因为通过礼教去培养人们的道德意识是最行之有效的，从某种意义上讲，“礼”对人们的约束力比“法”要强得多。我国教师特别注重礼的涵养：待人接物讲礼仪；言行举止讲礼貌；人与人之间讲礼让。“不学礼，无以立”，“礼”成为教师必不可少的素养。“彬彬有礼”是教师的特征，其最高境界就是“文质彬彬”的君子境界：“质胜文则野，文胜质则史，文质彬彬，然后君子。”新时代的高校教师，随着社会主义市场经济的深入发展和高校教育改革的需要，无论是在做事还是做人方面，不仅需要弘扬行为世范的传统美德，更需要在教书育人中了解社会各领域的生产状况，理论联系实际，用社会的实际情况来丰富自己的知识、前沿理论和操作技能，密切与社会上各行各业的交往与联系，拓宽为社会服务的渠道和形式，传播与传递做事与做人的公德和原则，在服务社会中，无论是科学技术服务，还是各类办班与兼职，仍然要具备“传道、授业、解惑”的职业操守，注重“学高为师，身正为范”的示范效应，“守时”“重信誉”，为服务对象树立起人格上的榜样。

学为人师，行为世范是辩证统一的，它要求高校教师在实践中：第一，学、行须结合。曾子强调“爱日以学”，更强调“及时以行”。学与行，被看作是立身行道的两翼，二者不可或缺。“致知，力行，用功不偏，偏过一边，则一边受病。”第二，行为根本。教师“行”是教师和外部社会交往的活动，也是展现内心道德品格的过程。同时，教师“行”也是教师得到体验和评价的过程。第三，行要为范。教师职业有一套不同于其他职业的道德标准，全社会对教师的道德有着更高的要求，教师也要时时对自己的行为保持高度警觉。

【案例6】

让学生看见远方最美的风景

——记贵州护理职业技术学院教师李红波

“扶贫可以让我的人生变得有意义、有故事!”“让学生们能看见远方最美的风景。”因为一个扶贫的梦想，贵州护理职业技术学院教师李红波放弃在贵阳工作的优渥环境，在癌症术后初愈双腿还疼痛的艰难时期，主动请缨到偏远的台江县中等职业学校扶贫。

李红波倾注了热血与青春，取得职教脱贫攻坚的突出成绩。在她扶贫两年时间里，台江职校的护理专业从无到有，从有到精。因为李红波永不服输的精神使得台江职校吸引了大批优秀学生入校就读，引进大批优秀教师入职，真正为学校培养出一支“带不走”的教师队伍。除了尽心尽力带好教师队伍，李红波最多的时间还是花在了学生身上，用无微不至的关怀呵护学生。她提出了“三进三查三帮”的学生管理制度，辅导学困生，帮助贫困生，关爱留守生，让学生从厌学到好学，实现了困难学生零辍学。

当问及她是否愿意继续帮扶时，李老师说，只要省内的职业学校有开设护理专业的意愿，她愿意再次前行，以身作则，以己示范，成为他人生活的引路人，成为世人效法的榜样，将申报及建设台江职校护理专业的经验推广出去。“我不好好学习，对不起李老师！”李红波的精神激发了学生们对护理专业知识技能的学习热情，影响着一批又一批学生。

——《中国教育报》(2021年10月19日 第1版)

2. 淡泊名利，志存高远

淡泊名利并不是指不要个人名利或轻视个人名利，而是不要把名利看得太重，既不要为名利所诱，更不要为名利所累，在“忘我”工作时不计名利，在取得荣誉后淡然处之，在没有获得荣誉时也不气馁。志存高远是指立志很高远，有雄心壮志。淡泊名利与志存高远是相辅相成的。一方面，志存高远方能淡泊名利。志高者不会计较眼前的得失，因此志高者才会不畏艰难险阻，砥砺前行。因此，教师只有有了远大的学术追求和人生理想，才能有淡泊名利的心态，才能有“板凳甘做十年冷”和“十年磨一剑”的精神，才能严谨踏实、一丝不苟，才能静下心来，沉得下去，挡得住诱惑，耐得住寂寞。另一方面，淡泊名利才能实现高远之志。高校教师在和媒体互动中要守住学术界限，可以通过媒体适当传播学术成果，但一定不要把名利和传播挂起钩来，不要使自己成为“媒体学者”。

淡泊名利，志存高远是教师的高尚师德。淡泊名利，志存高远，是教师职业的特性决定的。教师从事的是“太阳底下最光辉的职业”。要传道授业解惑，要教书育人，教师就不仅要有远大的理想，系统的专业知识，而且要有高尚的道德情操。在市场经济的大潮中，有的教师在世界观、价值观、金钱观、利益观等方面发生了一些变化；有的教师不能摆正奉献与索取的关系，不能理顺个人利益与集体的关系，不能正确对待名誉地位和物质利益；有的教师等价交换的意识强化，认为教师为社会做出了贡献，就有权利从社会得到回报。更有甚者，只强调索取，不强调奉献；在荣誉面前，过分地提高自己，贬低他人，事事先替自己打算。这些行为与人民教师的职业道德是背道而驰的。所以，在新的历史时期，必须充分认识人民教师的奉献精神，当年陶行知先生倡导的“捧着一颗心来，不带半根草去”的崇高精神应该得到弘扬。淡泊名利，志存高远是教师的职业风范。

淡泊名利，志存高远要求：第一，教师要树立远大理想。人民教师要把个人理想、本职工作与祖国发展人民幸福紧密联系在一起，树立远大理想和精神追求。第二，教师要热爱教育事业，具有献身教育的精神。教师只有热爱自己所从事的事业，时时刻刻把教育事业的利益放在首位，识大体，顾大局，才能不为权力、地位、名誉、金钱和其他物质利益所动摇，才能对自己高标准、严要求，努力充实和完善自己，不断提高自己的政治素质、业务素质、品德素质、心理素质和能力素质，更好地为学生传道、授业、解惑。教师只有深深地热爱他所从事的职业，才会目标远大并努力为之奋斗，为之献身，以学生的健康成长为最大责任，甘为人梯，乐于牺牲。第三，教师要有高尚的道德品质，对人民教育事业忠诚。个人道德品质的形成和发展既受社会环境和社会物质条件的制约，又是个人在社会实践中通过主观努力而形成的。教师要在复杂的社会环境中，自觉按照师德规范的要求，培养高尚的道德品质，才能站稳立场，出淤泥而不染，一身正气，两袖清风。教师的工作任务是教书育人，教师的劳动充满艰辛和困难，教师不仅要有丰富的专业知识和技能、敬业献身精神和对学生高度负责的态度，还必须具有崇高的道德品质、健康的生活情趣、健全的人格标准。教师要树立积极的人生态度，培养乐观向上的情绪，以培养天下英才为乐。虽身在陋室，粗茶淡饭，却因深深地热爱自己所从事的教育事业而无怨无悔。

3. 言美行正，举止文明

大学教师的仪表可以反映其内在品质修养和精神内涵，外在风度是内在品质修养的具体表现。大学教师的师德修养还要从仪表修饰做起，使外表反映心灵，以品格影响学生，以形象教育学生，使各种高尚的道德品质和这些品质的外在表现的美达到和谐统一。对大学教师而言，把品质修炼与仪表修饰相结合，需注重以下几点：

从语言角度看，语言是表达思想、映照心灵的，同时也是展示道德、显现境界的。大学教师的语言除了具有一般的教师职业语言特征（如文明、简洁、流畅）外，还具有许多明显的高校教师的特点。一是高校教师的语言应该健康文明而富有思辨性。大学教师是高级知识分子，文化功底深厚，思想内容丰富，思维方式新颖，正因为如此，更应该自觉使用健康文明的语言，其语言内容要积极向上，能充分有效地利用大学的讲台传递思想、表达情感、交流学术观点，而不是偏执极端，哗众取宠，出口成“脏”，甚至不负责任地用污言秽语来训斥、发泄，痛骂不如意的事和人；其语言须文雅优美，在用语上要选择适当的词汇，注意表达的节奏，音量的适中，语气的亲切，力求用清醇的语言启迪学生的心灵，陶冶学生的情操，使学生在美的享受中得到教育；其语言应该富有哲理性，力求做到具有深刻性、思辨性、哲理性。二是高校教师语言应该规范简洁而富有逻辑性。通常情况下，大学教师应该尽量使用普通话。有的年轻教师往往能掌握一两门外语，有时可能使用多种语言教学。大学教师用语专业性强，句子结构比较复杂，大学生往往要反复回味，查阅大量资料才能搞懂某一问题。此外，大学教师用语带有明显的抽象性、哲理性、逻辑性。总之，大学教师的语言要尽量做到：使用普通话，这是纯洁祖国语言的需要；简洁明了，但同时要富有哲理性和启发性，引起大学生的共鸣，引导学生思考；体现生动形象的特点，但要增强逻辑性，以适应大学生的特点。三是高校教师语言应该准确生动而富有幽默感。苏霍姆林斯基说：一个真正的教育者应当完善地掌握规范语言和各种表达方式。由于大学教师传授的知识比较深奥广博，因此，在语言表达上要尽量准确，做到观点明确，语意清晰，遣词得当，使用专业化、学术性的用语。否则，就会词不达意，言不传情，缺乏连贯性、层次性，学生听起来不得要领，无法掌握有关知识和内容。同时，要做到分析鞭辟入里，丝丝入扣；描绘画龙点睛，入木三分；见解深刻独到，令人耳目一新。此外，大学教师还可以发挥自己智慧和才能的优势，让语言表达富有一定的幽默感。要注意保持一定的节奏和语速，借助一些修辞手法来诠释，通过引经据典来讲解，活跃课堂气氛，让学生在轻松愉快的心境中，受到良好的教育。实践证明，那些富有幽默感、讲究措辞、风趣机智、谈吐诙谐的教师往往更能吸引学生，教学效果更好。

从服饰角度看，大学教师更需要注重人格美的内涵和外表的统一，注重为人师表的内容和形式的统一。一是冷暖色适宜，和谐得当。一般来说，大学教师上讲台的服装以冷色为宜，冷色显得庄重、大方，而且有礼貌、有风度，当然也要因人而异。通常情况下，课外活动、非正式讲课场所，以暖色调服饰为好，这样显得自然轻松、富有生气和活力。但不管是冷色外套，还是暖色服装，必须坚持色调和谐的原则，包括男士的领带、内衣，女士的首饰、挂件等，切忌对比度大、反差明显。二是款式合时，展示个性特点。教师在着装时，职业服装与休闲服装可以交替穿着。如男士西服、女士西服或套裙都是比较正式、规范的职业服装，它可以显示教师职业的身份：端庄、大方、沉着、持重。但是具有西服特征的休闲型服饰也可以调节一下大学教师着装的倾向性风格，它同样展示大学教师职业的气质和特点，强化教师职业意识和责任感。年轻的大学教师或许还没有找到教师职业着装的感觉，在追求新时尚的过程中，难以把握自己的品位和风格，这也是正常的。但是，既然选择了教师职业，就要注重自己的职业着装风格，一味赶时髦，追求流行款式，有可能会适得其反。三是扬长避短，张扬个性。人的体型、身高各不相同。有的人肤色白，有的人肤色深；有的人偏胖，有的人偏瘦，等等，不可能千人一面、千人一型。因此大学教师的着装要根据自己的脸型、身材、肤色等特点选择适合自己的服装颜色和款式，如体型较胖的人尽量少穿浅色、横线条服装，个子较矮的女士尽可能少穿短裙、平底鞋，脖子短的人尽量少穿立领式上衣。四是朴实自然，整洁宜人。再好的布料不熨平，再美的服装不整洁，同样缺乏美的效果。有的大学教师科研任务重，教学工作量大，对服装的洗涤熨烫有时无暇顾及，甚至衣冠不整，这些都会不同程度地影响教师的形象。因此，大学教师的着装除了注意色彩的搭配、款式的选择，还要注意整洁。即使衣料质地不太好、款式不太入时，但朴素自然同样能起到着装美的效果。另外，还要提醒的是大学教师不要穿拖鞋，或穿过露、过短的衣裙进课堂，这与大学教师的形象和身份不相吻合，也可能给学生以误导。

教师的举止是教师修养的重要内容之一。大学教师的行为举止是指大学教师个体在教育教学活动中所表现的样式和风格，主要反映在大学教师的仪容仪态上。从高校教师的行为举止看，一是仪容应当端庄潇洒、和蔼可亲。除了清洁卫生、衣着大方之外，还应注意情绪稳定，对情绪的处理要分场合、地点，否则就有失风度。教师性情温和、态度友善、公正无私，就容易受到学生的爱戴和尊敬，在教育教学中容易掌握主动权，收到事半功倍的效果。如果教师失去这份爱戴和尊敬，其师生关系就会拉开距离，抵消教育效果。马卡连柯指出：无论在何种情况下，“教师和领导者在学生面前闷闷不乐，发脾气，大肆叫嚣，是绝不容许的”。因此，大学教师要做到态度友善，学会尊重课堂内每一个人，耐心、公正地关注每位学生，这种情绪和态度在教育教学中犹如灿烂的阳光，有着神奇的魅力和作用。二是大学教师应当沉稳大方，行为得体。刚刚走上工作岗位，从事大学教育教学工作的青年教师，有的来自师范院校，有的来自非师范院校。不同的学校对大学生行为举止的要求和内容不尽相同，但只要在大学从事教育教学工作，都必须具有良好、规范、得体的行为举止。这首先要从基本的习惯做起，包括举手投足。古人把“坐如钟、站如松、行如风”的人称为有教养的君子。今天的大学教师须借鉴古代君子的行为举止，落座时要轻松，上身保持直立，站时收腹，给人一种挺立高大的感觉；行走时稳健迈步，精力充沛，切忌坐下时跷腿、晃动，站时躬背、抱臂，行走时勾肩搭背，嬉笑打闹。行为举止有失大雅，很难“以身立教”。

大学教师还要注意积极践行公德，讲究礼仪。大学教师在与教学对象、与同事、与他人相处的过程中，在公共生活场所中，要积极以社会公德来约束、要求自己，尊重他人，以礼相待，真正体现出“文质彬彬，然后君子”之风范，努力成为践行社会公德的带头人。

从高校建设的职业作风看，教师职业作风体现了学校的精神面貌和综合实力。对于高校教师而言，一要工作作风良好。对于教师而言，良好的工作作风就是教师的教风，是教师在长期的教育和教学的实践活动中逐渐形成的，它具体表现在教育教学过程中的各个方面和各个环节，如高校教师在工作中认真备课，一丝不苟，认真钻研教材，把握重点难点，准确讲解，采取灵活多样的教学方法，创造性地进行教学工作；在学术上勤于钻研、刻苦历练，具有诚实守信的学术态度等。同时，教师良好的教风还体现在与学生交往中的平等相待、教学相长。教师良好的教风是学生良好学风的表率，对于学生形成良好的学风有着巨大的、潜移默化的影响和作用。二要生活作风良好。除了《新时代高校教师职业行为十项准则》明确规定的内容之外，教育部也曾出台《教育部关于建立健全高校师德建设长效机制的意见》，专门为高校教师的师德行为列出“红七条”，包括学术不端、影响教学的兼职、收礼、对学生实施性骚扰或与学生发生不正当关系等。高校教师要有良好的生活作风，严禁利用职务之便与学生发生任何不正当关系，严禁任何形式的猥亵、性骚扰行为。三要自觉抵制有损教师职业声誉的行为。高校教师要率先坚守教育理想，勇担培养社会良才的使命，作风正派，廉洁奉公，自我监管，自觉抵制有损教师职业声誉的行为，不做违反教师职业道德规范的事情，不利用职务之便谋取私利，树立良好的师表形象，为提高教师职业道德整体水平做出努力。高校应提供教师自觉抵制有损教师职业声誉行为的保障，例如，建设高校教师自觉抵制有损教师职业声誉行为的从教文化，把优良从教文化建设纳入学校文化建设的总体规划和反腐倡廉的总体框架之中，以责任、诚信、公正的价值取向，发挥好文化的治本功能，对高校干部、教师、学生进行自律自尊的价值观教育，积极营造和谐高雅的大学文化氛围；明确高校教师有损职业声誉的行为，并建立严格的奖惩制度，使得教师的言语与行为有法可依、有章可循。

第四节　遵守学术规范 秉持公平诚信

一、遵守学术规范是高校教师职业行为的基本准则

（一）学术规范的基本内涵

所谓学术规范，一般是指学术共同体内形成的进行学术活动的基本伦理道德规范，是根据学术发展规律制定的有关学术活动的基本准则，它涉及学术研究的全过程、学术活动的各方面，包括学术研究规范、学术评审规范、学术批评规范、学术管理规范等。也有学者对学术规范做出了横向概括，认为它包括两方面的含义：一是学术研究中的具体规则、如文献的合理使用规则、引证标注规则、立论阐述的逻辑规则等；二是高层次的规范，如学术制度规范、学风规范等。

（二）遵守学术规范是高校教师职业行为的基本准则

“大学者，研究高深学问者也。”学术性是大学教育区别于中小学教育的重要特点之一。没有一流的学术道德，就没有一流的学术成果，就没有一流的大学。因此，积极开展学术研究既是高校教师不可推卸的职业责任，也是其立身之本。学术道德和学术规范是高校教师必须遵循的基本伦理和规则，是保证正常学术交流，提高学术水平，实现学术创新的基本保障。遵守学术规范是教师为师之本，是教师进行学术研究的必备素质。高校教师在科学研究中的道德品行对于人类文明的发展、高校教学的质量、大学生创造性人格的养成以及科学研究的成败都具有重要的意义。

1. 遵守学术规范有助于引领人类文明发展的健康方向

首先，学术研究是高等教育的重要职能。高校肩负着人才培养、科学研究、社会服务、文化传承创新和国际交流合作的重要职能。教师的学术研究成果能够为教学提供知识支持，研究中的学术思想、思维方式、知识深度和广度、创新能力和治学态度，对学生成才都具有很大的影响力，同时又能促进社会服务，为社会服务提供动力和基础。一言以蔽之，学术研究在高等学校的发展中具有举足轻重的作用。开展学术研究必然要求教师有良好的学术道德。

其次，从人类历史的发展看，随着以信息网络技术为标志的高科技时代的到来，大学在社会发展中的作用日益彰显。“大学教师是一个时代、一个社会的知识、思想、价值观念、意识形态的构造者、阐释者与传播者”①，是“海上灯塔”的启蒙者、“社会良心”的教化者、“世俗教会”的引导者。在科学技术高速发展、社会文化和价值观念急速变化的现代社会中，高校作为社会领域中教育层次最高、学术层次最高、文化层次最高的教育机构，其承担着培养高层次人才、创造及发展科学和文化的任务，并且是现代社会进步的理论及思想策源地，是社会中最为高尚且神圣的地方，这势必要求高校教师必须站在当代文化、科学、思想的最高点，必须以极其高尚的品格和崇高的境界，进行能够创造先进文化、先进思想、先进科学的高深学问的研究，必须全神贯注地从事具有前瞻性、原创性的科学和文化研究，否则就无法从事培养高层次人才的工作和活动，就无法完成先进文化和科学的创造任务。“学者在一切文化方面都应当比其他阶层走在前面”②，当然包括高尚的学术道德和引领人类文明健康发展的良好的学术规范。

2. 遵守学术规范有助于高校教学质量的提高

高校教师承担着培养国家高级人才的重任，教师必须向学生介绍学科最前沿的知识，以缩小书本知识与现代科技之间的差距。如果一个教师不进行科研，或没有强烈的科研意识，他就不会主动去发现问题，收集资料，进行研究，因此，他的教学内容就相对落后。相反，如果一个教师有强烈的科研意识，他就会有一种对周围事物的敏感性，主动去发现问题，克服困难，积极收集该研究领域的最新资料，并积极思考，努力寻求解决问题的方法。将科学研究的成果运用于教学，反映在教学中，使教学内容更为丰富、有深度并具前瞻性。同时，这种科研的意识也使教师不断开拓，促进教

① 叶文梓. 论大学教师生活方式的特殊性［J］. 高等教育研究，2006，27（5）：54-58.

② 费希特. 论学者的使命人的使命［M］. 梁学志，沈真，译. 北京：商务印书馆，1984：45.

学方法的改革。有的教师认为，教师的主要任务是教学，搞不搞科研问题不大，这种看法是不全面的。其实，教师的科研和教学是相互促进的，因为科研是促进教师业务成长的重要途径，是保证学校教学质量的根本。美国著名学者鲍林说：如果一个人在进行教学的同时也进行研究，那么他的教学效果一定会得到进一步提高。即使他的研究工作不像他希望的那样成功，但他可以继续有效地进行教学，一般说来，总是会得到答案的。我国著名数学家苏步青教授曾深有体会地说：我从事教学五十多年，同时也搞了五十多年的数学研究，深刻地体会到，只有教学，才能深刻地了解专业知识的基础内容和实质，为科学研究打下良好的基础，而只有亲身参加科学研究，你的教学才能有新的成果和内容，使教学做到，为有源头活水来。苏步青教授的这段话对我们每一位高校教师都应有很大的启示。

3. 遵守学术规范有助于大学生创造性人格的养成

高校教师承担着为国家培养高级专门人才的重任，在知识经济社会，人才素质中创造性素质显得尤为重要。“创新是民族进步的灵魂，是社会发展的不竭的动力。”而创造能力绝不是一种智力特征，它更是一种性格素质，一种精神状态，一种综合素质。美国哈佛大学提出的情商教育观念，是对传统教育模式的巨大冲击。哈佛大学的研究表明，人生成就至多只有20%归诸智商，80%则受其他因素影响，如意志力、自信心、控制情绪、人际关系、团队精神、自我激励、思考方法等。一个人的素质像一座冰山，露出水面容易被人看到的学历和专业知识只是一小部分，而真正决定一个人成功的是责任感、价值观、毅力、协作能力等。心理学研究表明，人的创造性发展程度与其整个人格发展是高度相关的。这里包括个体所持的世界观、人生哲学、生活方式、伦理准则、思维模式等。这种素质不单是通过传授高深的业务知识来获得，而是通过一切活动进行渗透而获得。高校教师的科研道德有助于大学生创造能力的形成，有助于创造性人才的培养。具有良好科研道德的教师，他的自信心、他对研究的热情和兴趣、他的勇敢精神、他的意志品质、他的怀疑态度等都会潜移默化地影响学生，久而久之，大学生也就具有了这样的品质。此外，积极进行科研的教师，会正确对待学生在创造中所犯的错误，会以宽容、安慰、鼓励等来对待他们，并帮助他们分析原因，寻找解决问题的办法。哈佛大学曾培养了6位美国总统、33名诺贝尔奖获得者、32位普利策奖获得者、数十家跨国公司总裁。哈佛教育上的成就，从本质上说就在于教育方法的创新。人的创造性将成为个体发展的重要品质，努力发展自己的创造能力，挖掘自己的创造潜能，将成为现代人未来发展的主要方向。“未来不是我们要去的地方，而是我们要创造的地方，通向未来之路不是找到的，而是走出来的。”

4. 遵守学术规范有助于高校教师取得科学研究的成功

怎样对待名和利、荣誉和地位、精神生活和物质生活等，这是在科研创新中人们经常遇到的问题。良好的科研道德会促进事业的成功。牛顿一生不仅在科学上取得了丰硕的成果，而且两次当选为国会议员，多年任造币局局长。他于1703年被选为英国皇家学会会长。1727年，他在病危之际留下了一段质朴感人的至理名言。他说：“我不知道世人是怎样看我，但在我自己看来，我只是像一个在沙滩上玩耍的男孩，一会儿找到一颗特别光滑的卵石，一会儿发现一只异常美丽的贝壳，就这样使自己娱乐消遣；而与此同时，真理的汪洋大海在我眼前未被认识，未被发现。”“如果我所见的比笛卡尔远一点儿，那是因为我站在巨人肩上的缘故。”“世俗的冠冕啊，我鄙视它如同脚下尘土，它是沉重的，而最后也只是一场空虚。”正是这种高尚的科研道德才成就了他的事业。如果高校教师没有一种对科学的执着追求，总是计较个人的名利得失，处处为自己着想，斤斤计较，表现出极强的功利色彩，他的科研成果必然档次不高。我国著名的铁路和土木工程专家詹天佑要求青年科技人员“先品行后学问”“崇高道德而高人格”，高校教师都应从中受到启发。

5. 遵守学术规范有助于大学生科研素养的培养

作为国家高级专门人才的大学生，不仅要继承、接受现成的知识和结论，更重要的是，应在此基础上努力产生、创造新知识，具备从事科学研究的基本素养。可以说，科研素养已构成大学生自身素质的重要内容之一。大学生的科研素养直接影响着毕业论文（设计）的质量和水平，也影响着今后的科研发展后劲。清华大学原校长梅贻琦先生在谈到大学培养的人才时非常强调科研的重要性。他指出：无论研究哪种学问，考查哪种事业，都要保持科学家的态度，然后才能得到真实的学问。这种科学的态度包括：第一，要不预存成见；第二，要探究事实；第三，要根据事实，推求真理；第四要对于真理忠诚信守①。大学生的科研素养是在参与教师的科研活动的过程中逐步得到提高的。高校教师是与大学生接触最多的人，是学生最关注的人物，教师的世界观、人生观、价值观、高尚的道德思想，都对学生起着积极的导向作用。它能帮助学生辨别是非，提高道德认识，形成正确的道德意识。教师积极的科研道德情感，可以引起学生情感上的共鸣，培养学生丰富的道德情感和健康的情绪；教师科研中表现出的道德意志对学生有激励作用，可以增强学生克服困难的信心与力量；教师科研中表现出的高尚的道德行为，对学生有着直接的示范作用，它能帮助学生选择正确的行为，培养学生良好的科研道德习惯。苏霍姆林斯基说：“能够迫使每个学生去检点自己，思考自己的行为和管住自己的那种力量，首先就是教育者的人格，他的思想信念，他的精神生活的丰富性，他的道德面貌的完美性。”由此可见，高校教师科研中的道德有助于大学生科研素养的形成。

【案例7】

林崇德和他的学生们

林崇德，北京师范大学资深教授，全国劳模、全国十佳师德标兵、受中宣部和教育部表彰的全国模范教师。他坚持“严在当严处，爱在细微中”的育人观，替学生的前途着想，体现实实在在的师德，在科研上对学生严格要求，在生活中对学生关心无微不至，“不是父亲，胜似父亲”。

“搞学术，必须遵循学术道德规范，玷污学术、学术失德，是大学教师的耻辱。”在他看来，讲学术道德必须有实事求是的科学精神和严谨治学的态度。他与学生一起做研究，学术成果署名时，学生的名字往往排在前面。他的论文著作十分重视原始资料。为了保证学术研究的真实性，他对调查研究的原始资料要求至少保留5年。他还

① 黄延复，刘述理. 梅贻琦教育论著选［M］. 北京：人民教育出版社，1993：4.

十分重视原始数据，不管是自己的还是学生的科研数据都要求坚持客观性，绝不允许半点篡改和修正。有学生的论文被他打回去重改了20多遍。他说："对于学生，我必须要负责任，每一点细小问题都关乎学术质量，不能放任不管。"林崇德在搞学术的过程中始终保持科学家的态度，也始终保持着对学术的敬畏之心。

——摘编自《光明日报》(2011年03月31日 第13版)

（三）遵守学术规范职业行为的具体要求

1. 严谨治学

严谨治学是高校教师学术道德方面的要求，是高校教师学术科研工作重要的道德规范。"严谨"有两层含义，一是严格谨慎，二是严密、无疏漏。"治学"就是做学问。严谨治学对教师来说，包含两层意思：一是认真完成教学任务，以负责的态度对待教学；二是以严谨的态度把教育和教学当作一门科学来对待，提高教育教学和研究水平。

高校教师严谨治学的基本要求：

一要大力弘扬科学精神。科学精神是科学本性的展现和延伸，它反映着科学的哲学和文化意蕴，是科学的根本和灵魂。科学精神充分体现了科学的自主意识、价值取向、精神气质、认知模式、道德律令和行为准则，是从事科学研究的大学教师应该具有的精神。在世界科技迅猛发展、国际交流日益密切的今天，要在各种文化思潮中辨真去伪、弃恶扬善，弘扬科学精神显得尤为重要与紧迫。弘扬科学精神要做到勇于探索，追求真理，理性怀疑，注重继承；要自觉树立正确的人生观、价值观，抵制各种愚昧、迷信和歪理邪说的侵蚀和影响；用科学精神武装头脑，指导教学实践，在教学实践中传播科学知识、科学方法、科学思想，形成讲科学、爱科学的良好风气。

二要勇于探索。学术创新绝非轻而易举即可获得的，有时需要付出沉重的代价，乃至生命。在此情形下，缺乏勇于探索的精神，就不可能创新，就不可能发现真理。德国的迈尔是世界上首位发表能量守恒思想的科学家。但是，其学术研究背后的艰辛却鲜为人知。1842年他论证力的不灭性，并推算出热功当量的值。他将这一创见写成论文《论无机自然界的力》，并希望公开发表，结果被否定。1845年，他的第二篇论文只好自费印刷出版，发表以后他却遭学术界的讥讽和嘲笑。在经过学术界和生活的双重打击之后，迈尔愤而跳楼，却自杀未遂。1849年，他又撰写热功当量的论文。1851年，他被人强行送进"疯人院"，遭到残酷的虐待。到1853年他才获自由，继续从事科学研究。1862年，在丁铎尔的推荐下，迈尔的学说终于得到英国皇家学会的承认。学术界种种事例表明，在学术研究中，不经历风雨是见不到彩虹的，不勇于探索是不可能获得创新的。学术研究是一条艰辛之道，而且是永无止境的，人们没有也不可能穷尽对真理的认识。因此，学术研究活动不会永远停留在一个水平上，而是需要不断探索、不断前进的。"真理的长河是永远流动不停的。"[①] 追求真理就是不断地发明、发现，不断地建立新理论、创立新方法、揭示新规律、增加新知识的过程，它是学术研究活动的首要价值，也是学术研究者所应遵循的道德规范。高校教师作为学术研究的主力军，自然应以追求真理为己任。因为大学是公开追求真理的场所，所有的研究

---

① 季羡林. 学术之道［M］. 沈阳：沈阳出版社，2002：351.

机会都要服务于真理，在大学里追求真理是人们精神的基本要求。“一个初入研究领域的年轻人与诺贝尔奖获得者在这一点上是没有区别的。一所大学最应该使学生具备的就是一种追求真理的精神，而这种精神是作为一个教师首先应该具备的。这种对真理的追求不是教条，也不仅仅是一种口头上的认识，而是在科学研究中逐渐树立与坚定起来的。不从事科学研究，就无法具备这种精神。这是作为教师从事科学研究最重要的意义。从这一点出发，教师从事科学研究应该是发自内心的。”追求真理，学术至上要求高校教师要热爱学术、献身学术，要经得起困难和挫折的打击，经得起胜利和成功的考验；要求高校教师能维护真理，崇尚学术。这一道德规范要求高校教师应做到持之以恒。俗话说得好，有志者事竟成。然而学术研究者从树立“有志者”之信念到“事竟成”之结果，也就是发现真理之间还有一段艰难的路要走，没有持之以恒的毅力是不可能跋涉过来的。先秦荀子的“锲而舍之，朽木不折；锲而不舍，金石可镂”，北宋苏轼的“古之立大事者，不唯有超世之才，亦必有坚忍不拔之志”。马克思指出：“在科学上没有平坦的大道，只有不畏劳苦沿着陡峭山路攀登的人，才有希望达到光辉的顶点。”季羡林也说过，“学术问题，有时候一时难以下结论，必须锲而不舍，终生以之，才可能得到越来越精确可靠的结论。”我国著名气象学家竺可桢1936—1974年连续记载35年零37天的气候和物候情况，无一天间断，“中国近五千年来气候变迁的初步研究”是他花费50年心血的成果。焦耳测量热功当量，连续研究了38年，做了400次实验才成功。从事学术研究的人深知，学术研究是一个探索真理、追求真理的过程，是一个厚积薄发、循序渐进的过程，是一个艰苦漫长、披荆斩棘的过程。它需要耐得住寂寞，需要经得起诱惑。一个人，“要想站在学术前沿，要想在学术领域中占有一席之地，要想有一定的发言权，没有五到八年持之以恒的努力，是不可能的。任何投机取巧，任何不劳而获的思想都是不能有的。在科学之旅上，只有不畏艰难，淡泊名利，坚持跋涉，具有十年磨一剑的恒心，才有可能达到光辉的顶点。”这种十年磨一剑的恒心，正是季羡林所提倡的“抓住一个问题终身不放”① 的韧劲儿。“只有在这平凡的、艰苦的、细小的、单调的、重复的、枯燥的追求真理的工作上一步一步攀登，才可能达到光辉的顶点。”②

三要理性怀疑。学术研究贵在疑。它总是从问“为什么”开始的。诚如古人所云：“学贵如疑，小疑则小进，大疑则大进。”笛卡尔说：“要追求真理，我们必须在一生中把所有的事物都怀疑一次。”李四光曾经说过：“不怀疑不能见真理。”爱因斯坦则说：“提出一个问题往往比解决一个问题更重要，因为解决一个问题也许仅是一个数学上或实验上的技能而已。而提出新的问题，新的可能性，从新的角度去看旧的问题有创造性的想象力，而且标志着科学的真正进步。”③ 拉卡托斯（Z Lakatos）指出，科学行为的标志是甚至对最受珍爱的理论都持某种怀疑。怀疑表明一种探索和寻觅的态度，而不是掌握和占有的态度。但是，怀疑并不是无根无据的主观臆想，也不是无边无际的怀疑一切，而是“要基于客观的事实，要基于实在的矛盾，要基于事理的逻辑”④。这是

① 季羡林. 学术之道［M］. 沈阳：沈阳出版社，2002：351.

② 吉登云，张锦秀，赵西秦，等. 科技道德教程［M］. 北京：兵器工业出版社，1993：95.

③ 爱因斯坦. 物理学的进化［M］. 周肇成，译. 上海：上海科学技术出版社，1962：7.

④ 王大衍，于光远. 论科学精神［M］. 北京：中央编译出版社，2001：19.

一种理性的怀疑。怀疑意味着学术绝不相信权威，也绝不无条件地宽容。一个学术研究者必须认识到，虽然一项成果在见诸文字之前也许经过了所有仲裁人的评比和筛选过程，但它仍然是可疑的。任何理论，无论其历史有多长，多么受人尊重，或多么新颖，多么革命，都不能不加批判地全盘接受。如：正是因为有爱因斯坦对经典物理学的理性怀疑，改变了传统的思维方式，才产生了相对论和普朗克、波尔等人的量子力学，就是一个很好的例证。

四要注重继承。伪科学、胡说、歪理邪说可能比科学更具创新性，但这并不是创新，因为它们与学术没有任何联系。真正的学术创新，是对以往研究成果的回应，是站在前人肩膀上的一种学术积累。学术是一代又一代积淀下来的，学术的创新、发展也只能建立在已有的基础上，而不是随意地“标新立异”，不是无根据地做翻案文章，也不是用一些新词汇去包装一番，内容却了无新意。学术的进步是连贯的进步。爱因斯坦曾经说过：“创造一个新理论并不像是摧毁一个旧谷仓，然后在原地建一座摩天大厦。它倒像是在攀登一座山，获得了新的、更宽阔的视野，在我们的起点和它的丰富环境中发现意料之外的联系。但是我们的出发点还在那里并能被看到，虽然它显得较小，并成了我们在探险攀登中克服障碍后所获得的广阔视野中的一个微小的部分。”① “事实上，一个当代的研究者，如果不对自己以前的研究史做出必要的回顾，甚至根本就不知道前人和同时代人在这个课题上已经说过哪些重要的话，已经做出过哪些代表性的结论，任何原创性的研究都是不可能的。”② 在学术研究中，必须充分了解已有成果的全部内容，包括各项成果的创造者及其有关情况，形成获取的已有成果的全部内容，包括各项成果的创造者及其有关情况。只有这样，才能有自觉的创新意识，才能知道从哪些方面创新。五要学术创新。“创新”一词由美籍奥地利经济学家熊彼特（J A Schumpeter）于 1912 年在《经济发展理论》一书中首次提出。在一般意义上，创新是指人类对于其进步和发展具有普遍意义的精神和物质创造活动及其成果的总称。1993 年，美国著名战略研究专家德伯拉·爱弥顿，发表了《知识创新：共同的语言》，赋予了“创新”新的内涵，即“创新”不只是方法、技术、物质层面的结构性创新，而且是观念、基础、精神层面的突破性创新。创新是学术研究活动的本质，是学术研究活动的内在诉求。“学术的生命力在于创新。”创新性是衡量高校教师学术生活质量和水平的最重要的指标，是高校教师的毕生追求。高校教师学术创新的基本内容就是发现新的事实和新的问题。这不但对高校教师具有个人意义，同时具有深远的社会意义。对高校教师个人而言，学术活动不是一种单纯的工作，而是自我精神世界的构建，学术创新不但与职称、学术威望等密切相关，更是创造和表现自我人生价值的重要途径。对社会而言，学术生活的创新性意味着对社会生活各个方面的理智分析、阐述、鉴别和关注，是社会反思和探究的重要机制，是社会理性化发展的重要保障。

2. 力戒浮躁

从学术活动过程来看，它要求学术研究者：在课题选定时，必须端正学术动机，追求真理而非个人利益；在引用材料时，必须详尽充分；在进行理性加工时，必须严

① 王大衍，于光远. 论科学精神［M］. 北京：中央编译出版社，2001：314.

② 教育部社会科学委员会秘书处. 学术规范与学风建设论坛［M］. 北京：高等教育出版社，2005：59.

肃认真；在付诸实践检验时，必须严格精确；在报告成果时，必须真实无假；在评定成果时，必须公正无私；在发现错误时，必须勇于改正，等等①。也就是说，学术研究的每个环节、每个细节都不能草率行事，不能马虎对待。季羡林在谈到自己的治学体会时说道，“科学研究工作没有什么捷径，一靠勤奋，二靠个人的天赋，而前者尤为重要。我个人认为，学者的大忌是仅靠手边一点搜集到的资料，就贸然做出重大的结论。我生平有多次经验，或者毋宁说是教训，我对一个问题做出了结论，甚至颇沾沾自喜，认为是不刊之论。然而，多半是出于偶然的机会，又发现了新资料，证明我原来的结论是不全面的，或者甚至是错误的。因此，我时时提醒自己，千万不要重蹈覆辙。”②“我于 1947 年写过一篇论文《浮屠与佛》，用汉文和英文发表。但是限于当时的条件，其中包括外国研究水平和资料，文中有几个问题勉强得到解决，自己并不满意，耿耿于怀者垂死十余年，一直到 1989 年，我得到了新材料，又写了一篇《再谈‘浮屠’与‘佛’》，解决了那一个悬而未决的问题，心中极喜。最令我欣慰的是，原来看似极大胆的假设竟然得到了证实，心中颇沾沾自喜，对自己的研究更增强了信心。觉得自己的‘假设’确够‘大胆’，而‘求证’则极为‘小心’。”③ 这种“小心”不是胆小，而是对学术的虔诚、敬畏。在季先生眼中，学术不是普通的知识，容不得半点虚假，容不得丝毫浮夸。

3. 坚守学术良知，反对学术不端

学术良知，说到底就是学者基于学术理想对学术道德的一种本能追求。高校教师学术良知具有教育性、综合性、稳定性、广泛性和崇高性等特点。学术不端是人们对各种不道德不诚实的学术行为的概括。当前，学术不端主要表现为：一是抄袭剽窃，就是将他人成果占为己有，或者将自己的成果一稿多投、一稿多用。有抄现人的，有抄前人的；有抄外国人的，有抄自己的，甚至也有抄自己学生的；有的是部分抄袭，有的是全盘抄袭。二是伪造或是拼凑包装。有的人身在学界，却不学无术，或追逐名利，表面上做研究工作，实际上是玩学术游戏，赶形势，追风头，把学术当作达到个人目的的敲门砖，少数人甚至为此伪造学历、成果，欺骗他人，以获取名利。三是浮夸吹嘘，制造“学术泡沫”。搞了一本书，三分成绩七分吹，又是开座谈会，又是搞新闻报道，制造轰动效应，有的将现成的材料改头换面，翻样出版，制造“文字垃圾”。四是大搞不正之风。有的为了评职称，托人情、拉关系，甚至花钱买论文；有的为了立上项，评上奖，四处托人，请客送礼。甚至有的“专家”与不法商家联手，推销假冒伪劣的所谓“高科技产品”，坑害消费者。

反对学术腐败，抵制学术失范和学术不端行为。一是防止学术垄断，确保学术民主。南京大学博士生导师朱寿桐教授在一次净化学术风气的会议上说：当学术在某些人的运作中与权力挂上号后，学术腐败现象就以某种“恶富集”效应迅速生长和蔓延，且可能比在其他领域的腐败更加肆无忌惮。这种与学术挂钩的权力可能来自体制的赐予，也可能来自非体制的感觉膨胀力。所谓非体制的感觉膨胀力，是指一些自以为有

① 吉登云，张锦秀，赵西秦，等. 科技道德教程［M］. 北京：兵器工业出版社，1993：118.

② 季羡林. 学术之道［M］. 沈阳：沈阳出版社，2002：353.

③ 同②350.

很大学问的人夸张地行使自己因学术影响而带来的话语权力，在学术界自说自话，漠视别人的研究成果，对于自己的学术缺陷则极尽文过饰非之能事。相比之下，最为恶劣的学术腐败来自体制的滥用。这种学术腐败的最恶劣的后果不是一般的有失公正，而是会因获奖奖项、重点机构特别是重大科研项目的过度集中而形成一种学术寡头现象。在某些学术领域已经出现了这种学术寡头，据说掌握权力的‘学术权威’往往能够拥有上亿的经费，然后再由他“转包”给各子课题的负责人，这下一层的负责人可再“转包”，这样的体制形成后，学术“公平”和“公正”就必然成为一种可笑的概念。所以要纠正学术界的不正之风，就要从课题立项、研究过程、成果鉴定、职称评定、学术交流、出版发表、奖励制度等实际工作的各个环节抓起。

二是倡导公平竞争，确保机会均等。在人与人之间，既有相互协作的一面，也有相互竞争的一面。协作是为了整体的生存和发展，竞争则是为了个体或局部的生存和发展，二者是相互矛盾的，又是相互统一的。因此，竞争是人类社会存在和发展的基本方式之一，是不以人的意志为转移的客观存在。一般而言，竞争是由于人类的共同需要所引起的。竞争之所以形成，一方面是因为某个集体或个人所追求的目标同另一个集体或个人所追求的目标一样；另一方面，由于人类所追求的目标（例如某种资源和空间）的限制，不可能使他们得到普遍的满足。学术领域内的竞争亦是如此，只是比在一般领域内的竞争更为激烈。学术的竞争是学术工作者采取一定方式获得其成果的手段，是学术研究的一种原初动力。在学术研究中，公平竞争的含义是：对于任何一项学术教育和研究活动及其成果，每位科学工作者都有着均等的争取机会。在大家都想参加某项学术教育和研究活动，或取得一定的学术地位和荣誉，但又不能都得到满足的情况下，按照个人或集体的能力和取得成果的可能性裁决次序，即能力优先，按“知”排序。而对于学术地位、荣誉及其成果的取得，只能是以其所获得的学术成果的实际水平来衡量。这种竞争与相互协作并不矛盾。在公平竞争基础上的相互协作，是一种目标明确的合作，它能使协作更有效率，更富有成果。在竞争机制中的合作，是一种动态的合作，这使得合作的集体能够在外部和内部压力的作用下，不断改变其成员的结构，保持一种不断创新并能够取得成果的活力。

三是借鉴他国经验，规范学术行为。美国政府对科学不正当行为的处理经验值得借鉴。例如，设立一个全国性的科学道德监督机构，专门接受举报、调查并处置；详细公布调查结果，接受社会监督；对学术不端行为加以必要的处罚；等等。

四是建立学术规范，清除学术腐败现象。科学与学术之所以被认为是“天下公器”，就在于其求真务实、揭示真理的品质，从事科学和学术研究的人担负着探索真理、阐释正义、传播人类文明的神圣使命。如果从事科学和学术研究可弄虚作假、争名夺利，最终毁灭的不仅仅是学术，而是整个社会的根基。学术规范是繁荣学术和学术可持续发展的关键，而学术道德也是社会主义精神文明建设的一个重要组成部分，因此，一方面，要重视学风建设，真正树立正气，以维护学校学术声誉，促进学术研究的可持续发展。那种宽容长期弄虚作假的做法，只会助长这种恶习的蔓延，进而危及科学的正常发展。另一方面，建立严格的学术规范，十分必要。《教育部关于严肃处理高等学校学术不端行为的通知》明确规定，高等学校对下列学术不端行为，必须进行严肃处理：一是抄袭、剽窃、侵吞他人学术成果的；二是篡改他人学术成果的；三是伪造或者篡改数据、文献，捏造事实的；四是伪造注释的；五是未参加创作，在他人学术成果上署名的；六是未经他人许可，不当使用他人署名的；七是其他学术不端行为的。

4. 坚决反对滥用学术资源和学术影响

学术资源滥用是指利用学术资源谋取非正当利益，或者利用不正当资源谋取学术利益，如权学交易、钱学交易、学色交易等。学术资源的使用是非常复杂的事务，从理想的角度看，资源使用最基本的原则是最有利于学术发展。但是，在具体运作过程中，学术资源滥用的现象经常发生，其主要表现在垄断资源的“学霸”现象、学位申请与授予中的滥用、学术评审中的滥用以及学术界中的“交易”行为等方面。

高校教师要坚决反对滥用学术资源和学术影响，就必须遵纪守法，如在为政府提供政策服务时要尊重和遵守行政法，要尊重行政法的内在价值，树立服务的理念，坚持以人为本，体现人性尊严，以公权来维护人民的利益；要辅助政府健全建设行政法的内容，树立行政法的权威；在行政法执行过程中，要起到监督作用并及时提出反馈意见；在为政府提供政策咨询时有着相应的程序规定，要按规定行事，防止越权行为和其他各种不正当行为的发生；在为市场主体提供科技服务时要遵守经济法，要明确经济法的主导价值，即促进社会的整体效益（包括公平、效益、秩序、正义等），以此为轴心，在市场经济条件下服务社会，通过人力资源转化和促进经济秩序和谐来实现社会的整体效益。高校教师要遵守宏观调控法，如依自身经济收入依法纳税；要遵守市场规制法，可以表现为遵守竞争法、消费者权益保护法、知识产权保护法以及其他相关性法律规范。高校教师遵守经济法并不仅仅是形式上的对文本的了解，最主要的是要将其基本原则内化于心，外化于行。高校教师走出校门后涉足最宽最复杂的空间就是经济领域，科技提供是教师社会服务的最主要形式，利用经济法规范教师的社会行为，形成良好的社会风气，不仅为教师的继续社会服务创造了良好的外部氛围，而且对整个社会经济的发展和社会的稳定大有裨益。在从事其他社会服务的过程中也要遵守相关的法律制度。其他相关的法律制度在性质上说，属于规范性的文件，即“为人们的行为提供标准、指明方向的，以书面形式或成文形式所表现的，以一定社会主体的强制力保证实行的，一定行为规范的结合体”①。高校教师在社会服务过程中也要遵守其他相关的法律制度，例如，环境保护法、地方性法规及各种法律性解释等。

高校教师要坚决反对滥用学术资源和学术影响，就必须维护正义。首先，高校教师在从事社会服务的过程中要有深切的社会关怀，要“以天下为己任”，这是高校教师与其他社会一般人员的又一显著区别。高校教师作为高层次的精神性群体，应当依据自身的知识背景从整个社会的普遍价值和公共利益出发，以社会问题为中心来分析和解决问题。此时，高校教师社会服务职业道德的要求在于：抛弃主观偏见，重客观事实和价值判断。其次，高校教师在社会服务的过程中还要有正义之勇，勇是指不畏惧可怕事物的行为②。包尔生说，勇敢“是一种运用理性意志抵抗痛苦的、危险的和恐惧的感

① 周旺生. 规范性文件的立法［M］. 北京：中国民主法制出版社，1998.

② 王海明. 新伦理学［M］. 北京：商务印书馆，2001：547.

觉能力"①。教师之勇要求其不畏压力与胁迫，勇于宣传和坚持真理；勇于克服困难，顶住压力；面对社会恶势力的挤压，不畏强权，保护弱者。最后，高校教师在社会服务的过程中还要有英勇之智。智慧可分为道德智慧和非道德智慧。道德智慧指的是从事道德活动的智慧，即从事认知利害活动的相对完善的能力②，而非道德智慧不具备这些价值性要求。教师维护正义靠的是道德智慧，在与某些恶势力相抗衡的过程中要求教师要有耐力，要理智、冷静，不受情绪干扰，要增强自制力，要慎重考量、明辨是非、机智果断，以更好地履行社会服务的使命。

二、公平诚信是高校教师职业行为的安身立命之本

（一）教育公平和教育诚信的内涵

公平是法所追求的基本价值之一，其意是处理事情合情合理，公正而不偏袒某一方或某一个人，即参与社会合作的每个人承担着他应承担的责任，得到他应得的利益。教育公平，是指国家对教育资源进行配置时所依据的合理性的规范或原则。这里所说的"合理"，是指要符合社会整体的发展和稳定，符合社会成员的个体发展和需要，并从两者的辩证关系出发来统一配置教育资源。从宏观上来说，要保证每个公民拥有平等接受教育的权利；从微观上来说，要保证每个受教育者享有平等受教育的权利。

"诚"字首见于《尚书》，但作为实词使用，却最早见于《左传》："明允笃诚"，疏云："诚者，实也。"基本上，"诚"具备四个层面上的含义：首先，"诚"指说话符合实际，言语真实不欺；其次，"诚"与"伪"相对，即是指真实；再次，诚者成也，成就、完成之意；最后，"诚"指恭敬、审慎的态度，如《礼记·大学》："欲正其心者，先诚其意。"在一般意义上，"诚"即诚实诚恳，主要指主体真诚的内在道德品质；"信"即信用信任，主要指主体"内诚"的外化。"诚"更多地指"内诚于心"，"信"则侧重于"外信于人"。"诚"与"信"一组合，就形成了一个内外兼备，具有丰富内涵的词汇，其基本含义是指诚实无欺，讲求信用，使自身行为符合道德精神与道德规范。中国古典伦理理论是把讲诚信视作一种传统美德，如在"仁、义、礼、智、信"之"五常"中，"信"就赫然位列其中。诚信之本就是守规、守约，有信任、有信誉。教育诚信要求高校教师在职业活动中要重承诺，信守诺言，要坚持原则，处事公道，光明磊落，为人正直，忠实地履行自己应该承担的职业义务。

（二）公平诚信是高校教师必备的基本品质

1. 教育公平是社会最大的公平

公平正义是中国特色社会主义的内在要求。教育公平是社会公平在教育领域的延伸和体现。社会中，教育公平是最基本的公平，是一种"底线公平""起点公平"。没有教育公平就实现不了社会公平。其他方面的不公平，可以通过教育公平加以弥补；而教育的不公平，最终将会固化社会阶层、撕裂社会融合、消解社会共识。只有享有均等的教育机会，教育资源以及公平的教育过程，才能最终解决教育不均衡发展的问题，社会困难群体才有与其他群体站在同一起跑线上的可能，才有通过知识改善生存、

① 包尔生. 伦理学体系［M］. 北京：中国社会科学出版社，1988：423.

② 王海明. 新伦理学［M］. 北京：商务印书馆，2001：537.

改变命运的机会。这正如培根所说："只要维持公平的教育机会，贫穷就不会变成世袭，就不会一代一代世世代代地穷。"2021年3月22日，李克强在人民大会堂以视频方式会见出席中国发展高层论坛2021年年会的境外代表时表示："教育公平事关社会的公平正义，这其中最主要的是提供机会公平，而在机会公平中，教育公平是最大的公平。"因此，高校教师必须具有教育公平的基本品质，牢固树立公平施教的教育理念。

【案例8】

肖敏 点亮残障儿童的未来

当四川省泸州市特殊教育学校教师肖敏第一次见到这群因残疾而自卑、但又有着丰富情感的孩子，她就心疼了。肖敏明白，特殊教育是一条艰难且漫长的路。从事特殊教育24年来，她始终秉持着"适性而教，以爱育爱"教育理念，真情付出、潜心育人，她针对学生们的心理需要、个性差异等特点，在其成长中施以"母爱""友爱"和"师爱"，三爱有机融合，有效地做好聋生的教育工作，在力所能及的范围内最大限度地使每一个残障儿童都拥有公平的教育机会。"让每一个残障儿童都享受到公平、有质量的教育，这是特教教师的使命。在各种现实困境面前，教师的力量确实很微弱。"但她坚信，即便是最微弱的光，也有驱逐黑暗的力量，"星星之火，可以燎原，我们必将点亮残障儿童的未来"，只要所有的特殊教育工作者携手向前，共勉共进，终会为残疾儿童的明天踏出一条光明大道的。

——摘编自《中国教师报》(2020年09月09日 第5版)

改革开放以来，在我国高等教育战线涌现出许多先进模范人物，他们为了祖国的强盛，在职业行为选择上放弃了国外优良的工作和生活条件，义无反顾地回到祖国怀抱，为建设社会主义现代化强国奉献了毕生心血，黄大年同志就是其中的典型代表。

2. 教育诚信是教育的本质要求

诚实守信是中华民族的传统美德，是每个公民的基本道德规范，是个人的立身之本，是社会运行的基础。教育诚信是教育的本质要求，是新形势下市场经济建设的需要，在诚信社会建设过程中具有举足轻重的作用。社会主义市场经济在本质上是诚信经济，要求市场主体在诚信规范下合理配置资源。社会主义市场经济建设要求形成诚信的社会氛围，各行各业都以诚信作为基本行为规范。加强各行各业的诚信道德建设，是促进社会主义经济健康发展的要求，教育行业也不例外。教育行业本身就是市场经济的一部分，需要加强诚信建设。而且，教育作为特殊行业，在社会诚信建设中起着至关重要的作用。一方面，教育本身的潜移默化性和垂范性，因而教育诚信也能够潜移默化地影响受教育者，并进一步影响社会成员，成为社会诚信风气的先导者。另一方面，加强教育诚信建设，有利于不断培养诚信的合格公民，为中国特色社会主义事业输送更多的诚信人才。如果教育行业自身缺乏诚信，培养的学生可能也因此不会具有诚信的品格；如果教育界本身失去诚信，受教育者很难形成诚信品格，整个社会的诚信教育大厦将难以建立，所谓诚信社会也只能是空中楼阁。教育行业培养公民的公平公正意识，应该首先促进诚信社会的构建。著名教育家陶行知先生曾说过，千教万教，教人求真；千学万学，学做真人，可见诚信不仅是做人的根本，也是教育的根本。

（三）秉持公平诚信职业行为的具体要求

素质教育的理念强调，每一个学生都是独立、平等的个体，教育中具有同样的权利和义务，教师应该相信每一个学生都能进步，并促进每一个学生在其原有基础上获得最大的提高。因此，在素质教育理念下，公正就成为高校教师必备的职业道德，具体表现就是公平对待每一位学生。

尊重学生，公平对待学生，不仅是高校和谐师生关系的核心，也是当代教育进步的基础。那么，教师对学生怎样才能做到公平与公正呢？

第一，要尊重学生，挖掘学生的潜能。在对待学生的态度上，教师存在以下两种情况：一种是尊重学生，公平对待学生，鼓励其自由发展的；另一种是不尊重学生，差异化对待学生，把学生当成工具来操纵、控制的。如果教师能清醒地认识到，人人都是平等的、自由的，每一个人都有其自身的价值和尊严，师生之间是一种平等的、互相尊重的关系，学生与自己一样，是具有独立人格的、完整的、有价值的值得尊重的人，每个学生都有成功的愿望，都有成功的潜能，只要辅以适当的教育，每一个学生都有可能成功，那么教师才会有足够的耐心和宽容来面对学生在成长过程中所表现出来的每种行为，愿意耗费智慧和精力去探寻他们的行为，并适当加以鼓励，增强学生自信，最大限度地挖掘出学生的潜能。

第二，平等对待每一位学生，构建教学公平。首先，要一视同仁，正视差异。教育的可贵之处在于有教无类。高校教师工作的对象是学生——活生生的人。他们的知识、能力个性以及行为都是不断地发展变化着和有差异的，正所谓“十个指头有长短，荷叶出水有高低”，这需要高校教师客观地面对这一差异，用一颗公平心去接纳每一位学生，有针对性地进行教育教学。高校中的每一个学生都有其自身独特的价值，在教育中也应该承认差异、追求多样性，尽可能地提供适合学生发展的机会，保证学生有机会获得适合其特点的教育。要在育人的态度和行为上主持正义，对学生一视同仁，不论所教学生的性别、相貌、能力、天赋、经济条件和家庭背景等差别，都要毫不例外地让所有学生享受平等的教育权利和均等的教育机会。高校教师的公平与公正，还表现在是否关心每个学生受到合适的教育，学生的人格是否得到尊重，学生的学业以及其他行为是否得到公正的评价，国家和学校的教育资源经过教师的“手”是否让每一个学生都均等地得到分享。因此，育人做到公平公正，应该成为高校教育工作者孜孜以求的目标。其次，要体谅和宽容学生。高校教师需要设身处地从学生角度考虑他们的感受和行为，要体谅学生，同时对于学生身上发生的一些不尽如人意的事情，要予以宽容。亚里士多德曾说：“在有些情况下，公平对待也就是体谅和宽容。宽容就是体谅，是对公平事物做出正确判定，正确判定就是对真理的判定。”

第三，建章立制，形成公平公正育人的宽松环境。不少高校教师常为学生的纪律问题伤脑筋，纪律问题又往往导致高校教师处理问题“不公”，结果造成一种恶性循环。其实通过建章立制，这些头痛问题都是可以迎刃而解的。高校教师可根据所教班级学生的实际情况，引导学生订立规则并不断完善这些规则，为教育对象接受公平公正教育创造条件。同时，学校也需要建立教育教学的公平机制，为教师提供必要的条件。被誉为“没有压力的学校”的德国瓦尔多夫学校，是一所既不用分数统计现实成绩，也没有升留级制度的学校，颇受学生和家长的欢迎。瓦尔多夫学校的发展，除了其独特的教育体系和教学模式外，还得益于学校的办学宗旨，即不论社会出身贵贱、家庭贫富、宗教信仰和个人天赋，学校对待学生均一视同仁。这就为教师公平与公正在育人方面创造了非常有利的条件。我们国家做出的关于深化教育改革全面推进素质教育的决定，对发展我国教育事业有着深远的现实意义和历史意义，同时，为我们广大教师公平与公正地培养一代新人创造了更为有利的条件，也为教师的自身发展带来了新的机遇。因此，高校教师一定要终身学习，不断提高自己的素养，包括思想、心理、知识、育人艺术等方面的素养。在师生关系紧张的情况下，为师者更应该胸怀坦荡，以身作则，甚至不妨在学生面前对自己“约法三章”，把自己放在与学生平等的位置之上。这样“公平与公正地对待学生”就不沦为一句空话。

总之，高校教师要克服偏见，公平公正平等对待一切孩子。当人们说“爱自己的孩子是人，爱别人的孩子是神”时，所强调的就是这一点。爱自己的孩子是建立在自己的先天需要的基础上，而爱别人的孩子，是建立在对别人的需要的尊重基础之上的。高校教师不是神，他们有自己的需要，但是，在教育教学活动中，必须理性地控制自己的需要，充分考虑、关注、尊重学生的需要，平等对待一切孩子。正是由于这一原因，高校教师对学生的爱，并非完全是一个情感的范畴，而是一个道德的范畴。教师对学生的爱，是建立在对他人需要的充分认识、承认、接受、尊重的基础上的爱，是理性和情感的统一。

第五节　坚守廉洁自律 积极奉献社会

一、廉洁自律是高校教师职业行为的重要准则

（一）廉洁自律的基本内涵

1. 廉洁的基本内涵

廉与洁是深深蕴藏于中华优秀传统文化之中的重要因子，具有指引个人层面上道德修养方向和衡量国家层面上治国理政成效的双重意义。《周礼》从廉的角度对官吏品德的六个考核标准进行了全面阐述：“以听官府之六计，弊群吏之治。一曰廉善，二曰廉能，三曰廉敬，四曰廉正，五曰廉法，六曰廉辨。”在《管子·牧民》中管仲把廉提高到治国理政的重要纲领以及关乎国家生死存亡的高度来看待：“国有四维，一维绝则倾，二维绝则危，三维绝则覆，四维绝则灭。倾可正也，危可安也，覆可起也，灭不可复错也。何谓四维？一曰礼，二曰义，三曰廉，四曰耻。”在《晏子春秋·内篇杂下第六》中晏子第一次把廉与政有机联系起来并提出了廉政的概念：“廉者，政之本也。”“廉洁”一词的称法出现于《楚辞·招魂》：“朕幼清以廉洁兮，身服义而未沬”，王逸将其注解为：“不受曰廉，不污曰洁。”《史记·屈原贾生列传》：“其志洁，其行廉。”“廉”被赋予“清正、堂正、洁净”等道德内涵，并常常与“清”“洁”“正”“明”等词搭配，组成“清廉”“廉洁”“廉正”“廉明”等固定的用语，表示清白不污、堂正不邪、公正不偏、廉洁不贪等道德含义。从中华优秀传统文化的演进可知，廉与洁

是相辅相成、相互促进、相互支撑的关系，其中洁是廉的内在驱动力和精神基石、廉是洁的外在表征和文化形态，廉洁一词的内涵可归结为不贪不污、品行端正、严以律己、勤俭节约、朴实无华等，就是说要在价值观念与行为规范有机统一的基础上实现廉与洁的辩证互动、拒斥贪与污的乘隙侵袭。

2. 自律的基本内涵

“自律”在《现代汉语》中释义为：“自己约束自己。”可见自律是指对自己行为的管束，无须从他处得到管理和约束。当前社会有多种理念与自律相结合，有企业的自律、网络的自律、社会责任感的自律、人生观、价值观的自律，最多见的是道德上的自律。如中国古代孔子“仁学”思想，就是对人有仁爱之心。“仁学”的思想与“道德自律”有相同理论内核，都是强调做人的基本原则，都要遵循一定的道德规范。西方最早提出自律的人是德国的康德。他强调自律是：为自我立法，用自己的法则来约束自己，因为这样就不会与别人的自由相冲突，人既能自由自在地成长，同时也有自己的法则来约束自己的行为，当然这样的法则有一个前提，就是要为别人的自由得到保障。但康德只是有自律的提法，而没有提出道德自律这个概念。真正提出“道德自律”这个概念的人是马克思，“道德自律”在他的著作中曾多次出现；道德的基础是人类精神的自律”。也就是说，人只有能自我感触到道德的重要性，将道德规范内化于心、外化于行，才能实现道德规范的遵守；人类只有提高自己的约束能力，才能更好实现伦理要求，所以说道德的基础是人类精神上的自律。从这个基础出发，才能真正实现道德规范的践行，践行道德规范也是为了更好实现人类的自由。“自由而全面的发展”为人类所追求人生境界的最高标准，而道德自律是其实现的基础。由上可见，“道德自律”是指道德主体为了更好适应社会，从社会实际出发，结合自身实际情况，为本人定位，将家庭、社会、国家所要的规范体现在自己建立的规则和制度中，使自身行为满足社会道德需求，简而言之，就是主动遵守社会伦理规范，最终实现自律。

（二）高校教师必须坚守廉洁自律的底线

1. 廉洁自律是提高教师职业道德水平、发挥教师道德模范作用的内在要求

2014 年 9 月 9 日，习近平总书记在考察北京师范大学时，勉励广大师生要做有理想信念、有道德情操、有扎实学识、有仁爱之心的“四有”好老师。一个好教师，不仅需要具备扎实学识，还要具备高尚的道德品质。教师人格魅力的形成，需要以优秀道德品质为基础，而廉洁自律既是教师高尚道德品质形成的基础，也是教师高尚道德品质的重要内容。对高校教师而言，坚守并践行廉洁自律规范，是提升教师队伍整体素质和水平的重要举措。高校教师对学生的影响不仅仅表现在学业上，还表现在学生思想品质方面模范表率作用的发挥上。教师是塑造学生健全人格特征和良好思想道德情操的灵魂工程师。教师的廉洁自律行为规范在现实生活、教学活动以及各种行为中都具有重要的示范作用，是学生、学生家长、社会和政府等各个群体评价高校教师整体水平和整体素质的重要依据。

2. 廉洁自律是建设纯净校园，营造风清气正校园环境的内在要求

高校教师是高等教育的主要推动者，其在引导学生学习、生活方面发挥着巨大的影响力。近些年来，受诸多因素的影响，个别高校教师享乐主义和奢靡之风较为突出，社会上出现的通过送礼、送红包、找关系、托人情、请吃饭等途径办事的现象也对一

些高校教师产生了影响，以至于有的老师安于现状、贪图享乐，忽视对党章、党纪、国法以及各种反腐倡廉文件精神的主动学习，不能形成较强的崇廉拒腐意识和纪律意识，更有甚者，个别教师乐于经常性地接受学生和学生家长赠送的钱物或各种宴请，严重损害了高校教师队伍的形象。这些问题的存在，凸显了教师坚守廉洁自律底线的重要性和必要性。在教育实践活动中，高校教师恪守廉洁自律准则，坚持以身作则，廉洁从教，可以启发和感染学生，净化学生学习环境，为学生的学习创造纯洁、美好的校园环境；可以提高学生的廉洁意识，增强学生明辨是非能力，让学生时刻保持对不良诱惑的高度清醒，自觉抵制享乐主义和奢靡之风的侵蚀，从而营造风清气正的校园环境。

3. 廉洁自律是转变教师工作作风、引领清廉社会风尚的客观要求

"学为人师，行为世范"，这是对人民教师的最基本要求。教师作为人类灵魂的工程师，承担着传授知识、传承文化、传承信仰和传递正能量的神圣使命，他们的一言一行都对整个社会产生重大影响。高校教师是整个社会中的重要群体，是新时代良好社会风尚的践行者和推动者，他们的一言一行都会对社会产生重大影响。目前，我国高校部分教师理想信念缺失，没有带头践行廉洁自律行为规范，出现贪腐行为，给整个社会带来了诸多负面的影响，破坏了整个社会的廉洁自律生态。如果高校教师都能具备较强的廉洁自律意识，都能在现实生活中带头主动践行廉洁自律行为规范，将对整个社会廉洁自律生态的形成起到积极的促进作用。

（三）坚守廉洁自律职业行为的具体要求

《新时代高校教师职业行为十项准则》中关于高校教师廉洁自律职业行为的具体要求是："严于律己，清廉从教；不得索要、收受学生及家长财物，不得参加由学生及家长付费的宴请、旅游、娱乐休闲等活动，或利用家长资源谋取私利。"

高校教师担负教书育人、培养社会主义现代化事业的建设者和接班人的重任，在教书育人的过程中，教师自身的品德和言行对学生的健康成长具有重要影响，因此，教师必须严于律己，清廉从教。所谓清廉从教，是指教师在整个从教生涯中都要坚持清廉守法的原则，不贪学生及家长的钱物，不贪占公共和他人的钱物，不染社会上出现的一些贪、贿、欲等恶习，始终以清廉纯洁的道德品行为学生和世人做出表率。教师自尊自律，廉洁从教，无怨无悔地甘为学生的"人梯"，为祖国的教育事业淡泊名利，甘守清贫，这种高尚的人格对学生具有巨大的感召力，能够影响他们逐步树立为祖国、为社会、为人类无私奉献的高尚品质。

要做到严于律己，清廉从教，就必须有坚定的理想信念，陶冶高尚的道德情操。2012 年 11 月 17 日，习近平总书记在十八届中共中央政治局第一次集体学习时的讲话中指出："理想信念就是共产党人精神上的'钙'，没有理想信念，理想信念不坚定，精神上就会'缺钙'，就会得'软骨病'。"《新时代公民道德建设实施纲要》明确指出："人民有信仰，国家有力量，民族有希望。信仰信念指引人生方向，引领道德追求。"要"筑牢理想信念之基"。如前所述，教师崇高的职业理想是其忠诚于教育事业的根本动力。只有坚定了崇高的理想，人民教师才能陶冶出高尚的道德情操，形成良好的道德情感，才能树立正确的世界观、人生观、价值观，培养高尚的道德品质，才能以平和的心态看待自己的职业和地位，自觉抵御住现实中的种种诱惑；反之，则会

在复杂的社会环境中迷失自我，失范失德。高校教师处于知识的崇高与权力的诱惑的交互作用的结合点上，在价值取向日益多元化的今天，更应该率先坚守职业理想，勇担塑造社会良知的使命，作风正派，廉洁奉公，自我监管，自觉抵制有损教师职业声誉的行为，不做违反教师职业道德规范的事情，不利用职务之便谋取私利，树立良好的教师形象，为提高教师职业道德整体水平做出努力；更应该自觉抵制有损教师职业声誉行为的从教文化，以责任、诚信、公正的价值取向，发挥好文化的治本功能，在筑牢“四个意识”、坚定“四个自信”、做到“两个维护”中创建出和谐高雅的大学文化氛围。

要做到严于律己，清廉从教，就必须坚守大义，不取非法之利。高校教师要以廉洁的实际行动来坚守大义。在教育活动中，绝不允许高校教师索要和收受学生及家长的财物，参加由学生及家长付费的宴请、旅游、娱乐休闲等活动，绝不允许高校教师利用家长资源谋取私利。教师只有树立正确的义利观，对贪、占、贿等丑行鄙弃，避而远之，久而久之养成廉洁的自觉性，才能抗腐蚀、拒贿赂、远利诱，不为非义之利所动，不取不义之财。

二、积极奉献社会是新时代教师职业行为的最高准则

（一）奉献社会的基本内涵

奉献社会就是积极、自觉地为社会做贡献。奉献就是不论从事任何职业，从业人员不是为了个人、家庭，也不是为了名和利，而是为了有益于他人，为了有益于国家和社会。奉献社会是一种对事业忘我的全身心投入，这不仅需要有明确的信念，更需要有崇高的行动。当一个人任劳任怨，不计较个人得失，甚至不惜献出自己的生命从事于某种事业时，他关注的其实是这一事业对人类、对社会的意义。今天我们讲奉献，并不是讲付出劳动不要报酬，而是讲一种精神，在公与私、义与利、奉献与索取之间，把前者放在首位。只有树立起奉献社会的精神，培养自己对教师岗位的深厚感情，才会不断提高教学技能和育人水平。

奉献行为的突出特征包括：一是自觉自愿地为他人、为社会贡献力量，完全为了增进公共福利而积极劳动。二是有热心为社会服务的责任感，充分发挥主动性、创造性，竭尽全力。三是不计报酬，完全出于自觉精神和奉献意识。在我国教育战线上，涌现出了无数教书育人的楷模，他们为了我国教育事业贡献了毕生精力和才华，为我国社会主义建设培养出了大批合格的建设者和接班人。奉献社会是社会主义职业道德的最高境界和最终目的。奉献社会是职业道德的出发点和归宿。奉献社会就是要履行对社会、对他人的义务，自觉地、努力地为社会、为他人做出贡献。当社会利益与局部利益、个人利益发生冲突时，要求每一个从业人员把社会利益放在首位。奉献社会也是新时代人民教师职业行为的最高准则。教师职业的特殊性决定了教师本身就必须为了国家、民族和青少年健康成长成才奉献青春、才华和智慧，做教书育人的楷模。自古以来，这种奉献精神一直被社会讴歌，比如：春蚕到死丝方尽，蜡炬成灰泪始干；鹤发银丝映日月，丹心热血沃新花；在我们从幼稚走向成熟，从愚昧走向文明的路上，您用生命的火炬，为我们开道；等等。

（二）奉献社会是高校教师职业道德的最高价值追求

1. 奉献社会是社会主义职业道德的基石和最高境界

奉献精神是职业道德建设链条中的道德基石。新时代，需要在社会各个层面弘扬以奉献精神为核心的行为准则，倡导和形成有利于人民、有利于社会的真、善、美的要求。只有绝大部分社会成员都逐步树立高尚的道德情操，将乐于奉献作为一种自觉追求，使人人都在为他人提供服务，人人又都在享受他人提供的服务，人人都在关爱他人，人人又都在受到他人的关爱，才可能真正从社会基础层面上创造一个充满温馨、和谐的良好社会环境和道德环境。

奉献精神也是做人的最高境界，是集体主义思想在人生观、价值观、伦理观上的升华，是一个超越市场经济为整个社会生活服务的最高道德层面。一个能够奉献社会的人，同时也是一个高尚的人、一个有道德的人。

2. 奉献社会是教师职业劳动的最大价值所在

所谓人生价值，指的是人的一生对他人和社会所具有的意义和作用。教师的人生价值何在？爱因斯坦认为："人只有献身于社会，才能找到那短暂而有风险的生命的意义。"教师的人生价值主要在于他对社会所做出的贡献，这种贡献主要体现在教书育人的质量上。在马克思看来，人作为一定社会关系体系中的劳动者，必然要同他人和社会发生对象性关系和功能性关系。这种关系就是人与人、人与社会之间的价值关系。正如"物对于人的使用价值，表示物的对人的有用或使人愉快等等的属性"一样①，人对于人的价值，表示作为价值主体的人满足作为价值客体的人的需要，表示人对人具有一定的积极意义和作用的属性。然而，人又不同于一般的物，物以其自身直接供人消费、使用，满足人的某种物质或精神的需求；而人则主要是通过他的职业劳动向他人、向社会贡献物质或精神的财富，以满足他人或社会的需要，并以此表现人生的价值。

劳动是人生价值的源泉。人的价值最终表现于人们的职业活动的过程及其产品当中。作为人生价值主要体现的人的贡献，说到底是人的劳动的贡献。人们只有在职业劳动中才能创造价值，才能对他人和社会做出贡献，才能表现和确认自己的价值。

对于高校教师来说，他们的教育活动既有满足他人和社会需要的外向价值，又有满足自我需要内向价值。但是，其人生有没有价值，不能以自我的需要是否满足作为唯一标准或主要标准，而应以是否满足社会的需要和得到社会的认可作为标准，由社会来评判。在高校教师的职业活动中，只有在实现个人对社会的贡献的过程中，才能得到社会对个人需要的尊重和满足。高校教师通过教育劳动为人民群众做了有益工作，做出了积极贡献，就理应受到人们的尊敬和赞颂，充分实现自己的人生价值。正如歌德所说："你若要珍爱自己的价值，你就得给世界创造价值。"一个对社会没有任何贡献的人，就是对社会没有价值的人；一个人对社会的贡献越大，他的人生价值也就越大。马克思在青年时代就指出，一个人决不应该仅仅为了个人谋生而选择职业，应该

① 马克思，恩格斯. 马克思恩格斯全集：第26卷［M］. 中共中央马克思恩格斯列宁斯大林著作编译局，编译. 北京：人民出版社，1953：326.

是为了“人类的幸福和我们自身的完美”[1]。伟大的科学家爱因斯坦也认为：“一个人对社会的价值首先取决于它的情感、思想和行动对增进人类利益有多大作用。”[2] 高校教师只有以身作则，无私奉献，才能在春风化雨中实现人生价值。

3. 奉献社会是教师职业劳动获取幸福的源泉

人生的幸福是什么？不同世界观、不同价值观的人会有不同的答案。有的人认为，人生的幸福就是享受，就是让别人为自己服务，不劳而获，中饱私囊，利用手中的权力为自己的“幸福”添砖加瓦，利用人民给的地位让别人无偿为自己服务。我们认为，人生的价值在于奉献。正如捷尔任斯基所说：“做一个给别人带来光明而又无私奉献自己一切力量的人，才是人生最大幸福。只有在这时候，人才能获得这样的幸福。”只有甘于为社会奉献，才能充实从教人的精神世界，从而获取幸福的源泉，真正体会到幸福。

4. 奉献社会的精神对于纠正社会不良倾向起着一定作用

首先，发扬无私奉献精神有助于抑制极端利己主义和享乐主义的蔓延，积极营造互助友爱、安定和谐的社会风气。市场经济的求利原则能够激励人们的积极性和创造性，促进经济发展和效率的提高；但同时又能够刺激个人欲望的不断膨胀。自私自利、唯利是图、不择手段地获取金钱的极端利己主义，或者只知索取、不讲奉献的享乐主义，是不利于社会主义市场经济的健康发展的。发扬无私奉献精神，可以抑制某些人私欲的膨胀，调节人与人之间的利益冲突，这样既有利于社会主义市场经济的发展，也有助于营造出一种互助友爱的社会风气，从而大大提高社会凝聚力，保证社会主义市场经济健康、有序地发展。

其次，发扬无私奉献精神有助于弥补市场经济力不能及之处。在市场经济中，市场对资源配置起决定作用，那些可以市场化的营利性事业，在资源配置上占有较大的优势；而那些难以进入市场，却是社会所必需的公益性事业，诸如社会科学、自然科学等基础理论研究领域和教育、卫生环境保护等，都无法依靠市场本身的力量得到必要的关注。因此，高校教师发扬无私奉献精神可以弥补市场经济的不足之处，对发展我国高等教育事业、建设现代化教育强国具有重要的意义。

最后，发扬无私奉献精神有助于提高劳动者需要满足的程度。必须看到，在市场经济条件下，人们需要的满足受到他们收入水平的制约。而人们的收入状况又是很不平衡的，收入低的群众在满足需要方面显然受到很大的限制，如果我们的职业活动仅仅是“为人民币服务”，那么许多群众有限的支付能力就很难满足他们生存发展的需要。而要提高广大人民群众各种需要满足的程度，客观上要求我们每个从业人员自觉地为社会做奉献，这种奉献就是一种爱心，就是对社会的真诚回报。如果每个劳动者都做到了奉献，那么，社会上人们需要的满足程度将不仅取决于支付能力，而且取决于广大职业劳动者的积极性、主动性和创造性，取决于劳动者的活力。这样广大人民群众，包括从业者自身需要满足的程度将明显提高。

① 马克思，恩格斯. 马克思恩格斯全集：第40卷［M］. 中共中央马克思恩格斯列宁斯大林著作编译局，编译. 北京：人民出版社，1953：7.

② 纪念爱因斯坦译文集［M］. 赵中立，许良英，译. 上海：上海科学技术出版社，1979：52.

5. 奉献社会是高校教师自我完善的需要

奉献社会不仅是当代社会生活的客观要求，也是人的自我完善的需要。人的自我完善总是与特定的社会生活条件相适应的。现代社会生活要求人自我塑造、自我完善。不仅要珍惜时间、讲究效益、勇于进取，同时还要善于自律、乐于助人、乐于奉献，努力形成一个充满仁爱和友善的社会。在这样的社会条件下，那种只关心自己、不关心他人和社会的人会变成孤家寡人。因此，高校教师奉献社会的过程，必然是一个自我完善、自我发展和自我提升的过程。

（三）奉献社会对高校教师提出的具体道德要求

《新时代高校教师职业行为十项准则》对新时代高校教师奉献社会的职业行为要求是“履行社会责任，贡献聪明才智，树立正确义利观；不得假公济私，擅自利用学校名义或校名、校徽、专利、场所等资源谋取个人利益”。针对上述要求，我们认为，新时代高校教师践行奉献社会职业行为准则时要注意以下几个问题：

1. 履行社会责任，贡献聪明才智

诚然，奉献是一种精神，是为了国家、社会和他人利益，而自觉自愿牺牲自身利益的一种精神，社会需要这样的精神，我们应该弘扬这样的精神。但是，我们还要进一步看到，只有把这种精神落实到行动上，而且也只有通过人们的躬行实践，才能做出有益于社会和他人的奉献来。“没有行动的奉献”是不存在的，也是没有意义的。从全社会来看，要把奉献的精神落实到具体行动上，最经常、最广泛，也是最有效的途径，就是千千万万的教师自觉、主动地在本职岗位上恪尽职守，尽职尽责，在认真履行社会责任的过程中贡献聪明才智，有一分光，发一分热。

2. 树立正确的义利观

“义”，即道义，是指人们的思想和行为符合一定的道德标准或原则；“利”，即功利，是指人们的各种利益，特别是物质利益。古人就曾经论述过义与利的关系。汉代董仲舒在《春秋繁露》中写道：“天之生人也，使人生义与利。利以养其体，义以养其心。心不得义不能乐，体不得利不能安。义者心之养也，利者体之养也。体莫贵于心，故养莫重于义，义之养生人大于利。”其含义是，义利两顾，但是义大于利，义重于利。《新时代公民道德建设实施纲要》明确指出，对于“一些社会成员道德观念模糊甚至缺失，是非、善恶、美丑不分，见利忘义、唯利是图，损人利己、损公肥私”的问题“必须引起全党全社会高度重视，采取有力措施切实加以解决”。马克思主义认为，“义”归根到底要从“利”，即从社会历史发展中的物质利益的基础上来说明和理解。“利”则要区分是哪个阶级的利益，是少数人的利益还是多数人的利益；是个人的利益还是社会的、集体的利益；是目前的利益还是长远的、根本的利益。在这个基础上，马克思主义肯定由社会经济关系表现出来的利益是道德的基础。这里讲的“利益”是指一定的社会利益和阶级利益，而不是指孤立的个人利益。同时，马克思又充分肯定个人正当利益的合理性，强调个人利益和社会整体利益相结合、物质利益与道义相结合的原则。

新时代高校教师要坚持大义为先，私利居次。要自觉抵制金钱、名利的诱惑，拒腐蚀、不取不义之财、非法之利，不贪受学生及家长的财物，不贪占集体与他人的财物，不假公济私，不擅自利用学校名义或校名、校徽、专利、场所等资源谋取个人利益，不沾染社会上的不良恶习，始终以廉洁的道德品行为学生与世人做出表率。

3. 正确处理奉献与索取的关系

奉献是指个人劳动对社会利益的增益，索取是指个人向社会提出的补偿性或回报性要求。多数人与社会的关系都包含在奉献与索取两个方面，差别仅在于两者的比值有大有小。爱因斯坦说得好："一个人的价值，应该看他贡献什么，而不应该看他取得什么。"① 马克思也明确地指出："历史承认那些为共同目标劳动因而自己变得高尚的人是伟大人物；经验赞美那些为大多数人带来幸福的人是最幸福的人。"② 而那些贪图个人享受，一心向社会索取的人，"把人的本质力量的实现，仅仅看作自己放纵的欲望、古怪的癖好和离奇的念头的实现"，这既是对别人劳动成果——社会价值的浪费和糟蹋，也是把自己看作"毫无价值的牺牲品"③。新时代高校教师要正确处理好奉献与索取的关系，不计较个人得失，发扬"红烛"精神，甘做"人梯"，以"捧着一颗心来，不带半根草去"的高尚情怀，献身教育，奉献社会，鞠躬尽瘁。

4. 关心社会公益事业

社会公益事业是为了救助社会中遭受损害的人和处境困难者的事业。公益事业不同于政府、国家行为。它不靠国家的支持，而是借助于民间的力量，在全社会内提倡"一人有难，八方支援"的互助风气，提倡关心他人、爱护他人的人道主义精神。关心社会公益事业是奉献社会的较高要求，它不仅要求言行文明，还有一颗爱心和牺牲精神，对他人的捐助和帮助是自觉自愿的。公益事业绝不是你给我要的赏赐和恩赐，相反它是社会成员间互帮互助一体感的体现。高校教师要在教育教学、科学研究的同时，关心公益，关注民生，服务大众，与百姓心贴心，和大众同命运，为社会公益事业奉献一分力量。

【案例9】

岐黄妙手　济世育人

——记2020年全国教书育人楷模、天津中医药大学校长张伯礼

天津中医药大学校长张伯礼可谓荣誉等身，何梁何利基金奖、吴阶平医学奖、全国中医药杰出贡献奖……面对诸多荣誉，张伯礼说："我只是一名普通的中医药教育工作者"。张伯礼信念坚定：继承发展祖国传统医药，为人民群众的健康服务。这个信念使他以惊人的毅力潜心教书育人，忘我救死扶伤，勇攀科研高峰，执着一生，将毕生心血倾注在中医药事业上。

作为教师，他的最大心愿就是"培养出一批超过我的学生""让更多中医药人才从这里出发"。他要求学生从院校走出去，跟临床名师学习经验，培养具有一定科研能力和实际工作能力的临床实用型人才。

作为医生，他积极投身社会公益事业。在新冠疫情暴发之际，他率领中医"国家队"进驻武汉江夏方舱医院，从开舱到休舱的26天运行时间里，收治564名病人实现

---

① 爱因斯坦文集：第3卷［M］. 北京：商务印书馆，1979：145.

② 马克思，恩格斯. 马克思恩格斯全集：第40卷［M］. 中共中央马克思恩格斯列宁斯大林著作编译局，编译. 北京：人民出版社，1953：7.

③ 马克思，恩格斯. 马克思恩格斯全集：第42卷［M］. 中共中央马克思恩格斯列宁斯大林著作编译局，编译. 北京：人民出版社，1953：141.

了“三个零”——病人零转重、零复阳、医护人员零感染，在抗疫战场上书写了文化自信的绚丽篇章。

作为中医药工作者，他“期望祖国的中医药事业发扬光大”。他时刻惦记着中医药的传承，希望祖国中医药事业后继有人、发扬光大。在“开学第一课”节目现场，他对中小学生提出了殷切期望：“再过10年、20年，你们就是共和国的脊梁，是国家的建设者。相信你们一定能战胜各种各样的疾病，保卫全国人民的健康！”

——摘编自《中国教育报》（2020年09月08日 第1版）

（本章撰稿人：王小蓉）

思考题

1. 制定和实施《新时代高校教师职业行为准则》的意义何在？
2. 坚定政治方向对于高校教师职业行为的重要意义是什么？
3. 高校教师如何做到言行雅正？
4. 高校教师遵守学术规范的重要意义是什么？
5. 高校教师为什么及应该如何坚守廉洁自律的行为准则？

第五章　高校教师职业道德行为的选择与评价

【内容摘要】道德不同于其他社会现象，道德的一切行为都以选择为前提。道德行为的选择是以行为主体的价值观为指导，培养人的择善去恶的能力，确定人生的高尚目标，从而干预生活、影响社会及完善社会关系。人的道德行为要符合社会的基本道德规范，接受社会的监督与评价。高校教师由于肩负教书育人职责，其道德行为的选择具有特殊要求。习近平总书记强调，教师做的是传播知识、传播思想、传播真理的工作，是塑造灵魂、塑造生命、塑造人的工作。教师不能只做传授书本知识的教书匠，而要成为塑造学生品格、品行、品味的“大先生”。高校教师只有正确做出职业道德行为选择，弄清道德行为与教师道德行为的含义与特征，明确教师道德行为选择的机制与原则，重视教师职业道德行为评价的作用、原则、标准、依据与机制，遵守高校教师职业道德行为规范，争做人民满意的好老师，才能起到“春风化雨，润物无声”的作用。

第一节　高校教师职业道德行为的选择

党的十九大报告指出：“深入实施公民道德建设工程，推进社会公德、职业道德、家庭美德、个人品德建设”①。高校教师职业道德行为的选择是教师职业道德实践活动的重要内容，是全面贯彻党的教育方针，解决好培养什么人、怎样培养人、为谁培养人这个根本问题的具体体现。教师职业道德行为的选择与践行，不仅影响育人效果，而且与学生成长成才具有密切关系。

一、道德行为与教师道德行为

（一）道德行为的含义与特征

1. 道德行为的含义

人类社会生活可以分为自然属性和社会属性。人的自然属性是人的社会属性赖以

① 本书编写组. 党的十九大报告辅导读本［M］. 北京：人民出版社，2017：42.

存在的基础，没有自然属性就没有社会属性，人的社会性制约着人的自然性，人的自然性受人的意识的指导，具有强烈的社会色彩。人的道德行为是人的社会属性的体现，是人区别于动物的重要标志。不同时代、民族、社会和阶级对这两类行为有不同标准。

所谓道德行为，是指在一定道德意识支配下表现出来的有利或有害社会和他人的行为。由此可见，道德行为可以分为“道德行为”和“非道德行为”两类：从“道德行为”看，它具有道德意义，人们可以对其进行善恶评价。道德行为的特征与一般行为的特征是联系在一起的，但道德行为的特征更加集中于道德行为的目的上。黑格尔认为：“意志作为主观的或道德的表现于外时，就是行为。行为包含着上述各种规定。即（甲）当其表现于外时，我意识到这是我的行为；（乙）它与作为应然的概念有本质上的联系。”①

从非道德行为看，它不是在道德意识支配下产生的，也不涉及他人和社会利害的行为。这种行为是个人生活行为，是不能进行善恶评价，不具有道德意义的行为，因此，非道德行为具有以下三个特征：首先，非道德行为是指一个非自知的行为，即行为者对自己所进行的行为及其后果没有足够的认识。其次，非道德行为不是行为者自主选择的行为。这种行为往往是在不可抗拒的外力作用下发生，而非行为者自愿选择的结果。最后，非道德行为是一个不涉及他人和社会利益的行为。例如，裸睡、拉上密闭窗帘在家中裸体活动的行为是非道德行为，不涉及人际利害关系。凡是与他人和社会利益无关的行为，都不具有道德意义。非道德行为的三个特征是彼此独立的，任何一个行为，只要具备其中一个特征，即为非道德行为。

道德行为与非道德行为不是彼此孤立、毫无联系的。相反，它们的存在互为前提并在一定条件下相互转化。在现实生活中，要注意区别两者的界限，分清什么是道德行为和非道德行为。我们一方面应避免把人们的饮食起居和日常生活中的非道德行为都上升到道德的高度加以分析，使道德评价、道德教育庸俗化；另一方面又要看到非道德行为在一定条件下向道德行为的转化，反对“小节无害”。拿个人爱好来说，当这种行为选择不与他人和社会利益冲突时，就是非道德行为，但为了满足自己的爱好而妨碍了他人，侵害了集体利益时，就转化成了不道德的行为，理应受到舆论的谴责。

2. 道德行为的特征

第一，道德行为是道德行为主体自知的行为。

道德行为主体的自知，不仅是对实事的知，即对行为对象及其过程的了解，而且还包括对价值的知，即对行为的后果及其价值的判断。具体来说，道德行为的自知包括三个方面的内容：一是对道德行为本身包括行为对象、手段、过程的了解；二是对道德行为所涉及的道德关系的认识；三是对反映这种道德关系的相关道德原则和规范的掌握。行为者如果不具备或丧失了自知的能力，其所发生的行为也就不是道德行为。因此，神志不清的精神病人或无民事行为能力人，即使在个别场合和某种程度上做出了有利于或者有害于他人和社会的“行为”，那也不能看作道德行为。因为他们的行为不是在清醒的道德意识支配下产生的。黑格尔曾讲，儿童和野蛮人也可能实现符合道德要求的行为，但是这种行为不是道德行为，因为这里并没有对行为的性质、对行为

① 周辅成. 西方伦理学名著选辑［M］. 北京：商务印书馆，1987：420.

是好是坏进行任何研究。道德行为的自知能力表现为道德理性，即道德认识的理性状态。道德理性形成于行为主体的道德实践之中。

第二，道德行为是道德行为主体自觉的自我选择的行为。

道德理性是对道德价值判断的能力，它只能提供价值的参考而不能做出决定。而意志则是行为的选择能力，在具体选择过程中起决定作用。因此，道德行为是一种意志行为，它不仅是道德行为主体自知的行为，而且是其自主自觉自愿选择的行为。它体现了行为主体的主观愿望和意志。相反，如果一个行为不是行为主体自愿选择的，而是违背行为主体的意愿，在不可抗力的外力的作用下主体意志丧失后产生的，那么就不是道德行为，我们也不能对之进行道德评价。

值得注意的是，对于意志自由的丧失程度，国家法律有相关规定及判断标准，只有完全丧失意志的自由，行为主体才不可能做出任何自主的选择，此时所发生的行为才不具有道德意义。相反，只要还有进行不同选择的可能性，还有一定程度的意志自由，此时所发生的行为就仍具有道德意义。亚里士多德在《尼各马可伦理学》中认为：强制是始点在外的东西，行为的原因在行为之外。某些行为本身是非自愿的，但行为者仍可以选择，行为的始点在他之中，所选择的行动总是自愿的。这里的关键是“始点”的位置，即行为发生的根本动因。

第三，道德行为是道德行为主体有利于或有害于他人和社会的行为。

由于经济利益是道德的基础，道德行为也就必定是与他人和社会利害相关的行为。道德行为的对象性与一般行为的对象性不同，道德行为的对象是另一道德主体，正是由于道德行为的对象是人，所以行为主体可以在客体对象的反映中，反观自视，从而获得行为的双重价值，即道德行为对他人和社会的价值及对自身的价值。相反，一切不涉及他人和社会利害关系的行为，都是非道德行为，也称为“空白行为”或“中性行为”。

构成道德行为的上述三个特征，是相互联系、相互补充的，缺一便不能构成道德行为。只有这种涉及他人和社会利害关系的行为是出自行为者的自知、自主、自愿和自择的，才具有道德意义，人们才能对其进行善恶评价，行为者也才能对此承担相应的道德责任。

（二）道德行为的分类

道德行为的分类可以从不同角度、依据不同的标准进行。任何一种划分都是为了研究的需要。依据道德行为主体的年龄不同，我们可以把道德行为分为成人的道德行为和儿童的道德行为；依据道德行为主体的职业不同，我们可以把道德行为分为工人的道德行为、军人的道德行为、农民的道德行为；依据道德行为主体的不同身份，我们可以把道德行为分为学生的道德行为、教师的道德行为、子女的道德行为、父母的道德行为，等等。教师伦理学为了研究的需要，依据道德行为不同的性质，把人类全部的道德行为划分为善行、恶行两大类。同时依据道德行为发生的不同场景和道德行为主体的不同身份，把人类全部的道德行为划分为职业生活道德行为、家庭生活道德行为和公共生活道德行为。

1. 依据道德行为不同的性质划分

道德行为依据其性质不同可分为两大类，即善行和恶行。在一定道德意识支配下自愿选择的有利于他人和社会的行为，叫作善行，也叫道德的行为。在一定道德意识支配下自愿选择的有害于他人和社会的行为，叫作恶行，也叫不道德的行为。然而，善行和恶行并不能全部概括所有的道德行为，在道德实践中，道德行为不完全是非此即彼的善行或恶行。善行之外不一定都是道德所谴责、所禁止的，恶行之外也不一定都是道德所鼓励的、所提倡的，其间还存在着不善不恶或亦善亦恶的行为，即道德容许行为。道德容许行为是指人们在道德活动中既不为现行道德所提倡，同时也不为现行道德所禁止，在一定范围内和一定条件下为道德所许可的行为。道德容许行为作为一种特殊的道德行为类型，具有以下几个特征：

第一，道德容许行为具有突出的客观现实性。在道德实践中，社会对人们行为的道德态度可分为肯定、否定、容许三种，由此就有道德肯定、道德否定、道德容许三种道德行为。道德肯定性行为是指有利于他人和社会的行为，因而为社会所提倡。道德否定性行为是指有害于他人和社会的行为，因而为社会所禁止。道德容许性行为是指那些难以做出非此即彼的善恶判断，对他人和社会即非有利也非有害，称之为善行则过高，称之为恶行则过低，而又确属道德行为的行为。例如，经济生活中的斤斤计较，人际交往中的你送我还，体育比赛中的战术运用，等等。道德容许行为，反映了人类道德行为的多样性和道德规范、道德评价的局限性。事实上，在道德生活中，人们不可能，也没有必要对所有的道德行为都给予非善即恶的规定。

第二，道德容许行为是一种过渡性质的行为，其善恶性质具有不确定性和不稳定性。从严格意义上来说，道德容许行为并不是一种完全的独立的道德行为，它总是带有某种倾向性，特别是从发展的观点看，这一点就更加明显。要么倾向于善的行为，要么倾向于恶的行为。在社会转型时期，原有的道德评价标准发生了动摇，而新的道德价值体系又未确立，大量的、暂时的道德容许行为就会因此而存在。因此，我们要对具有较大可塑性的道德容许行为进行引导，促使其向善行转化。

第三，道德容许行为并不是广泛无边际的，它具有一定的局限性。道德容许行为存在的限制条件是，必须对他人和社会不致造成危害，因而它不为道德所禁止，同时又无明显的有利于社会的动机和效果，故也不为道德所提倡，对某一行为的道德肯定可以分为容许和赞许两个层次。道德所容许的行为虽不具有超前价值，但也够不上道德的贬斥。

在社会主义市场经济条件下，存在以下几类道德容许行为：

第一，市场主体的自由行为。市场经济的一个根本性特征就是强调经济主体的自主权，经济主体根据市场需求决定自己的经济行为。除了对市场竞争中的一些不公正交易和垄断行为的必要行政干预外，只要不违背社会的基本利益和法律的基本准则，应容许市场主体的自治原则和自主行为。

第二，不损人利己的行为。在市场经济中，商品的生产者和销售者的行为目的都是赚取最大利润，实现价值的最大化。同样，每一个消费者的行为目的则都是满足自身的需要，实现使用价值的最大化。如果我们把市场经济人概括为买者和卖者，他们的行为目的都是利己的。当然，这种利己并不排除在经济行为以外的利他倾向。从事市场经济活动的人决不会以自己亏本而千方百计让他人发财为目的，相反要与对方竞争利益，这是市场经济的特点所决定的并应当为道德所容许。

第三，权利义务的等价交换行为。等价交换是市场经济运行的保障机制。在尽义务的同时对等地享受权利。在付出劳动的同时获取相应的报酬。相反，没有履行义务就不能享受权利。没有付出相应的劳动，也就不能获取相应的报酬。这是由市场经济行为中的等价交换原则所决定的。因此，讨价还价、斤斤计较、按劳付酬、按酬付劳等行为，虽不是社会主义道德所提倡的，但却是市场经济运行机制中所容许的道德行为①。

当然，道德所容许的行为与道德所赞许的行为是不可同日而语的。我们不能满足于道德的容许，更不能把市场经济行为规则推广到非市场经济领域或上升到道德的层次加以推广。相反，应当积极引导市场经济行为向更高层次进行，并在社会主义市场经济中大力提倡集体主义原则，实现市场经济人的道德人格的升华。

2. 依据道德行为主体的不同身份及道德行为发生的不同场景划分

依据道德行为主体的不同身份及道德行为发生的不同场景，全部的道德行为可分为职业道德行为、家庭美德行为、社会公德行为。

第一，职业道德行为。

职业道德行为是指在职业生活领域和职业道德关系中道德行为主体以其职业身份发生的道德行为。首先，职业道德行为是道德行为主体以其职业身份、职业角色发生的道德行为。它是一种成人道德行为，如教师的教育教学行为、工人的劳动行为、营业员的销售行为等。其次，职业道德行为必然涉及职业道德关系，反映的是一种职业利益，如师生关系、买卖关系、供销关系等。最后，与职业道德行为相联系的是职业道德规范。职业道德规范反映了职业道德关系和职业道德活动的规律，如教师职业道德、军人职业道德，等等。

新时代职业道德的主要内容是：爱岗敬业、诚实守信、办事公道、热情服务、奉献社会。

第二，家庭美德行为。

家庭美德行为是指家庭生活领域和家庭道德关系中道德行为主体以其家庭成员角色发生的道德行为。首先，家庭美德行为是道德行为主体以其家庭成员身份、家庭角色发生的道德行为，如父母对子女的抚养教育行为、子女对父母的赡养关心行为、夫妻之间的互敬互爱行为等。其次，家庭美德行为必然涉及家庭道德关系，反映的是家庭生活中人与人之间的道德义务，如父子关系、母女关系、夫妻关系等。最后，与家庭美德行为相联系的是家庭道德规范。家庭道德规范是人类最古老、最原始的也是最基本的道德规范，最早可以追溯到原始社会。从一定意义上说，两性禁忌是人类最早的家庭生活规范，也是人类最早的道德规范，是人类文明的开端。

新时代家庭美德的主要内容是：尊老爱幼、男女平等、夫妻和睦、勤俭持家、邻里互助。

第三，社会公德行为。

社会公德行为是指在公共生活领域和公共道德关系中道德行为主体以其公共生活角色发生的道德行为。首先，社会公德行为是道德行为主体在公共场所以公共生活角色发生的道德行为，如顾客的购买行为、旅客的旅游行为、公共场所的社交行为等。

① 李建华，贺更行. 道德容许行为初探［J］. 江西社会科学，1996（2）：28-31.

其次，社会公德行为必然涉及公共道德关系和公众的利益。公共道德行为所涉及范围广泛，其维护或侵害的利益也具有不确定性，它一方面常常与大众利益直接相联系，另一方面又常常表现为对具体主体利益的维护或侵害。最后，社会公德行为与公共生活道德规范相联系。社会公德规范具有普遍适用性和历史继承性，其所反映的是道德主体在公共生活中对社会和他人所应承担的责任和义务。

新时代社会公德的主要内容是：新时代文明礼貌、助人为乐、爱护公物、保护环境、遵纪守法。

（三）教师职业道德行为的含义与特征

1. 教师职业道德行为的含义

教师职业道德行为是指以教师为职业的道德主体，在一定道德意识支配之下，在其以教师身份进行的教育、教学活动中发生的有利于或有害于学生、学校、社会及他人的行为。

首先，教师职业道德行为在本质上必须是一种道德行为，必须同时具有自知性、自择性和利害性的特征，否则就失去了其道德意义。

其次，教师职业道德行为在范畴上属于职业道德行为。它发生于教师与学生、教师与学校、教师与教师、教师与社会以及教师与他人的社会道德关系之中。

最后，任何一名教师都身兼数种角色，教师只是其社会角色之一，当且仅当教师以教师的职业角色开展相应的教育、教学活动时，其所发生的道德行为才被称为教师职业道德行为。

2. 教师职业道德行为的特征

教师职业道德行为的特征与教师道德的特征是一致的。它是由教师职业劳动的特点所决定的。

首先，教师职业道德行为的规范性。学校没有小事，事事关系教育，由教师职业劳动的特点所决定，教师的一言一行都可能成为学生学习和模仿的典范。教师有意无意的一个动作、一句话都可能给学生带来有利或有害的影响。因此，教师职业道德行为比其他职业道德行为更具有规范性，社会和学校对教师的各种教育、教学行为都具有明确的道德要求。

其次，教师职业道德行为的宽泛性。教师的职业劳动具有随机性，它往往不受时间和环境的约束。无论是上课还是下课，无论是在校内还是在校外，无论是正式的还是非正式的，只要是以教师职业身份进行的教育、教学行为，都可以被看作一种教师职业道德行为。

最后，教师职业德行为的示范性。教师道德的示范性通过教师职业道德行为的示范性表现出来。教师在教育、教学实践活动中的一举一动，都可能成为学生学习的榜样和模仿的对象。“言传身教”“以身作则”就反映了教师职业道德行为示范性的特点①。

① 曲洪志. 高等学校教师职业道德修养［M］. 济南：山东人民出版社，2004：219-223.

二、高校教师道德行为的选择

（一）道德行为选择和高校教师道德行为选择的含义

1. 道德行为选择

道德行为选择是指同时存在几种可能的行动方案时，道德行为主体根据自己的道德观念自主地决定按照某一种方案行动，以实现自己的道德意图的道德活动。选择作为一种现象，可分为自然选择和社会选择。自然选择是由于自然条件发展变化引起的，如生物为了适应自然的变化优胜劣汰、遗传变异等。社会选择则是社会规律发展的结果。社会选择的主体是人，故而社会选择说到底是人的选择，是人在各种的可能性中反复进行比较、权衡，选出最符合主体意志、最能达到主体目的的东西。社会选择是社会发展的必要环节和手段。社会愈发展，社会愈是复杂，人的选择也愈主动、愈多样化。

选择活动是从人类自我意识产生之时开始的，在人类社会的早期，由于人类在自然必然性面前始终处于受支配的地位，选择受到极大地限制，人们还没有形成自觉的选择意识。随着人类劳动分工活动的分化，人与人之间由于社会交往的日益频繁而确立了多种多样的关系，也形成了多种多样的要求，从而不仅有了选择的可能，而且选择的范围也在逐渐扩展。在近代，资本主义生产方式更加拓展了人的活动范围和视野，商品经济滋生了人的价值意识和选择愿望，于是，选择受到了更加广泛的重视。以达尔文为代表的进化论把选择应用于人的历史，认为人是进化的产物，是适者生存、劣者淘汰的结果，这就是著名的“自然选择说”。进化论虽然肯定了自然选择，但这种选择忽视了人作为进化主体所具有的能动的自我选择性，过分强调自然支配，以致把自然规律直接应用于社会，形成了社会达尔文主义。康德最终完成了自然规律与社会规律分开，把前者归于必然，而把后者归于选择。康德认为，认识和道德是两个截然不同的领域，道德高于认识。道德的对象是自由的规律，是人的实践精神自我立法和自我选择，只有出于人的善良意志的行为，只有经过人自由选择的东西，才是道德的。

从自然必然性过渡到人的自由选择，是人类精神的又一次飞跃。马克思主义通过论证这一飞跃的实践基础而肯定了它的革命意义，这就是以自由选择为特征的认识主体和实践主体，是人类社会完善的推动者。社会的发展主要是通过人的自我选择实现的，有目的、有意识地选择促进了人的智力和体力、社会组织、社会生活有序发展。社会中的每一个成员都负有选择的使命和责任，放弃这种使命，就是放弃做人的资格，就是把自己降到物的水平。

社会不断发展，社会生活日趋复杂，人的选择也越来越具有多样性。选择从主体看，有个人的选择和群体的选择；从性质上看，又有主动的选择和被动的选择；从过程上看，还有认识选择、情感选择、行为选择和交往选择，等等。这些选择交互影响，构成了不同社会生活领域里的选择，如政治选择、法律选择、经济选择、宗教选择和道德选择，等等。

道德行为选择反映了道德的本质和特点，是道德行为的升华。

第一，道德行为选择是道德主体的必然性行为。主体与选择是合二而一的关系，唯有主体才能进行选择，而唯有选择才能体现其主体的地位。选择的字面含义是“挑选”，即在两个或两个以上对象中间作出取舍，这种取舍只有自觉的、有意识的人——主体才能做出。在客观条件下，主体的选择能力是道德行为选择的决定因素。黑格尔认为：规律不会行动，只有现实的人才会行动。在道德行为选择中，主体具有特殊的地位。

道德主体是指处于一定社会历史条件下和道德关系中，在一定道德意识支配下进行道德实践活动和认识活动的人。道德主体通过自觉的、能动的活动主动地去认识各种道德现象，并由此认识和把握世界。道德主体的能动性集中表现为目的性、计划性、选择性，在道德选择主要是道德行为选择的过程中，道德主体自身认识了道德原则、规范和范畴，把握和创造了道德关系，实现了自身的道德价值和目的，相反，如果一个人没有道德行为选择的能力，不能进行道德行为选择，那么，他就不能实现自身的道德价值，当然也就不能称为道德主体。可见，道德行为选择是道德主体认识和把握道德现象并由此认识把握世界的方式，正是在选择过程中，主体才确立了自己的地位。

第二，道德行为选择是道德主体的自主性道德活动。道德行为选择，反映了道德行为主体的价值取向，是道德主体的高度自主性活动。自主在这里是指道德主体独立地按自己的目的和愿望在多种可能的道德行为方案中作出决定并采取行为的能力，也就是主体自我决定、自我选择的能力。自主性使道德选择成为选择主体的活动，而不是外在的活动。

道德行为选择的自主性与道德意志是紧密联系在一起的。从本质上说，选择是一种意志行为，道德行为选择则是在几种道德可能性中，通过道德行为主体的意志决断，择其一而行之。一切不能选择而进行的“选择”，不可抗拒的外力胁迫下的选择，被骗、被诱、违背主体真实意愿的选择，都不能称为道德行为选择。

自主性是道德行为选择的本质特征。要自主选择，除了社会应为人们提供一个良好的选择环境外，主体必须有鲜明的自主意识。人的自主意识是人的自我意识的一个重要内容和条件。要增加主体的自我意识，就要克服盲从心理和盲目认同的思想习惯，提高主体的认识能力、决断能力和意志力。

第三，多层次道德范畴是道德行为选择存在的前提。社会是由多层次并存、多领域合作所组成的有机体，每一个层次都有相应的道德要求，层次越高道德要求也就越高，高低不等的层次形成了由低到高的规范体系；同时，每一个领域也都有自己的特殊的道德，这些不同领域的道德又组成了横向的道德关系网络，彼此相对独立而又相互联系和影响。纵向和横向的道德要求交织在一起，相互连接，为道德行为选择提供了社会前提。

道德行为选择，首先是道德行为标准即道德规范的选择，多层次和多方向的道德要求，构成道德选择的客观条件，没有这种条件，选择就会失去场所和对象。社会越进步，社会生活越复杂，供人们选择的可能性就越多。在人类社会早期，单纯的生产关系决定了狭隘的道德交往，人们只能在有限的可能性中开展自己的活动，道德行为选择的范围是十分有限的。随着人类活动的分化，社会交往的频繁，人与人之间确立了多种多样的关系，也形成了多种多样的要求，为人们的道德行为选择提供了越来越广阔的场所和越来越多的可能①。

① 姚新中. 论道德选择［J］. 中国人民大学学报，1989（1）：78-83.

2. 高校教师职业道德行为选择

高校教师职业道德行为选择是指高校教师在教书育人的职业活动中，如何根据高校教师职业道德的基本原则和规范来把握和选择自身的职业行为的实践活动。高校教师职业行为的道德选择是高校教师职业行为发生之前的思维过程，是高校教师在职业道德意识的支配下，在不同的道德价值之间进行取舍的一种特殊的道德活动。

高校教师是教师的重要组成部分，他们在进行职业选择时，就注定他们所从事的事业是高尚的职业。高校教师在面对两个以上的道德行为方案时，在一定道德意识的支配下，依据一定的道德原则和规范自愿自觉地判断取舍和决定一种道德行动方案，而这种选择不仅能在学生中起到表率作用，而且被社会所赞许和认可。

首先，高校教师道德行为选择在本质上是一个道德价值判断和取舍的过程。教师道德行为选择要有价值引领作用，选择什么、放弃什么取决于教师道德行为主体的价值观。而这种价值观一定是社会的主流价值观，对学生具有思想和价值引领作用。

其次，高校教师道德行为选择是一个自愿、自主、自择的过程，是教师高度自主的道德活动。虽然这种选择是自主行为，但由于教师身份特殊，这种选择必然受到来自学生、学校、社会等影响，而最终的决定权在教师道德行为主体的手中。

再次，高校教师道德行为选择是教师道德行为主体意志的体现。只有基于自己的意志，经过自愿选择而做出的行为，才具有道德意义，才负有道德责任。如果与个人意志无关或无能为力（如昏迷或意外事故），则可以不负道德责任。

最后，高校教师道德行为选择是一个内在的心理过程。以需要、动机、行为的关系为核心，说明情感、期望、挫折等心理因素，对人们的行为选择和行为过程有着重要作用。教师道德行为选择在心理上完成之后，又必须通过外部的行为表现出来，这种选择才具有实际的价值和意义，才是一种现实的教师道德行为选择①。

【案例 1】

时代楷模——黄大年

黄大年，男，汉族，1958 年 8 月生，中共党员，1981 年 12 月毕业于长春地质学院。2017 年 1 月 8 日因病不幸逝世，享年 58 岁。黄大年同志是著名地球物理学家、吉林大学新兴交叉学科学部长、地球探测科学与技术学院教授、博士生导师。

黄大年同志始终坚守爱国主义精神，矢志不渝实践科技报国的理想。无论是在读书求学、国外工作还是归国任教期间，都始终把祖国富强和民族振兴作为最高追求。

他时刻把祖国的需要放在首位。1992 年，心怀报国之志的黄大年被公派到英国攻读博士，成为地球物理领域研究高科技敏感技术的少数华人之一。2009 年，他毅然放弃国外优越条件，回到母校吉林大学从事科研和教学工作。作为国家“863 计划”“高精度航空重力测量技术项目”的首席科学家和国土资源部“深部探测关键仪器装备研制与实验项目”的负责人，他在短期内突破国外严格禁运和技术封锁瓶颈，取得一系列重大成果，填补多项国内技术空白，为深地资源探测和国防安全建设作出了突出贡献。

---

① 教育部人事司. 高等学校教师职业道德修养［M］. 北京：北京师范大学出版社，2018：391-395.

他心系祖国发展和吉林振兴，以战略视野和高尚人格为国家培养凝聚人才，多次受邀赴全国多地指导地方科技建设和经济转型，深入吉林省部分地区推动和协助产业转型，牵头筹划在吉林省建立“无人机产学用基地”和“吉林大学留学生报国基地”。

他因材施教，鼓励和引导学生将个人价值与国家前途命运紧密联系在一起，悉心指导的44名研究生（其中18名为博士生）获得省部级以上奖项14人次，主动担任本科层次“李四光试验班”的班主任，所带班级被评为长春市“十佳班级”。

他关心学生，默默资助生活困难的学生，热心帮助患重病的学生家长解决治疗问题。他目光高远，为学生和团队成员创造接触世界最前沿科技和最先进设备的条件，提供与院士等国内外顶级专家交流的机会，支持和资助26人次参加国际学术会议，培养了一批“出得去、回得来”的人才。

他无私忘我工作到生命最后一息，为实现强国梦想奉献全部，经常工作到凌晨两三点钟，几乎没有休过寒暑假和节假日。他平均每年出差130余天，最多的一年出差160余天，3次累倒在工作岗位上。

他不计个人名利，只想把自己掌握的国际最前沿科技成果和经验全部奉献给祖国，在国内外学术领域和海外归国人才中享有很高的声誉，受到科研人员和学生的爱戴，得到各级组织的充分肯定。曾荣获中国侨界贡献奖、吉林省劳动模范、吉林大学“三育人”标兵等荣誉称号。

黄大年同志是新时期归国留学人员爱国报国的先进楷模，是高校教育工作者教书育人的杰出榜样，是践行社会主义核心价值观的优秀代表。他用毕生努力实现了爱国之情、强国之志、报国之行的统一，把个人梦想融入实现中华民族伟大复兴中国梦的壮阔篇章之中，充分展现了一名新时期归国留学人员和高校教育工作者的奉献精神和崇高品格。

——摘编自《时代楷模·2017——黄大年》（学习出版社2017年版）

（二）教师道德行为选择的机制

教师道德行为选择是一个由多种要素共同作用的过程，有着极为复杂的机制，包括以个人为基础的心理机制和以社会为基础的社会机制。

1. 教师道德行为选择的心理机制

教师道德行为选择是教师认识、权衡、取舍的复杂心理活动过程，是教师完全自觉进行的。教师道德行为选择的进行来自认识的选择性，又依赖于情感，还要借助于意志。知、行、意是人类心理活动的三个基本因素，也是教师道德行为选择的心理活动过程。

第一，认识机制。这一机制表现为人的知识结构，主要包括本体性知识、背景性知识和条件性知识。但教师对外来信息并非全盘接收，而会根据自己的原有的感知模式加以选择，凡是与自身模式一致的信息就得到认同，并融入自己的道德认知结构，固定为信念体系并显现在日常生活中；否则，就无动于衷或排斥拒绝。不同的教师在进行道德选择时有不同的表现，主要是由于每个教师都有自己独特的取舍标准，各人的价值认知模式各具特点，千差万别。教师认识上的道德定势和道德期待也是一个重要因素，它使主体一开始就产生倾向性，聚焦在特定的对象和有限的范围内，只注意个人感兴趣的相关信息。经历了一段职业生涯之后，每个教师都形成了一套自己的道德修养体系及道德习惯。教师心目中的道德榜样不是完全相同的，从精神世界到行为方式，每个教师都有自己的选择模式。道德定势和期待使教师能把握、选择与个人需要相符合的对象及信息。不过，有一点值得注意，即过强的定势和过高的期待又成了偏见，使教师得出错误的认知。一个讲究自身道德修养的教师，会经常反思自身的具体状况与现实状况，不断地调整主客观的关系。在此，反思性省察十分重要。石里克指出："比起一个人怎样才能才被认为是该负责的这个问题来，还有一个更为重要的问题，那就是他自己怎样才会感到自己是该负责的。"我国学者林崇德说："优秀教师=教育过程+反思。"①

第二，情绪和情感机制。情感是主体对自身及客体的感受、体验，情感可在各种情境下通过情绪表现出来。情感是人对客观事物与自我需要的关系的心理反应，是人类道德发生的直接心理基础，也是教师道德行为选择的重要心理依据之一。教师道德行为选择中的情感通常由兴趣、情绪和情感三个环节组成，每一个环节具有独特的选择作用。

兴趣，是人在外界感受、体验的基础上，由欲望转化而来的。动物的欲望不过是求生本能的驱使，人的欲望却是有指向、有目的的，这种指向和目的使人对某一对象发生兴趣，然后就会专注于这个对象，产生对它在情绪上的吸引力。在人的体验中，他就是在不自觉地选择了这个对象，因此，兴趣又代表着主体的价值取向，反映了主体的需要、能力和所处的社会条件，在主观性的态度中包含着客观性的内容。

情绪和情感具有更为强烈的选择意义。情绪和情感是有区别的。情感是主体个性的稳定结构和特点，是比较深层的、稳定的东西，是不能测量的，只能通过情绪去感受它；情绪是情感的外在表现，是情感在特定情境中的流露，并随着情境转移而变化。情绪又是起伏不定的，一定的情感可以表现出各种不同程度、不同形式的情绪。人的情绪不同于动物的情绪，人的情绪具有社会性。

情绪通常表现为两极：喜悦—悲伤，爱—憎等，因而情绪选择的基本形式也相对有肯定和否定两种。情绪性选择具有三个特点：其一，强烈性，即一旦对某对象表现出选择情绪往往会将其发展到极端，主体将会用自己全部身心力量维持这种情绪，如平常所讲的"怒发冲冠""恨之入骨""喜上眉梢"等。其二，感染性，指对同一个对象，如一个人持大致相同的态度。其三，弥散性。爱、憎、悲、喜等情绪，往往在不自觉中扩展了范围，比如喜欢某学生，常常会"爱屋及乌"，而讨厌某事，也会连带着讨厌所有与此相关的东西。不仅如此，情绪持续越久，对象范围越大。

情感，包括道德感、理智感和美感，是广义情感中的最高层次，也是最具有社会性的情感，其选择作用尤为突出，它不仅具有情绪选择的强烈性、感染性和弥散性的特点，还具有一个更大的特点：持久性。这一特性在道德领域（像爱国主义情感等），可以伴随人的一生，并且与日俱增。道德感是人们自觉学习、修养、实践而获得的稳定品质，包括是非感、责任感、荣誉感、羞耻感等，其中每一种都具有特殊的选择意义。比如，是非感使人自觉规范行为，选择符合社会道德准则的行为并谴责相反的行

① 湖南教育厅. 高等学校教师职业道德修养［M］. 长沙：湖南大学出版社，2005：164.

为；责任感使人自觉履行责任和义务，谴责不负责的行为和事件①。

第三，意志机制。它是将人的感知与思考、欲念和情感转化为外部实际行为的活动，是主体沟通认知和情感的桥梁。真正的选择是理智而审慎的意志过程。选择和决定的过程中，意志的独立、果断能帮助主体排除各种干扰，坚定选择和决定的信念和决心。黑格尔说："意志通过作出决定而设定自身为特定个人的意志，把自己与别人区别开来的那种意志"，"不作什么决定的意志不是现实的意志。"② 可见，意志表现出主体的自主、自控状态，为教师道德行为选择奠定了基础。

2. 教师道德行为选择的社会机制

在社会主义市场经济条件下，高校教师的行为选择作为一种现实活动选择，不仅仅是一种心理需要的选择，同时也是一种复杂的利益选择。被动地对教师行为选择进行外在约束和监督，已不适应当前教育教学的发展目标和趋势。随着社会主义市场经济体制的建立，市场经济观念也延伸到高等教育领域。具体表现在三个方面：一是对功利价值的肯定；二是对等价交换原则的认可；三是对外部性的合理补偿。这种体制上和观念上的变革对高校教师的价值取向、心理需要和行为选择产生了两大现实影响。第一，一定的物质利益需要成为教师行为选择的重要因素。面对现实中较低的收入，从工作中获得合理而公正的报酬，生活得更加体面、舒适，同样也是高校教师的现实需要。因此，追求一定的物质利益需要，将自身行为的投入与产出、付出与所得结合起来，全面权衡利弊得失成为教师行为选择的重要因素。第二，教师行为选择呈现多层次、多样化态势，包括四种情况。一是市场经济在促进利益关系表面化的过程中，也带动了利益格局的调整、利益需求的差异及利益矛盾的碰撞。出于满足不同的需要和需要层次，教师行为选择表现出一定的层次性和多样化态势。二是单纯精神需要为主——无私奉献型。这部分高校教师具有强烈的事业心和社会责任感，彻底的奉献精神，坚定的信念和高尚的道德情操，将个人利益得失置之度外，而自觉自愿地选择努力行为，独自承担外部社会成本而无怨无悔。只有极少数高校教师属于这种类型。三是单纯物质性需要为主——机会主义型。基于信息不对称，教师努力程度难以有效监督和评价，会出现"败德"行为，如工作不努力，没有事业心和责任感，消极怠工，把主要精力投放在社会兼职上，造成教师隐形流失，直接影响工作绩效。也只有少数教师属于这种类型。四是精神性需要和物质性需要相结合——等价交换型。这部分教师出于精神性需要和物质性满足的利益权衡，要求自身的付出与所得、投入与产出对等，按劳取酬，按酬付劳，行为选择取决于激励和约束机制，大多数高校教师属于这种类型。

高校教师行为的道德选择不是随心所欲、脱离实际、纯粹主观的活动，而是在一定的客观限度内根据具体的社会历史条件进行自主选择的过程，受到社会机制和心理机制的制约。

第一，教师要根据教育劳动的特点和教育规律的要求进行选择。教师要达到教育行为的最佳效果，必须根据教育活动的特点选择教育行为方案。不从教育对象的实际

① 教育部人事司. 高等学校教师职业道德修养［M］. 北京：北京师范大学出版社，2018：394-395.

② 黑格尔. 法哲学原理［M］. 北京：商务印书馆，1961：24.

出发，盲目选择和实施教育行为方案，教育效果肯定不好。同时，教育活动有着内在的规律和要求，不容教师主观随意行事，违背了教育规律就会受到惩罚。因此，教师一定要制定出符合教育规律要求的教育原则、教学计划、教学大纲和教材，不断修改使之完善，并严格按照它们去选择和实施教育行为方案。

第二，教师要在一定的社会环境和历史条件下选择教育行为，一定社会的经济、政治状况不仅决定该社会教育的目的、内容和方法，而且也决定其发展的规模、速度与任务。这就决定了教师只能选择与之相适应的教育行为方案。超越了一定的历史、社会环境，是不能自由选择教育行为方案的。

第三，教师选择教育行为要考虑自身所处地位的立场。在社会主义制度下，人民教师作为工人阶级的一部分，只能从工人阶级和广大劳动人民利益出发，选择与之相符合的教育行为，为人民教育事业服务。

第四，教师选择教育行为要受社会道德意识和教育传统习惯的制约。我国当前的各种道德原则、规范、观念以及教师的传统美德和一些或积极或消极的习惯、舆论、思想等影响和制约着教师的行为选择。

第五，教师道德行为的选择，还受其世界观、人生观、价值观、道德观以及个人决策能力等主观因素的影响和制约。在外在客观社会机制基本相同的情况下，教师个人的主观因素不同，对同一教育行为的道德选择也就不同①。

3. 教师职业道德行为选择中的价值冲突

教师职业道德行为选择是一种特殊的价值取向，它不仅仅要必须面对多种可能性，而且要在价值冲突中进行，在不同的价值准则之间作出取舍。

价值冲突表现在教师身上，是教师承担的多种道德义务之间的冲突。当一个教师同时扮演几种不同的社会角色时，往往会产生在不同的道德义务之间的冲突。根据引起冲突的原因，教师的价值冲突有以下几种形式：

第一，由于社会或他人对教师的期待或要求不一致所引起的教师内心的矛盾。比如，教育行政部门要求教师严格地、毫无偏差地按教学大纲要求进行教育、教学活动，但面对某些有困难的班级或学生，教师又不得不对教学进度做一些调整；再如一些学生家长希望教师成为一切美德的典范，甚至从没有发过脾气和提高嗓门讲话，是一个非常通情达理的善良人，但是教师因为教育的需要难免会批评学生，甚至采用发脾气的手段。这些要求反映到教师头脑中，在特定的情形中会出现尖锐的对立。

第二，由于教师改变角色而形成的新旧角色所承担的义务之间的冲突。人在社会生活中总是不断地变换地位，如果地位改变了，而责任意识没有随之改变时，往往会产生矛盾。比如，一个普通的教师被提拔到领导岗位后，社会对他的道德要求就不仅仅是忠于职守，而且要正确决策，遇到该下决心时，瞻前顾后，或不敢承担责任，就不能履行领导者的义务，从而使教师在内心中形成冲突。

第三，由于社会生活的复杂性，一个教师往往身兼几种社会角色，不同的角色往往赋予其不同的义务，从而形成义务间的冲突。比如，一个教师在工作中要承担教学义务，对家庭要履行赡养长辈、抚育后代的义务，对亲朋好友要履行互尊互助的义务

① 湖南教育厅. 高等学校教师职业道德修养［M］. 长沙：湖南大学出版社，2005：166-168.

等，而在特定的时间同时履行这些义务，往往十分困难，从而造成义务间的冲突。

价值冲突表现在社会中，呈现出两种不同的形式：一种是同一价值体系内部的不同道德要求之间的冲突，是大善与小善、高层次的义务与低层次的义务之间的矛盾；另一种是不同价值体系之间的对立，是善与恶、履行义务与不履行义务之间的冲突①。

在不同的价值体系之间同样存在着激烈的冲突。在社会主义社会，除了占主导地位的社会主义道德，还有历史遗留下来的封建道德和资本主义道德。虽然后两者在经济基础上和政治地位上已经丧失了体系的原有含义，但它们作为与社会主义价值体系根本不同的道德，仍在支配、左右着一部分人的思想观念、理想和行为。由于这几种性质对应的价值观反映在具体行为中，反映在教师的头脑里，就形成了价值的冲突。这些冲突要求教师思考、抉择，这就是教师道德行为选择的社会机制。

（三）教师道德行为选择的原则

1. 集体主义原则

集体主义原则是社会主义道德的基本原则，也是教师进行行为选择的基本原则。道德行为选择的主体意义就在于实现主体自身的道德价值。价值是一个关系范畴，只有在主体和客体之间才存在并能实现它。同样，个人的道德价值也只有在集体中才能实现。主体只有选择那些有利于集体的道德行为，才能最终实现自己的价值，其选择才有意义。因此，以最广大人民群众的最大利益为道德行为选择的出发点和归宿，是教师道德行为选择的基本原则。

2. 人道主义原则

人道主义原则是教师道德的基本原则，也是教师道德行为选择的原则之一。教师道德行为选择的集体主义原则主要调整和解决的是教育过程中个人与集体之间的利益矛盾与冲突，而人道主义原则则主要是调整和解决教育过程中人与人之间的矛盾与冲突。教师职业劳动对象的特殊性，决定了人道主义原则在教师道德行为选择中的特殊地位和意义。教师在面对诸多道德行为方案进行选择时，常常要直接面对学生的人格、尊严，直接面对学生的各类需要。尊重学生、关心学生、爱护学生是教师在进行道德选择时最基本的出发点和归宿。以人为本，以学生为本，是教师道德行为选择的人道主义原则的基本要求。

3. 功利主义原则

教师道德行为选择不是超功利的。同任何选择一样，教师道德行为选择也是一种功利的取舍。这就要求教师在进行道德行为选择时坚持功利主义原则，追求选择效益的最大化。任何一种道德行为选择，在本质上都是一种利益选择。它意味着主体对各种利益的取舍，追求最大效益，这是每个道德行为主体的共同要求，这是社会和阶级的利益要求。应当注意的是，在社会主义社会的道德行为选择中，主体所追求的效益不是个人的私利，而是包括社会效益在内的综合价值。这是一种以社会为基础的选择。贯彻效益最大化原则，一方面要求教师在面临个人利益和集体利益的选择时，要满足于集体利益；另一方面要求在面对眼前利益与长远利益、局部利益和整体利益时，应着眼于更广阔的范围。

① 曲洪志. 高等学校教师职业道德修养［M］. 济南：山东人民出版社，2004：231-232.

4. 精神价值原则

在教师道德行为选择中坚持功利主义原则，并不意味着一切道德选择都是“唯利是图”，都只是追求经济效益的最大化。相反，道德行为选择不同于一般行为的地方，就在于它立足于道德行为所创造的审美价值和精神价值。对于一般行为特别是经济行为的评价，社会往往注重其所创造的经济价值和物质财富，因而行为主体在进行选择时，也是把追求最大的经济价值作为行为选择的出发点。然而道德评价和经济评价虽有联系却各有不同，道德评价更关注主体行为所创造的精神价值，即在多大程度上践行了何等层次的道德原则和规范，为人类的道德精神增加了怎样的财富，所以，教师在道德行为选择中，立足于精神价值的创造是其根本的特点①。

（四）教师道德行为选择的自由、必然与责任

教师在社会生活以及自己的教学活动过程中，总是要选择一定的道德行为。然而，如何进行道德行为的选择、教师道德行为选择有没有自由、要不要对自己的选择负责任，这些都是需要进一步研究的问题。恩格斯说：“如果不谈所谓自由意志、人的责任能力、必然和自由的关系等问题，就不能很好地议论道德和法的问题。”② 可见，教师道德行为选择受多种因素影响，并不是随心所欲的。

1. 教师道德行为选择的自由。

教师道德行为选择的自由表现为两种形式，即社会自由和意志自由。

一是教师道德行为选择的社会自由。

社会自由是教师道德行为选择的外在可能性，它使选择具备了客观的自由天地。作任何选择，首先必须有至少两个的选择对象，只有一个对象，即只有一种可能性，那只能叫规定，而不叫选择。教师道德行为选择的可能性是由社会提供的，是社会发展的内部结构造成的。因此，教师道德行为选择的可能性与自由度取决于社会发展程度，社会越发展，教师道德行为选择的可能性越丰富，教师道德行为选择的自由也就越大。反之，社会越不发达，社会关系越落后，教师活动的限制就越多，选择的自由也就越小。

马克思主义认为，人是环境的产物。人的选择受客观必然的支配。“不管个人在主观上怎样超脱各种关系，他在社会意义上总是这些关系的产物。”③ 尽管在具体的选择环境中，教师可以超越某些条件的限制，作出自认为正确的道德行为选择，但从整体上看，教师道德行为选择要受社会所提供的各种可能性的制约，这些制约表现在以下方面：第一，教师道德行为选择的对象不是主观臆想的，而是客观的，是由社会产生的。教师只能在社会所能提供的可能性之间进行选择。马克思说过：“人们创造自己的历史，但是他们并不是随心所欲地创造的，并不是在他们选定的条件下创造，而是在直接碰到的、既定的、从过去承继下来的条件下创造的。”④ 这些条件也决定了教师选择的范围，教师只能在条件允许的范围内进行选择，而无法超出这一范围。第二，教师选择的方式要受到社会的政治、法律和道德的限制。一定的社会有与自身的生产力

① 曲洪志. 高等学校教师职业道德修养［M］. 济南：山东人民出版社，2004：233-234.
② 马克思恩格斯选集（第3卷）［M］. 北京：人民出版社，1995：454.
③ 马克思恩格斯全集（第23卷）［M］. 北京：人民出版社，1972：12.
④ 马克思恩格斯选集（第1卷）［M］. 北京：人民出版社，1995：603.

相适应的、特定的上层建筑，为了维护一定的社会秩序，国家、法律、警察等强力因素以及道德体系、社会舆论等手段会严格限制教师道德行为选择方式，超越界限、不合规则的选择也会受到法律的惩罚和舆论的谴责。第三，教师道德行为选择能力不是与生俱来的，而是在社会中发展起来的。教师道德行为选择能力的高低，从个体角度讲，是由于生活的环境、所受的教育、个人努力的程度等方面的差异造成的。道德选择能力越高，个体在选择中的自由度越大。从整体上看，教师道德行为选择能力的发展又依赖于社会和集体。只有在集体中，才能体现出个人的自由，教师才能获得道德行为选择的机会。同时，教师个人的发展也离不开一定社会中群体的发展①。

二是教师道德行为选择的意志自由。

教师道德行为选择的可能性只是外在的自由，这种自由能否实现，还依赖于教师的意志自由，教师的意志自由是教师道德行为选择的内在自由，教师的意志自由是教师道德行为选择的一个重要的前提。

道德行为选择的意志自由表现了人的能动性和主动性，它使教师在多种可能性中根据自己的需要、信念和理想进行选择。社会提供的选择条件是确定的，每个教师在这些确定的条件下都可以作出自我独特的选择。正是这种选择使教师获得独立的地位和人格。意志自由的教师按照自己的意愿而不是屈从于外界的压力去选择自己的生活方式、行为方式，并体现自己的价值。教师道德行为选择得以进行，依赖于教师的意志自由，意志自由又赋予教师以道德责任。在道德冲突中，意志自由在教师道德行为选择中的作用尤为明显。它给人以思考和行动的机会，使人需要辨别真伪、是非和善恶，从而作出扬善去恶的抉择。恩格斯指出："如果不谈所谓自由意志、人的责任、必然和自由的关系等问题，就不能很好地讨论道德和法的问题。"②

意志自由是教师道德行为选择的重要前提之一，意志自由一方面是人的自决能力，另一方面又是被决定的。意志自由与不自由集于一身，表现出与其他心理因素不同的特性。

首先，教师道德行为选择的意志自由不是抽象的自由，不是摆脱了一切欲望、冲动、需要等的束缚的纯粹的精神性的自由，也不是只存在于幻想之中的虚无缥缈的境界，而是具体的现实自由。现实的自由来自人的活动，在活动中人的需要与满足需要的对象达到了统一。这种人的需要不仅具有外在的形式，而且具有现实的内容。通过这种需要和需要的满足，人摆脱了自己的抽象性，而成为活生生的人。人也由需要的奴仆变成需要的主人，成为支配、控制自身的一切感性的活生生的人。

其次，教师道德行为选择的意志自由也是普遍性与特殊性的统一。意志作为个人的东西，是特殊的。意志的出发点是特殊的个人需要，它所要达到的目的也是由特殊的个人规定的。但意志又不能仅仅停留在特殊性之中，它必须由特殊上升到普遍才能达到自由。自由则代表着意志中的普遍规定性，反映着普遍的规律。意志和自由的结合就是特殊和普遍的结合，意志在特殊中表现自己，又不能受特殊的束缚和限制，必须在特殊之中保持普遍的本性。

① 教育部人事司. 高等学校教师职业道德修养［M］. 北京：北京师范大学出版社，2018：401-402.

② 马克思恩格斯选集（第3卷）［M］. 北京：人民出版社，1995：152.

最后，教师道德行为选择的意志自由还是从主观进入客观，又从必然进入应然的过程。教师道德行为选择作为具体的过程，是与教师的愿望、意向、决定分不开的，是一种意志活动向行为活动的过渡。黑格尔说："意志的活动在于扬弃主观性和客观性之间的矛盾，使它的目的由主观性变为客观性。"① 这种主体对象化的意志活动是选择自由的最基本的特性。

2. 教师道德行为选择中的必然性

自由和必然性是教师道德行为选择过程中不可分割的两个方面。必然是指在自然界和人类社会中不依人的意志为转移而独立存在的规律；自由是指人对客观规律的认识和运用。当人们没有认识客观必然性时，只能受客观必然性的支配，没有什么自由可言。当人们认识了必然性并在实践中运用必然性为人类服务时，人们就成了客观必然性的主人，也就获得了自由。

第一，必然性是客观存在的。客观实在性，是必然性的根本特征。无论是社会规律性还是自然规律，都不依赖于人的意志而客观的存在着。一种事物或现象必然存在着内在的逻辑和规律，无论人们认识它还是不认识它，它都在客观地发挥着作用。在教师道德行为选择中，教师的选择行为总是要受到社会发展客观规律的制约，任何教师都只能在具体的历史环境中选择自己的行为，不可能超越历史条件。在道德意义上，这种必然性具体通过道德原则和规范表现出来。这些原则和规范从道德行为的各个角度、方面和层次，制约着教师的选择。

第二，必然性是可以被认识的。规律虽然是客观的，不依人的意志为转移，但却是可知的，具有可知性。无论其必然性隐藏得如何深，却总是要通过一定的现象表现出来，教师就可以透过现象揭示本质规律，认识和把握规律。

第三，自由是对必然的认识。道德选择的自由，不是毫无制约的绝对自由，而是通过对客观必然性的认识和把握之后获得的一定条件下的自由。这里的自由是受客观必然性支配的自由，是指借助于对必然性的认识，在一定范围内进行道德行为选择的自由，如教师通过对反映道德必然性的原则和规范的认识，就可以自觉地遵守和利用这些规范，在规范所允许的范围内自由地选择自己的行为。孔子说的"从心所欲不逾矩"，正反映了人们对一定道德原则规范的认识所达到的自由境界。

第四，教师所获得的自由程度与对必然认识的深度和广度成正比。自由是人们对获得必然认识的选择能力。那么，对必然的认识越丰富、越全面、越深刻，人们获得的自由就越多。正是在这个意义上说，全部人类发展的历史，就是一个必然王国到自由王国的飞跃。就社会而言，自由是历史发展的产物，社会发展的程度越高，人们对必然的认识就越深刻。就个人而言，自由是人认识和实践能力的产物，个人的认识能力越高，实践能力越强，所获得的自由就越多。所以，从社会发展的角度来看，只有进一步加强对道德内在必然性的研究，揭示道德的内在本质，才能获得进一步驾驭道德、建设社会的自由。所以，教师只有不断提高对道德规范的认识，加强对道德原则的理解，才能获得道德行为选择的更多自由②。

① 黑格尔. 法哲学原理［M］. 北京：商务印书馆，1961：32.

② 曲洪志. 高等学校教师职业道德修养［M］. 济南：山东人民出版社，2004：237-238.

3. 教师道德行为选择中的责任

教师道德行为选择是以意志自由为前提，以必然为限度，又以道德责任为结果的，教师在自由地选择道德行为的同时，也自由地选择了责任。因此，道德责任是教师道德行为选择的基本属性，是与自由同为道德行为选择的重要条件。

选择和责任是不可分的，责任是教师道德行为选择的属性，否认责任也就否定了选择。教师道德行为选择的一个重要意义就在于它包含责任的因素。选择将教师带进价值冲突中，它使教师在多种可能性中进行取舍，并在这种取舍中表现出自己的价值。因此，在行为的责任问题上，马克思主义伦理学从自由和必然的辩证关系原理出发，考察了人类具体的道德实践活动，认为：一方面，主体的道德行为的根本特征是自知、自愿、自择，因此，人们总是要对自己自主选择的行为承担责任的；另一方面，道德行为选择主体的选择又不是绝对的自由，而总是一定历史条件下和社会环境中的自由，总要受到必然性的制约。因此，教师对自己所选择的行为所要承担的责任，视具体情形不同而又有一定的限度。

首先，教师应当对自己的道德行为负责任。这是因为：第一，责任是客观存在的，教师是社会的人，教师的一切行为都是在社会之中进行的，而道德行为更是与他人和社会有着千丝万缕的联系，或有害他人和社会，或有利于他人和社会。这种有利或有害都是道德行为主体自觉选择的结果。教师在选择行为目的和手段的同时，也选择了责任。第二，人有主观能动性，每一个具有独立进行道德行为能力的人，都有能力认识自己所处的社会关系，以及与此社会关系相应的道德责任和行为规范，也就是说，教师的主观能动性可以使人认识必然，获得自由，从而承担责任。

其次，教师对自己的道德行为所承担的责任具有一定的限度。这是因为：第一，任何人的行为选择总要受当时各种客观必然性的制约，人的主观能动性的发挥具有限度。人不可能超越历史条件进行选择。第二，客观事物发展过程中的必然性的暴露是一个过程，在这个过程中，必然性暴露得越充分，人选择的自由就越多，相应承担的责任就越大，即客观可能性和自由程度与责任的大小成正比。第三，教师根据其选择能力的具备或不具备，强或弱，其所承担的责任的大小也不同。二者之间也是一种正比关系。但是，主体的无能力，又有许多具体的情况。如果是可以克服的无知，而由于主体的不努力而无知，行为者应承担相应的责任；如果是有意的无知，而明知故犯，那么不仅要承担责任，而其“无知”本身就应受到谴责。由此说明，教师应当对自己的可以克服的意志薄弱、幼稚天真、观念糊涂负责，而不能以此搪塞①。

第二节　高校教师职业道德的评价

道德评价是人类道德活动现象的重要组成部分。它对个人道德品质的形成、社会道德风尚的改善、人们道德关系的协调，以及对道德规范作用的发挥从而使道德从实有向应有转化，都具有重要作用。

① 曲洪志. 高等学校教师职业道德修养［M］. 济南：山东人民出版社，2004：239-240.

一、高校教师职业道德评价的含义、作用与原则

（一）高校教师职业道德评价的科学内涵

所谓道德评价，就是人们根据一定的道德准则，通过社会舆论、传统习俗和内心信念等形式，对他人或自己的行为进行善恶判断，表明褒贬态度。它是一种鼓励或抑制人们行为的无形的精神力量，是道德准则转化为人们道德行为的保证，起着维护社会秩序的作用。高校教师职业道德评价，就是对教师教书育人行为及社会生活行为，依据教师职业道德标准进行评价，是高校教师整个道德活动的有机组成部分。

教师道德评价依据其主体不同可以分为教师自我道德评价和教师社会道德评价。

教师自我道德评价，是指教师对自己的道德行为所作的一种善恶上的自我认识，是教师依据自己的价值观、道德观对自身行为所作的道德价值判断。它的特点在于教师在自我道德评价中，既是评价的主体，又是评价的客体。在教师自我道德评价中，教师要以某种程度的清醒和自制，以评价别人的标准衡量自己，跳出自我，反观自身。因此，教师的自我道德评价也叫“道德反思”或“道德自律”。古人云：“知人者智，自知者明；胜人者力，自胜者强。”教师自我道德评价，就是要通过剖析和评价自己，发现自身的缺点与不足并加以克服，以实现对自身的超越。教师道德的自我评价能力往往通过教师的义务感、荣誉感、尊严感表现出来。一个具有较高自我评价能力的教师，不仅对自己的行为价值有着合乎实际的、科学的判断，而且往往具有强烈的自尊心和知耻心。人们常说，教师的工作是一份“良心活”。义务感、责任感、自尊心、知耻心，此乃教师工作的内在尺度。当一个教师能够按照自己的行为准则去工作、生活，并因此而实现自己与社会发展相一致的追求时，其内心深处的喜悦和自豪正是一种自我道德评价中的肯定性评价，是一种自我肯定。相反，当一个教师违背了自己的行为准则，背叛了自己的做人原则时，就会感到深深的内疚和自责，或面红耳赤、忐忑不安，或茶饭不思、夜不能寐，这些恰恰是自我道德评价中的否定性评价，是一种自我否定。

教师社会道德评价，是指社会或他人对教师的道德行为的一种价值判断。它是社会价值观、道德观的折射，是社会关系协调平衡的一种机制。教师的社会道德评价较自我道德评价具有更强的客观性和强制性。它以第三者的身份站在客观的立场上，对教师的道德行为或事件的价值进行评判，因而可消除自我道德评价中可能出现的片面性和主观性。社会道德评价是自我道德评价的重要依据，教师往往依据社会道德评价来确定自己对自身道德行为的态度。社会道德评价向教师传播了社会的道德价值尺度，而自我道德评价则使这种尺度“内化”为个人的价值标准，从而实现了社会价值尺度与个人价值标准的统一。在教师的道德生活实践中，经常会得到来自社会各方面的评价，有来自学生及其家长的，也有来自领导和同事的；有来自校内的，也有来自校外的。这些评价都从不同的侧面对教师的个别或一系列道德行为进行肯定或否定的评判。当教师的道德行为符合一定社会或阶级道德原则和规范时，就会得到社会或阶级的肯定。表扬、授奖和赞颂都是这种评价的具体表现。当教师的道德行为违背了一定社会或阶级的道德原则和规范，就会遭到社会或阶级的否定。批评、惩罚或谴责也就体现着这种评价。教师也正是在这些不同性质、不同层次、不同侧面的道德评价中成长起

来，成熟起来，不断实现着道德上的自我完善。

教师道德评价的社会评价和自我评价是不可分割的。它们各具特点，各有所长，在教师道德评价中相辅相成。自我评价的尺度、原则来自社会评价，而社会评价只有为教师的自我评价所认同，才能有效地发挥作用。因此，教师道德评价作用的发挥，依赖于教师道德评价中社会评价与自我评价的统一。

（二）高校教师职业道德评价的作用

教师职业道德评价作为重要的教师道德实践活动，不仅对教师个人的道德品质的形成和道德评价能力的发展具有积极作用，而且对教师良好的职业道德风尚的形成，对学校教育发展和优化也都有着积极的影响。

1. 教师道德行为评价的中介作用

一方面，一定社会或阶级提出的教师道德原则和规范，只是向教师提出了行为的价值目标和行为准则，是理论形态的东西，如果离开了教师道德评价，任何原则和规范都将失去意义。道德和法律不同，它没有也不可能有专门的执行机关，社会舆论就是道德的“法庭”，它起着维护和执行道德原则和规范的作用。教师个人不仅参与对自己行为的“审判”，同时也不断地审判着别人的行为。任何教师在其进行某种道德行为时，都必然要考虑自身行为的社会后果和可能产生的社会舆论，并由此顾及行为的道德要求和规范。这时，道德评价就表现为一种维护和执行道德原则和规范的现实力量。正是通过道德评价这一主观见之于客观的道德实践活动，教师道德原则和规范才从理论走向了实践。

另一方面，一定社会或阶级的教师道德原则和规范在没有成为教师的内在要求之前，只是外在的，尚属于他律的范畴。道德科学告诉我们，道德是以自律为基本特征的。任何道德原则和规范只有成为行为者的内在信念，才能发挥其规范行为、干预生活、调节关系的作用。要使一定社会或阶级的教师道德原则和规范成为教师本人的内在信念，实现从他律向自律的转化，就必须通过教师道德评价。教师道德评价过程所产生的内外压力，迫使教师化他律为自律，化社会要求为自我要求。因此，我们说教师道德评价在道德原则和规范由理论到实践、他律到自律的过程中，起着中介和杠杆作用。

2. 教师道德行为评价的教育作用

首先，教师道德评价的过程就是一个教育的过程。无论是社会评价还是自我评价，评价过程的本身就是依据一定的教师道德原则和规范对教师的道德行为进行分析、评价和判断。在区分善与恶、辨别美与丑、判定是非的过程中，教师作为当事人，自然要参与其中，并通过这种评价实践活动受到关于原则与规范的教育，提高区分善恶、辨别美丑、判定是非的能力。教师在道德评价过程中，产生了良心的内省，形成了正确的道德心理，从而唤起了其道德良心和相应的责任感、义务感和荣誉感，与此同时也就提高了道德评价的能力，使教师能根据社会的道德评价自觉地调整自己的行为，扬善抑恶，洁身自好，形成高尚的人格。

其次，教师道德评价向教师传播了社会的价值标准和行为规范，为教师道德自育提供了科学的社会参照系。教师道德评价像一个导向棒，它指挥着教师的道德生活和道德选择。教师道德评价的过程也是一个树立榜样、肯定先进的过程。榜样和典型的树立，无疑是给一般教师指出了努力的方向，激励教师学习先进，完善自我。“榜样的力量是无穷的。”在社会主义公有制基础上，广大教师的根本利益是一致的，教师道德评价中的榜样也就具有了广泛而扎实的社会基础和群众基础。因此，通过教师道德评价树立榜样，不仅为教师自育提供了价值标准，而且就社会对教师的道德教育而言，也收到了事半功倍的效果。

最后，教师道德评价是一定社会或阶级进行教师社会道德教育的有效途径。社会道德教育亦称为“道德教化”，它是阶级统治的重要手段之一。教师道德状况直接关系着社会道德和社会风气。因此，历史上任何统治阶级“道德教化”的首要内容，就是从本阶级的道德原则和规范出发，进行师德教育的关键环节。教师道德评价，一方面形成了有利于教师道德发展的社会舆论，使整个社会对教师的职业劳动的社会价值有了更充分、更深刻的认识，形成了“尊师重教”的良好社会风气；另一方面也净化了学校及教育行业的风气，优化了学校德育环境，教师个人的善行能及时地得到肯定和激励，教师的恶行也能尽早地得到有效的否定和谴责，从而实现了教师道德教育中社会教育和主体自育的统一。

3. 教师道德行为评价的裁决作用

教师道德评价的任务，就是对教师的道德行为进行善或恶的裁决，确定行为道德价值的大小，并由此扬善抑恶、扶正祛邪，激励、监督和制约教师自觉遵守道德原则和规范。

首先，教师道德评价是对教师的道德行为进行性质的裁决，即依据一定社会或阶级的教师道德原则和规范，对照教师的道德行为进行定性分析，判定其行为的善恶性质。这是教师道德评价的第一步，也是最关键的一步。它是从总体上对教师道德行为的根本性裁决，这种裁决必须反映行为的本质属性。例如，一个刚刚走上教学岗位的年轻教师，为了探讨科学的、合理的教育、教学方式，积极开展教改实验，虽然经过主观的积极努力，付出了艰辛的劳动，但是，终因经验不足及客观条件所限，实验失败了。对于这一年轻教师的道德行为，教师道德评价应更多地关注其实验的动机和过程，肯定这种尝试的社会价值，鼓励其继续进行教改实验。

其次，教师道德评价也包括对教师道德行为量的分析。定性分析是认识、评价事物的基础，但是，定性分析毕竟是宽泛的、笼统的和不具体的。对教师道德行为要做出具体的、恰如其分的价值评价，就要在定性分析的基础上进行定量分析，即进行大善或小善、大恶或小恶的区别。道德行为的社会价值或负价值，不像一般的商品一样可以通过一定的衡器去测量，并通过一定的货币量来表现。在教师道德评价中，对教师道德行为的社会价值量的分析，一般是通过语义级差的方式来进行，即对将要评定的道德行为进行不同层面的分解，对每一个层面都设定不同层次的要求，而后通过语义级差来进行评价。

最后，教师道德评价中对教师道德行为的定性、定量分析，都必须坚持裁决的审美原则，即对教师道德行为价值的评价，不仅仅是立足于某一行为的经济价值和可能带来的物质利益，更应当立足于这一行为的精神价值和审美意义。因为一个道德行为所产生的社会价值，往往是难以用具体的数字去测算的。教师是与人类未来联系在一起的职业，教师的工作态度、敬业精神、业务能力等所产生的影响是难以进行具体计算的。因此，对教师道德行为的价值评价，应更注重其精神价值，这是由道德评价的特点所决定的。

4. 教师道德行为评价的维护作用

教师道德评价表现为对一定社会或阶级的教师道德原则和规范的维护，其实质是维护一定社会或阶级的利益。不仅如此，教师道德评价也在一定程度上起着维护学校教学秩序、维护学校日常工作的作用。

首先，教师道德评价维护了教师道德原则和规范的严肃性和权威性。教师道德评价不仅表现为对违背道德原则和规范的教师及其相应行为的谴责。正是通过扬善抑恶、道德原则和规范才得到了维护和发扬，并成为教师道德活动的内在要求，成了具有一定强制性的“道德戒律”。

其次，教师道德评价的实质在于维护一定社会或阶级的利益。一方面，任何原则和规范都是从一定社会或阶级的利益中引申出来的，都是一定社会或阶级利益的自觉表达，对原则的维护其实质就是对利益的维护。另一方面，教师道德评价培养和造就了符合一定社会或阶级需要的师资，并由此保障了对一定社会或阶级的接班人的培养，维护了社会或阶级的长远利益。

最后，教师道德评价在学校的日常教学和科研工作中起着维持教学秩序、调节道德关系的作用。在学校教育、教学的各个环节上，都有相应的规章制度，教师备课、上课、辅导学生、批改作业、组织考试等，都有具体的操作规范和要求。正是这些规范和要求保障了学校工作的有序性、和谐性。这些规范和要求也就成为教师道德评价的具体标准。教师道德评价对于教师而言，促进了其道德的自我完善与提高，对于学校而言，则保障了学校工作的正常进行。

应当看到，教师道德评价的作用是多方面的，有对社会、阶级的作用，有对学校教育的作用，有对教师本人的作用，也有对学生健康成长、社会精神文明建设等方面的作用。因此，要进一步加强教师道德评价、提高教师的道德评价能力，完善教师道德评价机制。特别是在当前我国社会转型时期，加强教师道德评价，形成正确的教师道德舆论和正确的是非、善恶观念，无论对教师道德建设还是对社会主义精神文明建设，都有着重大的现实意义和深远的历史意义。

（三）教师道德行为评价的原则

正确地进行教师道德评价，离不开一定原则的指导，教师道德评价的原则是指人们在教师道德评价中应当遵守的、反映教师道德实践活动本质特征的基本原则。

1. 实践性原则

实践是教师道德评价的基础。道德评价的标准、对象、原则都来自实践并且在实践的基础上发展。教师职业道德本身具有强烈的实践性，它不仅是在教师的道德实践中形成和发展起来的，而且以为教育实践活动服务为根本目的。

首先，要坚持在教师教育教学实践中进行道德行为的评价。教师的道德品质和道德行为具体通过教师的教育实践活动和教学实践活动表现出来。只有在具体、生动的教育教学实践中，教师才能展开其全部的人格特征，教师的个人品质、业务素质、敬业精神才能得以充分地反映。因此评价教师的教改实践活动，才能得出合乎实际的结论。相反，脱离实践，只听汇报，就难免流于形式，使教师道德评价失去意义。

其次，要坚持以教师教育教学实践活动的成果为教师道德评价的主要依据。教师的主要任务就是为学生“传道、授业、解惑”，为社会培养合格的建设人才。因此，是否以及能否为社会培养合格人才，是教师道德评价的主要依据。同时，教师的教育教学实践活动的成果也包括教师所获得的各种奖励、发表的各类论文等，这些也是道德评价的重要参考依据。

最后，要坚持以教育教学的实践活动来作为检验教师道德评价的标准及原则。“实践是检验真理的唯一标准。”实践也是发展真理的唯一途径。只有在实践的基础上，才能不断丰富、发展、完善教师道德评价的真实性、客观性和科学性。

2. 全面性原则

教师道德评价的全面性原则，要求在评价中全面地考察教师道德行为的各个层面，从动机到效果，从历史到现实，从物质到精神。

首先，教师道德评价的全面性原则要求在进行具体道德行为评价时，坚持动机与效果的统一。动机和效果是人类行为的两个不可分割的环节，动机总是要通过一定的效果来实现，而效果又总是在一定动机的指导下产生。所以，坚持动机和效果的统一，就能客观地评价行为。全面性原则要求我们在具体道德行为评价时，一方面要仔细考察和分析教师行为的主观愿望和动机，了解其行为的出发点，以保证在评价时不因效果的不佳而否定其善良的愿望，也不因暂时的效果好而肯定伪善；另一方面我们又要认真调查和衡量教师行为的客观效果，对其进行定性、定量的分析，为行为总体的评价提供最有说服力的客观依据。

其次，教师道德评价的全面性原则要求在评价时坚持历史与现实的统一。一方面，对一个教师的道德评价，不但要看他的一时一事，而且要综合考察他的一贯表现。道德品质是道德行为整体的稳定倾向。所谓“道德行为整体”，其一是指构成道德行为的主观方面和客观方面的统一，即道德意识和道德行为的统一。其二是指一个人的一系列道德行为的统一，即一个人在某一实践领域、某一活动时期或阶段的全部道德行为的综合。因此，判定一个教师是否具备某种道德品质，既要听其“言谈”，更要观其“举止”，既要看其“现在”，也要查其“历史”。坚持教师的道德评价的历史与现实的统一的另一方面，是指任何人的任何行为总是发生在特定的历史条件下的。不同的历史条件下，社会给教师提供了不同的物质和精神环境，教师只能在特定的历史条件下发挥自己的能力。因此，对教师道德行为价值的评价，应当站在历史的高度去审视某一行为的社会价值，实现历史与现实的统一。

最后，教师道德评价的全面性原则，要求在进行道德评价时坚持物质贡献与精神贡献的统一。人类的生存和发展，不仅需要一定的物质财富，也需要一定的精神财富，而且，精神文明及其发展对社会主义建设来说尤为重要。无数事实证明，没有精神文明，物质文明的发展就失去了正确的方向。有的人片面地认为，教师从事的教育教学活动与创造物质财富没有必然的联系，因而教师的职业劳动的社会价值就低。其实，教师的职业劳动既是一种创造物质财富的活动，也是一种创造精神财富的活动。

3. 公开性原则

教师道德评价的形式是多样的，有领导讨论评价、教师相互评价、学生调查评价等。但无论哪一种形式的评价，都应当坚持公开、公正、民主的原则。只有这样，教师道德评价才可能符合实际，通过评价所形成的舆论才可能是健康的，作为被评价的教师才能真正地从评价中受益。

首先，教师道德评价的公开性原则要求在教师道德评价时坚持走群众路线。教师之间朝夕相处，工作中相互联系，生活上互相关照，相互了解的程度最深，因此，教师道德评价要充分发扬民主，尽可能多地让学校熟悉、了解被评价者的人员参与到评价活动中来，多听取他们的意见，了解他们的态度。这样，不仅可以使评价结论更客观、更准确，更符合被评价教师的实际道德情况，而且有助于在学校集体中形成健康、积极的道德舆论环境。同时，教师参与评价他人，也对自己进行反思，把自己的行为与被评价教师的行为进行比较，从他人对被评价教师道德行为的评价中，感受社会的价值标准，修正自己的道德行为，使之更符合社会道德的要求。因此，让教师参与评价，有益于教师特别是青年教师的健康成长，有益于提高教师的自我评价能力。

其次，教师道德评价的公开性原则，要求在教师道德评价时坚持评价程序的公开化。评价程序的公开，可使广大教师及被评教师了解评价的意义及过程，从而积极参与评价活动，还可以消除评价的神秘色彩，增加评价的透明度，有利于群众对评价过程的监督，杜绝评价中可能产生的舞弊现象。公开评价的程序主要是指公开评价的范围、对象、标准、指标、条件、方法等。

最后，教师道德评价的公开性原则要求在教师道德评价中做到评价结果公开。这包含着两个方面：一是在进行评优、评先进之类的评价时，其结果应公布于众；二是对某一教师的评价，其结论也应当与被评价教师见面。任何评价本身都不是目的，而只是一种手段。教师道德评价的真正目的在于通过评价，扬善抑恶，促进教师的自我完善，提高教师的职业道德水平，为树立积极、健康的社会道德舆论服务。如果一番热热闹闹的评优之后，公众并不了解最终的评优结果，就会使公众失去了继续参与的兴趣，这就不能产生鼓励先进、鞭策后进的作用①。

二、高校教师职业道德行为评价的标准和依据

（一）高校教师职业道德评价行为的标准

道德评价标准是个人或者社会用来评价道德主体的道德行为的依据，是个人或社会利益在现实社会生活中的反映。道德评价的标准可以从两个方面予以描述：一方面是善恶标准，即凡是维护道德标准评价主体集团或阶级的利益的行为就是善行，否则就是恶行；另一方面是生产力标准，即凡是推动生产力向前发展的行为就是善行，而阻碍社会生产力向前发展的行为就是恶行。

善和恶是一对历史范畴，其内涵随着社会的政治、经济和文化的变化而变化。由于民族、地域、文化的差异，各个民族对善恶的理解也有所不同。正如恩格斯所说："善恶观念从一个民族到另一个民族、从一个时代到另一个时代变更得这样厉害，以致它们常常是互相直接矛盾的。"②

尽管善恶观念在不断地发生变化，但是善和恶的概念仍然可以从普遍的意义上加

① 曲洪志. 高等学校教师职业道德修养［M］. 济南：山东人民出版社，2004：242-253.
② 马克思恩格斯全集（第20卷）［M］. 北京：人民出版社，1971：101.

以规定和界说。在伦理学的最一般意义上，善就是对他人或社会有利的、有价值的行为，或符合一定道德准则的行为；恶就是对他人或社会有害的、产生负价值的行为，或违背一定道德准则的行为。在社会生活中，某一行为被评价为善，则表示该行为得到肯定和赞扬，而被评价为恶，则意味着该行为得到否定和谴责。善和恶是判断人的道德行为价值、对人的行为进行评价的最一般的标准。

中外历史上剥削阶级思想家在关于道德评价的善恶标准上，虽然各有不同的观点和说法，但始终贯穿着一个共同点，就是力图用抽象的超阶级、超社会、超历史的善恶标准，来掩饰敌对阶级之间的利益冲突。马克思主义伦理学认为，对于判断行为善恶的标准，应该进行客观的、历史的、具体的分析。

第一，善恶的阶级标准。善恶作为道德评价的标准，总是同人们的利益相联系的。人们根据自己的利益和社会的利益，根据自己和社会的意向、愿望和要求，来观察和判断他人和群体的活动，并把那些有利于自己或有利于社会的行为称为善，反之则称为恶。在阶级社会中，对每一个人来说，判断行为善恶与否，主要是以其所属的阶级利益为标准的。就是说，凡是符合本阶级利益的行为就是善，凡是危害本阶级利益的行为就是恶。所以，恩格斯说："社会直到现在还是在阶级对立中运动的，所以道德始终是阶级的道德；它或者为统治阶级和利益辩护，或者当被压迫阶级变得足够强大时，代表被压迫者对这个统治的反抗和他们未来的利益。"①

善恶标准在根本上表现为利益标准。但由于一定的利益标准在道德领域内又具体化为一定道德规范的标准，因而在具体的道德评价中，行为善恶与否，首先要看其是否符合一定的规范。利益标准在这里与道德标准结合起来。利益标准在总体上是一切道德评价尺度的最终源泉，因而离开了利益标准，道德评价的最终标准问题将是不可行的；而道德规范的标准，则把利益标准具体化、道德化，使对人们行为的评价成为能够把握的道德评价。因此，如果不把利益标准落脚于道德规范标准之上，人们所进行的善恶评价，就可能是政治的评价、经济的评价或法律的评价等，而不是确定为道德的评价。

第二，道德评价的历史标准。所谓道德评价中的历史标准，就是在评价人们行为的善恶时，把行为放到整个社会历史发展的总过程中考察，看这些行为是否有利于社会的进步，是否有利于大多数人的幸福，是否有利于社会物质文明和精神文明的发展。凡是最终有利于社会进步、有利于大多数人幸福及有利于物质文明和精神文明发展的行为，就是善的，反之则是恶的。

道德评价的历史标准的这种性质，使得任何道德评价的阶级标准，都必须在历史标准面前受到检验，并因此证明自己在人类社会生活中和历史发展中是否具有客观合理性。从人类道德在阶级社会中的发展历史看，每个社会占主导地位的道德，总是在这一社会中属于统治地位的阶级的道德，在这里，道德上的善恶标准完全是依据统治阶级的阶级利益为转移的。一般来说，每个占统治地位的剥削阶级，当它处于上升时期，当它谋求社会权力而进行社会革命的时候，比已经腐朽的阶级代表着更多人的利益，具有更多的人民性，并把社会推向前进，处于这一时期的剥削阶级的利益标准，

① 马克思恩格斯全集（第20卷）[M]. 北京：人民出版社，1971：134.

虽然仍然是一己阶级的私利标准，但由于其与社会历史发展的必然规律在总方向上是一致的，代表社会进步方向，因而这种阶级标准就获得了历史标准的证明，证明其善恶标准的客观必然性。而当统治阶级走向腐朽没落时，其阶级标准完全是以怎样维护自己的私利、维护自己的统治不致覆灭为转移的，并完全与社会历史发展的必然性相违抗，成为历史前进的障碍物，因而最终失去了自己存在的客观合理性，也就不能成为客观地评价行为善恶的标准。

第三，道德评价的生产力标准。生产力作为判断一切生产关系及上层建筑包括道德是否合理是否需要变革的根本标准，是完全正确的。因为社会生产力的发展，是一切社会发展的根本动力。人类的一切活动，包括政治体制改革和经济体制改革，我们的一切意识形态，包括各种观念及当前社会的道德准则、善恶观念，都应该以生产力作为最终标准来进行检验。我们之所以说评价善恶的历史标准的一个重要根据是社会的发展和进步，就是因为任何一个社会的发展和进步，都是由于生产力同生产关系的矛盾和发展而实现的，归根到底，又可以说是由生产力的发展所决定的。因而在这个意义上说，推动生产力向前发展的行为是善的，换言之，某一行为要成为善的，必须有利于生产力的发展。

但是笼统地说生产力的发展是决定行为善恶的标准，仍然只是从客观上、从总体上来把握生产力标准和善恶标准的关系。最主要的是不能把生产力标准简单地等同于某一短暂时期的经济效益标准、物质财富标准或金钱数量标准，否则会导致见小利而忘大义、重眼前而轻未来，最终阻碍生产力的发展。从生产力中唯一的活的因素——劳动者来看，行为善恶与否，必须看其是否有利于调动人的积极性，有利于为人的全面发展创造条件。从生产力的根本标准——生产工具等劳动资料来看，行为善恶与否，必须看其是否有利于生产工具等劳动资料的革新、发明和创造。从生产力的最后一个因素——劳动对象来看，行为善恶与否，必须看其是否有利于有效地使劳动对象向社会提供尽可能多的劳动产品，并是否有利于合理地使用和保护劳动对象。

在我国社会主义初级阶段，道德原则、规范、观念和行为，都应当适应社会生产力发展的要求。对是否有利于生产力发展，要进行具体的、辩证的、正确的分析。对那些奉公守法、诚实劳动、促进市场经济繁荣并最终促进生产力发展的行为，应当给予善的评价，否则视为恶。生产力标准和道德规范的善恶标准，在道德评价中应该而且能够统一，其实质是一致的①。

（二）高校教师道德行为评价的依据

一个完整的教师道德行为是一个从动机到效果的过程。教师道德行为评价首先是对行为的动机、效果和过程的考察和判断，只有在对行为的动机、效果和过程的性质、价值有准确认识和把握的基础上，才能对教师道德行为整体进行完整的道德评价。

动机是指行为主体在行为之前自觉追求的一定的目的愿望或意图。从道德行为特征来看，一个道德行为的产生，必定先有一定的动机导向，即行为主体在主观上有对此行为所达到的一定目的的意图。没有动机的行为属于无意识的行为，不能被看作道德行为，也就不能进行善恶的判断。动机不仅仅包括对行为结果的意图，而且包括对

① 湖南教育厅. 高等学校教师职业道德修养［M］. 长沙：湖南大学出版社，2005：177-178.

达到相应结果的手段、过程的选择，并由此成为道德行为的内驱力量以及在实践中转化为效果。动机是道德行为所不可缺少的因素，没有动机，就没有效果。

效果是指行为主体的个别的或一系列的行动所产生的客观结果。效果是一种客观存在。它可以由个别的行为产生，也可以由一系列的行为产生，它是行为主体在一定动机指导之下进行道德实践活动的结果，是行为的终点。一个完整的道德行为，是从一定动机出发到一定效果的过程，没有效果的产生，其行为则不能称为“行为”。

效果，不仅表现为一客观的实际结果，而且这种结果又有不同的功效之分，即或善或恶。效果的善恶的性质，可能是与动机相一致的，也可能是不一致的，甚至相反的。正是动机和效果间性质的矛盾和差异导致了道德评价的曲折和艰难。

动机和效果在总体上是统一的。首先，动机和效果相互依存，互为前提。一方面，动机总是在一定的效果的基础上产生，并包含了对一定效果的追求，没有一定效果对主体的刺激，就不能产生主体的需要，也就不能形成动机。而且，动机包含着效果的因素。另一方面，效果总是动机的外化和实践形式。其次，动机和效果在一定条件下互相转化，动机在主体的实践活动中转化为效果，而效果又会强化原来的动机，并刺激产生新的动机，从动机到效果，从效果到动机，就是一个人类认识自然、认识社会、改造自然、改造社会的过程。由此人类社会不断进步，从必然王国走向自由王国。最后，动机和效果的统一是一个以实践为基础的过程。动机和效果的统一，并不是静态的径直的统一，而是一个充满了矛盾的实践过程。离开了实践，动机永远只能是动机，善良的愿望只能是愿望的善良，卑鄙的动机也只能是动机的卑鄙。正是实践把主观和客观、动机和效果联系在一起，实现了从动机到效果的转化。

在道德评价过程中，对行为动机的考察是非常重要的。动机是一个复杂多变的体系，同样的动机可以产生不同的效果，相同的效果也可以由不同的动机引起。因此，在判明行为的动机时，不仅要考察行为者一时一地的行为效果，而且要考察行为者一系列的行为表现及行为的个性特征和所处的社会环境、生活条件等。

效果的善恶是教师道德评价的重要依据。毛泽东说：“一个人做事只凭动机，不问效果，等于一个医生只顾开药方，病人吃死了多少他是不管的。又如一个政党，只顾发宣言，实行不实行是不管的。试问这种立场也是正确的吗？这样的心，也是好的吗？事前顾及事后的效果，当然可能发生错误，但是，已经有了事实证明的效果坏，还是照老样子做，这样做的也是好吗？我们判断一个党，一个医生，要看实践，要看效果；判断一个作家，也是这样。真正的好心，必须顾及效果，总结经验，研究方法，在创作上就叫作表现的手法。真正的好心，必须对于自己工作的缺点错误有完全诚意的自我批评，决心改正这些缺点错误。”①

实践是检验教师道德行为善恶的根本依据。这里所说的实践，不仅包括行为者从动机到效果的实践过程，也包括人民群众的社会实践。高校教师道德行为的实践体现在从事教书育人过程中，并接受师生的道德价值评判②。

① 毛泽东. 毛泽东选集（第3卷）［M］. 北京：人民出版社，1970：830.

② 曲洪志. 高等学校教师职业道德修养［M］. 济南：山东人民出版社，2004：251-252.

三、高校教师职业道德评价的主要机制

（一）教师的职业公正

所谓教师的职业公正，就是指教师在教育活动中对待不同利益关系所表现出来的公平与正义。它表现在教师与自身、教师与同事、教师与学生等人际关系之中。教师职业公正既是一个至关重要的职业道德范畴，又是教育成功的秘密所在。

1. 教师职业公正有利于良好的教育环境的形成

公正处理家长和社会有关方面的关系，就能创造有利于形成较好的学校教育的外部环境；公正对待同事、领导，则能协调好不同的教育职能，从而形成良好的教书育人的学校教育的内部环境；公正地对待学生是教师职业公正的重点，这种教师职业公正有利于直接的教育教学环境的形成。比如，在实际教育活动中，我们常常看到，由于教师对优秀学生的偏爱和对所谓差生的忽视或其他不公正的对待，后进生出于一种反抗心理，往往会强化其“捣乱”的倾向。其结果当然是教育教学秩序的混乱，最终不利于教育活动的顺利开展。

2. 教师职业公正有利于教师威信的提高

公正是人格的脊梁。孔子说：“其身正，不令而行；其身不正，虽令不从。”教师既是教育者，同时也是教育活动的设计者和管理者。如果教师的行为是不公正的，除了同行、领导的舆论、谴责和制度的制约之外，最主要的是影响教师的威信。而教师的威信在教书育人过程中起到无形的作用，是教师干好本职工作的重要基础。

3. 教师职业公正有利于学生学习积极性的发挥

教师职业公正对学生学习积极性的发挥十分重要。这一重要性体现在两个对象上，一个是学生个体，另一个是学生集体。对个体而言，教师公正是学生学习积极性的源泉之一。比如，教师对优等生的偏爱和对后进生的忽视或其他不公正的对待，就既不利于优等生又不利于后进生积极性的发挥。对前者的溺爱会助长其骄傲和浮躁的情绪，使其丧失不断进步的动力；对后进生的忽视当然更会损伤学生的自尊，打击其本来就可能不高的学习积极性。对于学生集体来说，不公正的教师行为会人为地造成学生集体的分裂，其结果当然是集体生活和集体建设的动力减退、集体对学生个体在德育和智育多方面的教育性降低。

4. 有利于学生的道德成长

由于公正本身就是道德教育的重要内涵，所以教师职业公正本身直接构成德育的内容。教师要让学生选择公正的生活准则，他自己就必须首先做到为人处事的公正无私。同时在学生的心目中，教师往往是公正、无私、善良、正义的代表，学生对教师有非常美好的期待。这一美好的期待决定着当教师在与他们的交往中做到公正办事，他们就会感觉到公正的美好和必要，从而奠定他们在未来社会生活中努力追求道德公正的心理基础。反之，当他们原本有着美好期待的老师不能公正无私时，不仅会伤害他们对老师的美好情感，而且会让他们怀疑显性道德教育课程所教授的公正本身的合理性，从而妨碍他们的道德成长。

5. 有利于社会公正的实现

首先，教师的职业公正是社会公正的重要组成部分。教师职业公正直接从属于社

会公正。比如，在招生、评优等问题上，能否公正对待一切对象就是一个直接的、宏观的社会公正问题。其次，根据约翰·杜威的观点，学校是社会的雏形，因此教师职业公正是社会公正的起点。如果学生在学校生活中不能感受应有的公正存在，那么学生将很难建立公正的信念，最终会不利于社会公正的实现。所以教师能否实践职业公正关系到社会公正的实现程度。

教师职业公正在一定意义上讲只是一个十分抽象的道德原则，怎样才能做到教师职业公正是一个既关系到教师，又关系到教育体制的课题；也是一个既关系到教师的道德素养，又关系到他的教育素养和技能等方面问题的复杂课题。而要解决这一问题，根本途径是提高教师素养，加强教育监督，完善相应的规章制度。

（二）教师的职业良心

良心是伦理学中一个重要的道德范畴，在马克思主义产生以前，不少伦理思想家和哲学家对良心提出种种不同的解释。有的把良心看作人先天所固有的良知良能，有的将其看作“善”的理念在个人身上的显现，也有的将其看作“上帝的声音”的呼唤或先天的“善良意志”等。其中，有的良心观也包含一些合理因素。但由于论者所处的历史条件和阶级地位的局限，由于他们离开人的社会本质和道德实践活动去考察良心，因而都不能科学地说明良心。马克思主义伦理学把良心放在现实的社会关系和社会实践中来考察，认为良心就是履行对他人、对社会的义务的过程中所形成的一种道德责任感和自我评价能力，是一定的道德观念、道德情感、道德意志和道德信念在个人意识中的统一。马克思指出：“理性把我们的良心牢附在它身上。”① 又说：“良心是由人的知识和全部生活方式来决定的。”② 良心作为一种意识形态，是主观的，表现为一种情感和理智，它的内容则是客观的、社会化的，它是由人们的社会关系和社会物质生活条件决定的，是人们在社会实践中经过学习知识和接受教育而逐步形成的。

社会主义教师的良心，是职业良心的一种形式，它是教师在社会主义教育劳动中对教师责任的自觉意识，是教师在自觉履行教书育人的义务的过程中形成的道德责任感和自我评价能力，是师德观念、师德情感、师德意志和师德信念在教师个体意识中的有机统一。教师职业良心的基础是教育实践。教师只有投身社会教育活动，才会产生教师与学生、教师与教师集体、教师与教育事业之间的利益关系。

社会主义教师的职业良心，是教师对社会要求的积极反应，又是对教师义务的深刻理解和自觉行动。它是通过教师的教育实践，把社会主义社会对教师的客观义务要求转化为教师内心的道德准则和个人品德的结果。它是真实的、高尚的良心，因而它在教师的职业实践中具有特殊的能动作用。

1. 要注重培养和增强教师道德意识的自觉性和主动性

教师职业劳动的特点，决定了教师要淡泊名利，讲究职业良心，严于律己，从平凡中见伟大，要时刻不忘责任，一心想着事业。教师的职业道德，要求教师有很强的事业心、责任感和奉献精神；与此同时，教育工作本身的弹性很大，难以划分严格的时空界限，难以准确量化和随处监督，做好它归根结底是要依靠教师的高度自觉性和

① 马克思恩格斯全集（第1卷）[M]. 北京：人民出版社，1956：134.
② 马克思恩格斯全集（第6卷）[M]. 北京：人民出版社，1956：134.

主动性。如果没有这种自觉性和主动性，教师职业良心的作用就无从谈起。因为教师职业道德归根结底是一种外在的约束力，即“他律”，只有将它变为大家的自觉性，即“自律”，这种外在的约束力才能更多地让教师付诸行动。因此，可以这样断言：有无责任心，有无对教育工作高度负责的精神，是培养和增强教师职业良心的前提。

2. 教师劳动的结果要求教师应当具有高尚的师德品质

教师师德品质同一般意义上的道德品质一样，其构成包含四个基本要素，即道德认识、道德情感、道德意志和道德行为。要形成和发展高尚的师德品质，教师必须有意识地培养和提高这些基本素质，借此把教师职业道德规范转化为自身的道德品质。尤其是在师德修养方面，首先要注意“内省”的方法。“内省”是教师职业道德的修养方法和职业良心的表现形态之一，它对提高教师的思想道德境界、增强教师的影响力，是一种积极的促进因素。其次，提倡“慎独”的方法。“慎独”既是一种修养方法，又是一种很高的道德境界。所谓“慎独”，是指一个人在独立工作或独处，无人监督，有做坏事的环境、条件和可能时，能自觉地严格要求自己，遵守道德原则和规范，而不做不道德的事情。“慎独”作为教师的修养方法之一，体现着教师的自我教育、自我控制、自我完善的自觉性。同时，作为道德境界，“慎独”体现着教师作为道德实践主体，其自身内在的道德意志和道德信念的坚定性。

3. 重视教师职业良心自觉性、客观性的培养

职业良心常常以两种方式作用于人们的道德生活实践：一种是直觉的、主体的情感体验起主导作用；一种是理智的、理性的认知起主导作用。正因为直觉在心理机制中也起着重要作用，这就有可能使教师在自己的道德活动中，不顾社会评价的结果，作出错误的行为选择，乃至走向道德唯意志论。在实际的道德生活中，所谓“受骗的良心”是不乏其例的。所以，在教师道德践行中，教师又不能仅仅满足于“良心的发现”和情感的体验，要融入理性的制约和理性的导航。也就是说，教师职业良心不仅要在实践的道德关系和道德活动中受到审查，而且还应该用道德责任来定向，从而减少急躁和冲动，增强教师职业良心的深思熟虑的、合乎理性的选择，使教师个体道德日趋成熟，成为具有高尚品德的教育者①。

教师的工作不仅仅是职业良心的要求，在我国教育战线涌现出了许多“蜡炬成灰泪始干”的典型，他们衷心热爱神圣教育事业，为此，将自己一生奉献给了祖国教育事业而无怨无悔。

【案例2】

晏才宏，用生命书写德育华章

在上海交大电子信息与电子工程学院，晏才宏的教学水平有口皆碑。他的电路课，在学生网上评教活动中，以罕见的满分居全校之首。很多学生称他为“我碰到过的最好的老师”。他去世后，多位老师坦陈：“我教课比晏老师还差很远。”

他上课已达到了这种境界：一杯茶、一支粉笔随身，从不带课本和教学参考书，

① 湖南教育厅. 高等学校教师职业道德修养［M］. 长沙：湖南大学出版，2005：193-195.

知识早已烂熟于胸，例题信手拈来，讲课条理清晰、自成体系。加上一手俊秀的板书，洪亮的嗓音，他的电路课被誉为“魔电”，几乎场场爆满，座无虚席。

“假期我去做了检查，昨天拿到结果，肺癌晚期。这是我给大家上的最后一课。”去年“十一”长假后的第一堂课，晏才宏向学生这样宣布，口气平静，然后照常开讲。

一周后他又出现在讲台上。“由于新老师没到，我继续把第一章讲完再告一段落。”那一课许多学生是含泪听完的。“如果说教学是一门艺术，那么你们就是我未能完成的艺术品。真对不起！”临下课时，他这样向学生致歉，同学们则报以经久不息的掌声。

住院后，晏才宏依然想着他的学生。在病房里，他还给前去看望他的学生现场画图讲题。即使在癌细胞扩散，颅内大量积水，说话已出现困难时，他还对妻子说：“帮我到学校定一间大点的教室，把学生叫来。你带上一杯水，我说不出话时给我喝一口，我还想再讲一课。”然而，这个心愿至死未能实现……

这位老师的死引发了争议，他终年 57 岁，教学水平和师风师德广受赞扬，由于没有论文，去世时还仅仅是个讲师。

熟知他的人都说，他最让人感佩的一点是淡泊名利的洒脱，对职称从未挂怀。也有人认为，无论如何，他都是一个“悲剧人物”，他的言行在浮躁之风盛行的校园里显得如此“不合时宜”。

倘若以世俗的眼光看，他不能算是功成名就；但在人生价值的天平上，他的分量很重很重……

——摘编自《东方网-文汇报》（2005 年 03 月 16 日）

四、高校教师职业道德评价的方式和手段

（一）高校教师职业道德评价的方式

按照道德评价中主体与客体的关系，高校教师行为评价的方式可以分为社会评价和自我评价两大类。

1. 教师道德的社会评价

所谓社会评价，是指社会、集体或他人对行为当事人的道德行为进行善恶判断和表明倾向性态度。这种道德评价是为认识和调节他人的道德行为服务的，或者说，是为帮助他人认识和调节自己的道德行为服务的。它的判断和倾向性是否恰当、公正，只与评价主体掌握当时社会或阶级的道德准则，认识道德行为及其性质处境等的程度有关，而与行为主体在这些方面的状况无关。在这种评价中形成的价值信息（或善或恶）和准则性命令（应当怎样或不应当怎样），一般是通过社会舆论和传统习俗，从外部传递给行为主体的。它能否对所评价的行为发生作用，往往要受到行为当事人能否接受并产生共鸣的制约。

教师道德社会评价的具体形式可以是多种多样的，而组织的评价、同行的评价、学生的评价则是其中最主要的。

组织的评价是指来自学校或上级主管部门的评价。这种评价对教师的个人发展有着举足轻重的作用。组织对教师的道德评价结论的产生，往往有一番复杂而严格的程序，从调查学生到民主评议，从个别谈话到举手表决，从背靠背到面对面，这些民主的、科学的程序，保证了其评价结论的客观性。组织的评价一般代表了社会、阶级对

教师的总体评价，反映了大多数人的态度，因而具有较高的权威性。因此，组织评价也就成为聘用教师、选拔人才的主要依据。

同行的评价是指来自行为当事人的同事的评价。这种评价可以是正式的，也可以是非正式的。同行之间，业务上较为熟悉，工作上联系密切，因此，同行的评价更能反映出教师的道德全貌，而且同行的评价也折射出教师的业务能力和人际关系。

学生的评价是只来自教师服务对象、工作对象的评价。学生是教师的服务对象，他们直接参与了教师的劳动过程，目睹了教师的工作状态，对教师的工作态度、敬业精神有着最直接的感受。因此，学生对教师的道德评价最直接、最生动，也最有说服力。

当然，除此之外，来自家庭的评价、来自邻里的评价、来自相关群体的评价，也都从不同侧面反映着教师的道德面貌，要全面地反映教师的道德状况，就必须深入广泛地进行社会调查，了解教师道德生活的方方面面。

2. 教师道德的自我评价

开展教师道德评价的目的，在于扬善抑恶，培养和提高教师道德评价的能力，塑造新一代人民教师形象。所谓自我的道德评价，是指行为当事人对自己的行为进行善恶判断和形成倾向性态度。这种道德评价直接为评价者本人自己认识和调节自己道德行为服务的。由于评价者同时又是行为者，因而既可能因易于了解动机而更恰当、更公正些，也可能因利害直接相关而更带有主观随意性。在这里，评价者的道德信念、道德责任感和善恶判断能力起着关键性的作用。

每一个教师的内心信念和良心都各有其特点，但是，作为一种职业信念，教师在内心信念和良心上却有着一些共同的东西。首先，忠诚党的教育事业，热爱教育，献身教育是教师内心信念的核心，如果没有这样的信念，教师也就失去了评价自己道德行为的正确标准。其次，关心学生、爱护学生是教师的职业良心，它体现了教师的职业责任和义务，如果没有这样的良心，就不可能有真正意义上的教育。最后，教师内心信念的形成包含着教师对教育事业价值的认识和对教育事业的情感，如果没有这样的认识和情感，教师就不可能献身教育、无怨无悔。因此，教师道德信念一旦形成，就会成为教师人生道路上的巨大动力。

3. 社会评价和自我评价的关系

在实际道德生活中，社会评价和自我评价相互补充、相互促进、相辅相成。首先，就同一行为的评价本身来看，社会和他人特别是这一行为直接涉及的社会、集体或他人，往往对这一行为的效果的有益或有害，感受得更直接、更真切；而这一行为的主体，往往对这一行为的动机的善或恶，了解得更明白、更深刻。因此，在动机与效果的善恶不一致的情况下，不论是对于“歪打正着”或“好心办坏事”的行为，兼顾社会的评价和自我的评价，可以彼此取长补短，相得益彰，纠正偏颇，从而使对于这一行为总体的善恶判断和褒贬态度更加准确和公正。其次，社会评价对自我评价可以起到促进作用，自我评价反过来又可以推动社会评价。最后，社会评价只有和行为当事人的自我评价相一致或大体相一致，并在行为当事人心理上引起共鸣，才能使行为当事人真诚地和自觉地坚持或改变他的行为。

（二）高校教师职业道德评价的手段

高校教师职业道德行为评价的手段或表达形式，主要包括校内外舆论、教育传统习俗和内心信念。其中校内外舆论和经验传统习俗是被评价的行为者外部的手段和形式，而教师内心信念则是被评价的行为者内部的手段和形式。它们都以各自的方式，通过对道德行为进行善恶判断，给予人的思想和行为以重大影响。

1. 校内外舆论

校内外舆论按其主体不同，可分为校内舆论和校外舆论两种。校内舆论就是教师、学生、行政管理人员等对教师行为的评价。校外舆论则是学生家长、社会组织、教育机关等对教师行为的评价。

校内外舆论可以判断教师行为的善与恶，有助于推动行为主体自觉履行师德原则和规范，及时了解自身行为的社会后果，在赞扬或谴责下，继续坚持或改变自己的行为方向，进而实现道德评价的作用。

在教育活动的实践中，校内外舆论并非是单一的标准和现象。有的是通过行政组织采取总结、讨论、座谈、报告和评估等各种手段进行的，有的则是对自身利益和评价的不同认识，学生及其家长对教师教书育人、职业道德的评价，就是一种校内外舆论。我们对有益的舆论要虚心听取、积极扶植、扩大影响，对流言蜚语、闲言碎语要冷静分析、区别对待，对错误的舆论要坚决抵制。

2. 教育传统习俗

这是在长期的教育职业中形成的一种稳定的、习以为常的行为倾向。在道德评价中，教育传统习俗有其特殊功能。首先，它是评价教育行为善恶最简易的尺度。因为人们判断某一教育行为善与恶，总是首先看它是否符合常规。其次，它是评价教育行为总体善恶的一个重要的因素。因为评价教师教育行为善恶要注意其一贯表现中趋于稳定的行为习惯。最后，它是巩固道德评价成果的重要形式。因为道德评价的成果只有变成主体的教育行为习惯，才会成为良好的教师道德风尚。

任何社会和时代的教育传统习俗都有两重性，同一社会的教育传统习俗中也有新旧两种因素的对立。旧的教育传统习俗中，既有不适合甚至严重阻碍新社会发展的因素，也有能够继续适合或有益于新的社会需要的因素。我们扶植新的教育传统习俗，改造和利用旧的教育传统习俗中包含的合理因素，形成社会主义高等教育的新习俗。

3. 教师内心信念

这是教师对自己职业行为进行善恶评价的一种内在基础和内在力量，是教师个人发自内心的、对某种教师道德理想、道德观念和道德原则的坚定信仰，以及由此而形成的对实现相应道德义务的强烈责任感即良心。它具有自觉性、内在性、动力性和强制性，是其他社会力量所不能替代的。

校内外舆论、教育传统习俗和教师内心信念这三种手段既有各自的功能，又有共同的基础和密切的联系。校内外舆论和教育传统习俗是社会对个人的评价，对个人来说，两者是客观的、外在的，是督促自己避恶从善的有效方法。教师的内心信念则是主观的、内在的，是个人对自己行为的评价，反映个人的道德觉悟程度。校内外舆论和教育传统习俗是否真正能发挥作用，最终要受教师内心信念的制约，反过来又促进教师内心信念作用的发挥。因此，只有综合这三种手段，教师道德评价才能有效、充分地发挥作用①。

第三节　高校教师违反职业道德行为规范的认定与处理

一、高校教师违反职业道德规范的认定

（一）《高等学校教师职业道德规范》中的认定

2011 年 12 月 30 日，中华人民共和国教育部发布《高等学校教师职业道德规范》，要求高校教师：

第一，要“爱国守法”，“不得有损害国家利益和不利于学生健康成长的言行”；

第二，要“敬业爱生”，“不得损害学生和学校的合法权益”；

第三，要“教书育人”，“不拒绝学生的合理要求”，“不得从事影响教育教学工作的兼职”；

第四，要“严谨治学”，要“坚决抵制学术失范和学术不端行为”；

第五，要“服务社会”，要“坚决反对滥用学术资源和学术影响”；

第六，要“为人师表”，“自觉抵制有损教师职业声誉的行为”。

（二）《教育部关于建立健全高校师德建设长效机制的意见》中的认定

2014 年 9 月 29 日，中华人民共和国教育部发布的《教育部关于建立健全高校师德建设长效机制的意见》中指出：严格师德惩处，发挥制度规范约束作用；建立健全高校教师违反师德行为的惩处机制。高校教师不得有下列情形：

第一，损害国家利益，损害学生和学校合法权益的行为；

第二，在教育教学活动中有违背党的路线方针政策的言行；

第三，在科研工作中弄虚作假、抄袭剽窃、篡改侵吞他人学术成果、违规使用科研经费以及滥用学术资源和学术影响；

第四，影响正常教育教学工作的兼职兼薪行为；

第五，在招生、考试、学生推优、保研等工作中徇私舞弊；

第六，索要或收受学生及家长的礼品、礼金、有价证券、支付凭证等财物；

第七，对学生实施性骚扰或与学生发生不正当关系；

第八，其他违反高校教师职业道德的行为。

（三）《高等学校预防与处理学术不端行为办法》中的认定

2016 年 6 月 16 日，中华人民共和国教育部发布的《高等学校预防与处理学术不端行为办法》第二十七条强调，经调查，确认被举报人在科学研究及相关活动中有下列行为之一的，应当认定为构成学术不端行为：

第一，剽窃、抄袭、侵占他人学术成果的；

第二，篡改他人研究成果的；

第三，伪造科研数据、资料、文献、注释，或者捏造事实、编造虚假研究成果的；

① 湖南教育厅. 高等学校教师职业道德修养［M］. 长沙：湖南大学出版社，2005：184-186.

第四，未参加研究或创作而在研究成果、学术论文上署名，未经他人许可而不当使用他人署名，虚构合作者共同署名，或者多人共同完成研究而在成果中未注明他人工作、贡献的；

第五，在申报课题、成果、奖励和职务评审评定、申请学位等过程中提供虚假学术信息的；

第六，买卖论文、由他人代写或者为他人代写论文的；

第七，其他根据高等学校或者有关学术组织、相关科研管理机构制定的规则，属于学术不端的行为。

该办法第二十八条强调，有学术不端行为且有下列情形之一的，应当认定为情节严重：

第一，造成恶劣影响的；

第二，存在利益输送或者利益交换的；

第三，对举报人进行打击报复的；

第四，有组织实施学术不端行为的；

第五，多次实施学术不端行为的；

第六，其他造成严重后果或者恶劣影响的。

（四）《新时代高校教师职业行为十项准则》中的认定

2018 年 11 月 8 日，中华人民共和国教育部发布《新时代高校教师职业行为十项准则》，要求高校教师：

第一，要“坚定政治方向”，“不得在教育教学活动中及其他场合有损害党中央权威、违背党的路线方针政策的言行”；

第二，要“自觉爱国守法”，“不得损害国家利益、社会公共利益，或违背社会公序良俗”；

第三，要“传播优秀文化”，“不得通过课堂、论坛、讲座、信息网络及其他渠道发表、转发错误观点，或编造散布虚假信息、不良信息”；

第四，要“潜心教书育人”，“不得违反教学纪律，敷衍教学，或擅自从事影响教育教学本职工作的兼职兼薪行为”；

第五，要“关心爱护学生”，“不得要求学生从事与教学、科研、社会服务无关的事宜”；

第六，要“坚持言行雅正”，“不得与学生发生任何不正当关系，严禁任何形式的猥亵、性骚扰行为”；

第七，要“遵守学术规范”，“不得抄袭剽窃、篡改侵吞他人学术成果，或滥用学术资源和学术影响”；

第八，要“秉持公平诚信”，“不得在招生、考试、推优、保研、就业及绩效考核、岗位聘用、职称评聘、评优评奖等工作中徇私舞弊、弄虚作假”；

第九，要“坚守廉洁自律”，“不得参加由学生及家长付费的宴请、旅游、娱乐休闲等活动，或利用家长资源谋取私利”；

第十，要“积极奉献社会”，“不得假公济私，擅自利用学校名义或校名、校徽、专利、场所等资源谋取个人利益”。

（五）《研究生导师指导行为准则》中的认定

2020 年 10 月 30 日，教育部印发《研究生导师指导行为准则》的通知，通知要求高校研究生导师：

第一，要“坚持正确思想引领”。“坚持以习近平新时代中国特色社会主义思想为指导，模范践行社会主义核心价值观，强化对研究生的思想政治教育，引导研究生树立正确的世界观、人生观、价值观，增强使命感、责任感，既做学业导师又做人生导师。”“不得有违背党的理论和路线方针政策、违反国家法律法规、损害党和国家形象、背离社会主义核心价值观的言行。”

第二，要“科学公正参与招生”。“在参与招生宣传、命题阅卷、复试录取等工作中，严格遵守有关规定，公平公正，科学选才。认真完成研究生考试命题、复试、录取等各环节工作，确保录取研究生的政治素养和业务水平。”“不得组织或参与任何有可能损害考试招生公平公正的活动。”

第三，要“精心尽力投入指导”。“根据社会需求、培养条件和指导能力，合理调整自身指导研究生数量，确保足够的时间和精力提供指导，及时督促指导研究生完成课程学习、科学研究、专业实习实践和学位论文写作等任务；采用多种培养方式，激发研究生创新活力。”“不得对研究生的学业进程及面临的学业问题疏于监督和指导。”

第四，要“正确履行指导职责”。“遵循研究生教育规律和人才成长规律，因材施教；合理指导研究生学习、科研与实习实践活动；综合开题、中期考核等关键节点考核情况，提出研究生分流退出建议。”“不得要求研究生从事与学业、科研、社会服务无关的事务，不得违规随意拖延研究生毕业时间。”

第五，要“严格遵守学术规范”。“秉持科学精神，坚持严谨治学，带头维护学术尊严和科研诚信；以身作则，强化研究生学术规范训练，尊重他人劳动成果，杜绝学术不端行为，对与研究生联合署名的科研成果承担相应责任。”“不得有违反学术规范、损害研究生学术科研权益等行为。”

第六，要“把关学位论文质量”。“加强培养过程管理，按照培养方案和时间节点要求，指导研究生做好论文选题、开题、研究及撰写等工作；严格执行学位授予要求，对研究生学位论文质量严格把关。”“不得将不符合学术规范和质量要求的学位论文提交评审和答辩。”

第七，要“严格经费使用管理”。“鼓励研究生积极参与科学研究、社会实践和学术交流，按规定为研究生提供相应经费支持，确保研究生正当权益。”“不得以研究生名义虚报、冒领、挪用、侵占科研经费或其他费用。”

第八，要“构建和谐师生关系”。“落实立德树人根本任务，加强人文关怀，关注研究生学业、就业压力和心理健康，建立良好的师生互动机制。”“不得侮辱研究生人格，不得与研究生发生不正当关系。”

二、高校教师违反职业道德规范的处理

（一）《中华人民共和国教师法》中的处理规定

1993 年 10 月 31 日，全国人民代表大会常务委员会颁布的《中华人民共和国教师法》第三十七条明确规定，教师有下列情形之一的，由所在学校、其他教育机构或者

教育行政部门给予行政处分或者解聘：

第一，故意不完成教育教学任务给教育教学工作造成损失的；

第二，体罚学生，经教育不改的；

第三，品行不良、侮辱学生，影响恶劣的。

该法同时规定，教师有前款第一项、第二项所列情形之一，情节严重，构成犯罪的，依法追究刑事责任。

（二）《教师资格条例》中的处理规定

1995 年 12 月 12 日，国务院令第 188 号《教师资格条例》第十九条规定，有下列情形之一的，由县级以上人民政府教育行政部门撤销其教师资格：

第一，弄虚作假、骗取教师资格的；

第二，品行不良、侮辱学生，影响恶劣的。

该法同时规定，被撤销教师资格的，自撤销之日起 5 年内不得重新申请认定教师资格，其教师资格证书由县级以上人民政府教育行政部门收缴。

该法第二十条规定："参加教师资格考试有作弊行为的，其考试成绩作废，3 年内不得再次参加教师资格考试"；第二十一条规定："教师资格考试命题人员和其他有关人员违反保密规定，造成试题、参考答案及评分标准泄露的，依法追究法律责任"；第二十二条规定："在教师资格认定工作中玩忽职守、徇私舞弊，对教师资格认定工作造成损失的，由教育行政部门依法给予行政处分；构成犯罪的，依法追究刑事责任。"

（三）《教育部关于建立健全高校师德建设长效机制的意见》中的处理规定

《教育部关于建立健全高校师德建设长效机制的意见》中明确规定：严格师德惩处，对于违反教师道德规范，依法依规分别给予警告、记过、降低专业技术职务等级、撤销专业技术职务或者行政职务、解除聘用合同或者开除。对严重违法违纪的要及时移交相关部门。建立问责机制，对教师严重违反师德行为监管不力、拒不处分、拖延处分或推诿隐瞒，造成不良影响或严重后果的，要追究高校主要负责人的责任。

（四）《教育部关于高校教师师德失范行为处理的指导意见》中的处理规定

《教育部关于高校教师师德失范行为处理的指导意见》中明确规定：对高校教师师德失范行为实行"一票否决"。高校教师出现违反师德行为的，根据情节轻重，给予相应处理或处分。情节较轻的，给予批评教育、诫勉谈话、责令检查、通报批评，以及取消其在评奖评优、职务晋升、职称评定、岗位聘用、工资晋级、干部选任、申报人才计划、申报科研项目等方面的资格。担任研究生导师的，还应采取限制招生名额、停止招生资格直至取消导师资格的处理。以上取消相关资格处理的执行期限不得少于 24 个月。情节较重应当给予处分的，还应根据《事业单位工作人员处分暂行规定》给予行政处分，包括警告、记过、降低岗位等级或撤职、开除，需要解除聘用合同的，按照《事业单位人事管理条例》相关规定进行处理。情节严重、影响恶劣的，应当依据《教师资格条例》报请主管教育部门撤销其教师资格。是中共党员的，同时给予党纪处分。涉嫌违法犯罪的，及时移送司法机关依法处理。

（五）教育部《研究生导师指导行为准则》中的处理规定

教育部《研究生导师指导行为准则》中明确规定："强化监督指导，依法处置违规行为。各地各校要落实学校党委书记和校长师德建设第一责任人责任、院（系）行政主要负责人和党组织主要负责人直接领导责任，按照准则要求，依法依规建立研究生导师指导行为违规责任认定和追究机制，强化监督问责。对确认违反准则的相关责任人和责任单位，要按照《教育部关于高校教师师德失范行为处理的指导意见》（教师〔2018〕17号）和本单位相关规章制度进行处理。对违反准则的导师，培养单位要依规采取约谈、限招、停招直至取消导师资格等处理措施；对情节严重、影响恶劣的，一经查实，要坚决清除出教师队伍；涉嫌违法犯罪的移送司法机关处理。对导师违反准则造成不良影响的，所在院（系）行政主要负责人和党组织主要负责人需向学校分别作出检讨，由学校依据有关规定视情节轻重采取约谈、诫勉谈话、通报批评、纪律处分和组织处理等方式进行问责。我部将导师履行准则的情况纳入学位授权点合格评估和‘双一流’监测指标体系中，对导师违反准则造成不良影响的高校，将视情核减招生计划、限制申请新增学位授权，情节严重的，将按程序取消相关学科的学位授权。”

（本章撰稿人：曹均学）

思考题

1. 简述教师道德行为选择中的价值冲突。

2. 简述教师道德行为评价的作用。

3. 从教师道德行为选择中的自由和必然的关系出发，试论教师道德行为选择中的责任问题。

4. 依据动机和效果辩证关系原理，试论如何进行教师道德行为善恶的考察与判断。

第六章 高校教师职业道德的内化、养成与提高

【内容摘要】教师是立教之本，兴教之源。素质优良的教师队伍，是教育事业发展的根本保证。因此，高等学校教师职业道德原则和职业道德规范对教师的教育实践活动具有重要的指导作用。一名合格的教师，不仅要从理论上掌握这些职业道德要求的内容，还必须把这些内化为自己的道德品质，变成个体的道德需要。如果教师不能把外在的道德要求内化为自身的道德品质，就不可能自觉地执行教师的道德理论并运用相应的道德要求来调整自己的行为，也就无法有效地解决教育实践中的各种矛盾，难以成为一名合格的教师。学习高校教师的职业道德，可以促使老师们思考如何更好地把这些职业道德原则和职业道德规范转化为自己的道德品质和自觉行动，从而增强对高校教师职业道德的认知与实践。

第一节　高校教师职业道德的内化

提升高校教师的职业道德必须遵循高等学校教师职业道德规范，教师职业道德要求与其他道德要求一样，首先是一种外在的约束力，还无法完全体现道德的本质和作用。因为道德认识和道德行为并不是等同的，掌握道德规范并不等于能够把道德规范付诸实施、身体力行。只有高校教师自觉地、发自内心地把外在的职业道德要求内化为自己的品质，才能实现道德的作用。

一、高校教师职业道德内化的含义和分类

（一）高校教师职业道德内化的含义

内化最早由法国社会学派代表人物埃米尔·杜尔凯姆提出，其含义指社会意识向个体意识的转化，即将社会意识形态的诸要素移植于个体意识之内。苏联维果斯基认为，人的一切高级心理机能最初都是作为外部的人际交往形式表现出来，后因内化的

结果而转化为个体的心理过程，即内化为外部的实际动作向内部智力动作的转化①。所以，内化是将自己认同的新的思想和自己原有的观点、信念结合在一起，构成一个统一的态度体系，并且成为自己人格的一部分。简单来说，内化就是将看、听、想等思维观点经过内证实践，从而领悟出的具有客观价值的认知体系。根据上述对内化内涵的阐释，高校教师职业道德内化，可定义为高校教师在教育实践活动中通过道德认识强化、道德情感体验和道德意志磨炼，将师德规范固化为教师内心的道德结构的心理过程。概括而言，就是教师职业道德人格的形成与教师职业道德人格化的过程。

（二）高校教师职业道德内化的分类

内化可以分为有意识内化和无意识内化两种情况。有意识内化，即个体有意识地将外在影响和要求内化为自身的素质。在这一过程里，学习主体能感觉到自身所做的努力，是一种有明确指向的、可以自己控制的也可以量化的知识转化的过程。例如，传统的课堂讲授，老师按照教学计划传授知识，学生依照老师的要求学习知识。在这个内化的过程中，可以通过明确的学习目的、指定的学习教材、科学的学习评价手段等具体环节加以体现。

无意识内化，指个体在无意识之中接纳外在影响和要求，在日常生活、学习、工作当中，受周围环境的影响、身边榜样的带动，或平常日积月累的习惯性地操作等，将一些为人们广泛接受的为人处世的原则或是某一学科方面的知识等不知不觉地渗透到自身的知识结构中，积淀成为一种内在素质，进而养成一些习惯，指导自身的日常行为。在这一过程当中，学习主体能理解自身行为的意义和目的，能体会到行为的最终方向，也能知晓自己将要把自己培养成为一个具有什么样素质的人，但他们很难有一种量化的标准来评估自己的学习，他们所有的变化都是在一定环境当中、在某种特定的氛围中完成的，这是一个潜移默化的过程。他们的进步不能用考试来衡量，但可以通过其精神面貌的改善，通过其对社会、对集体、对自己的人生观、价值观和世界观的改变，通过其对学习和工作的意义、目的的态度的演变来考察。这一种内化是重要的，它对人的素质的提高起主导作用。

根据心理活动规律和道德内化的定义，职业道德的内化可以分为两个阶段：一是个体接触、认知和内化外在价值观念和行为规范的阶段；二是将内在观念、内在规范外化为自主自觉的行为实践的阶段。但是，在不同的教师中，这个过程发展的程度是不同的，这就形成了高校教师职业道德的三种不同层次的内化水平。

1. 接受和遵守师德规范

接受和遵守师德规范是师德内化的初级层次。教师要做到师德的内化，首先要对作为客体存在的职业道德原则、规范进行较详细的了解，在此基础上，使自己可以做到接受并遵守它。在这里，对内化起主要作用的有两个因素。一是“等值遵从心理”，即早期形成的基础性道德在起作用，如从小得到父母的养育而养成遵从父母的习惯，得到过老师的帮助而听老师的教导，等等。他成为教师后也自然认为：我拿了教师工资，就要遵守教师的职业道德规范。二是道德主体的内在“良心”在起作用，如觉得国家和家长把孩子交给我，我就要教好孩子，才对得起自己的良心。倘若道德主体违

① 袁振国. 当代教育学［M］. 北京：教育科学出版社，1998：36.

背了师德，就可能会受到处分或舆论压力，产生条件性的恐惧和焦虑，会受到“良心谴责”，从而促使其修正自己错误的教育行为。但这只是道德惩戒的效果，并不是内化的结果。所以，上述师德内化是一种缺乏深度理解的、消极的师德内化。

2. 将师德升华为自身的道德信念

将师德升华为自身的道德信念是师德内化的中级层次。教师在了解并接受师德规范的基础上，许多教师会自觉思考师德的意义，从更高的层面上掌握它，把师德与国家的教育意志、家长意愿及社会需求联系起来，使自己的道德认识和外在的规范要求融为一体，形成特定的思维定式和个性品德。在教育教学活动中努力使自己成为一位优秀教师，重视自己的道德形象，其行为表象已是师德的自然表露。这时的教师个体通常会以和蔼敏锐的眼光观察周围的人和事，乐意看到他人的进步，也乐意为学生指出前行的方向。此时的教师个体还乐意为自己树立学习的榜样，时时、事事、处处加以学习模仿，如学校中表现更为出色的老师，或自己过去的老师，或其他学校甚至是历史上的名师等。属于这一类型的个体已较好地理解了师德的意义，并从希望成为优秀教师的积极方向去认真遵循师德。这种内化是积极的，也是多数教师正在做的。

3. 具备自主的道德信仰并充当师德的推行者、捍卫者

具备自主的道德信仰并充当师德的推行者、捍卫者是师德内化的高级层次。这种师德内化是建立在对道德原则的本质理解和坚信不疑基础上的，是近乎完美的师德内化。这些先进教师从人类未来发展需要的高度去思考自己应有的师德品行，树立起高远的师德信仰，他们淡泊名利，把自身的幸福建立在实践师德、自我完善、促人上进的体验上。只要有机会，他们都会以积极的人生态度去影响身边更多的人，甚至自愿充当起践行师德的指挥者、监督者和审判者的角色，促成更多的人践行道德规范。这些教师已经在心理内部形成崇高的师德体系，自我构建了适合于甚至高于当今社会的师德观念，他们素质超群、品格优异，其外化形象具有权威性。他们的道德动机是获得自我奖赏和自我超越，摆脱了具体的行业道德和榜样的束缚，成为我们时代的道德榜样。

二、高校教师职业道德内化的必要性

道德规范是普遍道德要求，是道德范畴在人们内心形成的道德意识，它使人们自觉选择、评价和调整自己的道德行为，使道德规范在社会生活中切实发挥作用。教师职业道德内化的最终指向是将道德作为一种实践精神，且不是满足于对自身的理论追求，而是追求具体行为的落实。高校职业道德教育的培养也绝不是仅仅满足于对教师职业道德规范和教师职业道德理论的掌握和理解，它更加希望这些文本和规范能成为高校教师血液中的魂、记忆中的神、机体中的魄，使“理应之理”变为“自然而然”，使道德个体获得“从心所欲而不逾矩”的道德自由。因此，高校教师职业道德内化具有极其重要的意义。

（一）教师职业道德内化是教师职业道德由他律走向自律的需要

道德他律是指在道德上依赖外在的力量约束自己，个体履行道德规范、做出道德行为是非自愿的或被迫的；道德自律是指在道德上个体自己约束自己，自觉地践行道德规范的要求，这是两种完全不同的道德境界和道德状态。道德教育的目的就是使个

体的道德由他律达到自律，把外在的道德规定变为自觉的道德行为。

教师的职业特点尤其需要教师自律的道德行为。因为教师职业不同于其他职业，它的基本特点在于它是培养人。教师的职业劳动在时间的支配上，不像工厂、机关那样约束性强；教师的劳动固然需要统一的教育信念和教育价值目标，需要集体的力量，但在其表现形式上更多地是个体劳动；教师的劳动虽然可以在数量上、实物形态上、指标上做出有形的考核，但是，每一堂课知识传授的程度，备课的深度广度，作业批改的认真程度，对每个学生全面耐心的关怀程度，为学生排忧解难的态度等，这一切主要是通过教师工作的自觉、自主选择而体现的。正如列宁所说："任何'监督'，任何'领导'，任何'教学大纲'，'章程'等……绝不能改变由教学人员所决定的课程的方向。[①]"教师在执行自己的各项具体任务时，其态度、方式、方法的选择总是自主的，这是一个自我控制的系统，是由教师凭借自己的道德修养水平和良心来调节的。因此，道德修养中的"慎独"境界，对教师来说就显得非常必要和可贵。如果教师在无人看见、无人过问、无人监督、无人评价的情况下，仍能自觉地按照职业道德规范的要求严格检查自己、严格约束自己，就意味着教师的道德修养达到了"慎独"的境界，达到了自律的程度。由此可见，教师职业的特点决定了其道德自律的重要性，而只有实现教师职业道德要求的内化，教师职业道德才能由他律转化为自律。

教师职业道德由他律向自律发展，需要将教师职业道德内化为教师个体道德。个体道德是指以个体作为道德的主体和载体的道德，是个体在一定的社会道德准则和规范的影响下形成的个人的道德意识和行为特征。教师个体道德，就是指以教师为社会职业身份的社会成员的个体道德，它是由个体道德心理、个体道德行为和个体道德境界等不同层面构成的。个体道德心理是指个体具有善恶意义的心理活动和心理机制，按中国传统说法，可简称为"德心"。个体道德行为，也称"德行"，是指个体在某种道德心理机制的作用下，表现出来的有利或有害于社会和他人的行为。

所谓个体道德境界，指个体在处理个人与他人、个人与社会整体的关系的一系列表现中，实际达到并意识到特定社会或阶级的道德要求的程度。教师个体道德实际上是由上述不同层面构成的一种立体网络系统，使教师职业道德要求内化为教师个体内心准则，体现在教师个体的道德行为中，并提高教师个体的道德境界，这才能作为教师个体行为的价值导向，实现教师职业道德的社会功能。没有从教师职业道德要求到教师个体道德的内化，就无法实现从他律走向自律，教师职业道德规范的作用也就无从谈起。

（二）教师职业道德内化是教师道德人格完善的需要

教师作为人类灵魂的工程师，应该具有高尚、良好的道德人格，这也是培养学生良好道德人格的必要前提条件之一。2014 年 9 月 9 日，习近平总书记在同北京师范大学师生代表座谈时就指出："教师的职业特性决定了教师必须是道德高尚的人群。合格的老师首先应该是道德上的合格者，好老师首先应该是以德施教、以德立身的楷模。"[②]

① 中共中央马克思恩格斯列宁斯大林著作编译局. 列宁全集（第 15 卷）［M］. 北京：人民出版社，1988：439.

② 习近平. 做党和人民满意的好老师：同北京师范大学师生代表座谈时的讲话［N］. 人民日报，2014-09-10（1）.

我们很难设想，一个道德人格卑劣的教师能够培养出人格高尚的学生。只有教师的人格高尚，才有学生的高尚人格，这是不言自明的道理。教育实践表明，教师的人格对学生的影响作用是巨大而深远的。教师的世界观、人生观、价值观，甚至一言一行、一举一动都可能会在学生的心里留下深刻的印象，起着潜移默化的影响作用，因为学生都具有“向师性”和“模仿性”的特点，与学生朝夕相处、教书育人的老师自然是学生模仿和学习的对象，教师光明磊落、纯洁高尚的道德人格对学生来说无疑具有显著的示范作用。亲其师才能信其道，教师的人格魅力会使学生因为喜欢一位老师而喜欢一门课程，一位被学生喜欢的教师，其教育效果总是会更好。“学高为师，身正为范”，榜样的力量是无穷的，教师人格魅力的示范作用是不言而喻的。正如教育家加里宁所指出的，教育者影响受教育者的不仅是他教的某些知识，而且还有他的行为、生活方式以及对日常生活的态度。所以，教师必须认识到自己人格在教育学生中的作用。因为教师不仅要用自己的学识教人，而且还要用自己的品格影响学生；不仅要用语言去传授知识，而且还要用自己的灵魂去感化学生和塑造学生的心灵。

道德内化是教师造就自己高尚人格的必经途径。有的教师在工作实践中，能够遵守职业纪律，按时完成自己的本职任务，但动机只是避免领导批评或者获得奖金。这样的教师不会具有持久的工作动力，一旦没有外在的约束和激励，就可能放弃努力。因为他对道德规范的遵守是靠外在条件的约束，而不是自觉自愿的行为。所以，要使教师的职业道德由他律转向自律，形成高尚的道德人格，就必须把教师职业道德内化为教师的自我认同、自我需要。

（三）教师职业道德内化是教师引领学生成长的需要

高校教师服务的对象比较特殊，他们是一群处在道德品质成长期的青年大学生。大学生在心理上具有极高的发展欲望。与中小学生相比，大学生有思想、有情感、有个性、自我意识强、有较丰富的知识储备，他们不满足于教师在课堂上传授的一般书本知识，而是要求教师能够提供一个探索、研究和实践的宽松环境便于自身的充分发展。因此，高校教师应把促进学生的发展看成自己的生存之本，把“一切为了学生，为了一切学生，为了学生的一切”作为职业实践的原则，用自己高尚的职业道德面貌引领学生的成长与发展。为此，教师应做到如下几个方面：

第一，转变三个观念。一是要转变教师观，教师要由知识的传授者转变为学生学习的指导者、促进者。二是要转变学生观，教师要树立学生主体观，尊重学生的人格，尊重学生的观点，承认学生的个体差异，相信学生都存在发展的潜能，积极创造和提供能满足不同学生学习成长的条件。教师要树立科学的发展观，将学生的发展作为教学活动的出发点与归宿点，要关注学生的情感体验，关注学生的学习兴趣等非智力因素。三是要转变教学观，教学过程要由传授和记忆知识的过程转变为学生发现、加工信息、研究问题、增长知识的过程。为此，教师要不断提高对信息技术的运用能力，促进信息技术与教学内容的整合，改变教学内容的呈现方式和师生互动方式，从根本上有效地促进学生学习方式的转变。

第二，建立新型的师生关系，学会关心、热爱自己的学生。要积极构建一种民主、平等、互动、合作型师生关系，在与学生交往互动、合作交流及与学生心灵碰撞、情感交融中健全学生人格、完善学生个性，促进师生共同发展。

第三，热爱学生和培养为学生服务的职业意识。教师的服务对象是学生，服务目的是把学生培养成为德才兼备的、符合社会需要的人才。因此，热爱学生、一切为了学生，是衡量教师职业道德的重要尺度和首要要求。只有热爱学生，服务于学生，一切为了学生，才能全心全意地投入到教育工作中，认真履行教书育人的职责，才能赢得学生对教师的尊重，形成和谐的师生关系，从而激发学生的学习兴趣和学习热情。

尊重和热爱学生也是教师职业道德内化的核心内容之一，具有完善道德修养的教师能让其尊重、理解、关怀、信任如阳光一样照耀在每一位学生的身上，使学生倍感亲切和温暖，从而产生心灵的共振，学生自然会树立起教师是自己心目中的“精神领袖”这一高尚而可亲的形象，学生也自然会自愿接受约束，从而不断增强自我教育、自我修养的主动性和自觉性，这必然促进学生的自我发展与自我提高。

（四）教师职业道德内化是实现教师现代化的需要

教育面向现代化是时代发展的必然要求。教育面向现代化，要求教师必须实现现代化，而教师的现代化是指教师的心理素质、精神面貌以及行为特征具备现代社会和教育发展所要求的品质。在职业道德方面，就是指教师与现代文明和教育相适应的道德思想观念和价值取向。当今世界，教育面临极好的机遇，但也在人才培养的理念、方式、内容、途径等方面面临前所未有的挑战。因此，教师的师德修养，被赋予了新的内容。如果一个教师具有较高的师德修养水平，他应该懂得用现代的教育思想指导自己的教学，用科学的教育规律创造性地开展教育；如果一个教师具有较高的师德能力，他应该懂得用前沿的科学知识丰富学生的头脑，用现代的教育技术手段去调动学生的学习积极性；如果一个教师具有较高的师德境界，他应该用真诚的心去关怀学生的健康成长。

有人说，可以将高校教师分为三个层次：第一层教师教给学生知识，第二层教师教给学生方法，第三层教师提升学生境界。所以教育现代化要求大学教师必须加强师德修养，具有良好的师德，才能有助于在教学中提高教学质量和教学效果；有助于在与学生交往中以思想影响思想，以品格影响品格；有助于在和学生进行学术探讨时，给学生提供知识和信息，教给学生方式方法；有助于在给学生传授知识的同时，教给他们如何做人、如何适应社会、如何面对人生；有助于在进行创造性教学过程中，培养学生的创新意识、创新精神和创新能力；有助于在育人过程中，更好地服务学生、关怀学生。可以说，教师是教育现代化的主体，没有教师的现代化，教育的现代化就无从谈起。

改革开放以来，我国的政治、经济、文化、社会等各方面都发生了巨大的变化，特别是科学技术的发展迅猛，知识的日新月异。在这种时代环境条件下成长起来的青年一代的思想观念，更是与时俱进。他们注重现实，视野开阔，思想活跃，追求新异，价值取向多元化。在此种情况下，教师如果不更新观念，积极参与现代社会实践，塑造适合现代化教育的人格，就很难完成教书育人的任务。因此，教师要实现现代化，成为合格教育工作者，就必须通过内化的途径，将现代人具有的心理素质、思想观念、行为方式和价值标准转化为自身的品质。

三、高校教师职业道德内化的过程

教师职业道德内化的目的是把他律的道德原则及规范转变为教师个体内在的道德品质。人的道德品质的形成是由两方面因素决定的，第一是由客观物质生活条件决定的，是一定社会关系的产物。人刚来到这个世界时，无所谓品质好坏，只有当他进入社会生活，面对现实的物质生活条件和由其所决定的道德关系，并经过一定的生活实践，才能形成某种道德品质。第二，人作为自觉能动的主体，其道德品质是在社会实践的基础上，经过个人的主观努力而形成的。对个人来讲，它是一个自觉认识和行为选择的过程，是一个由道德认识、道德意志、道德情感和道德行为，即构成道德品质的各个方面或各种因素相互作用的综合过程，而这一过程也正是教师职业道德内化的过程。因此，高校教师职业道德内化的过程，其必然是一个提高教师道德认识，培养教师道德情感，坚定教师道德信念，锤炼教师道德意志，培养道德行为的过程。

（一）提高职业道德认识

道德认识是产生道德情感的起点和基础，是磨炼道德意志的动力、评价道德行为的准绳。具体而言，它是指人们对道德价值、规范和原则的理解和掌握，是对“应当如何”的认知，包括道德概念、道德观点的形成和道德判断能力的提高。人们只有对某一道德原则和规范有较为明确的认识，充分信任其合理性，才能较自觉地在实践中有所行动。教师职业道德认识概括来说是指教师对职业道德理论、规范和要求的理解和掌握；具体来说是指教师对教育劳动中客观存在的道德关系以及对处理这些关系的原则、规范的认识。它包括职业道德观念的形成、职业道德知识和概念的掌握、职业道德判断能力的提高和职业道德信念的形成等，是进行师德修养的起点和前提。

从知与行的关系看，认识是行动的先导，荀子说：“知明而行无过。”这意味着“知”的问题不解决，在行动中就好像是盲人骑瞎马，夜半临深池。教师要形成良好的道德品质，就必须不断学习和掌握教师职业道德知识，深刻理解教师职业道德原则、规范和范畴，努力提高对教师职业道德的认识，把道德规范、准则逐步内化为教师从事教育事业的行为准则。只有这样，才能使教师明晰职业活动中的是非善恶，才能自觉选择哪些是应该做的，哪些是不应该做的，从而增强履行教师职责和职业道德义务的自觉性。提高师德认识是进行师德修养的思想基础，没有这个基础，就不可能将师德修养自觉进行下去。

同时我们还要意识到虽然教师职业只是社会上众多职业中的其中之一，平凡而普通，但教育事业又担负着培养社会未来建设者、接班人的使命，伟大而神圣。作为教师大军中的普通一员，高校教师应树立“在平凡岗位上做不平凡事情”的理念。就高校自身特点而言，它是人才培养基地，也是学术研究、高科技研发的有利场合，这赋予大学教师三种缺一不可的独特身份：教学者、学者和服务者。作为教学者，高校教师应认识到教学始终是主业，不应只顾第二职业而忽视知识传播者的身份。而学生衡量一名合格教师的首要标准正是其教学业务水平，如苏联教育家马卡连柯就认为，学生可以原谅教师的严厉、刻板甚至吹毛求疵，但不能原谅他的不学无术。所以，高校教师如不能认识本职业的教育性和专业性，那么他对职业道德认识就是不完整的。作为学者，高校教师应意识到科研是科学、教学发展的要求，是社会赋予他们的又一使命。正如我国物理学家、教育家钱伟长所说："你不上课，就不是老师；你不搞科研，就不是好老师。教学是必要的要求，不是充分的要求，充分的要求是科研……教学没有科研做底子，就是一个没有观点的教育，没有灵魂的教育。[①]"作为服务者，高校教师应意识到自身和高校的生存依赖于社会和政府的支持，他们有义务以科技成果转化、人才培训、学术报告、政策论证以及政策咨询等服务形式来回报社会。因而，高校教师应明确自身职业道德认识，既认识到教师职业的平凡性、伟大性，又领悟到高校教师职业独特的教育性、专业性和服务性。只醉心于充当"知识搬运者"的角色，没有能力承担科研、成果转化等责任，抑或埋头于学术研究，对学生不闻不问，再抑或痴迷于社会服务所带来的财运，置学校事务于脑后等，都是对职业道德认识不到位的表现。

与人类普遍的认识过程一样，教师职业道德认识一般要经过从感性认识到理性认识，再从理性认识到道德实践这样两个阶段。职业道德认识的感性阶段是职业道德观念的积累和形成。教师在学习职业道德规范时，应已具备一定的直接的道德经验，在此基础上，才能吸收、消化各种道德理论，否则就无法深刻掌握道德知识，更难以转化为内在的道德认识。掌握道德概念是教师职业道德认识的理性阶段，是道德认识的概括化过程。它可以帮助教师从许多具体的道德现象和道德关系中，从某种道德行为的多方面表现中，概括地把握一定的道德关系和道德行为的本质，帮助教师深刻地理解一定的道德原则和规范，指导自己的行动或用于分析社会道德现象。

提高教师职业道德认识，主要包括以下三个方面的内容。

1. 对教师职业道德价值的认识

教师职业道德修养的关键在于具有自觉性，对教师职业道德价值的认识是教师自觉加强师德修养的前提。一名教师只有深刻认识到自己所从事职业的重要性和特殊性，认识到提高师德修养对今后有序开展教育工作的意义和价值，才有可能将外在的教师道德要求变成自己内在的需要和自觉的道德行为。

2. 对教师职业道德规范的认识

师德修养不是一个盲目、自发的过程，而是一个有目的、自觉的过程。作为一名教师，加强师德修养，首先要学习和理解教师职业道德的内涵和基本原则，熟悉和掌握教师职业道德的基本规范和范畴，全面了解学校和社会对教师的基本师德要求，这是师德认识的主要内容。

3. 提高对教师职业道德的评价判断能力

提高教师职业道德认识，不仅要掌握职业道德的理论、规范和要求，从道理上懂得是非、美丑、善恶、荣辱，而且还要在实际教育活动中分清上述各种状态的界限，提高教师职业道德的判断力。所谓道德评价判断是指运用已掌握的道德规范和标准对自己和他人的行为进行道德分析、评价、判断的活动，是道德认识的具体化过程。教师职业道德评价判断的能力，是教师运用师德规范对自己和其他教师的行为进行善恶判断的能力。教师在职业道德评价判断的过程中，可以巩固和加深对职业道德的认识，促进道德信念的形成。提高教师对教师职业道德的评价判断能力，有利于教师在复杂

① 钱伟长. 钱伟长文选（第二卷）[M]. 上海：上海大学出版社，2004：119.

多变的环境下做出符合师德规范要求的正确道德判断和行为选择，有利于增强教师道德自律和自我提高的意识和能力。

提高道德认识是道德内化的必要前提。那种认为不必经过职业道德认识阶段，直接就可以培养职业道德行为习惯的观点是不正确的。一个人如果仅仅出于顺从权威和小心谨慎而采取某种道德行为，却缺乏道德知识，不知道自己遵循的规范和准则是否合理，也不明白自己行为的道德意义，那么这种行为习惯就不是真正意义上的道德行为习惯，这种道德发展也仍处于受自身之外的价值标准支配的不成熟的阶段。所以，道德认识的提高是高校教师职业道德内化的一个必要过程。

（二）培养职业道德情感

人的行为不仅受思想的支配，也受情感的驱使。人非草木，孰能无情？每个人都生活在一定的社会情境中，丰富的社会生活时时刻刻为人们提供着丰富的情感体验，使情感生活成为人类生活的重要组成部分。同时，情感在个体道德形成过程中也有着特殊的地位和作用，道德情感不仅是道德认识转化为道德行为的中间环节，更是表现出人类对高尚情感的追求，这是人性至善至美的体现，只有具备丰富的道德情感的人，才是一个高尚的人，一个值得社会和他人尊敬的人。

教师职业道德情感是教育工作者根据一定的教师职业道德观念，在处理与他人相互关系、评价某种行为时所产生的内心体验，它渗透在教师职业道德意志和职业道德行为之中，它是教师职业态度的核心内容。教师职业道德情感是以职业道德认识为基础，在长期的教育活动中通过潜移默化的过程逐步形成的。教师要拥有明显的情感体验往往需要在生活实践中经过较长时间的努力和磨炼，师德情感一旦形成，要改变它比改变一种旧的道德认识困难得多。因此，师德情感的陶冶比师德认识的提高更为复杂，但也更加稳定，它一经形成便成为推动教师献身教育事业的一股强大的动力，促使教师能够几十年如一日，教书育人、兢兢业业、诲人不倦。可以说，教师职业道德情感是教师积极工作、勇于开拓进取的内在动力，是教师培养优秀道德品质、保持高尚道德行为的重要精神动力。它在职业道德内化的过程中，发挥着重要的作用。第一，评价作用。在师德实践中，教师总要对自己或他人的道德行为进行评价。这种评价，既包括认识上的判断，也包括情感上的好恶。教师需要通过来自社会或自己的不同情感态度来及时反省自己的言行，调节自己的师德认识和师德行为。形象来讲就是以敬慕、赞赏或鄙夷、厌恶的情绪表明对某种道德关系和道德行为的评价态度。第二，调节作用。即以某种情绪态度来强化或弱化个人的某种道德认识和道德行为。第三，信号作用。即通过各种表情动作来示意行为的道德价值。所以，教师职业道德情感能加深内化过程，使教师职业道德要求的内化变得更为深刻和迅速。

教师的道德情感是极丰富的，具体而言主要表现在以下三个方面。

1. 对教育事业的追求

在经济全球化、信息网络化、文化多元化、教育现代化的今天，随着改革开放的深入进行，特别是在市场经济发展背景下，人们的思想和道德观念都发生了深刻的变化。受市场经济中一些负面因素的影响，少数高校教师开始用市场经济的“游戏规则”和商业经济的观念来审视自己的职业，一切职业实践活动以个人利益需求和发展为准则，不再奉行以往的奉献社会和为教育事业奋斗终生的理念，使当前教师的职业道德结构出现了严重缺失。如：职业理想和信念动摇，职业情感淡漠，职业行为失范，不能正确处理“个人发展”和“工作利益”的关系、“精力投入”与“利益回报”的关系、“教书”与“育人”的关系，出现了所谓“人生理想趋向实际、价值标准注重实用、个人幸福追求实在、行为选择偏重实惠”的倾向，等等。虽然这只是个别现象，却使得教师职业的“神圣”地位受到越来越多的质疑，社会声望亦日渐下降。正如2014年9月颁布的《教育部关于建立健全高校师德建设长效机制的意见》中所尖锐指出的：“当前社会变革转型时期所带来的负面现象也对教师产生影响。少数高校教师理想信念模糊，育人意识淡薄，教学敷衍，学风浮躁，甚至学术不端，言行失范、道德败坏等，严重损害了高校教师的社会形象和职业声誉。”因此，教师应充分认识到自己所从事的职业是崇高而伟大的事业，它关系到人才的培养和国民素质的提高，更关系到一个民族的振兴和国家的富强。教师只有培养出这种道德情感，才能把自己的命运与前途和国家教育事业紧密联系在一起，才能做到默默无闻、献身教育。一个不热爱教育、对教师职业不感兴趣的人，一旦从事教育，必将误人子弟。

2. 对学生的热爱

爱，对教育这么一个能触及人灵魂深处的事业来说，恰似阳光雨露。《高等学校教师职业道德规范》《新时代高校教师职业行为十项准则》等规定都明确指出要真心关爱学生，严格要求学生，公正对待学生，做学生的良师益友，这些规范和准则充分体现了“热爱学生”是教师首先应追求的职业道德情感。对学生而言，最好的教育方法产生于教师对其无比热爱的心灵中。一方面，教师需要了解学生。因为缺乏了解的教育是盲目的，教师应想方设法地接近学生、为学生着想、做学生的朋友，这样才能全面深入地了解学生的内心，才能更为有效地把教学和研究落到实处。另一方面，教师应尊重学生。在教育教学活动中时刻以尊重学生为前提，不要轻易伤害学生的积极性和创造性，和学生平等相处，学生才会在教师爱的怀抱中丰富自己、提高自己，并自觉配合教师的教育教学活动，成为教师称心的小助手。而缺乏尊重的师生关系可能是学生产生厌学、逆反、抗拒心理的重要原因。

教师对学生的热爱和关心是教师对教育事业热爱和追求的具体体现，也是师德情感中最重要的内容。热爱一个学生就等于塑造一个学生，而放弃一个学生无异于毁坏一个学生。爱是教育行为的内在动因，爱是教育人生的基础。对教育对象的理解、认识与爱是教师职业道德的核心之一。因此，教师的职业，并不仅仅是依靠丰富的学识，也不仅仅是依靠这种或那种的教学方法，这只不过是一个方面。更重要的是要看教师是否有一颗热爱教育事业、热爱学生的心。教师只有对学生充满热爱和爱护，才能使学生产生饱满的情绪，具有强烈的上进心，才能在成长过程中取得较快的进步。2020年全国最美教师长春职业技术学院信息学院数字媒体艺术系主任高文铭就是这样一位以爱育人的好老师。

【案例1】

高文铭：吉林首位获评全国“最美教师”

高文铭知道，高职的学生多是因高考失利而上学的，部分孩子专业兴趣低落，自卑心理较严重。针对学生在专业学习中遇到的困难、思想产生的动摇等情况，她经常利用课余和下班时间，走访学生寝室，找学生谈心，有针对性地帮助学生处理好学习实习、择业交友、健康生活等方面的各种问题，帮助他们重新激发起学习和生活的热情和信心。曾有一位学生入学不到一周就提出退学，高文铭苦口婆心地劝导，终于使这位学生明白动画产品的开发需要一定的专业知识和文化素养来支撑，不是一蹴而就的，使她踏实回归学业。还有一位同学的父亲患病住院，生活困难，他经常旷课，老师一说他，他就要打包行李回家。其他人都劝高老师别管了，但高文铭只要没课就到寝室或班级找他谈心。通过交流，高老师发现他唱歌很好，便让他在迎新生晚会上展示自己，并且还获得了一等奖。现在，这位同学在东北师范大学攻读声乐。他寄给高老师的新年贺卡上这样写道："老师，是您付出的耐心、爱心、细心，让我感受到不是妈妈却胜似妈妈的亲情。"

高文铭的学生都知道老师的金句：只要你想学习，你想上进，什么时候都不晚！而高文铭也认为：一位教师可贵之处不仅在于她教出了多少优秀标兵，更在于她挽救了多少"问题学生"。在30年的执教生涯中，高文铭老师不仅把教师当作神圣的职业，更是把爱心育人当作生活的全部，为国家培养高素质技能人才矢志不渝、耕耘不辍！

——摘编自中国吉林网，2020年09月10日

（http：//edu. cnjiwang. com/zyjy/202009/3219111. html）.

3. 对同事与同志的尊重、友谊和热情

教育工作是一项庞大的系统工程，教师个体很难独立完成对学生全面教育的任务，这就需要加强同事之间的友谊、团结协作、相互尊重，形成教育合力。同时，在教师的职业活动过程中，教师与学生家长之间、教师与社会之间，总是存在各种各样的关系，这些关系并不仅仅是工作关系，还包含很多情感关系。这需要教师在与家长交往的过程中，对学生家长以诚相待、以礼相见，并注意听取家长对学校工作的意见和建议，尊重家长们的合理要求；而在与社会交往的过程中，要意识到自己为人师表的职业形象，以自己的心灵和言行影响社会，推动文明，并帮助人们树立正确的是非观念，明白真善美与假恶丑，促进社会风气的好转。因此，对同事与同志的尊重、友谊和热情就是情感关系的表现，它是教师职业道德情感的一个重要方面。

总之，教师的职业道德情感是一个多侧面、多层次的品德因素的表现，它是在对职业道德规范认识的基础上产生的，对职业道德规范认识越深刻，职业道德情感就越强烈。当然，我们还必须看到，教师的职业道德情感也是与其职业活动紧密联系在一起的，它是教师在长期的职业生涯中逐步形成的。这种职业情感形成之后，便成为教师忠于教育事业、勤奋工作的一股强大的动力，促使教师甘愿为培养人才奉献自己的毕生力量，鞠躬尽瘁，死而后已。所以，注重培养教师的职业道德情感，是高校教师职业道德内化的一个极为重要的环节。

（三）坚定职业道德信念

道德信念是人们对于某种人生观、道德理想和行为准则的正确性和正义性的深刻而有根据的笃信以及由此产生的对某种道德义务的强烈责任感。

师德信念是教师职业道德品质构成的核心要素，确立坚定的师德信念，是师德修养的核心问题，是师德行为能坚持下去的最深层次的根据和重要保证。教师职业道德

信念是教师对职业理想、职业人格、职业原则、职业规范坚定不移的信仰，是深刻的师德认识、炽热的师德情感和顽强的师德意志的统一，是把师德认识转变为师德行为的中间媒介和内驱动力。

在教师职业道德内化的过程中，教师职业道德信念处于核心和主导地位，因为道德信念决定着教师行为的方向性、目的性，也影响着师德修养水平的质量和师德要求内化的程度。坚定的道德信念是人们的精神支柱，它不仅能够使人们根据自己认同的道德要求去评价他人与自己行为的是非善恶、好坏对错，而且能够坚定不移地按照自己信仰的道德要求去自觉履行各种道德义务，完成各种道德使命。而教师道德信念则是教师道德进步中的灯塔，它内在地规定着教师道德发展的方向。一定的道德认识和情感，只是为品质的形成提供了感性认知的基础，只有这一切成为一种信念时，主体的内在品质才趋于成熟。一个教师一旦形成了道德信念，他的生活就充满了意义；而一个没有信念的教师，其生活如一潭死水，没有浪花，更没有激情。“饱食终日，无所用心”，正是这种生活的真实写照。正如习近平总书记所指出的：“老师肩负着培养下一代的重要责任。正确理想信念是教书育人、播种未来的指路明灯。不能想象一个没有正确理想信念的人能够成为好老师……好老师的道德情操最终要体现到对所从事职业的忠诚和热爱上来。好老师应该执着于教书育人。我们常说干一行爱一行，做老师就要热爱教育工作，不能把教育岗位仅仅作为一个养家糊口的职业。有了为事业奋斗的志向，才能在老师这个岗位上干得有滋有味，干出好成绩。如果身在学校却心在商场或心在官场，在金钱、物欲、名利同人格的较量中把握不住自己，那是当不好老师的。①”可见，信念是人性中最为坚定的东西，轻易不能改变，为了维护自己的信念，教师可以奉献一切。

同时，教师道德信念也深化了道德品质，使道德品质呈现出稳定性、一贯性、持久性的特征。正确的道德信念表现在：第一，不仅懂得道德规范，掌握道德知识，而且相信它的正确性，形成了坚定的道德观念。第二，把道德信念作为自己行动的指南与原则，并作为进行道德评价的标准。第三，对与自己信念相近的思想、言行表现出极大的热情并会产生相应的积极的情感体验；而对违反自己的道德信念的事情，则会产生强烈的消极的情感体验。第四，用坚强的意志行动去努力实现自己的道德信念，维护自己道德观点的正确性②。因此，道德信念既是道德动机的高级形式，又是推动道德品质发展的内在力量。所以，要使教师的职业道德内化为教师个人的道德品质，就要使教师深刻认识到、体验到自己所从事的职业的高尚和重要，意识到自己担负着祖国和民族的未来，从而树立为教育事业而献身的坚定的道德信念。就如同许多像张桂梅这样优秀的边远地区教师，他们不怕条件艰苦，不计个人得失，坚定不移地奋斗在教育岗位上，其中一个重要原因，就是他们具有献身山区教育的坚定信念。

（四）锤炼职业道德意志

锤炼教师职业道德意志是加强职业道德修养的关键一步，因为道德意志在道德素

---

① 习近平. 做党和人民满意的好老师：同北京师范大学师生代表座谈时的讲话［N］. 人民日报，2014-09-10（1）.

② 陈安福. 德育心理学［M］. 重庆：重庆出版社，1987：25.

质的培养中起着重要作用。在实际的道德生活中，一个具有顽强道德意志的人，即使在极其困难的条件下，也能抵御外部的腐蚀、引诱和压迫，保持“富贵不能淫，贫贱不能移，威武不能屈”的高尚情操。相反，道德意志薄弱的人，即使有了道德认识，从情感上讲也有道德行为的愿望，但由于意志脆弱，也无法做出符合道德规范的行为来。还有一些人，虽然有了道德行为，但由于缺乏道德意志不能持之以恒、坚持到底，甚至在外部腐蚀、引诱压迫下，丧失原则和气节，毁坏自己的道德素质和情操。所以教师职业道德意志正是指教师在履行职业道德义务或责任过程中自觉克服内心障碍和外部困难的能力和毅力，它是在形成一定师德认识和师德情感的基础上，调节教师道德行为的重要精神力量。教师从事的培养人的事业，是一项极为光荣而艰巨的事业。在这个过程中，教师不仅要付出辛勤的劳动，甚至有时还要做出某些牺牲，而且还可能遇到来自外界的各种阻力和障碍，如现实条件的制约、错误舆论的非难、亲朋好友的埋怨等。这就需要教师有顽强的毅力和坚持不懈的精神，以及不断履行师德的顽强意志。只有经过长期的锤炼，教师的道德修养才会达到“矢志不渝，持之以恒”的境界。因此，锤炼教师职业道德意志能使教师果断地确定职业道德行为的方向和方式，控制来自外部或内部的干扰，从而保证教师职业道德行为的稳定性和专注性。

教师职业道德意志是其道德行为持续进行的内驱力，是战胜各种艰难困苦的坚强精神力量，它主要表现在道德行为的自觉性、坚毅性、果断性和自制性四个方面。

自觉性是指对行为目的具有明确而深刻的认识，并使个人的行为完全符合正确目的的意志品质。它要求教师对自己从事的事业有明确而深刻的认识和坚定的信念，并积极自觉地献身于教育事业。这既是教育事业对每个教师的要求，也是每位教师成就事业的保证。如果教师在行为上偏离了教育目的，就要及时自觉调整；如果出现外界干扰，无论干扰来自何方或力量有多大，教师都必须有能力抵制和加以排除，自觉地实现教育目的。这种自觉性能够使教师树立坚定的职业道德信念，积极投身于教育事业，自觉地为教书育人努力工作。

坚毅性就是指在行动中坚持目标、百折不挠地克服困难的品质，具体表现为充沛的精力和坚忍的毅力。高校教师在教学、学术研究和社会服务的过程中，常常会遇到复杂的现实环境及意想不到的困难和干扰，如教学条件的缺乏、知识的快速更新、疲于应付授课而无暇搞学术研究、职称评比的压力、经济上的困境、生理上的疾病、社会上腐败现象的渗透、急功近利的社会心态等，这会使一些教师不再专注于课堂教学和学术研究，在社会中身兼数职，缺乏责任感。而教师的职业道德规范要求合格的高校教师必须以十足的精力、超常的勇气和坚忍的毅力去克服一切阻力，抵制不符合职业道德规范中各种诱因的干扰，履行好时代和社会赋予自己的角色职责，直到最终实现教育目的为止。

果断性是指在紧急情况下，教师内心经过复杂的、剧烈的思想斗争，当即做出适当的道德决断，并取得理想效果的能力。它是教师善于明辨是非，适当而又能当机立断地采取决定并执行的意志和品质，是教师行为目的性、完成目标的高度自觉性和顽强性的综合表现。教育活动的特点要求高校教师必须具备随机决断的能力，因为高等院校是大量思想活跃、民主意识较强、易冲动的年轻学生的聚集地，充满着不确定性和特殊性，使得校园内常常发生形式多样的突发、意外事件。在这种随时可能发生意外的教育情境中，教师应能沉着冷静，凭借广博的知识、丰富的经验，迅速感知、判明当下情境，确定行动的目的和方法。因此果断性意味着教师面对突发事件时能果断决策，它是教师发挥高度创造性的表现。与此同时，我们还要清楚地认识到果断不是武断和轻率，果断是建立在正确认识的基础上的决断，而武断和轻率，是认识片面性的产物，会造成教育行为的盲目性，从而导致教育的失败。所以果断性也要求教师要全面考虑活动的目的和条件，要能预知行动的后果，避免不加考虑所造成的轻举妄动，并有承担风险和责任的心理准备。

自制性就是善于掌握和支配自己言行的意志品质。坚定的自制力是教师对自己的职业道德需要、动机、情感、行动的控制和调节能力。对于高校教师而言，具有良好的自制力，善于控制自己的情感、行为，是衡量其教学技能、学术研究水平的重要尺度。在现实生活中，教师总会遇到一些不愉快，如课堂无秩序、师生关系紧张、生活中不可控制的突发事故，特别是面对一些“恨铁不成钢”的学生时，教师会不自主地爆发出一种不能控制的激动情绪，还可能出现粗暴批评、压制、训斥、讥讽学生的做法，给学生造成心理伤害。俗话说:“良言一句三冬暖，恶语伤人六月寒。”所以，教师的这种消极言行、悲观情绪和态度极可能对学生产生负面影响，导致学生产生叛逆心理。因此，当客观现实诱发不利于实现教育目的的情绪冲动时，教师应该战胜自己，恰当地调控自己的情绪，规范自己的言行，冷静地把握分寸。教师自制性越强，其行为越富有理性。教师应做到：不因失败而精神萎靡，不因成功而得意忘形，不因教育行为受阻而悲观失望。在教育教学活动中，教师在任何情况下都应理智地控制自己的情绪，把握自己的言行，这是一位合格高校教师应该具备的良好品质。

教师职业道德意志是在职业道德认识和职业道德情感的基础上形成和发展起来的，是职业道德信念的体现。它能够宰制职业道德行为的方向和方式，并促使教师最终实现和完成职业道德行为。所以，它在教师教书育人、钻研业务、克服困难、事业有成等方面都有着重要的调节作用，是将教师职业道德内化，形成教师职业道德品质的关键性环节。

（五）培养职业道德行为

在职业道德修养目标中，如果说职业道德认识是先导，职业道德情感是动力，职业道德信念是关键，职业道德意志是保证，那么职业道德行为则是最终归宿和外部表现。道德行为是指在一定的道德意识支配下表现出来的对待他人和社会的有道德意义的活动。它是人的道德认识的外在具体表现，是实现道德动机的手段。职业道德行为是指从业者在一定的职业道德认识、情感、意志支配下所采取的自觉行为。它是衡量从业者职业道德水平高低、职业道德品质好坏的客观标志。而教师的职业道德行为则是指教师在职业道德认识、情感、信念和意志的支配下，在教育活动中对他人、集体、社会做出的可以观察到的客观反映及所采取的实际行动，即在职业道德意识支配下表现出来的有利或不利于教育事业及他人、集体和社会方面的行为。教师的道德行为是其个体道德意识的具体表现和外部标志。

教师职业道德内化就是把社会道德意识转化为每个教师的个体道德意识，并且通过个体的道德行为表现出来。一个教师是否具有道德品质，不在于他对道德的认识有多高，也不在于他的道德情感体验有多深，而在于他的行为是否符合职业道德规范的要求。因为教师的职业道德行为同道德品质密切相连，它们是道德品质的外部状态。在教师道德品质的构成要素中，道德认识、道德情感、道德信念、道德意志均属道德意识范畴，是主观性的东西，还没有客观化，不能构成主体的道德品质，它们的作用只在于指导和影响教师道德行为的抉择。道德品质必须是在道德意识的基础上，通过外在行为才能表现出来。所以，如果教师职业道德修养仅仅停留在道德意识的修养上，不用实际行动去履行道德义务，那这并不是知行统一的职业道德修养。只有在教育活动中，始终按照教师的职业道德规范要求去做，时时处处都表现出一个良好的教师风范和形象，经过长期的锤炼，形成良好的行为习惯，才算真正具备了教师的道德品质。也就是说，教师在接受职业道德教育、刻苦学习和职业生活实践中形成一定的道德意识，并不意味着道德修养的完成，还需要再回到职业道德生活实践中去，把它变成履行职业道德义务的实际道德行为。唯有如此，教师所形成的道德意识，才能得到巩固和发展，才能在职业道德行为的整体中，表现出一种稳定的特征和一贯的倾向，才能养成良好的行为习惯，形成优良的道德品质。所以，教师职业道德内化最终的归宿和落脚点是教师形成良好的道德行为。为此，就要求教师在提高道德认识、增加道德情感体验、坚定道德信念的同时，努力在实践中贯彻道德原则和规范，把教师职业道德规范付诸行为，并且长期坚持下去，使其成为自己的行为习惯，最终达到内化教师职业道德要求的目的。

在当今经济全球化、观念国际化的条件下，高校教师职业道德行为尤为重要，它关系到教师、学校的道德形象，关系到大学生的健康成长。因此，高校教师职业道德行为必须从“责任感”和“规范性”两方面加以强化。

第一，责任感。在教育实践中，教师理解、体验和把握着社会赋予的责任，从而形成了教师责任感。就高校教师而言，责任感来自他们对职业道德规范的认同，并表现在教育教学、学术研究和社会服务等实践中。责任感促使他们尽心地上好每一堂课以点燃学生理想的火炬，责任感推动他们在学术研究的漫长道路中不违背良心以造福人类，责任感鞭策他们在工作中高标准、严要求地完成社会赋予的使命。职业道德规范虽与规章制度有相似之处，但一个人若违反了一定的规章制度可能会受到惩罚，而教师隐匿的工作特征却决定无法对他们的道德水平进行考究。如《高等学校教师职业道德规范》提出了真心关爱学生，严格要求学生，公正对待学生，尊重学生个性等要求，但做到什么程度才算是关心、严格、公正、尊重呢？教师在制度化的道德教育下应当明晰职业道德中的“应然”，坚决杜绝教师本人缺乏为师者的责任感，未对所处的群体产生一种责任意识和认同感，从而导致他们在实践中出现行为上的失范现象。

第二，规范性。作为一名合格的高校教师必须严于律己，警惕其一言一行、一举一动对学生造成的消极影响，处理好言传和身教的关系。身处崇尚自由环境的高校教师应意识到“教育无小事、教师无小节”，教师职业决定着他们的一言一行都在为塑造灵魂而奔忙。因此，他们必须时时处处注意自己的举止是否文明端庄，说话是否文雅和气，衣着是否整洁大方，待人是否谦虚礼貌，切忌衣衫不整、举止粗俗、出言不逊。教师只有在点滴中规范自己的行为、以身作则，才能成为学生学习的榜样，亦能促使整个学校师德面貌的改善。

在教师职业道德要求内化的过程中，教师职业道德认识、情感、信念、意志、行为等基本要求并非孤立地存在和发展，而是相互联系、相互渗透、相互制约、相互促进，从而构成整体共同发展的。教师职业道德的情感、信念、意志、行为是在一定的对职业道德认识的支配下形成的，不是基于正确认识的情感，就只能是没有理智的感情冲动；没有教师职业道德认识，就不可能形成教师职业道德信念，不能产生坚强的职业道德意志；没有正确道德认识支配的行动，也是盲目的行动，同样，只有道德认识没有道德行为，也不能视为有道德的人。而通过教师职业道德行为，又能提高教师职业道德认识、增强职业道德情感、坚定职业道德信念、锤炼职业道德意志。要实现由知到行的转化，离不开相应的教师职业道德情感、信念；要使行为成为习惯，又离不开教师职业道德意志。

总之，教师职业道德内化的过程就是从提高职业道德认识到养成良好职业道德行为的五个环节的有机统一的道德实践活动的过程：提高职业道德认识是进行教师职业道德修养的前提和基础；培养职业道德情感和锤炼职业道德意志是把职业道德认识转化为职业道德行为的中介；坚定职业道德信念是教师职业道德修养的关键；养成良好的职业道德行为是教师职业道德修养的结果。

四、高校教师职业道德内化的条件

任何事物的发展都有它的过程，也需要一定的条件，高校教师内化职业道德要求，同样不仅需要有一个长期的过程，更需要依赖一定的条件才能实现。这些条件主要包括社会道德教育、教师个人道德修养以及教师道德评价。

（一）社会道德教育

社会道德教育是为了使教师履行职业道德规范而对教师进行有组织、有计划、系统的道德影响。这是社会道德活动的一种重要形式，也是高校教师职业道德内化得以实现的重要条件。教师群体能否接受教师职业道德要求，一方面要看职业道德要求是否反映教育伦理关系的本质，是否符合教育规律；另一方面，也要看这种职业道德要求的传播程度及范围，以及道德教育实施的好坏。实践表明，教师的道德意识和道德行为是不能自然生成的，要在教师个人意志中建立起与社会需要相适应的教师道德要求，要把职业道德规范转化为教师个体特殊的道德需要，并形成道德信念和要求，养成道德行为和习惯，则必须对教师进行社会道德教育。

教师的社会道德教育主要是通过职业道德教育来进行的。教师的社会生活主要是职业生活、社会公共生活和家庭生活，这三种生活虽然都是对教师进行社会道德教育的主要途径，但是，相比较而言，其中职业生活途径更为重要。因为职业道德教育作为社会一般道德教育的规范化、具体化，更能体现教师职业生活的特点，而人的社会活动也主要是通过职业生活来体现。所以，对教师进行社会道德教育，使教师把社会道德内化为自己的道德理想和道德信念，主要是依靠职业道德教育来进行的。

由于教师本身就是社会道德的教育者，而教师的社会道德教育又是一个重复、渐进的复杂过程，因此会表现出以下三个方面的特征。

第一，教师社会道德教育应该高于社会一般成员的道德标准。在教育的内容中，要坚持既立足于现状，又着眼于未来的原则，既要全面系统地传播教师道德的原则、规范和范畴，又要根据现状侧重于某些规范、范畴和准则，以及规定出适合现状的具体实施细则，根据不同时期教师的具体情况施加教育。但又不能因侧重某些道德内容，而舍弃不为当前所急需，却为将来所必备的内容。更不能只强调适合现状的细则，而把师德原则、规范等广泛含义完全局限于这些细则。

第二，教师社会道德教育诸环节的同时性或兼进性。同时进行认识、情感、意志、信念和行为的多方面训练，使它们相互烘托、相互促进，才能收到良好的效果。

第三，教师社会道德教育具有强烈的实践性。教师道德必须适应当时教学实践的客观状况和客观要求，教师社会道德教育须引导教师实际地践行道德义务，教师作为社会道德教育者必须首先履行道德义务，正人先正己。

教师社会道德教育的以上特征决定了对教师进行道德教育不能完全仿照其他行业的职业道德教育模式来操作，而应当采取灵活多样、贴近实际的形式。如通过授课、讲演、报告、研讨、经验交流等形式，生动形象地传授道德知识，树立道德信念，培养道德情感；通过对教育活动中各种问题的剖析和价值澄清，使教师提高道德判断及选择能力；通过对教师正面行为的及时肯定与强化，使教师坚定职业信念，增强道德意志；通过加强学校各方面的管理工作和对教师的严格要求，使教师养成良好的道德行为习惯等。与此同时，在对教师进行社会道德教育时，还要看到新时代的高校教师的知识层次都普遍较高，具有较强的批判能力，因此要切忌道德说教，不要讲大道理、空理论，距离现实太远。

（二）教师个人道德修养

唯物辩证法认为，“外因是变化的条件，内因是变化的根据，外因通过内因而起作用”。根据这一观点，从根本上说，能否把教师职业道德要求内化为教师的个人道德品质，取决于教师的个人道德观念修养。因为社会道德教育只是一种外在力量，这种外在力量是否对教师个体发生影响作用，主要还在于教师本人的修养程度以及教师主观能动性的发挥。可见，教师自我道德人格和道德品质的形成，既要靠外部的社会道德教育，更要靠个体的自我努力。因此，在教师职业道德要求内化的过程中，首先必须重视的就是教师自我道德修养的自觉性。教师道德修养是教师道德要求由“他律”向“自律”升华的关键，是教师职业道德要求内化的必要条件。发生伦理学表明，教师个体道德的形成，不可避免地要首先经历一个相当漫长的以义务为特征的“他律”道德时期。但是教师个体道德不应只停留在“他律”的阶段，更重要的应该是“自律”。教师道德由“他律”向“自律”阶段的升华，关键就在于教师自己的道德修养。这就是说，社会道德教育固然非常重要，但教师道德修养更加不能忽视。道德教育是教师道德要求内化的外部条件，教师进行自我修养的自觉性才是内化的根本，而且这种自我修养的自觉性，在教师道德要求内化过程中起着决定性的作用。没有高度的自我修养的自觉性，外部条件再好也没有意义。

教师的道德修养，是指教师在教师道德意识和道德行为方面，自觉地按照教师道德要求进行的自我锻炼、自我改造和自我提高等行为活动，以及通过努力所达到的教师道德境界。这实际上包括两层意思：一是动态活动，即按照一定的道德规范要求进行的学习、体验、对照、反省等心理活动和客观的实践活动；二是指静态的已经达到的道德品质、道德情操等。教师道德修养的目的，就是要把作为理论形态的外在道德要求，转化为教师个人内在的道德认识、情感、信念和意志，使之成为教师进行道德行为选择的依据，以适应教师职业的需要。

教师职业道德修养的根本途径是理论和实际相结合。一方面，教师要积极参与社会实践和教育实践，在实践中积累丰富的道德经验，汲取道德智慧，锤炼道德意志；另一方面，教师还要认真学习道德理论，用道德理论指导自己的道德行为，以提高实践的自觉性，避免盲目性。

（三）教师道德评价

道德评价是指人们在社会生活中，依据一定社会或阶级的道德原则或规范体系，对自己或他人的行为做出的善恶褒贬的道德判断。职业道德评价是指人们在职业活动中，根据一定的道德标准，通过一定的形式判断某种职业道德或者职业集团的职业行为、价值观念以及从业人员在职业活动中的个人行为和品质的道德价值的一种道德实践活动。教师道德评价则是人们（包括教师自己）依据一定社会或阶级关于教师道德的标准，对教师的教育行为做出的善恶褒贬的判断。

道德评价是一切道德活动的主要环节，也是教师道德得以确立和发展的重要前提，它对教师职业道德要求的内化具有重要的作用。一名教师如果能够自觉地运用职业道德评价的手段去审定自己和他人的职业行为和职业素质的高尚和卑劣，就表明他对职业道德原则和要求的认识又深入了一步，同时也意味着在他的意识中职业道德要求得到了进一步的内化。所以，教师道德评价是把教师职业道德规范内化为教师道德信念，形成教师道德行为的重要环节，是促使教师不断提高道德认识，加强道德修养，为学生树立学习榜样的重要途径。

要进行教师道德评价，就必须明确道德评价的标准和方式。所谓道德评价的标准，就是衡量人们的道德行为的善恶性质的尺度。这个尺度，首先是国家、集体、个人三者利益的结合，这是职业道德评价的最基本的标准；其次是教师职业道德原则和道德规范，这是对教师职业行为和职业素质进行道德评价的具体标准。其中最重要的是前者，因为具体标准会随着社会、时代的变化而发生改变。所以，在评价教师道德时，首选以基本标准作为判断的依据。只要是符合基本道德标准的，就是善的行为，就值得肯定和褒扬。

教师道德评价的方式有两种：自我评价与社会评价。自我评价，是教师本人对自身的教育行为的道德反思形式，是个人对自身行为是善是恶的一种判定。这种反思和判定通常是以良心作为道德自我评价的标准。良心，是人们根据某种道德原则和理想等形成的内心最真挚的信仰，是人们在道德活动中形成的道德认识、道德感情和道德意志的统一。当教师自己的外在行为与良心相吻合时，就会产生一种满足感、愉悦感；否则，就会受到良心的谴责，并感到内疚和不安。社会评价，则是社会有机体对教师的教育行为的善恶性质的判断，其典型形式是社会舆论和传统习惯。社会舆论就是公众的议论，即一定社会情境下的人群，会从某种信仰、经验出发，对其关心的社会生活中的事件或对象表达出某种倾向性意见和态度。舆论通常分为借助于报纸、广播、电视等手段加以传播的正式舆论和口头传播的非正式舆论两种形式。从性质上看，舆论又有正确与错误、先进与落后、建设性与破坏性之分。社会舆论通常以反映民众心理倾向为己任，对符合社会道德要求的行为予以赞同，对不符合社会道德要求的行为予以谴责，因而是道德评价的一种重要形式。传统习惯是一定社会、一定民族在长期的共同生活中形成的、习以为常的社会倾向、行为习惯和道德心理沉淀等。传统习惯具有强烈的民族性、地域性和直接性的特点，它对人们的行为具有非常稳定的约束作用，能够在很大程度上左右人们对某种行为的态度，因而对人们的道德评价也具有重要的意义。

在实际道德生活中，社会评价与自我评价相互补充、相互促进、相辅相成。首先，就同一行为的评价本身来看，社会和他人特别是这一行为直接涉及的社会、集体或他人，往往对这一行为的效果感受得更直接、更真切；此外，这一行为的主体，往往对这一行为动机的善或恶，了解得更明白、更深刻。因此，在动机与效果的善恶不一致的情况下，不论是对“歪打正着”还是对“好心办坏事”的行为，兼顾社会的评价和自我的评价，可以彼此取长补短、相得益彰、纠正偏颇，从而使对于这一行为总体的善恶判断更加准确，褒贬态度更加公正。其次，社会评价对自我评价具有促进作用，自我评价反过来又可以推动社会评价。最后，社会评价只有和行为当事人的自我评价相一致或大体相一致，并在行为当事人心理上引起了共鸣时，才能使行为当事人真诚地和自觉地坚持或改变他的行为。

关于教师道德要求内化中的道德评价，还需要指出的是，由于社会上人们的思想是复杂的，道德评价在任何时候也不会是统一的，个人道德行为和社会道德评价之间的矛盾总是不同程度地存在着。教师在工作中要处理多种矛盾，协调多种人际关系，而各方面的要求不一、评价不一的现象是大量存在的，这就要求教师要不断地提高自己的道德认识水平，确立坚定的教育信念，以便保持清醒的头脑去看待社会道德评价，区分哪些道德评价是正确的、健康的，哪些道德评价是错误的、落后的，从而发挥正确道德评价的积极作用，抵制错误道德评价的消极作用。

第二节　高校教师职业道德素养的养成与提高

“素养”，乃平素之修养，在人的素质结构中，起着基础性、引导性的作用。一个人素养水平的高低，直接关系到其工作的实践状态和质量水准。对教师来说，素养更是至关重要。一个基本素养高的教师，有着较高的教育品位，面对学生时，能体现出浓郁的人文情怀，同时对教育的理解和认知也较为深刻，更容易形成独到的实践智慧。一个基本素养低的教师，对教育教学的理解有限或失当，难以构建与学生之间的良好互动关系，也难以体现出独树一帜的先进教育理念和教学风格，甚至对教育教学工作而言不啻为一种灾难。因此，提升素养、增强素质、强化能力，是摆在每个高校教师面前的一个重要课题。

一、高校教师职业道德素养的养成

教师不仅承担着继承和传播人类科学技术和文化艺术遗产的重任，还担负着精神再生产的重任，这对教师职业道德提出了较高的要求，正如《中共中央 国务院关于全面深化新时代教师队伍建设改革的意见》中就要求：“把提高教师思想政治素质和职业道德水平摆在首要位置，把社会主义核心价值观贯穿教书育人全过程，突出全员全方位全过程师德养成，推动教师成为先进思想文化的传播者、党执政的坚定支持者、学生健康成长的指导者。”

（一）教师职业道德素养的科学内涵和主要内容

1. 教师职业道德素养的科学内涵

“素养”一词最早出现于《汉书·李寻传》中：“马不伏历，不可以趋道；士不素养，不可以重国。”意思就是马不伏在槽中受人驯养，就不能驰骋千里；官员平时不加强修养，就不能担负起强国的重任。这说明素养代表平日的修养、修习涵养、平素供养等，即所谓由训练和实践而获得的一种道德修养。

职业道德素养，是指一个人在职业岗位上表现出来的综合素质，是人们在履行职业生活过程中将职业规范的内在要求，通过个人职业道德、职业技能、职业行为、职业作风和职业意识等外在行为表现出来的综合品质。当个人素养体现到职业生活中并适应职业规范需要时，就会以个人的职业素养方式表现出来。

教师职业道德素养是从教师对待事业、对待学生、对待集体和对待自己的态度上来体现的。具体而言，它是教师自觉自愿地遵守职业行为准则，在职业行为准则规范下自我约束，在日常的教育、教学实践中通过自身的修养而获得的良好品质。教师职业道德素养相对于其他职业道德来说更侧重于教师个人自觉的道德修养。无论在哪个时期，教师的职业道德素养都应包含品德素养、知识素养、职业素养、身心素养四个方面，这是作为教师首先也是必须具备的品质。从品德素养看，教师应该具有高尚的品德和完善的人格，应具有对工作的敬业精神和高度的责任感，应具有包容、奉献、关爱、公平、公正的高尚境界。从知识素养看，教师应该具有强烈的求知精神，要有专深广博的科学文化知识素养，这种素养正是通过教师的强烈求知精神来推动和培养的。从职业素养看，教师应该具有完善的职业理念，要对职业岗位的历史与发展及其特有的职业道德非常了解。从身心素养看，教师应该具有广泛的兴趣爱好与良好的个性品格。要使学生德智体美劳全面和谐地发展，教师不但要有专深广博的科学文化知识，而且要有广泛、稳定和持久的兴趣。所谓广泛，即指凡是学生感兴趣的有益身心健康成长的所有领域，教师都应满腔热情乐于探求；除此之外，教师的兴趣还要做到相对稳定、持久、有中心、有重点，这样才能获得多领域系统知识和实际操作能力，进而构成教师个性品质的稳定成分，才会对学生产生稳定而持久的影响。教师的基本性格特征应该是热情开朗、理智、诚实并且有独立性。热情开朗，就是在教学教育活动中处处表现为热爱人生、热爱事业、精神饱满、胸怀坦荡、乐观向上的精神状态；教师在任何情况下，都应不受情感和情绪的干扰，保持头脑冷静，以教学、教育目的为原则，判断行为是否符合教育规范，对不符合教育要求的行为及时加以调整；教师要做到表里如一、言行一致，忠厚老实；教师应处处表现出自信、有主见，能独立决策，只有这样才能独立承担教学和教育任务，并形成自己的教育风格。

2. 新时代教师职业道德素养的主要内容

教师职业道德素养的具体内容总是随着时代的变化而变化的。而从一个人的道德品质的成长看，教师职业道德的养成是一个人道德完善的必经阶段。一个独立承担社会责任的成熟的人，只有在一般道德品质养成的基础上发展职业道德品质，才能实现道德的完善。这种道德完善的客观要求，只有充分调动个体的主观能动性，才能形成个体的自觉的道德要求，进而进行自觉的道德学习和训练，最终养成教师职业道德品质。教师在长期的教育劳动实践中，自觉遵守教师的道德规范，必然转化为教师内在的道德品质素养，由于教育实践的丰富性，教师人格的个性化，教师个体职业道德素养的内容是十分丰富的，但概括起来，主要有以下四个方面。

第一，献身教育事业，这是新时代教师的核心素养。当代教育的核心问题就是培养什么人、怎样培养人、为谁培养人，尤其是培养什么人，是教育的首要问题。这就要求教师站在社会的、全局的、人民的长远利益的立场来培养中国特色社会主义未来的建设者与接班人，不计较个人的利益得失、眼前利益的大小，立足全局放眼未来，奉献自己的劳动。所谓“奉献”并不是不言“利”、不计报酬，而是要求教师要正确处理“义”与“利”、个人和集体事业的关系，重大义、识大体、顾全局，为国家的前程、人民的利益献身教育，终生勤恳执教。2021年全国最美教师万荣春就是一位不计得失、立志献身职业教育事业的杰出代表。

【案例2】

万荣春："大国工匠之师"是这样锻造的

2012年，万荣春从上海交通大学材料学专业博士毕业后成为渤海船舶职业学院一名教师。

上海交大的博士去职业院校当老师？亲戚朋友们很不理解。万荣春却说：“我觉得职业院校应该有博士。我希望能给职业教育带来一些新的东西。”

刚入职时，面对学校缺乏实验设备和像样的实验室，以及动手能力强、但缺乏良好学习基础和学习习惯的学生，他也曾感到失落和迷茫。但万荣春没有忘记自己来到这里的初衷：要在这个条件艰苦的地方扎下根来，让这所有着光辉历史的老校焕发出新的生机。

结合高职学生特点，万荣春采用“后排提问法”“迟到时间扣分法”和“前三分之一得优法”等课堂管理方法，提升学生学习热情。他还借鉴研究生导师制的培养模式，带领学生搞学术研究，在新模式下，理论基础相对薄弱的学生能力得到明显提升。

“在传授技能的同时，我注意培养学生们的工匠精神，让他们意识到国家需要这样的人才。”在万荣春看来，教书育人，不光要教学生知识，更要教做人。

“一路走来，我并不后悔，职业教育已成为我一生的事业，我会在这条道路上一直努力前行。”这名“80后”的博士在职业院校教师的岗位上，为培养更多高素质的大国工匠贡献着力量。

——摘编自《中国青年报》(2021年09月14日第2版)

第二，正直诚实，这是教师为人处事的基本素养。正直诚实体现了一个人以科学、求实的精神处理个人与社会、事业的关系。古代教育家韩愈曾明确提出：“师者，传道授业解惑也。”教师是以宣传科学、传播真理、教书育人为己任的，因此教师为人处事必须追求真理、尊重科学、公正无私、光明磊落、是非分明、伸张正义、忠实坦诚、正人正己，只有这样才能承担起教师的职责。正直诚实，不只是教师安身立命之本，还关系到其所培养的新一代学生能否成为正直有为的接班人。

第三，自尊自强，这是教师追求完善人格、实现崇高人生信念的良好素养。教师是承担特殊社会责任、受人尊重的职业，因此教师必须严以律己、自尊自强。自尊即要维护教师的声誉，保持良好的道德形象，自觉地按照教师道德要求规范自己，不做任何有损教师形象的事。自强则是坚持不懈地追求自我道德完善，高标准严要求，永不自满、永不松懈，永向理想的道德人格攀登。学高为师，德高为范，完善的道德人格是教师为人之师的基础。

第四，开拓创新，这是一种在人生和事业上不断求改革、求进取的重要素养。这种素养引人上进，促人创新。社会主义教育事业是不同于以往旧教育的崭新事业，尤其是我们正逢中国特色社会主义进入了新时代和全面建设社会主义现代化国家的新征程，教育只有改革创新才能更好地适应新时代的发展要求。教育劳动是一种创造性劳动，有定规而无定法，教师只有不拘泥于教条，善于根据具体的教育情境机智灵活地组织教育劳动，才能培养出既符合统一的教育目标，又具有创新意识、创新思维、创新智能的新一代创新型高素质人才。因此创新开拓是教师的重要素养。它要求教师不因循守旧，善于打破陈规旧习、大胆改革；不主观教条，善于从实际出发开拓创新；不盲目崇拜，善于学习先进为我所用；不故步自封，善于发现问题勇于攀登新的目标。教师只有具有这样的素养，才能承担起创造社会主义教育的新时代，培养一代又一代拥护中国共产党领导、坚持社会主义制度、立志为中国特色社会主义奋斗终生的有用人才的时代重任。

（二）教师职业道德素养的主要特点

教师职业道德素养主要是教师自身平日的修养和在教育、教学当中形成的良好品质。因此，教师职业道德素养的特点不完全相同于教师职业道德特点，这主要有以下三个方面的表现。

1. 示范性

每一位教师都应当对具体的学生实施个别的影响，用某一件事引起他的兴趣和爱好，鼓励他、激发他独一无二的个性并使其得到表现。每一位教师都不是教育思想的抽象的体现者，而是活生生的个体，他不仅帮助学生认识世界，而且帮助学生认识自己。这里起决定作用的是学生从教师身上看到自己是什么样的人。教师对于学生来说，应当成为精神生活极其丰富的榜样，只有在这样的条件下，教师才有从道德上来教育学生的权利。一位聪明的、智力丰富的、诲人不倦的教师，能使学生感到无比赞叹和具有吸引力，并以强大的力量激发他们上进的愿望。在学生的身上，隐藏着天才的数学家和物理学家、哲学家和历史学家、生物学家和工程师、农田里和机床旁的创造性劳动能手的素质。这些天才的素质，只有在每一个学生遇到教师有这样的“活命水”来浇灌的时候，才能蓬勃生长，否则就会干枯和衰败。智慧要靠智慧来培育，良心要靠良心来熏陶，对祖国的忠诚要靠真正的为祖国服务来培养①。

在教育学生的过程中，还有什么比得上教师的榜样作用大呢？杨雄曰：“师者，人之模范也。”这是几千年来人类对教育劳动的客观要求，也是教师职业的传统美德。教师的工作对象是一个活生生的特殊群体——学生。学生正处于世界观、人生观和道德

---

① 苏霍姆林斯基. 给教师的建议［M］. 杜殿坤，编译. 北京：教育科学出版社，1984：433-434.

品质的形成时期，他们模仿性强，具有极强的向师性，如同花草树木趋向阳光一样，趋向教师。教师在学生心目中占有特殊的地位。教师的才华，教师的道德品质，甚至教师的服饰和表情都有可能是学生模仿的内容，这决定了教师对学生有着一种特殊的、潜移默化的影响力。因此，作为教师，必须道德高尚，作风正派，言行一致，表里如一，处处做学生的表率楷模。教师的为人师表也是良好校风形成的前提条件，教师能为人师表，有良好的道德品质，就会给学生做出好的榜样，“润物细无声”，从而带动学生向教师学习，最终使整个学校形成好的校风、学风。孔子也曾说过：“其身正，不令而行，其身不正，虽令不从。”如果教师自己不能首先遵守道德规范，而只要求学生做到，其后果必是致使学生阳奉阴违或公然反抗，这时的道德教育是低效的、甚至是无效的。因此，要求学生不做的教师坚决不做，要求学生做到的教师必须自己先做到，正如陶行知先生所言：“要学生做的事，教职员躬亲共做；要学生学的知识，教职员要躬亲共学；要学生守的规则，教职员躬亲共守。①”

教师职业道德素养具有极强的示范性，这要求教师处处为学生做出表率，其表率作用主要体现在以下几个方面。

首先，教师应该具有积极乐观的生活态度和高尚的生活目标。在社会转型中，社会上出现了一些不良的风气，如拜金主义、极端的功利主义和精致的个人主义，导致人们对人生的意义和价值缺乏必要的、深层次的拷问。教育是人与人之间心灵的相互接触，教师是人类灵魂的工程师，理所当然应担负起为成长中的学生导航的作用，不仅要做“经师”，更要做“人师”，教会学生做人的道理，使他们自觉承担对社会、他人、家庭和自己应有的职责。

其次，教师应该勤奋、刻苦、探索、创新，有严谨的教风、顽强的意志和坚韧不拔的毅力，使自己成为具有多方面才能和修养的人。在社会日新月异、新知识层出不穷的今天，教师面临越来越大的挑战，如果教师仅仅满足于已有的知识而不求进步，那么他必然难以应对不断变化的课堂，也难以满足学生的求知欲。“工欲善其事，必先利其器”，教师只有让自己先成为一名博学的人才能教出优秀的学生。

最后，教师应该有端庄的教容、得体的教态、守纪律、讲文明、讲卫生。作为一名教师必须讲究一定的形象，如穿着得体、打扮适宜、仪表端庄等。我们不能指望穿着邋遢的教师教出讲究卫生的学生，也不能指望满口粗话、脏话的教师教出文明的学生。我国古语有言：“慧于心而秀于言。”意思是如果一个人的内心是善良而优秀的，那么他的语言也是很优美的。苏联杰出的教育家马卡连柯也说过：“从口袋里掏出揉皱了的脏手帕的教师，已经失去了当教师的资格了。最好还是请他走到角落里，在那里擤鼻涕，叫谁也不要看见他。②”因此，教师必须在自身的涵养和学识的丰富等方面加强修养，为学生做出好的榜样。

2. 自律性

自律（autonomy）源于希腊语，康德第一次在哲学意义上使用它。在康德那里，所谓“自律”，是从主体内在的道德观念中引申出道德原则。

① 沈志冲，郭志明. 教师修养文萃［M］. 南京：江苏教育出版社，2004：214.

② 瞿葆奎. 教师［M］. 北京：人民教育出版社，1991：140.

道德不同于法律，它不具有强制性，主要是依靠社会舆论、人的内心信念来调节和维持。道德作为一种具有继承性的、约定俗成的行为规范的总和，是人类社会的一种基本理性，具有自律性。道德自律是道德实践主体在缺少外界的监督、约束的条件下，依靠其自身的理性、信念、良心等做出符合道德的行为。一个人只有从内心中真正信服某种道德规范、规则，他才会自觉地遵守它、服从它、执行它，这就是康德所说的自己为自己立法。康德认为，人们主要是通过控制自己的自然恐惧和自爱，以遵守约束自己的道德规则。对道德法则的遵守是人类情感中的一种类型，这种类型的情感控制着其他类型的情感①。马克思在早期也同样认为道德的存在和发展从主观条件来讲，是靠道德主体的自律，因此 1842 年他在《评普鲁士最近的书报检查令》一文中提出了“道德的基础是人类精神的自律②”这一思想观点。所以自律是道德的基本原则，作为人类灵魂塑造者的教师，应该具有高度的道德自律能力，努力从道德他律向道德自律转化。

教师面对的是活生生的人，是每天都在成长、发展的人，在某种程度上，教师道德水平的高低影响着整个社会道德水平的高低，这些对教师的职业道德提出了较高的要求。正如卢梭认为的，一个人在敢于担当培养一个人的任务之前，自己就必须要造就成一个人，自己就必须是一个值得推崇的模范。因此，教师在教育教学过程中，要自觉遵守教师职业道德规范，并将其内化到自己的行动中；要将外部规定的道德义务转化为自己的道德良心，能根据道德实践的最终结果对自己的行为进行经常性的评价，以此督促自己不断反省、不断提高个人道德修养，成为学生的表率，成为社会良知的代言人。

3. 稳定性

教师的职业道德素养是教师长期在其教育教学实践过程中形成的，是教师通过对外在的职业道德规范的自觉坚守，从而达到内化，并在教师行为中表现出来的一种重要而持久的心理特征的综合。它是教师个体职业道德意识与道德行为的稳定倾向。

教师职业道德素养的稳定性表现在两个方面：一是教师个体的内部道德动机与外部道德行为的统一。一位教师只有发自内心地热爱学生，才会在教育教学中真正将学生的发展放到自己工作的首位，才会时时处处关爱学生，真正做到“爱生如子”；二是教师是一个独立个体的一系列道德行为的统一。首先，教师的道德行为统一会贯穿在教师的教学工作中，甚至是整个社会实践活动中；其次，教师的道德行为不仅体现在某一个活动领域，或某一时期的活动阶段，而且体现在教师一生的全部社会生活中，具有长期性和稳定性。

（三）高校教师职业道德素养的养成

教师的职业道德素养不仅决定着教师自己的人生方向，而且影响着学生道德素养的提高。教师职业道德素养的养成，不是一蹴而就的，而是一个长期、复杂、艰苦的自我教育、自我提高的过程。

① 伊斯雷尔·谢弗勒. 人类的潜能：一项教育哲学的研究［M］. 石中英，涂元玲，译. 上海：华东师范大学出版社，2006：30.

② 中共中央马克思恩格斯列宁斯大林著作编译局. 马克思恩格斯全集（第 1 卷）［M］. 北京：人民出版社，2001：15.

教师具备了教师职业道德的知识和能力，并不等于肯定能按照它的要求来行动，因为道德理论是抽象、概括的东西，实践则是具体的和个别的，个体每一次的道德活动都面临着从抽象向具体、从一般向个别的转化，而具体情况的个别性和独特性使得教师必须创造性地解决问题和具有相当积极的思想。因而就教师的行为实践来说，教师个体道德素养的养成是一个不断完善和提升的过程。为此，教师必须做到以下三点。

1. 树立科学的世界观和超前的教育观念

树立科学的世界观和超前的教育观念，既是教师素养的基础，也是检验教师素养的标准。教师的道德素养能否达到一定的境界，主要取决于世界观和教育观是否正确，有了科学的世界观，教师就能科学地认识社会发展规律；有了超前的教育观，教师就能科学地把握教育规律，认识教育的方向。只有如此，教师才能在教育道德的修养和实践中，选择科学的、合理的和善的行为，养成良好的教育习惯。

2. 在长期的教育实践中磨炼自己的道德素养

一般我们所见的教师大都是温恭贤良的，但他们的素养并不是天生的，而是在长期的教学实践中逐步锻炼而形成的，是教师们在教育教学实践中，随时以教师的道德原则和规范约束自己的言行，才养成了具有崇高品质的合格的教师。作为一个优秀教师，更需要经过长期的、反复的、艰苦的陶冶和磨炼才能达到。

3. 不断学习、探索、创新，努力提高自己的教育素质

每个人的性格、脾气、气质都不相同，作为教师既要很好地了解自己的个性心理特点，也要了解学生的个性心理特点。教师了解了自己的个性心理特点，有助于和学生良好的相处，能帮助自己及时调整自己的心理状态，解决教学过程中的矛盾；教师了解学生的个性心理特点，有助于深入开展教育工作，有利于有针对性地做好学生的思想工作。

二、高校教师职业道德素养的提高

高校教师职业道德素质的提高是以道德心理的优化为基础前提、以职业道德知识的内化为承载内容、以职业道德行为的外化为表现形式、以道德人格的升华为目标预期的四位一体的整体运作。道德心理的优化主要揭示个体道德心理的运行规律，从科学的角度探索道德教育的有效手段；道德知识的内化主要揭示知识与心理，特别是与个体情感之间的关系，从道德认知的角度探索道德教育的实现途径；职业道德行为的外化主要揭示内在的个体意识转化为外在的实践行为的过程，从道德行为的角度探索职业道德规范的外在表现形式；道德人格的升华主要揭示道德人格在道德教育中的特殊性和重要性，从道德教育目标的角度探索道德教育的最终追求。

（一）教师职业道德心理的优化

心理学家皮亚杰认为，个体心理的发生发展过程，既不是外部物理世界的简单复本（经验论），也不是主体内部预成结构的展现（预成论），而是在主体不断成熟的基础上，与客体相互作用的过程中获得个体经验与社会经验，使图式不断地协调、建构，逐步形成一系列由低级到高级的心理图式（认知结构）的过程。因此，道德图式是个体道德接受的心理机制。所谓道德图式，是指发源于道德活动，而又作为先存的心理状态，来制约主体活动的若干具有价值向性的道德意识单元的有机组合。虽然道德图

式往往作为一种先存的心理状态，对人们的道德活动产生影响，但是，道德图式本身又是道德实践的产物。个体只有在道德实践中反复感知大量的道德现象，并经过道德理性的不断升华，才能逐步确立起比较稳定的道德图式。

道德图式一旦确立，就不仅对个体的道德行为产生影响，也对个体的道德认知产生影响。道德图式往往作为一种主观的内在尺度，引导个体对道德现象做出有意识的评价或无意识的反应。在实际的道德活动中，人们往往亲近和肯定那些与其内在的道德图式相一致的道德现象。

因此，高校教师职业道德心理优化就是要建构正确的道德心理图式，特别是要树立端正的、积极的道德心理图式的内核，这是因为道德图式内核是整个道德图式的本质规定之所在。而求真是教育活动的品德要求，也是高校教师职业道德中最基本的要求之一，教师的道德心理活动都是以此为基础展开的。因此，求真就是高校教师职业道德心理图式的基本内核。但为什么这么说呢？究其原因，可从以下三个方面来分析。

1. 求真是教育活动的品德要求

高校教育是我国高等教育事业中一个特别重要的形式，肩负着为经济社会的发展输送专业性高知识型人才及生产、建设、服务和管理等需要的高技能型人才和应用型人才的使命，在我国的高等教育发展中发挥着举足轻重的作用，因此其在我国高等教育中的重要地位是不可置疑的。由于高校教育任务的特殊性，在教学上，它既注重对基础性理论知识的传授，也突出对应用技术实践操作能力的教育与提升，主要目的是让学生获得从事某个职业或行业或某类职业或行业所需的实际技能和知识。因此，在高校的教育活动中，科学活动占据了重要的地位，因为科学是对世界的规律性和知识的真实性的探索，它是人类了解和改造世界的最根本的方法和途径，它既为知识研究、科学研究和实践研究提供了素材，又为它们提供了依据。而科学活动主要是以求真的方式来把握世界，求真是科学不可移易的精神、不可丢失的影响、不可替代的方法，科学与求真几乎成为同义词，求真既是科学的工具，又是科学的目的。说它是工具，是因为科学只有通过求真的途径、求真的方法才能获得对世界的认识；说它是目的，是因为科学的任务就是在不断地排除谬误接近真理。目的和目标都是指行为的结果在实现之前以观念的形式在人的头脑中的成像。而高校的教育活动也是在于通过观察、讨论、研究、分析、归纳、实际操作，在不断地排除谬误的过程中接近客观对象的本质，因此求真也就成为教育活动的主要内容、教育行为的重要品德。因此，我们说高校的教育活动以求真为目标。

2. 真是善的基础，求真方可提炼出善

我们对“真”的寻求，并不仅仅是为了获取某些“普遍必然性”的知识，从而对世界上千差万别、千变万化的事物做出理论解释，更重要的是为获得规范人的思想与行为的“根据”“标准”和“尺度”，从而奠定人类自身在世界中的“安身立命之本”或“最高的支持点”。因此，在哲学的意义上，对“真”的寻求，其实质是对“善”的寻求，即对人自身的幸福与发展的寻求。爱因斯坦在分析真和善的关系时曾说：“对真理和知识的追求并为之奋斗，是人的最高品质之一。”亚里士多德在《形而上学》中强调：“求知是人的本性。”可见，求真也是人类自我完善的一个重要维度，求真的深层之处蕴藏着向善的成分。

在科学的活动中，求真与向善不仅仅是交织在一起、结合在一起的，而且向善是求真的目的，求真的活动受善的理念引导、指挥和控制，向善成为求真的精神和灵魂，善是从真中提炼出的价值。科学上的求真具有终极的价值意义，科学活动也因此具有把人导向到人生最高境界的作用。这种导向的作用之所以产生，不仅在于它在价值上指向人的终极目的，还在于人生的智慧是真善美的统一，这种真善美的统一离不开科学的知识和真理。如果没有对世界、宇宙的浓厚认识作为背景，一个人的人生境界是难以实现的。反过来，人们掌握了科学知识与真理，也往往归于这种人生的大智大慧的达成。

3. 求真可以亲和美，使真美善实现统一

以求真为终极目标的科学活动，不仅反映着人与客观世界的认识关系，而且反映着人与客观世界的审美关系。可见，科学不仅仅是求真，而且还爱美。美是对“合规律性”——“是”与“否”和“合目的性”——“应当”与“善”的统一，这意味着真、善、美三者是统一的。

如果进行智力教育而不去揭示所研究对象的美，进行劳动教育而不去认识劳动的目的、内容和过程中的美，培养品德而不去欣赏品行之美，使身体得到发育而不具备关于人的完美体魄的概念，这是无法想象的。相反，如果脱离生活，脱离积极的创造性活动，脱离为达到理想而进行的斗争来进行审美教育，这种教育也是空虚的。当我们紧密结合生活进行教育，并向学生展示体力劳动之美、精神和体格之美时，我们就能更加有效地解决智育和德育、美育以及劳动教育和体育诸方面的问题。

真与美亲和，也与美结伴。真依靠美来展示自身，美依靠真而让人称奇。人类实践的存在方式，造就了人生活世界的真情之美，也造就了人智力探险的逻辑之美。人类具有思维的能力和求知的渴望，宇宙之谜、历史之谜、人生之谜，对具有思维能力和求知渴望的人类来说，是一种精神上的诱惑和智力上的挑战。面对这种诱惑与挑战，人类以思维的逻辑去揭开笼罩着自然、历史和人生的层层面纱，并以思维的逻辑去展现自然、历史和人生的本质与规律。逻辑之美是人类的智力探险之美、思维撞击之美、理性创造之美。人类的智力探险、思维撞击和理性创造是美的，这种探险、撞击和创造的产品——思想、理论、科学也是美的。

由于求真在高校教育活动中的重要地位和它独有的向善爱美的特殊功能，所以它成为高校教师心理优化的首要对象，是教师心理图式中的基本内核。

（二）教师职业道德知识的内化

高校教师职业道德内化，是指高校教师在教育实践活动中通过道德认识强化、道德情感体验和道德意志磨炼，将师德固化为教师内心道德结构的心理过程。但思想素质、道德素质以及心理素质等很难通过课堂教学培养出来，即使培养出来，也是不扎实的，没有长久的实效。它们一般情况下是通过无意识内化的方式获得的，靠环境感染，靠场所熏陶，靠潜移默化来培养。

1. 情感教育是教师职业道德内化的外部诱因

情感教育理念，古今中外早已有之。从古代开始，教育教学专家就注意到人的情绪因素对教育的影响作用。孔子认为：知之者不如好之者，好之者不如乐之者。只有“乐之者”，才能“学如不及，犹恐失之”。赫尔巴特主张通过兴趣的培养来达到使受教育者形成教养的目的。然而，在教育实践中，尤其是在蕴含浓厚情感色彩的道德教育实践中，诸多教育者却只重视认识系统的操作而忽视情感系统的操作，把道德规范当作僵死的教条，企图以灌输式、填鸭式的方式将其强加给受教育者，其结果只能使道德教育流于程式化。

情感教育是指教育者满腔热情地进行教育活动，在教育过程中不仅注意诱发、激励受教育者的情感，使之处于最佳状态，而且把情感培养视为教育的目标之一。这一原则包括三个内容：一是教育者以积极饱满的热忱、健康的情感、良好的个性形象投入教育过程之中，在整体中把握客观知识的逻辑联系和意义结合；二是教育者善于运用各种方法、手段诱发、激励与协调受教育者的积极情感；三是实现教育活动中的情感渗透与迁移。这三个方面是相互联系的，教育者的情感是重要的前提，诱发、培养受教育者的情感是目的。

教育者和受教育者是构成教学中情感现象的两个主体。这种情感教育应以解决受教育者的情感问题为目标。首先，由教育者建立一种接受气氛，让受教育者在情感体验中表达自我情感，教育者接受并理解各种情感。然后，组织受教育者鉴别和追求自己的学习目标，在实践中实现情感参与和渗透。最后，受教育者主动探索自己喜爱的事物，并做出选择，在此过程中实现教育主客体的情感互动。

在情感教育过程中应注意以下三点。

首先，要有道德情感体验。情感体验是指认识主体在情感上把自我当作客体，使自己暂时根据客体环境、立场、观点去观察事物、思考问题，从中获得关于客体的信息。情感教育模式依据的是情感体验的心理过程，它是一种以情感为核心的知、情、行的整合结构。道德教育中的认知学习与行为学习是以情感为中介发生的，受教育者在特定情境中体验教育者的真诚、信任，接受并表达各种情感，把各种理性知识内化为情感力量并接受它。脱离情感体验的单纯的认知学习，只能造就夸夸其谈的“口头革命派”，没有正确情感导向的行为学习，就难以避免行为的功利性驱动。因此，没有情感体验，孤立的认知学习与行为学习是毫无意义的。行为学习的目的不在于行为本身，而在于行为背后的情感体验结果，它主要不是获得熟练的行为方式，而是要形成积极的情感体验。只有通过道德教育实践，主体与客体才能发生切实的情感关系，才能身临其境，体验、感悟主客体间的关系，实现知、情、行的整合。

其次，要有道德情感渗透。道德教育是一个情感交流、渗透的过程。知识只有通过生动的情感语言触及受教育者的灵魂，触动他们的心灵，才能成为他们的精神的力量。情感教育正是依靠情感语言和诗意想象的语言以完成个体的感受，同时要求结合具体知识点教育循序渐进地进行。情感渗透主要有目标渗透和过程渗透。目标渗透以情感为中介，实现道德知识向信念转化，知识只有转化为信念才能成为精神的力量。道德知识能否内化为道德精神力量，关键在于教育过程中的情感渗透程度。过程渗透则是要实现教育过程与情感实践一体化。教育过程是一种人际交往过程，本身充满着无数的情感渗透，它亦是受教育者情感实践的重要方面。以信任、关怀、合作建立教育中的关系，以丰富的教学媒体与生动的情感语言创设教育情境，实施情感化教学，是实现道德教育中情感渗透的重要条件。

最后，要有道德情感转移。情感转移即“感人之所感”并能“知人之所感”，是既能分享他人情感，对他人的处境感同身受，又能客观地理解、分析他人的情感。在道德教育实践中，教育双方不仅要细心体验情感，而且要达到情感转移的效果。即要使受教育者在学习过程中能分析、理解教育者的情感；要使受教育者在观察处于某种情感状态下的教育者时，能产生与教育者相同的情感体验。雅斯贝尔斯在《什么是教育》一书中指出，爱的理解是师生双方价值升华的因素。要达到爱的理解，就要求教育双方的情感必须互动转移。情感转移包括两个方面：一是教育者情感向受教育者迁移。德国教育家说，教育的艺术不在于本领的传授，而在于情感的唤醒、激励和鼓舞。教育者激发被教育者的情感，并对它作移情理解，反馈到受教育者，经其体验，潜移默化，教育者的情感便产生了转移。二是受教育者把自我转移到道德知识和道德规范的对象中去。假人于物，把自己化身于“道德”之中，努力比照理想与现实的差距，从而达到自我教育、自我提升的学习效果。

2. 意义性学习是教师职业道德内化的内部动因

意义性学习是指学生在学习的整个过程当中都能清楚地知晓学习的目的及意义所在，对学习的目标及学习要达到的理想状态有一个非常透彻的了解，从而在整个学习过程当中，能自始至终保持浓厚的学习兴趣，自觉地完成学习任务，及时地进行学习反馈，将学习与主体自身的全面发展紧密地联系在一起。

学习道德知识和道德规范应该是一种意义性的学习，而不能是机械式的、填鸭式的学习，而对学习意义的把握、对学习意义的理解，主要在于学生对学习目的、学习价值、学习兴趣以及学习的功利性几个方面。

学习目的主要指学习指向，指整个学习过程所指向的要达到的理想状态以及其要实现的目标。学习心理学研究表明，具有明确学习目的的学生，其学习的焦虑水平适中，成败归因正确，愿意承担富有挑战性的学习任务，能具有较强烈的学习动力和学习热情。

学习价值即学习价值观，是指对自身学习的价值思考和价值定位，包括其社会价值、功利价值及其心理价值。

学习兴趣指对某一学科领域中的知识和技能所具有的一种强烈的好奇心以及迫切希望掌握这种知识和技能的愿望。它是学习动力系统中最活跃、最容易观察到的偏重于情感领域的成分。学习兴趣一般由于学习者的一种内在需要而被激发出来，可以充分而积极地调动学生的思维，提高其对知识接受、加工、重组的水平，不断地将学习者的学习引向更高的层次。

学习的直接的功利性方面一般总被许多教育工作者和教育理论家忽视。从诱因理论上来讲，功利性可以成为学生学习的主要外部诱因。作为一个心理学的概念，诱因是指行为激活的外部因素，包括能满足个体需要的客体、情境和事件，是引发行为动机的目的物，具有诱发或激起个体指向目标的行为的作用。学生若能正确地把握学习功利性的尺度，将学习的长远理想与近期的功利目标结合起来，将强烈的社会责任感与正当的个人功利要求结合起来，对于提高其学习兴趣，维持艰苦和长期的学习将具有重大的现实意义。

3. 养成良好的道德习惯是教师职业道德内化的最终走向

道德习惯是指个人在社会生活中，通过不断反复的道德实践，形成的不需外在监督即实现的道德行为生活惯例。而职业道德习惯是指从业者在其职业生涯中，经过长年的职业道德的学习和实践所养成的职业道德生活惯例。

教师良好的职业道德习惯包含以下三个方面的内容。

首先，教师的道德习惯是具有教师职业道德意义的生活惯例。教师在教育活动中都可能有意无意地养成各种习惯，但我们不能把这些习惯等同于职业道德习惯。职业道德习惯须是符合职业道德准则，含有职业道德内容，具有职业道德价值的习惯。职业道德习惯是职业道德活动的自动化、模式化。一个具有好的职业道德习惯的教师，他的道德活动往往是迅速的、自如的，不需要深思熟虑的意志努力，有时甚至是一种道德直觉，主体无须对客体凝神静思、分析综合，一望便知对不对、好不好、该不该。

其次，教师的道德习惯是教师职业道德人格的核心内容。教师职业道德人格的形成是整个职业道德培育的最后环节，一个具有教师职业道德人格的人民教师必定是具备良好的职业道德习惯的好老师。一般来说，人格包含五个要素：认识、情感、意志、信念和习性。教师的职业人格比人格的内涵要深，外延要窄。它的内在结构是职业道德认识、职业道德情感、职业道德意志、职业道德信念和职业道德习惯的有机结合。而职业道德习惯是多方面的，是职业道德行为和职业道德图式的统一，它既表现于言语、行为、态度、仪表、爱好等方面，也表现于思维方面。特定的职业道德习惯，乃是特定的职业道德认识、职业道德情感、职业道德意志、职业道德信念与特定人的肉体的融合，它似乎是不思而有、不虑而得、自然而然的。道德人格总是寓于道德习惯之中，根据一个人的道德行为习惯，即可确认其道德人格。

最后，教师的道德习惯是教师职业道德人格教育的归宿。长期以来，我们把德育的价值取向与德育过程混为一谈，总以为只要把道德观念和价值概念讲给学生听，学生就能获得相应的品德。实际上，受教育者从接受道德观念到形成道德行为是一个长期的、反复的过程，必须伴随着思维水平的提高和道德习惯的养成，否则就会使受教育者只死记硬背大量的理论、条例而在道德实践中却可能有不道德的表现。因此，重视发展受教育者的道德思维，培养其道德实践能力，进行道德习惯的养成教育，使他们具有良好道德习惯和道德素质，是道德教育的目的和归宿。

（三）教师职业道德行为的外化

《庄子·知北游》有言："仲尼曰：'古之人，外化而内不化；今之人，内化而外不化。'"这里的"内化"，是指人在精神自由层面所保持的自然本性；"外化"，是指人对内心之外的所有事物的态度以及外在行为。苏联心理学家彼得罗夫斯基认为，外化是"从内部的智力方面的动作向外部的、以适用实物的方式体现出来的动作转化"。也有人认为，所谓外化，就是把个体内隐的心理的东西变为个体外显的行为和习惯。这就很清楚地告诉我们：教师职业道德的外化就是教师要把内心对角色职业道德规范的认识转化为职业道德行为和习惯这种外部状态，而它也正是教师个体道德品质的外在具体表现。在道德品质的构成要素中，道德认识、道德情感、道德意志、道德信念均属道德意识范畴，属于精神化的东西，还没有客观化、物质化，还不能构成主体的道德品质，因而它们的作用在于指导和影响师德行为的抉择。但是教师职业道德修养如果仅仅停留在道德意识的修养上，不用实际行动去履行道德义务，这种师德修养就不是知行统一的职业道德修养。因为一个人的道德品质是否高尚，不在于他的言论多么动听，而在于他的行为是否高尚、言行是否一致。如果知而不行，只有意愿和情感的体验而无实际行动，那么就只是一种道德说教，甚至会变成虚伪的道德。教师只有在实践中贯穿道德原则和规范，并且始终坚持下去，经过长期的锤炼，使其成为个人良好的行为习惯，道德品质才算达到了比较完善的程度。正如列宁所说：应该把已经掌握的学问“真正深入我们的血肉里，真正地、完全地成为生活的组成部分”，“只有那些已经深入文化，深入日常生活习惯的东西，才能算作已达到的成就。[①]”文化知识是如此，道德也不例外。

完成教师职业道德行为的外化，形成良好的教师职业道德行为和习惯，主要受以下两个方面的因素影响：

1. 教师的教育实践

在教师个体道德行为和习惯形成的过程中，教师的社会实践，尤其是教育实践起着决定的作用。思想观念是现实的反映，它来自实践。教师的道德观念、道德行为不是自发地产生的，而是教师在改造客观世界的社会实践中，尤其是教育实践中，与社会结成有机的道德关系，并产生处理各种道德关系的实际道德体验，随着实践的反复，具体的道德体验会抽象为一定的道德观念、道德情感、道德意志和道德信念。这种道德意识支配、制约教师的道德行为，经过长期的积累成为行为整体中的稳定的一贯的倾向，构成教师各自特有的不断完善的某种道德行为和习惯。教育实践不仅是形成教师道德行为和习惯的客观基础，而且是导致教师道德行为和习惯发展变化的客观基础。同时，教育实践还是检验教师道德行为与习惯的唯一标准。教师在实践中形成的道德行为和习惯又会回到实践中去接受检验，在这种检验中，教师认识到自己的道德行为与习惯是否正确，并根据这一检验修正或坚持某些道德观和行为，从而促使教师的职业道德行为与习惯得到不断完善。

2. 教师个体的自我选择和修养

如果说教师的教育实践是教师个体职业道德行为与习惯形成的外部条件和客观基础，那么教师个体的自我选择和修养就是教师个体职业道德行为与习惯形成的内在的因素。人的道德行为是一种自觉能动地适应社会的意志行为，不是消极适应社会的盲目行为，人的任何道德行为的选择必须经过内部认识的矛盾斗争。一般来说，人们在形成和完善自己的道德行为过程中需要解决两个矛盾：一是社会的道德要求和个人主观认识之间的矛盾；二是现实社会中不同的道德要求反映在个人意识中而构成的不同道德观念的矛盾。社会实践中，这两个矛盾的对立和斗争必然反映在教师的意识中，教师是在这对矛盾的对立、斗争的解决中完成对道德行为的选择，并形成某种品质的。教师只有自觉积极地开展思想斗争，使正确的道德观念战胜错误的道德观念，才能形成良好的符合社会发展要求和职业所需的道德行为。不重视个人的主观努力，放弃积极的思想斗争，良好的社会环境也不会自发地形成教师的高尚道德行为。教师个体的自我选择和修养，是教师个体道德行为形成的内在基础和动力，也只有奠基于道德认识基础之上的道德行为习惯，才具有稳定性和成熟性。

（四）教师职业道德人格的升华

人格，是人们日常生活中使用频繁、含义广泛的一个概念，也是为诸如心理学、

① 中共中央马克思恩格斯列宁斯大林著作编译局. 列宁选集（第4卷）［M］. 北京：人民出版社，1995：698-700.

伦理学、社会学、法律学、教育学等多门学科深入研究的重要范畴。人格是指一个人身上展示出来的、区别于其他人与动物的内在规定性，是个人做人的尊严、价值和品质的总和，也是个人在一定社会中的地位和作用的统一。虽然古代中国并没有直接对应于“人格”的词语，但汉语中与“人格”一词含义相近的词语也颇为丰富，比如人品、品格、品质、个性等，而人格教育和修养的方法与途径更是不知凡几。

至于道德人格，我们不能简单地将之理解为一个人做人的资格或道德心理上的品格。资格是指人之为人的先在条件，是道德人格形成的必要条件；规格是指从道德主体长期遵循的特定道德规范的性质和层次中所折射出的人格境界，其高低直接决定了道德主体是否真正具有做人的资格和品格的高低，进而决定道德人格的有无；品格又可称为品德、品质，它是主体内在规格的外在表现，是道德主体在长期的、一系列的道德行为中形成并通过道德行为表现出来的一种较稳定的内心状况和心理特征。所以道德人格，就是具体个人的人格的道德性规定，是个人的脾气习性与后天道德实践活动所形成的道德品质和情操的统一。道德人格可划分为高尚的、良好的、平庸的、卑劣的等不同层次。

教师作为人类灵魂的工程师，其道德人格必定应是高尚的、良好的，事实上，教师的道德人格对学生的影响作用是无可比拟的。正如鲁迅在回忆藤野先生的文章中所说：“我总还时时记起他，在我所认为我师之中，他是最使我感激，给我鼓励的一个。……他的性格，在我的眼里和心里是伟大的，虽然他的姓名并不为许多人所知道。他所改正的讲义，我曾订成三厚本，收藏着，将作为永久的纪念……他的照片至今还挂在我北京寓所的东墙上，书桌对面。每当夜间疲倦，正想偷懒时，仰面在灯光中瞥见他黑瘦的面貌，似乎正要说出抑扬顿挫的话来，便使我忽又良心发现，而且增加了勇气……”① 老师高尚的人格，可以影响学生的一生，这样的例子还有很多。作家魏巍在《我的老师》一文中写道：最使我难忘的是我小学的老师蔡云芝先生，她爱我们，“课外的时候，她教我们跳舞，假日里，她把我们带到她家里和女朋友的家里，在她女朋友的园子里，她还让我们观察蜜蜂，也是在那时，我认识了蜂王，并且平生第一次吃了蜂蜜。她爱诗，并且爱用歌唱的音调教我们读诗，直到现在我还记得她读的音调，还能背诵她教我们的诗。今天想来，她对我的接近文学和爱好文学，是有着多么有益的影响！像这样的教师，我们怎么会不喜欢她并且愿意和她亲近呢？即使她写字的时候，我们也默默地看着她，连她握笔的姿势都急于模仿。”对于青年学子来讲，教师的人格是任何力量都不能代替的最灿烂的阳光。教师的世界观、道德品质，以至一言一行、一举一动都会在学生的心灵深处留下痕迹，起着耳濡目染、潜移默化的作用。教师不仅要用自己的学识教人，而且要用自己的品格影响学生；不仅要用语言去传授知识，而且还要用自己的灵魂去感化学生和塑造学生的心灵。因此，教师的道德面貌在道德教育中的作用是巨大的，是任何教科书、任何道德箴言、任何奖惩制度都不能替代的一种教育力量。教师应普遍具有这种自我意识，时刻关注自己道德人格的自我完善。

正如不能有“无头脑”的哲学家一样，也不能有无灵魂的“灵魂工程师”。教师的灵魂就是以教师人格为首位的包括完备的知识体系、思想作风、工作精神的总和。

① 鲁迅. 朝花夕拾［M］. 北京：人民文学出版社，1973：67.

教师应该凭借职业的良心，在对“树人”的社会责任自觉地接受以后，使其升华为一种“人师”，并形成包含师品、师知、师能和师表等内容的崇高理想和目标选取。“师品”“师知”“师能”和“师表”就是高校教师道德人格的理想标准。

《资治通鉴》里有一句耐人寻味的话：“经师易得，人师难求。”我国著名的无产阶级教育家，也是毛泽东的老师徐特立先生在谈到教师的人格问题时，曾提出：教师是有两种人格的，一种是‘经师’（针对那些教授科学知识的教师，出于方便记忆，一直沿用这个称呼），一种是‘人师’，人师是教行为习惯，即怎么样做人的问题。经师的教学目的，即除了教授学问以外，学生的品质、学生的作风、学生的生活、学生的习惯，他是不管的，人师则是这些东西他都管。我们的教学是要采取经师和人师合一的，每个教授科学知识的人，他自己就是一个模范人物，同时也是一个有学问的人①。可见，经师是教学问，人师是教行为。同时，人师也是教师人格中最高的境界，因为人师总是能从学生的角度思考问题，能够在教学实践活动中用自己高尚的思想品格熏陶学生的思想品格；用自己的智慧启迪学生的心智；用自己的情感感染学生的情感；用自己的意志激励学生的意志；用自己的个性影响学生的个性；用自己的灵魂锻造学生的灵魂；用自己的人格塑造学生的人格。正如2022年4月25日习近平总书记在中国人民大学考察调研时强调：“对教师来说，想把学生培养成什么样的人，自己首先就应该成为什么样的人。培养社会主义建设者和接班人，迫切需要我们的教师既精通专业知识、做好‘经师’，又涵养德行、成为‘人师’，努力做精于‘传道授业解惑’的‘经师’和‘人师’的统一者。”② 所以，“人师”既是一种荣誉，也是一个目标，更是一种责任。师者，先行者也，能授业传道也。做人之师，必须先于学生吸收知识、领悟知识，要具备解疑释惑的本领，要有能把复杂的事情明了化、简单的事情系统化的高超艺术，要有能把深奥的道理形象化、通俗的表白哲理化的厚实功夫。2019年全国最美教师、同济大学建筑与城市规划学院教授、中国科学院院士、法国建筑科学院院士郑时龄老先生就很好地诠释了何为“经师”与“人师”的统一。

【案例3】

用心构建学生成长成才的“舞台”

——记“全国最美老师”郑时龄

自从教以来，郑时龄院士始终怀着身为教师的强烈责任感和使命感，坚持立德树人，成为为人为师为学的楷模和榜样。在郑院士看来，讲课是一项非常神圣的工作，不仅要教授学生知识，更要教会学生如何做人，所以他很早就开始实践“课程思政”的育人模式。在专业课堂上，他总是结合时下一些社会热点来引导学生进行思考和学习，还在学生中开展专业人文素养调研，向学生推荐经典读物，鼓励和引导同学们潜

① 中央教育科学研究所. 徐特立教育文集［M］. 北京：人民教育出版社，1979：204-205.

② 新华社. 习近平在中国人民大学考察时强调 坚持党的领导传承红色基因 扎根中国大地 走出一条建设中国特色世界一流大学新路.［EB/OL］.（2022-04-25）［2022-05-01］. https://news.gmw.cn/2022-04/26/content_35688964.htm

心向学，因此被学生们推选为最具睿智儒雅风范的“可爱老师”。

谈起为师之道，他常用一句诗来抒怀：“去以自己的火点燃旁人的火，去以心发现心。”作为教学名师，他也一直坚持着“一辈子做教师，一辈子学做教师”的初心。直到今天，已过耄耋之年的郑院士依然坚持为本科生开设专业课。他经常问自己这样三个问题：“作为一名科学家，我能为研究的学科做些什么贡献；作为一名教师，我能为学生的成长带来什么影响；作为一个中国人，我能给这片养育我的土地奉献什么样的回报。”为了回答好这三个问题，郑时龄院士在教学生涯中，坚持用脑、用心也用手，把教书育人作为神圣的事业，在永不懈怠的爱国奋斗中，在倾情助力学生成长、学科发展和城市建设中实现自己作为教师的人生价值！

——摘编自宋建华：《用心构建学生成长成才的“舞台”——记“全国最美老师”郑时龄》，《中国教工》2020 年第 6 期，29-30。

1. 教师职业道德人格的理想标准和核心内容

教师不但要向学生传授科学文化知识，而且还要用自身高尚的人格塑造学生的人格。因此，教师必须具备以下的道德人格标准。

首先，师品：德高为师。教师的工作是神圣的，也是艰苦的，教书育人需要感情、时间、精力，乃至全部心血的付出，这种付出是要以强烈的使命感为基础的。教师必须具有为实现中华民族复兴而奋斗的坚定信念和为祖国培养现代化建设者及社会主义接班人的责任感和使命感，要忠诚教育事业、爱岗敬业、尽职尽责；要坚守高尚情操，廉洁从教、精于教书、勤于育人；要发扬奉献精神，不断探索、勇于进取，为教育事业的改革和发展贡献聪明才智。

其次，师知：学高为师。要培养高水平的学生，要求教师学识渊博、学业精深。在知识结构领域要做到以下三点：一是要有深厚的专业知识和广博的相关领域知识，并不断更新知识体系，及时吸收学科前沿知识与研究成果，具备综合理解跨学科、跨专业知识的能力，此为本体性知识；二是有效实现知识“传授”的诸如教育学、心理学、教材教法等条件性知识；三是实践性知识，实践性知识更多地来自教师的教学实践，是教师教学经验的积累。虽然本体性知识和条件性知识是教师必备的“双专业性”知识，但是这两种专业知识的简单叠加并不能形成教师的专业化素质，也不能带来教师专业化素质的提高与发展。这两种专业知识还必须通过实践性知识来进行整合，才能将其内化为教师自己的专业素质。

再次，师能：技高为师。一是要有科学的施教知识，能把教育理论的最新研究成果引入教学过程，使教育教学的科学性和艺术性高度完整地统一起来。二是要有熟练掌握现代教育技术的操作和应用的能力，能够利用现代教育技术，恰当有效地选择教学方法和方式，直观形象地展示教学内容，使知识传授与创新思维培养相结合，培养学生的创新精神和创新能力。三要有创新精神，积极开展教育行动研究，探索新的科学的教育方法、模式，在研究中拓宽视野，在教学过程中提升技能。

最后，师表：身正为师。“人格效应”是灵魂塑造中的基本效应，人格高尚的教师才能培养出人格高尚的学生。教师的品德固然是学生的范本，教师的水平同样也是学生评价教师的品德的样本。教师作为影响人发展的特殊职业，其人格、品德、情操应使学生钦佩敬仰，以其为典范，学之师之，使学生的思想、行为、品德，在楷模和榜样的潜移默化的影响中受到陶冶。2021 年 4 月 19 日，习近平总书记在清华大学考察时就指出“教师要成为大先生，做学生为学、为事、为人的示范，促进学生成长为全面发展的人。”① 因此，要执教则必须“为人师表”，因而必须模范地遵守社会公德、严于律己、作风正派，时时处处事事严格要求自己，并要坦诚接受学生、社会与自我的监督、评价。

“师品”“师知”“师能”和“师表”的精神，构成了教师职业道德人格的理想标准和核心内容，它是在对“树人”社会责任的深入理解之后，坚定的内心信念和义务坚守。

2. 教师道德人格升华的四个环节

教师的道德人格综合了教师职业道德认识、职业道德情感、职业道德意志、职业道德信念、职业道德习惯等多种品质，其中道德认识、道德情感、道德意志、道德信念是教师人格的内在品质，道德习惯是认识、情感、意志、信念的外在表现。教师道德人格的升华，就是教师的道德认识、道德情感、道德意志和道德信念，经过社会的道德培养和自身的道德修养得到整体的提升，使教师由道德无知到道德有知，从道德自发到道德自觉，从道德他律到道德自律的人格转化。因此，教师道德人格的升华包括教师道德知识的升华、教师道德情感的升华、教师道德意志的升华和教师道德信念的升华四个环节。这四个环节依次推进、互为因果，经过量的逐步积累，最终完成人格的质变。

首先，从道德认识的升华看，人格升华的第一步，就是每个教师能真正理解道德认识的真谛。道德认识是要求教师对职业道德的认知不能只停留在有关师德的规范和条例上，而应透过道德规范的字里行间，真正体会到教师的身份、角色的重要性和责任感。“师者，所以传道、授业、解惑也。”因此，教师的第一要德就是“智”德，想要让自己成为一名有德的人民教育者首先要让自己成为“人师”和“智慧的化身”。“以其昏昏，使人昭昭”（自己都是糊里糊涂的，却要去教别人明白事理），这样的老师是不合格的老师，这样为人是“缺德”的人。“名师出高徒”，每个教师都应力争成为明师、名师，甚至是“一代宗师”，要用自己的知识和行动来教育学生，这既是教师的目标，也是教师的责任。要教好书，就要有“破书”的气概和毅力。古谚有云：“读书破万卷，下笔如有神”，这是就读书与写书之间的关系而讲的。同理，“破书千万卷，教书如有神”，这是就读书和教学之间的相互关系而体悟出的。“破书”的含义，一是指破译书中之谜，二是指道破书中之理。读书读到了这种程度，就可称为“破书”了。要“破书”，就要会读书，要掌握书中的概念以及概念之间的联系，掌握由概念构成的原理以及原理之间的关系，掌握原理所构成的体系以及体系和课程之间的关系。有人把教师当作教书匠，如果教师能把讲授的课程内容掌握得滚瓜烂熟、思绪如流，那么这种教书匠就是我们需要的具有高超教学艺术的教育者，也是具有道德人格的教师。

① 新华网. 习近平在清华大学考察时强调 坚持中国特色世界一流大学建设目标方向 为服务国家富强民族复兴人民幸福贡献力量［EB/OL］.（2021－04－19）［2022－05－01］. https://baijiahao.baidu.com/s? id＝1697473380461511475&wfr＝spider&for＝pc

而那种认为有一本教材就敢上讲台的教师，照本宣科的教师，只用事例去向学生描述教学内容而不是尽力揭示教学内容中的理论内涵以使学生获得理论的教师，应该说是不称职或者没有道德人格的教师。

其次，从道德情感的升华看，道德情感是道德人格的重要组成部分，离开了情感，人格与道德就无法结缘。道德情感同其他情感一样，是人对客观世界的一种特殊反映形式，是人对是否符合自己的道德需要而产生的内心体验。因此，道德需要是道德情感的心理本质。人的需要是千差万别的，所谓众口难调，就体现了人的需要的多样性。人的需要不仅多样，而且多层次。人本主义心理学家马斯洛认为人的需要可以分为五个层次，分别是：生理需要、安全需要、归属与爱的需要、尊重的需要以及自我实现的需要。假如参照马斯洛的划分法，为职业道德的需要进行定位，它们可以看作一种安全的需要。因为这种需要表现为人们需求稳定、安全、有秩序和能受到保护的一种状态，而道德作为一种规范，它的职能就是维持社会的稳定和有序。如果将教师的职业道德情感与他对学生的爱、对自身价值的理解与尊重和自己终生的追求相联系，那么他们的道德情感就毫无疑问地得到了提升。教师将职业道德情感上升为对学生的情感，也就具有了与学生沟通感情的品格。“严师出高徒”，严中自有真情流露，严而不专，严而不横，老师与学生结为朋友，使得双向流动的教学过程成为感情的交流、知识的互动进程，让学生在一种愉快的心境下修业进德，这样的教师不仅是有学有识的老师，而且是有情有义的老师。

再次，从道德意志的升华看，道德意志的升华就是要将教师对在其职业道德履行中表现出来的克服内外部障碍，坚决执行由道德动机做出的决定，用正确的观念战胜不正确的观念，从而完成一定的道德行为的顽强力量和支持精神升华为一种持久的是非分明、扬善抑恶、崇美贬丑的正义感和责任感。换言之，教师不仅要通过道德意志将道德知识、道德规范内化为自己的道德信念、道德品质，而且，要通过意志的支撑和道德的坚守使自身成为学生的道德典范。能成为学生的道德典范的老师，我们亦可尊之为“人范”，即人之范本，道德范例。它是在道德实践中产生的、具有肯定意义的现实生活中的典型，是能够使人产生美感的崇高形象，是内在的善品和外在的善行的统一，是“诚于中而形于外”的正面人物的风范。“人范”具有能触发人们仰慕的效仿性、能唤起人们崇敬的形象性和能为历史所考证的真实性的特征。效仿性讲的是功利性的规定，体现了善的原则；形象性讲的是评价性的规定，体现了美的原则；真实性讲的是判定性规定，体现了真的原则。“人范”是真善美在先进人物上的具体集合，是真善美的统一。真善美是与假恶丑相对立的存在，是对假恶丑的抵制和战胜。

最后，从道德信念的升华看，道德信念是人们对某种道德理想、道德原则和规范的笃信。道德信念的升华就是思考如何将萦绕在头脑中的道德观念和道德意识转化为对自己所虔诚的事业的满腔热爱和勇于献身的精神。一名好的教师不但要努力成为一名“人师”、一个“人范”，还要努力成为一位具有“师品”“师知”“师能”“师表”的引路者和照明者。夸美纽斯说：“太阳底下再也没有比教师这个职务更高尚的了。”因此，有幸从事教育工作，是无上光荣、值得自豪的。

教师承担着传播知识、传播思想、传播真理的历史使命，肩负着塑造灵魂、塑造生命、塑造人的时代重任。因此人们把“人类灵魂的工程师”的崇高称号给予人民教师。在落实立德树人的教育过程中，教师是起主导作用的，他寓价值观引导于知识传授和能力培养之中，帮助学生塑造正确的世界观、人生观、价值观，培养学生形成正确的历史观、民族观、国家观和文化观。因此，教师是否具有良好的职业道德关系到能否把学生培养成为德智体美劳全面发展的社会主义建设者和接班人；关系到民族素质提高的程度，从而影响到民族的复兴和国家的崛起。习近平总书记2014年9月在同北京师范大学师生代表座谈时就指出："一个人遇到好老师是人生的幸运，一个学校拥有好老师是学校的光荣，一个民族源源不断涌现出一批又一批好老师则是民族的希望。"①所以，新时代好老师既要有高尚的职业素养、扎实的专业素养、娴熟的教学素养和良好的人格素养，又要有热爱教育的定力、淡泊名利的坚守，更要有深厚的家国情怀和人文情怀，用爱培育爱、激发爱、传播爱，让所有学生都成长为有用之才。总之，优秀的教师职业道德素养，既是教育发展的根本，也是我们每一名高校教师奋斗终生的目标！

（本章撰稿人：谭锐）

思考题

1. 高校教师职业道德内化过程包括哪些？
2. 高校教师职业道德内化的条件是什么？
3. 高校教师职业道德内化有何意义？
4. 高校教师职业道德素养应如何养成并提高？
5. 高校教师职业道德人格的理想标准是什么？

① 习近平. 做人民满意的好老师：同北京师范大学师生代表座谈时的讲话［N］. 人民日报，2014-09-10（1）.

第七章 高校教师职业道德的社会培育与自我修养

【内容摘要】高校教师职业道德的内化、养成与塑造过程，就是教师职业道德的培育过程。这一过程主要包括教师职业道德的社会培育和自我修养两个层面。高校教师职业道德的社会培育与自我修养，是高校教师践行道德规范、提高教师道德的两种紧密相连的道德活动形式。它们分别从他律灌输和自律修养两个特定的方面，在外因和内因的结合上发力，塑造教师的道德人格，推动教师向着崇高的道德价值目标和理想的道德境界而努力。

第一节 高校教师职业道德的社会培育

习近平总书记在全国高校思想政治工作会议上的讲话中强调，实现中华民族伟大复兴，教育的地位和作用不可忽视。我们对高等教育的需要比以往任何时候都更加迫切，对科学知识和卓越人才的渴求比以往任何时候都更加强烈①。如今，教育在国家发展中的基础性和战略性地位越发突出。教育是国之大计、党之大计，是发展科学技术和培养人才的基础，教育发展的关键在于教师。

一、高校教师职业道德社会培育的含义

高校教师是高等教育的中坚力量，有高素质的高校教师，才会有高质量的高等教育。新时代对高校教师职业道德和高尚品格提出了更高的要求。高校教师的职业道德水平，不仅涉及教师个人道德修养，反映教育系统内部师德师风，而且很大程度上折射着整个社会道德水平。所以，高校教师职业道德培育既是公民道德建设的重要内容，也是推动全社会道德建设的重要力量。教师职业道德培育是社会经济快速发展和全面推进素质教育的必然要求，是根据社会对教师这一职业的道德要求所开展的道德教育。高校教师职业道德社会培育是通过外部的教育，促使高校教师将其内化，使高校教师

① 习近平. 习近平总书记在全国高校思想政治工作会议上的重要讲话［N］. 人民日报，2016-12-09（1）.

在教书育人的实践过程中将职业道德规范转化为教师个人素养并付诸行动的活动。

二、高校教师职业道德社会培育的重要性和必要性

（一）落实立德树人根本任务的必然要求

“亲其师而信其道”，想要成为受学生尊敬的教师，教师个人的道德修养是第一位的。道德修养是教师的根基，是教师践行教育使命的核心品质。习近平总书记强调：“人无德不立，育人的根本在于立德。这是人才培养的辩证法。办学就要尊重这个规律，否则就办不好学。”① 教师教书育人、为人师表的特殊使命对教师职业道德提出了越来越高的要求。教师不仅是知识的传播者、智慧的启迪者，也是精神的熏陶者、人格的影响者、美德的体现者。立德树人，教师是关键。教师的工作对象是学生，是国家未来的建设者和接班人，教师日常的一言一行都会对学生的世界观、人生观、价值观产生重要而长远的影响。全面推进素质教育，要求广大教师树立正确的教育观、人才观和师生观，要求不断改善师生关系和教学行为，要求把思想品德教育有机地渗透到教学之中，从而形成尊重理解、平等交流的教育氛围。在经济全球化、信息网络技术不断发展、各种思想文化交流融合等多种社会因素的综合作用下，当今大学生健康成长面临着诸多方面的挑战。在全面推进教师职业道德培育进程中，如何提供更加充分的社会条件或者业界生态环境来提升教师队伍素质，教师职业道德的社会培育的作用也就显得尤为突出了。教师职业道德社会培育是落实立德树人教育根本任务的时代要求，是打造“四有”高校教师队伍的现实需要，是培养社会主义建设者和接班人的必然选择。新时代下的立德树人深刻回答了“培养什么人、怎样培养人”的重大问题，只有不断强化高校教师职业道德的社会培育，才能进一步增强高校教师为党育人、为国育才的自觉性，充分发挥他们对大学生成长成才的示范作用。

（二）培育教师职业道德新理念的必备条件

理念是对某一事物的观点、看法、信念，没有正确的理念就不可能有正确的方法。理念的形成受到客观环境的影响。2019 年 10 月，中共中央、国务院印发《新时代公民道德建设实施纲要》，明确提出要把社会公德、职业道德、家庭美德、个人品德建设作为新时代公民道德建设的着力点，“推动践行以爱岗敬业、诚实守信、办事公道、热情服务、奉献社会为主要内容的职业道德，鼓励人们在工作中做一个好建设者”②。高校教师践行新时代职业道德的基本规范，必须高度重视教师职业道德的社会培育，充分发挥社会培育的功能和作用。首先，在进行教师职业道德社会培育中要自觉坚持用实践的观点、辩证的观点、社会矛盾的观点等马克思主义世界观和方法论来分析、解决教育过程中遇到的问题。其次，坚持以习近平新时代中国特色社会主义思想为指导，在学习党史国情过程中使广大高校教师树立正确的历史观、民族观、国家观、文化观，树牢“四个意识”，坚定“四个自信”，做到“两个维护”。要通过职业道德的社会培育，引导广大高校教师继承与发扬“捧着一颗心来，不带半根草去”的奉献精神，自

① 习近平. 习近平在抓住培养社会主义建设者和接班人根本任务努力建设中国特色世界一流大学：在北京大学考察时的讲话［N］. 人民日报，2018-05-03（1）.

② 新时代公民道德建设实施纲要［M］. 北京：人民出版社，2019.

觉将国家利益、集体利益和个人利益统一起来，以赤诚之心、奉献之心、仁爱之心投身教育事业，引导高校教师树立良好的职业精神，培养优良的品质，为中国特色社会主义事业培养优秀人才。

（三）建设优良教风、学风与校风的现实需要

环境对个人的成长与发展的各个方面起着潜移默化的作用，在一定程度上影响一个人的思想道德行为。教风、学风和校风是学校精神的重要体现，是学校文化的重要组成部分，这三者的形成与发展与教师职业道德有着直接关系。教育者的素质决定着教育的质量[①]。若要在高校中形成校风正、教风优、学风浓的整体氛围，就必须组建素质过硬的教师队伍。教师形成“身正、力行、博学、善导”的教风和良好的职业道德素养不仅有利于形成和谐的师生关系、浓厚的学习氛围、优良的校园文化，而且有利于引领社会风尚，提升教育的社会公信力。因此，加强高校教师职业道德的社会培育，有助于增强教师的职业责任感，推进教师思想作风及工作作风建设，从而为优良教风、学风与校风的形成奠定坚实的基础。

三、高校教师职业道德社会培育的途径和方法

（一）加强政治理论学习，强化价值引领

1. 学习贯彻习近平新时代中国特色社会主义思想

习近平新时代中国特色社会主义思想是对马克思列宁主义、毛泽东思想、邓小平理论、“三个代表”重要思想、科学发展观的继承和发展，是马克思主义中国化最新成果，是党和人民实践经验和集体智慧的结晶，是中国特色社会主义理论体系的重要组成部分，是全党全国人民为实现中华民族伟大复兴而奋斗的行动指南。2019 年 12 月教育部等七部门印发的《关于加强和改进新时代师德师风建设的意见》中明确要求，加强和改进新时代师德师风建设，必须“坚持思想铸魂，用习近平新时代中国特色社会主义思想武装教师头脑”，要“健全教师理论学习制度，开展习近平新时代中国特色社会主义思想系统化、常态化学习，重点加强习近平总书记关于教育的重要论述的学习，使广大教师学懂弄通、入脑入心，自觉用‘四个意识’导航，用‘四个自信’强基，用‘两个维护’铸魂”[②]。加强政治理论学习，坚持用习近平新时代中国特色社会主义思想铸魂育人，既是新时代高校教师职业道德社会培育的内在要求，也是新时代高校教师职业道德培育的重要内容。要通过政治理论学习，用习近平新时代中国特色社会主义思想武装高校教师头脑，强化价值导向，培育高校教师队伍育人的责任与使命感，加强对高校教师社会主义核心价值观的培育与践行，引导高校教师在准确把握社会主义核心价值观深刻内涵的基础上带头践行社会主义核心价值观，在全面落实立德树人根本任务的过程中努力成为青年大学生锤炼品格、学习知识、创新思维、奉献祖国的引路人，把为党育人、为国育才的初心化为切实的行动；引导高校教师把社会主义核心价值观融入教书育人的实践中，真正做到言传身教，为青年大学生树立标杆和榜样，

① 郑永廷. 思想政治教育方法论［M］. 2 版. 北京：高等教育出版社，2010：312.

② 教育部等七部门. 关于加强和改进新时代师德师风建设的意见的通知［EB/OL］. http://www.moe.gov.cn/srcsite/A10/s7002/201912/t20191213_411946.htm.

切实尽到教师职责；引导高校教师把社会主义核心价值观融入科学研究实践中，自觉遵循学术规范，坚持诚信原则，自觉抵制学术不端；引导高校教师把社会主义核心价值观融入日常生活中，在日常生活中要不断增强自我约束力。

2. 规范教师队伍育人行为，充分发挥道德人格示范引领作用

子曰："其身正，不令而行；其身不正，虽令不从。"① 如果教师能够始终如一地用自己的道德人格对学生加以示范和引导，就会有力地促进学生形成正确的道德观念，并使这种观念向道德行为转化。随着改革开放和经济社会的发展，我国教师队伍规模不断扩大。2021年教育事业统计数据结果显示，全国共有各级各类学校52.93万所，专任教师1 844.37万人，规范教师育人行为，提升教师队伍道德素养意义重大。因此，要通过社会培育，把提高教师思想政治素质和职业道德水平摆在首要位置，把社会主义核心价值观贯穿教书育人的全过程，突出全员全方位全过程中职业道德养成，引导高校教师认真学习新时代高校教师职业行为准则，切实把《新时代高校教师职业行为十项准则》内化于心外化于行。要组织高校教师认真学习中国优秀师德传统，深化高校教师对中国优秀师德传统的认知，继承和发扬中国优秀师德传统，更好规范自己的职业行为，提升高校教师职业道德素养，提高育人能力。

（二）推进宣传教育与制度管理，明确高校教师职业道德培育的针对性

开展教师职业道德社会培育，教育是基础，制度是保证。一方面，高等学校要坚持不懈地进行理论灌输、充分发挥宣传教育在教师职业道德社会培育中的载体作用。另一方面，高等学校要坚持公平正义原则，落实和完善高校教师职业道德培育中的相关制度。首先，要以共同愿景和个人目标结合强化舆论引导与道德规范的作用，通过系统推进宣传教育活动，高校教师能将职业道德内容入脑、入耳、入心，并逐渐转化为自觉行为。其次，要把宣传提倡与约束管理结合起来，努力提高教师职业道德建设的科学化、经常化、规范化、制度化水平，通过广泛宣传教师团队中爱岗敬业、师德高尚的先进模范人物，发挥典型示范作用，为广大教师树立学习榜样。最后，要把对教师个人的职业道德评价与对集体的职业道德评价结合起来，以促进高校教师职业道德水平的整体提高。

（三）优化教师发展环境，营造全社会尊师重教的氛围

兴国必先强师，全面深化新时代教师队伍的建设，是顺应中国特色社会主义新时代的必然要求。教师是教育发展的第一资源，是国家富强、民族振兴、人民幸福的重要基石②。若想全面落实立德树人根本任务，加强教师队伍建设的目标，不仅要培养好老师，更要留住好老师。教师的成长需要良好的业态环境，教师职业道德的社会培育需要构建良好的校园文化生态，积极营造适合教师职业道德修养提升发展的浓厚氛围；同时健全师德建设长效机制，实施师德师风建设工程，创设更好的政策环境和舆论环境，增强高校教师对教师职业的认同感、自豪感。形成尊师重教的社会风气对教师职业道德水平的提升无疑是大有裨益的；真正将尊师重教落到实处，让教师在尊师重教

① 杨伯峻. 论语译注：论语·子路 第十三［M］. 北京：中华书局，2009.

② 中共中央 国务院. 中共中央、国务院关于全面深化新时代教师队伍建设改革的意见［EB/OL］.（2018-01-31）［2021-05-30］. http://www.gov.cn/zhengce/2018-01/31/content_5262659.htm.

的社会环境中自觉提升师德修养水平也是当前加强教师职业道德培育和师资队伍建设的关键所在。

第二节 高校教师职业道德的自我修养

自我修养是教师个人内在的自我道德教育，是教师个人品德形成的重要内部动力，是提高其师德品质和养成师德习惯的重要手段，更是提高师德品质的关键。高校教师道德自我修养，是一个复杂而艰巨的自我教育过程。深刻理解和把握高校教师道德自我修养的实质和意义，不断增强师德修养的自觉性，不断寻求师德修养的途径和方法，不断实现师德境界的升华，对每个教师来说，都是至关重要的。

一、高校教师职业道德自我修养的含义与实质

（一）高校教师职业道德自我修养的含义

“修养”是一个含义广泛的概念。从词义上来看，“修”是指整治、提高，“养”是指培养、陶冶。所谓修养，主要是指人们在政治思想、道德品质和知识技能等方面，通过长期学习和自我锻炼所达到的水平和境界。简言之，“修养”既是指一种境界，又是指为达到这种境界而进行的锻炼、陶冶。道德修养是修养的重要内容，是个体形成优良道德品质的重要途径，它通常是指人们按照一定的社会或阶级的道德原则和规范，开展自我教育、自我陶冶和自我提高的道德活动，以及经过努力所达到的道德境界和水平。职业道德修养，就是根据职业道德原则与规范的要求，在职业活动过程中进行自我教育、自我锻炼和自我改造，从而形成良好的职业道德品质，达到期望的职业道德境界的过程。

所谓教师职业道德修养，是指教师个人在道德意识和道德行为方面，自觉按照一定社会或阶级的道德要求进行自我锻炼、自我改造和自我提高的活动，以及经过这些努力所形成的道德情操和道德境界。对新时代的高校教师而言，职业道德修养的最直接的目的和归宿，就是按照社会主义道德的要求，通过积极的思想斗争，不断提高自身的道德认识和选择能力，不断抵制、克服和清除自身一切非无产阶级道德意识的影响，不断实现自我道德境界的升华。简言之，高校教师职业道德修养是一个循序渐进、逐步提高的过程，要将崇高的道德理想作为个人修养的目标，在实践中践行师德养成的具体要求，使自己逐渐达到更高的道德境界。

（二）高校教师职业道德自我修养的实质

努力培养和提高教师职业道德自我修养的能力，是每个教师应有的基本功，也是高校教师必备的基本品质。从唯物辩证法出发，深入分析教师道德自我修养所要解决的基本矛盾及其特点，弄清了这两个问题，也就从根本上把握了高校教师道德自我修养的实质。

一方面，高校教师职业道德自我修养所要解决的基本矛盾是共产主义道德和非共产主义道德的矛盾。在社会生活的各个领域之中，人与人的各种社会关系之中，都不同程度地存在着各种“剥削阶级”道德的残余和消极影响，可能会在部分人群的道德

意识和道德行为中有所反映和表现。因此，在新时代，一名合格的高校教师，不仅应有较高的自我修养能力，自觉抵制和克服一切旧道德的消极影响，而且还要能够充分发挥高校教师的积极性和创造性，做到有所为和有所不为。

另一方面，高校教师职业道德自我修养具有始终贯穿着积极的、自觉的思想斗争的特点。一切思想性质矛盾的解决都离不开积极的思想斗争，因而要在道德修养中解决上述矛盾，则需要更加强调积极的自我思想斗争。除此之外，由于道德修养从本质上来讲，更突出自我的道德反思，而教师的身份，要求其必须采取严肃、认真、一丝不苟的态度，否则，就难以提高个人道德选择能力，难以抵制、克服和清除旧道德的遗毒或消极影响。

由此可见，高校教师职业道德自我修养的实质，就是高校教师在教育工作和社会生活实践中，以共产主义道德为指导，以高校教师职业行为准则为基本标准，针对自身在教学活动和日常生活中的言行进行自我反思、自我剖析、自我批评，同时自觉地同非无产阶级道德观进行斗争，以达到自我锻炼、自我改造和自我提高的目的。

二、高校教师道德自我修养的重要意义

"学高为师，身正为范"，良好的道德素养是作为教师的根基，是一位好教师践行教育使命的核心品质。这不仅是因为教师要为人师表，而且在于教师只有不断地提升道德修养才能够满足上新时代对教师不断提出的新要求，才能够适应教育形势和学生思想的飞速发展。

首先，加强高校教师职业道德的自我修养有利于促进高校教师道德品质的完善，推动教师专业发展。一方面，社会发展与人的解放是不可分割的，提高人的素质，应当同社会的发展进步同步进行。高校教师要使自身适应社会的要求，期望在社会生活中有所作为，就必须要加强各个方面的修养，其中必不可少地包括了师德修养。另一方面，高校教师道德品质的培养，离不开社会培育，但更具决定意义的则是教师的个人修养。事物发展和前进是以外因为条件，内因为根据的，外因通过内因而起作用。就个人品德的形成而言，社会培育是外因，自我教育是内因。因此，加强高校教师道德的自我修养，不但是教师个人专业发展和成长必不可少的教育环节，而且是教师个人专业发展和成长的第一位的因素。

其次，加强高校教师职业道德的自我修养，是培养一代又一代拥护中国共产党领导和我国社会主义制度、立志为中国特色社会主义奋斗终生的有用人才的客观需要。2021 年 11 月，教育部发布了《中华人民共和国教师法（修订草案）（征求意见稿）》，在基本原则、基本义务、资格认定、培训制度、考核制度等内容中都不同程度地突出了教师加强自身思想政治教育的必要性和重要性。伴随着全球化浪潮的不断推进，人们的交往普遍增多，在此过程中，经济活动超越国界，各种思想文化、价值观念也相互激荡、交杂渗透。其中，西方一些错误思潮和理论，例如新自由主义论、"中国威胁论"，对我国主流意识形态带来了严峻的冲击和挑战，导致部分教师的民族自信心缺失、个体社会责任意识逐渐淡漠和弱化等一系列问题。孔子说："其身正，不令而行；

其身不正，虽令不从。”① 车尔尼雪夫斯基认为：“教师把学生造成一种什么人，自己就应当是这种人。”② 正如习近平总书记在全国高校思想政治工作会议上所强调的，高校教师要坚持教育者先受教育，努力成为先进思想文化的传播者、党执政的坚定支持者，更好担起学生健康成长指导者和引路人的责任。要加强师德师风建设，坚持教书和育人相统一、言传和身教相统一、潜心问道和关注社会相统一、学术自由和学术规范相统一，在不断地修养中以德立身、以德立学、以德施教。

再次，加强高校教师职业道德的自我修养，有利于推动社会主义精神文明建设，培育社会主义核心价值观。教师承担着传播知识、传播思想、传播真理的历史使命，肩负着塑造灵魂、塑造生命、塑造人的时代重任，是教育发展的第一资源，是国家富强、民族振兴、人民幸福的重要基石。长期以来，广大高校教师贯彻党的教育方针，教书育人，呕心沥血，默默奉献，为国家发展和民族振兴做出了重大贡献。但是与此同时，面对我国发展的新方位、新征程、新使命，高校教师队伍建设也存在一些需要我们高度关注的问题，极个别教师理想信念模糊，育人意识淡薄，放松自我要求，甚至出现严重违反师德行为，损害教师队伍形象，影响学生健康成长，也严重影响了社会主义精神文明建设。因此，加强高校教师职业道德自我修养，无疑有助于高校教师严格自我约束、规范职业行为，从而有助于社会主义精神文明建设。

三、高校教师职业道德自我修养的境界

“境界”一词，在我国古代典籍中，原指“疆界”“地域”。后来一些思想家把它引申为人们所处的境况，用来说明人们道德品质状况和自我修养的程度。高校教师道德自我修养的境界是一种多层次的、复杂的道德意识现象，是一个动态的集合性概念。简言之，高校教师道德自我修养的境界是指教师在一定的人生价值观的指导下，在追求道德理想的过程中，实际上达到的道德水平与高校教师职业道德的自我修养关系密切。教师职业道德的自我修养是教师个人在道德意识和道德行为方面，自觉按照一定社会或阶级道德要求进行的锻炼、改造和提高过程，这一过程的直接目的，就是要形成一定的道德情操和道德境界。教师道德境界，是教师职业道德修养的直接目的；教师道德修养，则是教师道德境界不断提高的过程。因此，高校教师职业道德修养境界并不是统一的固定模式，也不会停留在一种境界上，每个教师要通过自觉的自我修养和教育实践活动不断完善自我。

在社会主义初级阶段的历史条件下，高校教师职业道德修养的境界大体上可以分为三个层次。

第一个层次是自私自利的功利道德境界。这种境界具体来说又分为两种情况。一种是谋取金钱的境界。处于这种道德境界的教师的行为，无论是在动机上还是在效果上，也无论是在目的上还是在手段上，都鲜明地体现出自私自利、唯利是图、金钱至上等特征。他们无所谓教书，更谈不上育人，仅仅是把自己的知识、能力作为获取利益的条件，师生关系逐演变为金钱关系。教师劳动独有的道德法则渐渐地被替代为商

① 孔子. 论语［M］. 程昌明，译. 太原：山西古籍出版社，2003.

② 李春. 新时期高校德育工作亲和力研究［J］. 理论月刊，2005（11）：155-156.

业生活中的明码标价。从根本上说，这种道德境界的表现是剥削阶级的道德行为表现，这种道境界与崇高的教师职责是格格不人的。在社会主义社会中，具有这种道德境界的教师虽然是极少数，但危害极大。另一种是无作为的境界。处于这种境界的教师并不热爱教育事业，他们把教书仅仅看作一种暂时的谋生手段，虽然他们是以追求个人的正当利益为出发点，在各自的岗位上遵纪守法，但往往抱着得过且过的消极态度，如果有机会提高“交换”的效益，他们会毫不犹豫地另谋高就。一般来说，他们的这种行为是道德的，但境界不高。以上两种境界师德修养的动力皆源于利，社会所提倡的教师道德规范和理想对他也只能是一种“异己的要求”和“行业的理想”，难以成为其师德修养的动力，因而在道德实践中就充满了“不得不做”的无奈。

第二个层次是先公后私的非功利道德境界。处于这种境界的教师按照人伦和职业的标准行动，他们意识到人除了是生物人、个体人、更是社会人。他们的行动符合社会主义道德和理念，在处理个体与他人、集体、国家利益冲突时，能够始终秉持集体、国家利益高于个体利益的信念，把个人利益置于他人、集体、国家利益之后，其行为会有意识地受“一切以公为上”理念的牵引，并以“不损人利己”为原则来满足个人的正当利益和需求。具有这一道德修养境界的老师往往会由于兴趣，出于喜爱，对教育事业和学生怀着满腔的热情，快乐地与学生交流交往，欣慰地享受着自己教学中的成就，享受着教师职业给他们带来的快乐。这样的教师对于教育事业社会价值和教师职业意义有基本的了解，能认识教育在我国现代化建设中的战略地位，更能体会到教师职业的责任重大。因此，他们实践着对学生、对教育的爱，甘做“春蚕”、甘做“铺路石”，用“春蚕”“蜡烛”般的精神去从事着神圣的教育事业。这种先公后私的道德境界是通向理想道德境界的阶梯。因此，我们应该通过学习来巩固和发展这种道德境界。

第三个层次是大公无私的超功利道德境界。处于这种境界的教师对教育事业忠贞不渝、痴心不改、无私奉献，终生献身教育。他们既注重教书又注重育人，既重知识传授，又重能力培养，他们尊重学生的主体性地位，注重教学相长。他们不是从教师职业生活的现实性，是从教育、社会、教师、学生等良性互动的高度来修炼自己的职业道德的。他们一切言行都能以是否有利于集体为准则，时刻牢记着全心全意为人民服务的宗旨，为培养中国特色社会主义建设者和接班人呕心沥血、鞠躬尽瘁，甚至不惜牺牲个人的一切。其自我修养过程是内在的、主动的、自发的，是一种自觉的境界。大公无私的道德境界，是共产主义道德的最高境界和理想人格的体现。

【案例1】

只为兴华的“人民教育家”——卫兴华

卫兴华，男，汉族，中共党员，1925 年 10 月生，山西五台人，是中国人民大学荣誉一级教授、博士生导师、我国著名经济学家和经济学教育家，长期从事《资本论》研究，为马克思主义政治经济学中国化作出了重要贡献，其主编的《政治经济学原理》教材是全国影响力和发行量最大的教材之一。

从小目睹日军暴行的他，在读中学补习班时，将自己原本的名字改为“卫兴华”，立志抗击日寇、振兴中华。卫兴华将自己的研究工作与国家的需要相结合，他运用马克思主义政治经济学的基本原理研究现实问题，不遗余力地推进马克思主义政治经济学的中国化、时代化。在研究工作中，他始终坚持“不唯上、不唯书、不唯风、不唯众”的治学作风，不做“风派理论家”。在多年教学中，他坚持教书和育人相结合，无偿捐赠百万元奖金支持学术研究。即使病痛缠身仍坚守在教学一线，他却谦称这一行为只是“做一个学者应该做的事”。立学为民、治学报国、无私奉献的精神在卫兴华身上体现得淋漓尽致，也是大公无私的超功利道德境界这一层次在现实生活中的真实体现。

——摘编自《人民日报》(2021年09月16日第11版)

教师在进行职业道德自我修养的过程中，要不断为提高自己的道德境界而努力，要敢于不断摆脱个人主义等旧思想的束缚，敢于在道德追求中不断确立新的奋斗目标，直至登上“大公无私，公而忘私”这座集体主义道德理想的最高峰。

四、高校教师职业道德自我修养的途径与方法

高校教师加强职业道德自我修养，必须了解、掌握自我修养的根本途径和科学方法，它是师德修养的一个关键问题。高校教师只有选择正确的、合乎时代发展需要的职业道德修养途径，灵活掌握符合自身特点、行之有效的职业道德修养方法，才能在师德修养的道路上走得更加顺畅，才能获得高尚的师德品质和崇高的师德境界。

（一）高校教师职业道德自我修养的途径

1. 认真学习理论，明确修养方向

认真学习是职业道德修养的起点。子曰：“德之不修，学之不讲，闻义不能徙，不善不能改，是吾忧也。”[①] 高校教师职业道德自我修养是一项理智的、自觉的活动，提高教师道德实践的自觉性，实现师德修养，必须认真学习理论，以科学理论为指导。首先，要学习马克思主义的科学理论，特别是要认真学习习近平新时代中国特色社会主义思想，在学习中明确职业道德修养的目的，把握职业道德修养的方向。其次，高校教师应全面掌握教师职业道德理论。通过学习和掌握这些理论，高校教师要了解人类道德形成和发展的规律及其趋势，明确自身加强师德修养的目的和意义，要经常用这些理论来约束、分析和评价自己的言行，以便在教育实践中分清善恶、正邪、美丑，提高自身遵守师德要求的自觉性和主动性。最后，高校教师应不断汲取各类科学文化知识，不断汲取各类科学文化知识，增强教师辨别是非的能力。

2. 积极投身职业道德实践，努力完善修养过程

职业道德实践在职业道德修养过程中具有决定性的意义。积极参加职业道德实践，是高校教师加强职业道德修养的最重要、最关键、最根本的方法。一方面，职业道德实践是师德修养的目的和归宿，教师职业道德的自我修养是不可能脱离开实践的。教师的道德品质不是先天形成的，也无法仅靠“闭门造车”就能造就，而是需要在实践中经过长期的锻炼和自我改造之后才能形成。刘少奇在《论共产党员的修养》一书中反复强调：“对于我们最重要的，是无论怎样都不能脱离当前的人民群众的革命斗争，

① 孔子. 论语［M］. 程昌明，译. 太原：山西古籍出版社，2003.

而是必须结合这种斗争去总结、学习和运用历史上的革命经验，这就是说，要在革命的实践中修养和锻炼[①]”。这表明，职业道德实践是达到和提升师德修养境界的关键途径，离开了教师职业道德实践活动，师德修养将成为无源之水、无本之木。同时，教师职业修养是一个复杂的长期的努力追求的过程，不可能一蹴而就。所谓“活到老，学到老”，提高教师职业道德水平，要求教师不断地把师德认识付诸实践，化作行动，再在实践中对自身的行动进行反省和认识，长期进行师德实践。事实表明，只有活生生的职业道德实践活动，才能促使教师将理论认识转化为内心深处的真情实感，最终形成具有稳定倾向的行为习惯。另一方面，职业道德实践是检验教师职业道德修养的唯一标准。教师加强自身师德修养，不是为了谋取私利，提高个人地位；也不是以“德高望重”而自夸于人，让他人来尊敬自己，而是为了使个人的道德品质适应国家和社会发展的需要，为建设现代化教育强国做出自己积极的贡献。只有通过职业道德实践，才能检验师德修养的目标及实现途径是否正确。由此可见，高校教师职业道德的自我修养一旦离开职业道德实践活动，不但师德修养无法完成，而且也会因失去目的而变得毫无价值。

3. 博采众家之长，增强修养动力

高校教师职业道德修养，既要继承中外教育史上的一切优良传统，又要赋予其改革、开放、创新的鲜明时代特色，从而体现出新时代高校教师应当具有的宽广而又深远的见识。一方面，高校教师要继承和发扬中外古今师德的优良传统。中外教育史上涌现出非常多卓越的教育家，蕴藏着许多值得继承和发扬的教育思想与教育理念，高校教师在师德修养过程中，就很有必要经常结合现实需要去挖掘其中的精华部分，对其加以继承和弘扬。另一方面，高校教师要放开眼界去吸收世界各国的优良师德传统，坚持在实践中推陈出新，提升自身师德境界。随着学习型社会的到来，知识更新周期日益缩短，高校教师必须不断更新自我知识储备。不论是继承古代传统还是吸收他国经验，师德修养都要始终把握一条原则，那就是要采其长，去其短，坚持为我所用。通过比较和思考，广泛汲取丰富的精神养料，并通过整饬、提炼，使之成为改造主观世界和客观世界的有力武器，以实现师德境界的不断升华。

4. 不断自我激励，磨炼修养毅力

高校教师自我激励是指教师在自我认识的基础上，鼓励自己为达到更高师德水平而努力的过程。高校教师提升自我修养，需要经历一个长期的逐步提高的过程。不断自我激励的目的和作用在于激发教师进行自我修养的内在动力，强化和磨炼其克服各种障碍和阻力的毅力。激励的方式和手段有三种：一是目标激励，在师德修养过程中不断增强自身抗拒挫折和打击的能力；二是成果激励，在师德修养过程中坚定自身的职业理想；三是对比激励，在师德修养过程中不断改进，时刻追求进步。

高校教师的自我修养是在社会关系中进行的，现实生活中的教师，在师德境界上必然会存在差异。一般说来，每个教师都是既有优点又有缺点、既有长处又有短处的。因此，一个虚心进行师德修养的教师应当既善于向优秀教师学，又善于向身边的普通教师学习。高校教师要在与他们的对比中，寻找自己的不足和差距，认真进行积极的

① 中共中央文献编辑委员会. 刘少奇选集（上）[M]. 北京：人民出版社，1981：109.

思想斗争，严格剖析自己。

5. 加强自我调节，保持健康心理

高校教师的工作是艰巨繁重的脑力、体力相结合的劳动。繁重的教学任务，过高的社会期望，高付出与低回报造成的心理落差等原因，使教师背负着过重的压力。所以，加强自我调节，保持健康的心理是高校教师道德修养的重要内容，也是其能完成教学任务的重要保证。从教师自身来说，健康的心理素养有利于教师承担繁重的教学任务，有利于教师家庭的和睦和谐，有利于学生的健康成长，有利于教师提高工作效率。正如心理学家库尔特·勒温所言："任何群体内部都存在着一种'心理场'，'心理场'感染和影响着同一环境人群的心理。"这便是著名的"心理场论"。从职业发展特点来说，高校教师健康心理的的自我修养主要体现在教师如何加强对自我心态的调节、维护自身健康心理的选择和行为上。具体而言，教师在情绪低落时注意回避，面对学生要保持轻松愉快的心境；面对生活中的得失，要及时做出调整，不执着于外物，以积极、主动、乐观的心态应对得失；遭遇突发事件，要调节自身情绪，坚持不懈地了解学生，探索教学规律，改进教学方法，积累知识和总结经验；面对自身心理困扰，要加强对自身的审视，承认、正视并克服自身的不足，努力释放压力，必要时应积极主动寻求专业工作者的帮助。

（二）高校教师职业道德自我修养的方法

教师职业道德修养的方法很多，不同的人往往有自己不同的修养方法，伴随着时代的发展还会源源不断地出现新的修养方法。

1. 知行合一

如前所述，加强高校教师职业道德修养，关键在实践，它既是检验教师职业道德修养的标准，也是推动教师职业道德修养水平不断提高的动力，还是高校教师职业道德修养的目的和归宿。明代思想家王阳明认为，人们的道德理论、道德意识，必须与自己的道德行为相一致，因此"言行一致""笃实躬行"就成为道德修养的一条重要准则，他认为"知而不行，只是未知"，反对道德理论同道德行为的背离。因此，教师道德修养是一个知、情、意、信、行协调发展的复杂过程。知与行的矛盾是教师修养中较为普遍存在的矛盾。解决这一矛盾，就要求高校教师在教育教学中必须坚持知行合一这一原则。将学习的理论和规范运用到教书育人的实践中，实践一点，就有一点；实践得越多，就掌握得越多；这种实践愈持久和深入，自我修养的效果就越好，良好的道德品质愈得以巩固。师德修养是一个复杂而长期的过程，高校教师只有把学习与实践结合起来，才能更好地履行师德规范要求，实现教育劳动价值，才能更好地提升自身的师德水平使自己不断向善求真，自我提高，自我完善。

2. 内省慎独

内省慎独，严于剖析自己。这既是道德修养的态度，又是道德修养的重要方法。中华民族自古以来就重视内在人格素质的培养，认为"为学的目的"在于改变人的气质、培养人的品德。孔子的学生曾参说："吾日三省吾身，为人谋而不忠乎？与朋友交而不信乎？传不习乎？"他强调每天都要对自己的思想进行反省检查，以求在道德上能不断进步。由此可见，高校教师职业道德的自我修养，关键还在于提高自觉性，这也是由师德修养的实质所决定的。高校教师在自我修养的过程中，对自己要有一个客观的评价，认真地开展自我批评和自我反思，自觉地按照教育部等七部门联合印发的《关于加强和改进新时代师德师风建设的意见》要求，自觉克服自身的缺点、错误；在此基础上，为自己提出新的修养目标，用更高的标准要求自己，努力改变现状。这一过程也是慎独的过程：即便是在无人觉察的闲居独处时，也须谨慎地对待自己的行为，自觉遵守道德要求。慎独是一种自律的行为，相比于内省的反思性，它更强调主体自己约束自己，自己限制自己的约束性，是一个由自重、自省、自警、自励组成的自律系统。慎独，要求教师把修养的着眼点放在灵魂深处，在“隐”“微”上下功夫。这告诫教师时时刻刻不要背离了道德原则，在别人看不见、听不到的情况下，更应该提醒自己谨慎、警惕。因为人们在隐暗的地方容易放纵自己，在细微的地方容易松懈自己。所以，为人师表，教师独处时一定要更加谨慎不苟，不可忘乎所以。

【案例2】

90后北大老师韦东奕谈爆红：有人送水壶，我担心会影响到师德师风

璀璨的“天才”光环与朴实的“大男孩”形象的反差，让韦东奕迅速“火”了。在接受媒体采访时，谈到突如其来的关注，韦东奕说爆红对于自己几乎没有什么改变，他想到的就只有：“希望这不会有不好的影响。”有人给他送了水壶，但对于他来说，用得最习惯的还是那个撕去包装的1.5升矿泉水瓶。事实上，像韦东奕一样优秀但却专注于科研事业的人还有很多很多，他们竭力为我们的国家和人民发光发热，他们能够在今天这个繁荣、喧嚣和浮躁并存的时代，慎独处身，严于律己，心境泰然，真正地体现了为人师表的谨慎不苟和加强自我修养的自觉性。

——摘编自《网易新闻》

(https://www.163.com/dy/article/GSFFHMU605326SHH.html)

3. 好礼守节

我国自古以来就是一个礼仪之邦。好礼、讲礼的传统美德在教师身上也得到了充分的示范和体现。“不学礼，无以立”，从修身角度来看，礼是匡正人们行为的一种规范，“礼”也是教师必不可少的素养。我国教师特别注重礼的涵养：在言行举止上讲礼貌，在待人接物上讲礼仪，人与人之间讲礼让。例如，除了一般的教师职业语言特点之外，健康文明、规范简洁、准确生动也是教师语言的鲜明特点。除此之外，教师还要注意积极践行公德，讲究礼仪。这要求高校教师在与学生、与同事、与他人相处的过程中，在公共生活场所中，要积极以社会公德来约束、要求自己，尊重他人，以礼相待，真正体现出“文质彬彬，然后君子”之风范，努力成为践行社会公德的带头人。

总之，高校教师职业道德修养，根在实践，贵在自觉，重在坚持，难在“慎独”。不断加强职业道德修养，既是一种方法，也是一种过程，更是一种境界。沐浴着新时代的阳光，我们有充分的理由坚信，只要不断地加强自身修养，就能不断提高高校教师的职业道德水平。

（本章撰稿人：张莉、张莹红）

思考题

1. 试论述教师职业道德社会培育的重要性和必要性。
2. 高校教师道德自我修养的含义和意义是什么?
3. 你认为高校教师应该具备什么样的道德修养境界?
4. 试论述新时代加强高校教师道德修养的意义。

参考文献

一、著作类

[1] 马克思，恩格斯. 马克思恩格斯选集［M］. 中共中央马克思恩格斯列宁斯大林著作编译局，译. 北京：人民出版社，1995.

[2] 列宁. 列宁全集（第15卷）［M］. 中共中央马克思恩格斯列宁斯大林著作编译局，译. 北京：人民出版社，1972.

[3] 恩格斯. 家庭、私有制和国家的起源［M］. 张仲实，译. 北京：人民出版社，1961.

[4] 费尔巴哈. 费尔巴哈哲学著作选集（上卷）［M］. 荣震华，译. 北京：三联书店，1959.

[5] 中共中央马克思恩格斯列宁斯大林著作编译局. 列宁选集（第4卷）［M］. 北京：人民出版社，1995.

[6] 刘少奇. 刘少奇选集上［M］. 北京：人民出版社，1981.

[7] 习近平. 做党和人民满意的好老师：同北京师范大学师生代表座谈时的讲话［M］. 北京：人民出版社，2014.

[8] 习近平. 青年要自觉践行社会主义核心价值观：在北京大学师生座谈会上的讲话［M］. 北京：人民出版社，2014.

[9] 习近平. 在北京大学师生座谈会上的讲话［M］. 北京：人民出版社，2018.

[10] 习近平. 在哲学社会科学工作座谈会上的讲话［M］. 北京：人民出版社，2016.

[11] 习近平. 在纪念马克思诞辰200周年大会上的讲话［M］. 北京：人民出版社，2018.

[12] 孔子. 论语［M］. 程昌明，译. 太原：山西古籍出版社，2003.

[13] 教育部社会科学委员会秘书处. 学术规范与学风建设论坛［M］. 北京：高等教育出版社，2005.

[14] 教育部人事司. 高等学校教师职业道德修养［M］. 北京：北京师范大学出版社，2018.

[15] 李建华. 高等学校教师职业道德修养［M］. 长沙：湖南大学出版社，2005.

[16] 教育部西南高校师资培训中心. 高等学校教师职业道德修养［M］. 重庆：重

庆出版社，2012.
［17］夸美纽斯. 大教学论［M］. 傅任敢，译. 北京：人民教育出版社，1957.
［18］米·依·加里宁. 论共产主义教育和教学［M］. 陈昌浩，沈颖，译. 北京：人民教育出版社，1957.
［19］苏霍姆林斯基. 给教师的建议［M］. 杜殿坤，译. 北京：教育科学出版社，1984.
［20］约翰·罗尔斯. 正义论［M］. 何怀宏，译. 北京：中国社会科学出版社，1988.
［21］平冢益德. 世界教育辞典［M］. 黄德减，译. 长沙：湖南教育出版社，1989.
［22］福禄培尔. 人的教育［M］. 孙祖复，译. 北京：人民教育出版社，1991.
［23］雅斯贝尔斯. 什么是教育［M］. 邹进，译. 北京：生活·读书·新知三联书店，1991.
［24］罗森塔尔，雅各布森. 课堂中的皮格马利翁：教师期望与学生智力的发展［M］. 唐晓杰，崔允漷，译. 北京：人民教育出版社，1998.
［25］B. H. 契尔那葛卓娃，契尔那葛卓夫. 教师道德［M］. 严缘华，盛宗范，译. 上海：华东师范大学出版社，1982.
［26］保罗·郎格朗. 终身教育引论［M］. 周南照，陈树清，译. 北京：中国对外翻译出版公司出版，1985.
［27］龚来进. 人民教师的职业道德［M］. 吉林教育出版社，1987.
［28］唐纳德·肯尼迪. 学术责任［M］. 阎凤桥，译. 北京：新华出版社，2000.
［29］徐特立. 徐特立教育文集［M］. 北京：人民教育出版社，1986. .
［30］陶行知. 陶行知全集［M］. 成都：四川教育出版社，1991.
［31］陶行知. 陶行知文集［M］. 南京：江苏教育出版社，1997.
［32］王正平. 教育伦理学［M］. 上海：上海人民出版社，1991.
［33］王廷芳. 美国高等教育史［M］. 厦门：福建教育出版社，1995.
［34］郑维铭，刘树谦，张伯钦. 从教为师之道：师德读本［M］. 广东：广东高等教育出版社，1997.
［35］罗国杰. 道德建设论［M］. 长沙：湖南人民出版社，1997.
［36］刘次林. 幸福教育论［M］. 南京：南京师范大学出版社，1999.
［37］朱永新. 我的教育理想［M］. 南京：南京师范大学出版社，2000.
［38］檀传宝. 教师伦理学专题：教师职业道德范畴研究［M］. 北京：北京师范大学出版社，2000.
［39］王兰英，黄蓉生. 教师职业道德［M］. 北京：高等教育出版社，2000.
［40］杨东平. 大学精神［M］. 辽宁：辽海出版社，2000.
［41］杜作润，高烽煜. 大学论［M］. 成都：四川教育出版社，2000.
［42］叶澜. 教师角色与教师发展新探［M］. 北京：教育科学出版社，2001.
［43］陈东. 开放教育［M］. 上海：上海教育出版社，2001.
［44］薛天祥. 高等教育学［M］. 桂林：广西师范大学出版社，2001.
［45］连秀云. 新世纪教师职业道德修养［M］. 北京：教育科学出版社，2002.
［46］龚乐进. 素质教育下的高校教师道德［M］. 北京：人民教育出版社，2002.
［47］傅维利. 师德读本［M］. 北京：高等教育出版社，2003.

[48] 李春秋. 高等学校教师职业道德修养 [M]. 北京：北京师范大学出版社，2003.
[49] 张行涛，郭东岐. 新世纪教师素养 [M]. 北京：首都师范大学出版社，2003.
[50] 朱金香，姜根龙，张志刚. 教师职业道德概论 [M]. 北京：中央编译局出版社，2004.
[51] 曲洪志. 高等学校教师职业道德修养 [M]. 济南：山东人民出版社，2004.
[52] 戚万学. 高等教育学 [M]. 济南：山东人民出版社，2004.
[53] 陈根法. 德性论 [M]. 上海：上海人民出版社，2005.
[54] 方明编. 陶行知教育名篇 [M]. 北京：教育科学出版社，2005.
[55] 李建华. 高等学校教师职业道德修养 [M]. 长沙：湖南大学出版社，2005.
[56] 张维迎. 大学的逻辑 [M]. 北京：北京大学出版社，2005.
[57] 江新华. 学术何以失范：大学学术道德失范的制度分析 [M]. 北京：社会科学文献出版社，2005.
[58] 李晓燕. 教育法学 [M]. 北京：高等教育出版社，2006.
[59] 钱焕琦. 高等学校教师职业道德概论 [M]. 南京：南京师范大学出版社，2006.
[60] 邢永富，吕秋芳. 高等学校教师职业道德修养 [M]. 北京：首都师范大学出版社，2007.
[61] 邹顺康. 高等学校教师职业道德修养 [M]. 重庆：重庆出版社，2007.
[62] 叶黔达. 职业道德 [M]. 成都：四川师范大学电子出版社，2009.
[63] 郭志明，沈志冲. 教师修养文萃 [M]. 南京：江苏教育出版社，2010.
[64] 李太平. 高等学校教师职业道德修养 [M]. 武汉：湖北人民出版社，2011.
[65] 余维武，朱丽. 教师的职业道德修养 [M]. 福州：福建教育出版社，2011.
[66] 黄蓉生. 教师职业道德新论 [M]. 北京：人民教育出版社，2014.
[67] 陈大伟. 教师职业道德 [M]. 北京：高等教育出版社，2015.
[68] 曾茂林. 教师职业道德 [M]. 北京：高等教育出版社，2015.
[69] 檀传宝. 教师职业道德 [M]. 北京：北京师范大学出版社，2015.
[70] 李建华. 高校教师职业道德修养 [M]. 长沙：湖南师范大学出版社，2015.
[71] 付世秋. 教育政策法规与教师职业道德 [M]. 北京：清华大学出版社，2016.
[72] 王柏文，刘纯龙，王迈悦. 高校教师职业道德修养与规范 [M]. 北京：高等教育出版社，2019.
[73] 钱焕琦. 教师职业道德 [M]. 4 版. 上海：华东师范大学出版社，2020.
[74] 宋明. 高等学校教师职业道德修养 [M]. 重庆：西南大学出版社，2020.
[75] 龚乐进，张贵仁，王忠娇，等. 教师职业道德 [M]. 北京：北京师范学院出版社，1992.
[76] 陈善卿，顾绍华，邓之光，等. 教师修养 [M]. 南京：南京大学出版社，1997.
[77] 闫小柳，赵忠义. 师德修养概论 [M]. 北京：北京师范大学出版社，2008.
[78] 任者春. 高校教师职业道德修养 [M]. 济南：山东大学出版社，2011.
[79] 范士龙，陈春莲. 教师职业道德 [M]. 武汉：华中师范大学出版社，2018.
[80] 段文阁，段昆. 教师职业道德 [M]. 济南：山东人民出版社，2012.

[81] 傅维利. 教师职业道德教育指南 [M]. 北京高等教育出版社，2002.

[82] 黄晓光. 教师职业道德修养：新规范内涵解读与实践导行 [M]. 长春：东北师范大学出版社，2009.

[83] 陈惠津，范士龙. 教师职业道德与教育法规 [M]. 武汉：华中师范大学出版社，2018.

[84] 李家祥，王雯. 职业道德教育 [M]. 昆明：云南大学出版社，2006.

二、期刊、报刊类

[1] 赵培举. 加强师德师风建设：培养高素质教师队伍 [J]. 中国高等教育，2013 (Z2)：66-68.

[2] 刘伟. 高校教师职业道德修养路径之我见 [J]. 教育教学论坛，2015 (20)：281-282.

[3] 李国彪. 浅谈加强高校教师职业道德修养的必要性及培养途径 [J]. 中国校外教育，2010 (24)：73-74.

[4] 谢胜文. 试论教育诚信的内涵及意义 [J]. 凯里学院学报，2010，28 (4)：103-105.

[5] 习近平. 坚持中国特色社会主义教育发展道路培养德智体美劳全面发展的社会主义建设者和接班人 [N]. 人民日报，2018-09-11 (1).

[6] 习近平. 抓住培养社会主义建设者和接班人根本任务努力建设中国特色世界一流大学 [N]. 人民日报，2018-05-03 (1).

[7] 习近平. 把思想政治工作贯穿教育教学全过程开创我国高等教育事业发展新局面 [N]. 人民日报，2016-12-09 (1).

[8] 加强新时代师德建设的基本遵循 [N]. 中国教育报，2018-09-06 (5).

三、学位论文类

[1] 张梦婷. 当前高校教师师德存在的问题及对策研究 [D]. 武汉：华中师范大学，2016.

[2] 甘艳. 社会主义道德建设视域中的高校青年教师师德建设研究 [D]. 武汉：华中师范大学，2016.

[3] 覃小逢. 新时代青年教师师德建设研究 [D]. 长沙：湖南师范大学，2020.

四、电子资源类

[1] 习近平. 习近平在北京大学师生座谈会上的讲话 [EB/OL]. (2018-12-16) [2021-05-31]. https://www.ccps.gov.cn/xxsxk/zyls/201812/t20181216_125673.shtml.

[2] 习近平. 在首都各界纪念现行宪法公布施行30周年大会上的讲话 [EB/OL]. (2012-12-05) [2021-05-31]. http://cpc.people.com.cn/n/2012/1205/c64094-19793598.htm.

[3] 教育部. 教育部关于印发《新时代高校教师职业行为十项准则》《新时代中小学教师职业行为十项准则》《新时代幼儿园教师职业行为十项准则》的通知 [EB/OL]. (2018-11-15) [2021-05-31]. http://www.moe.gov.cn/srcsite/A10/s7002/201811/t20181115_354921.html? tdsourcetag=s_pcqq_aiomsg.

[4] 中共中央国务院. 中共中央 国务院关于全面深化新时代教师队伍建设改革的

意见［EB/OL］.（2018-01-31）［2021-05-31］. http://www.rmzxb.com.cn/c/2018-01-31/1949683. shtml.

［5］教育部等七部门. 教育部等七部门印发关于加强和改进新时代师德师风建设的意见的通知［EB/OL］.（2019-12-13）［2021-05-31］. https://www.moe.gov.cn/srcsite/A10/s7002/201912/t20191213_411946.html.

［6］教育部. 教育部关于高校教师师德失范行为处理的指导意见［EB/OL］.（2018-11-16）［2021-05-31］. http://edu.people.com.cn/n1/2018/1116/c1006_30404718. html.

［7］教育部. 教育部关于印发《研究生导师指导行为准则》的通知［EB/OL］.（2020-11-11）［2021-05-31］. http://www.moe.gov.cn/srcsite/A22/s7065/202011/t20201111_499442. html.

［8］教育部. 教育部关于建立健全高校师德建设长效机制的意见［EB/OL］.（2014-09-30）［2021-05-31］. https://www. moe. go. cn/srcsite/A10/s7002/201409/t20140930_175746.html.

［9］教育部等六部门. 教育部等六部门关于加强新时代高校教师队伍建设改革的指导意见［EB/OL］.（2020-12-24）［2021-05-31］. https://yz.chsi.com.cn/kyzx/yxzc/202101/20210127/2025825964. html

［10］教育部. 教育部关于深化本科教育教学改革全面提高人才培养质量的意见［EB/OL］.（2019-10-12）［2021-05-31］. https://www.moe.gov.cn/srcsite/A08/s7056/201910/t20191011_402759.html.

［11］教育部，中国教科文卫体工会全国委员会. 教育部等关于印发《高等学校教师职业道德规范》的通知［EB/OL］.（2013-01-05）［2021-05-31］. https://mksxy.sdut.edu.cn/2013/0105/c2015a37118/page.htm.